JN304526

写真１　エイズで両親を亡くした孫たちの世話は祖母の手にゆだねられた。マラウイにて。
Sonia Ehrlich Sachs, M.D., MPH

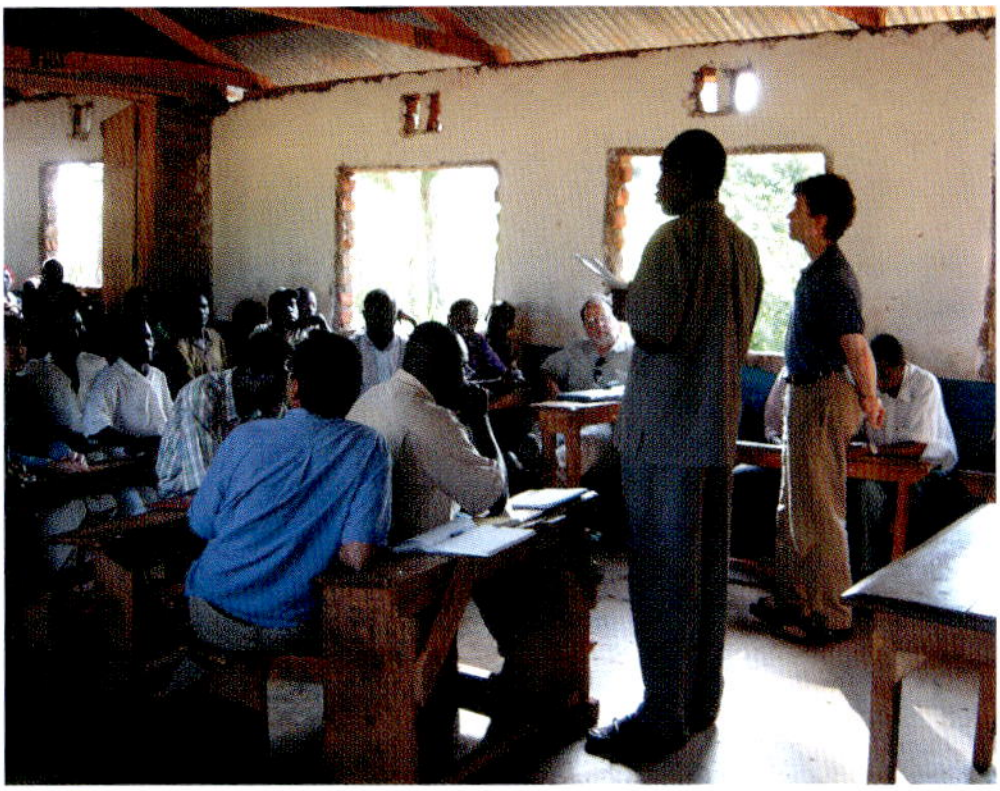

写真２　ケニアのサウリでコミュニティの集会に参加し、極度の貧困とその救済法について話しあう。
Sonia Ehrlich Sachs, M.D., MPH

写真3　サウリ小学校の8年生が家からもってきた薪と飲み水。
Vijay Modi, Ph.D.

写真4　これらを使って昼の給食を作る。
Vijay Modi, Ph.D.

写真５　サウリの診療所は閉鎖され、錠がおろされている。村は医師への給料が払えず、必要な医薬品も買えないので、医師は去るしかない。
Vijay Modi, Ph.D.

写真６　インド、ムンバイのスラム住民。掘っ立て小屋は汽車の線路のすぐそばにある。
Society for Promotion of Area Resource Centres (SPARC)

写真７　SPARCのようなNGOは、スラムの貧しい住民がよりよい環境で暮らせるように支援活動をしている。
Homeless International

写真 8
Homeless International

地図1　中程度の貧困と極度の貧困

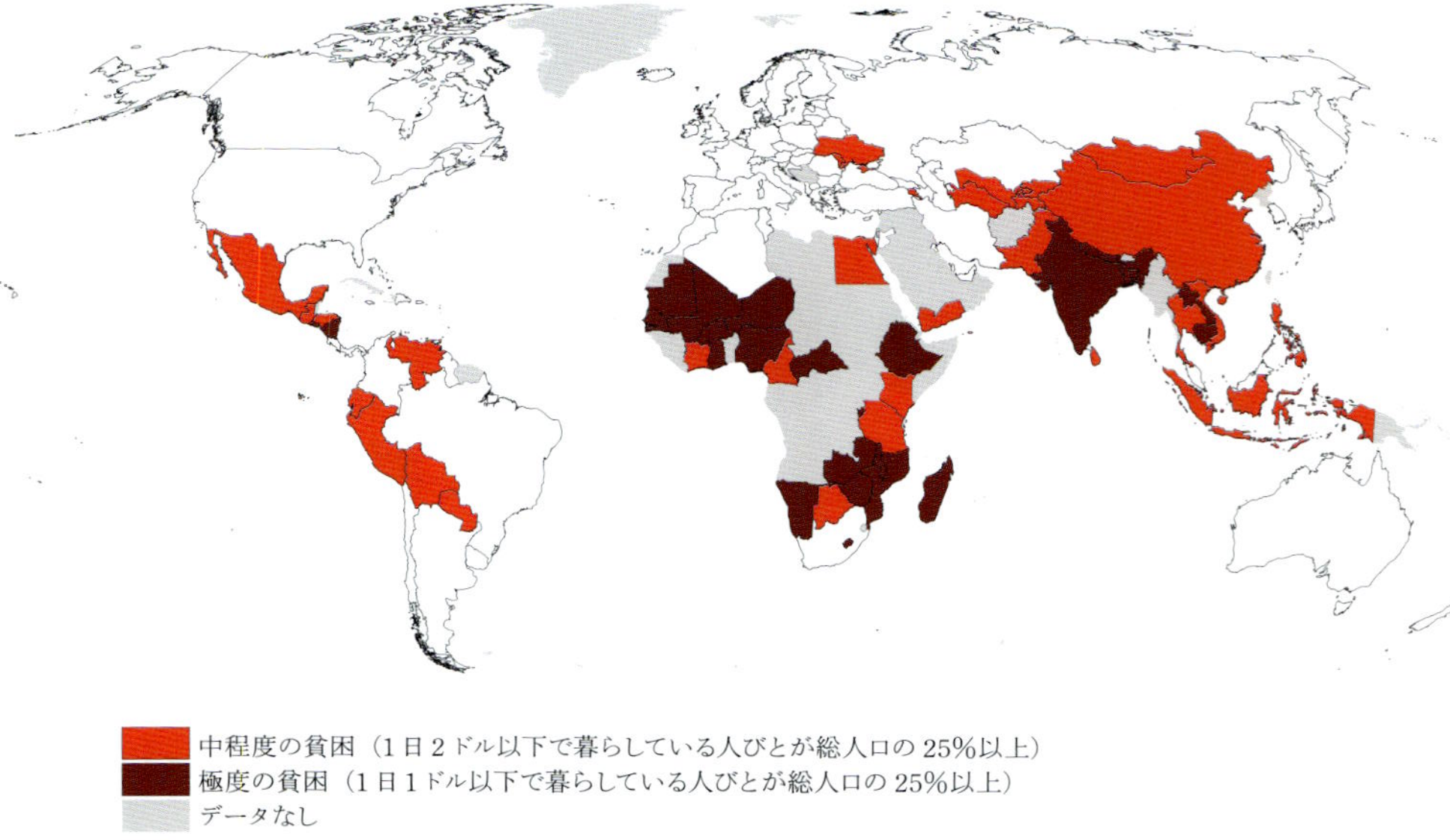

出典：世界銀行のデータ（2004年）による。
入手できる最新のデータによって作成。
Jeffrey D. Sachs

地図2　2002年の1人あたりの年間所得（購買力平価、ドル換算）

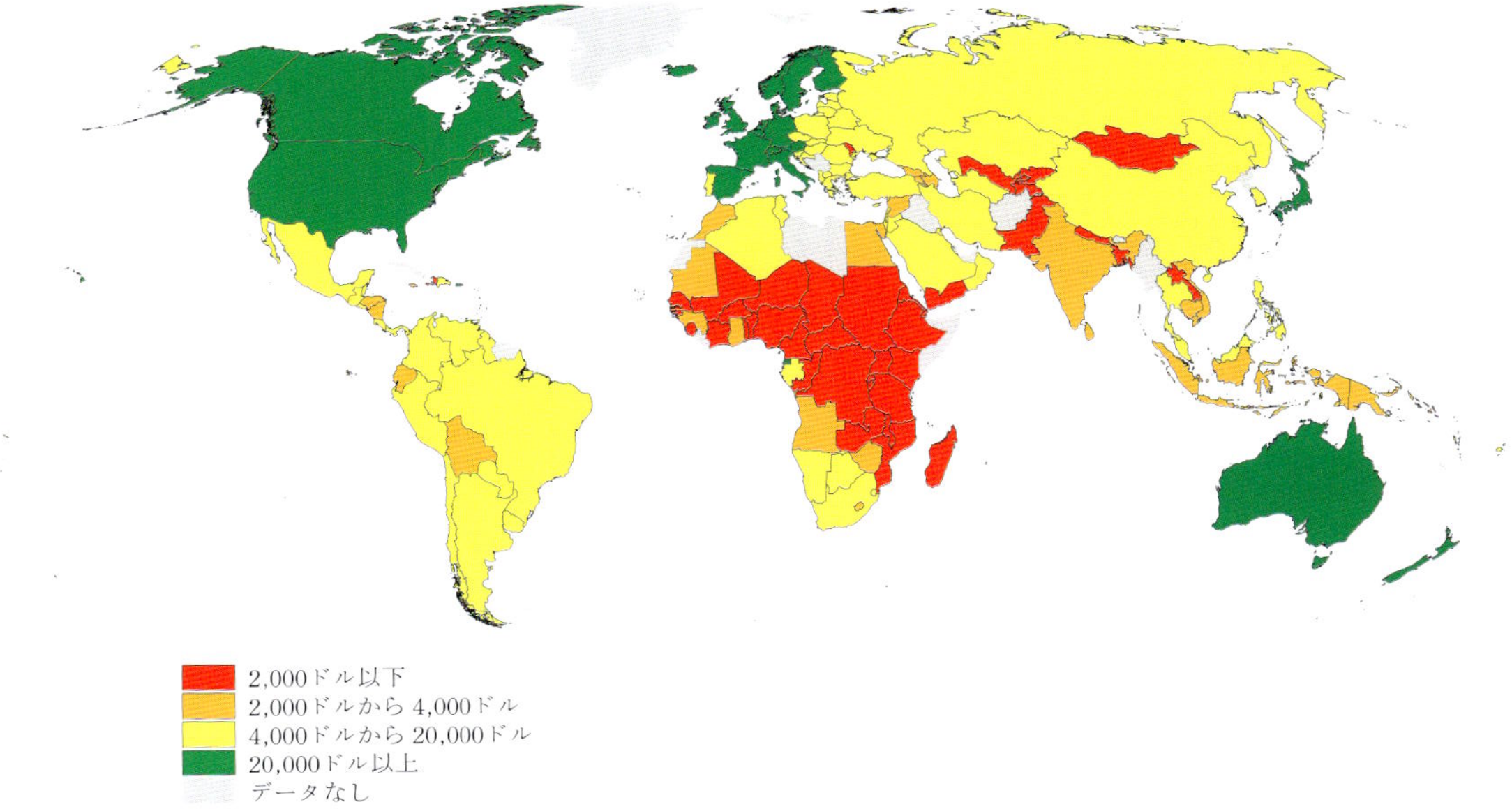

出典：世界銀行のデータ（2004年）による。
Jeffrey D. Sachs

地図3　世界10位までのエレクトロニクス産業多国籍企業の海外支社の分布状況、電子機器および部品の製造（1999年）

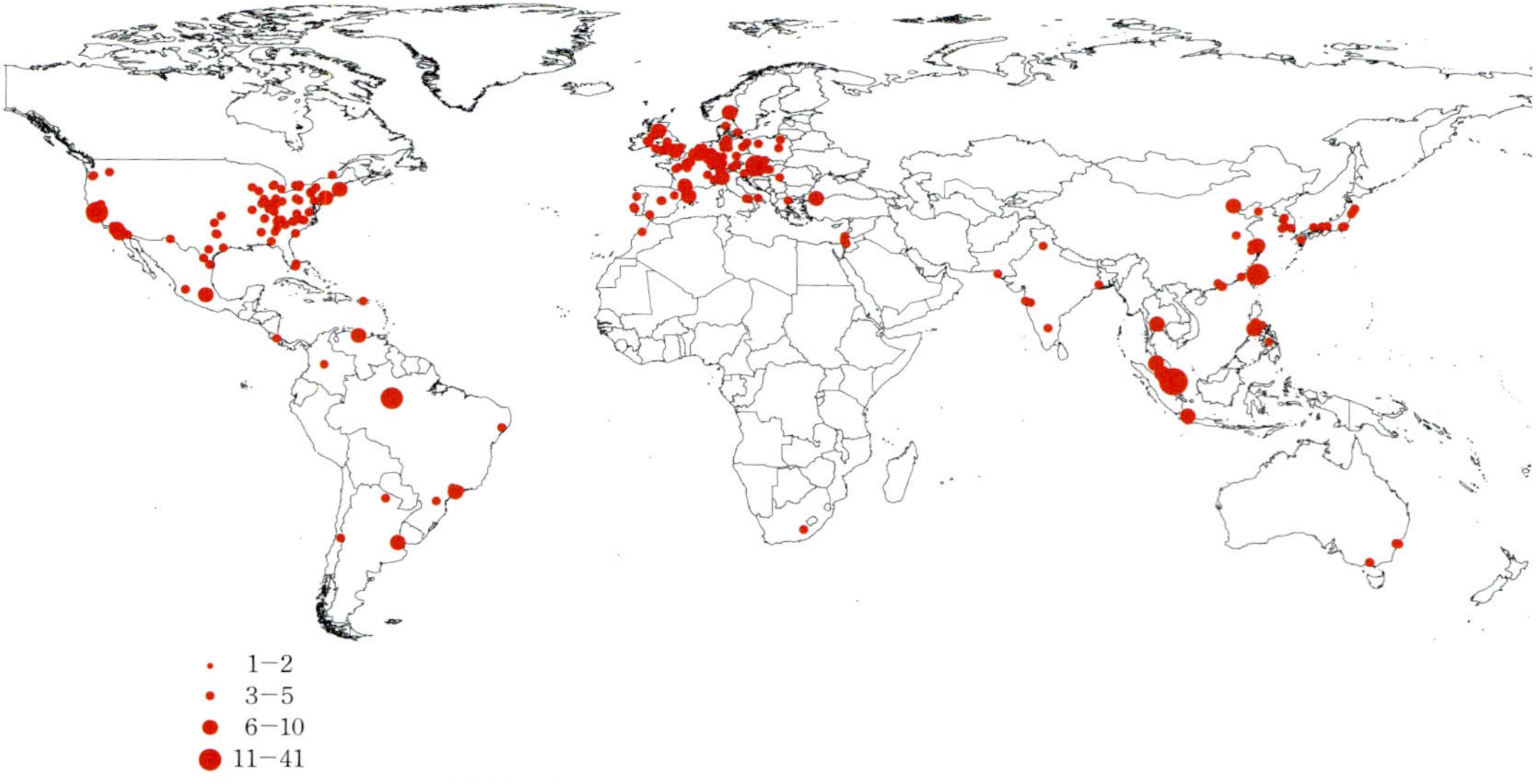

出典：2001年UNCTAD世界投資報告書。
UNCTAD、FDI／TNC データベース、*Who Owns Whom CD Rom 2000*（Dun and Bradstreet）による。
世界10位までのエレクトロニクス産業多国籍企業（日立、インテル、松下、三菱、モトローラ、NEC、フィリップス、シーメンス、ソニー、東芝）の海外支社1,557社のデータをもとに算出。
United Nations Conference on Trade and Development. World Investment Report 2001: Promoting Linkages. New York and Geneva: United Nations, 2001.

地図 4　繊維・衣料製造業の海外支社の分布状況（1999年）

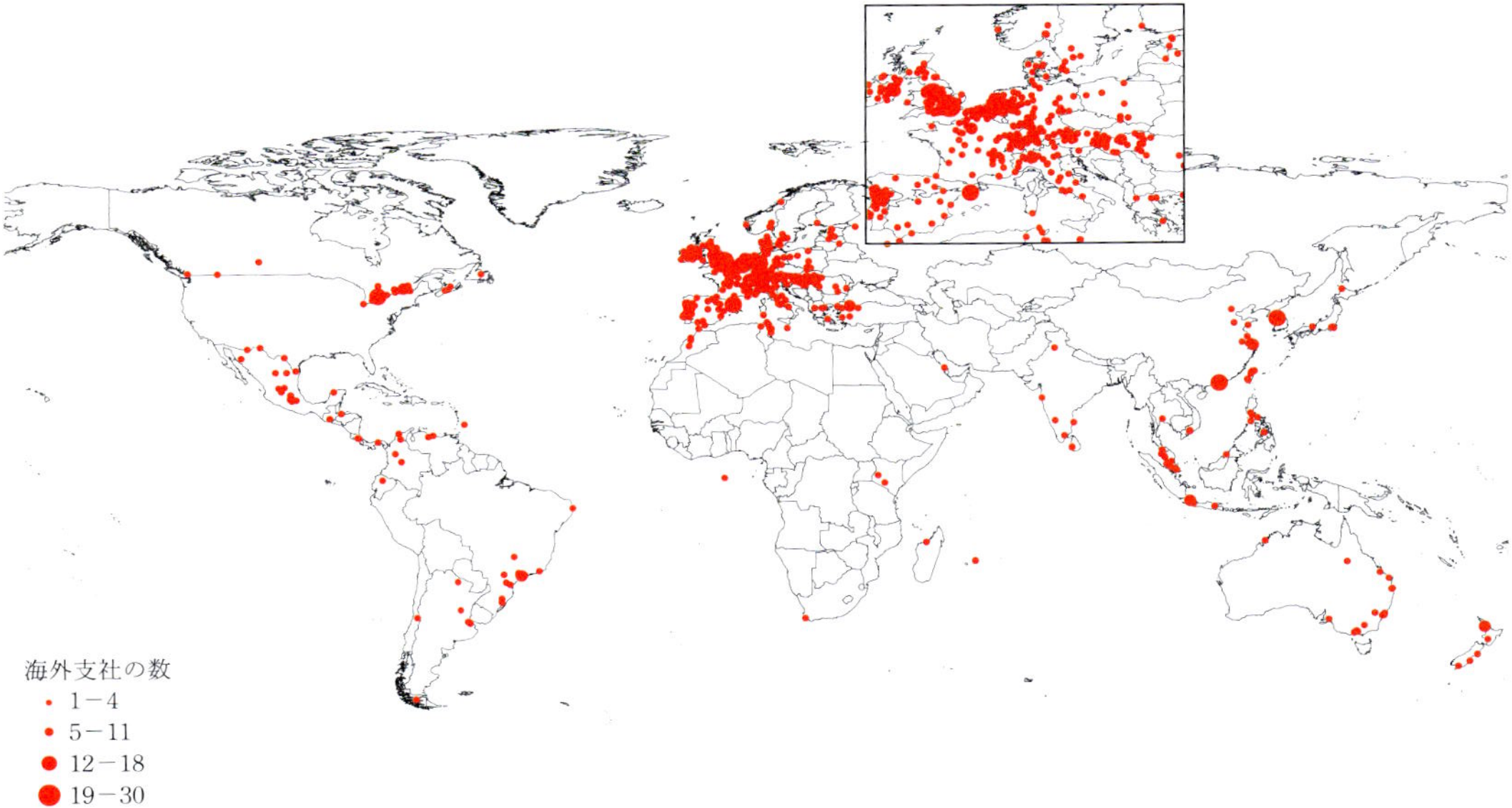

出典：2001年 UNCTAD 世界投資報告書。
UNCTAD、FDI／TNC データベース、*Who Owns Whom CD Rom 2000*（Dun and Bradstreet）による。
大手企業の海外支社1,455 社のデータをもとに算出。
United Nations Conference on Trade and Development. World Investment Report 2001: Promoting Linkages. New York and Geneva: United Nations, 2001.

地図５　１人あたりの年間平均 GDP（国内総生産）の増加率（1980－2000年）

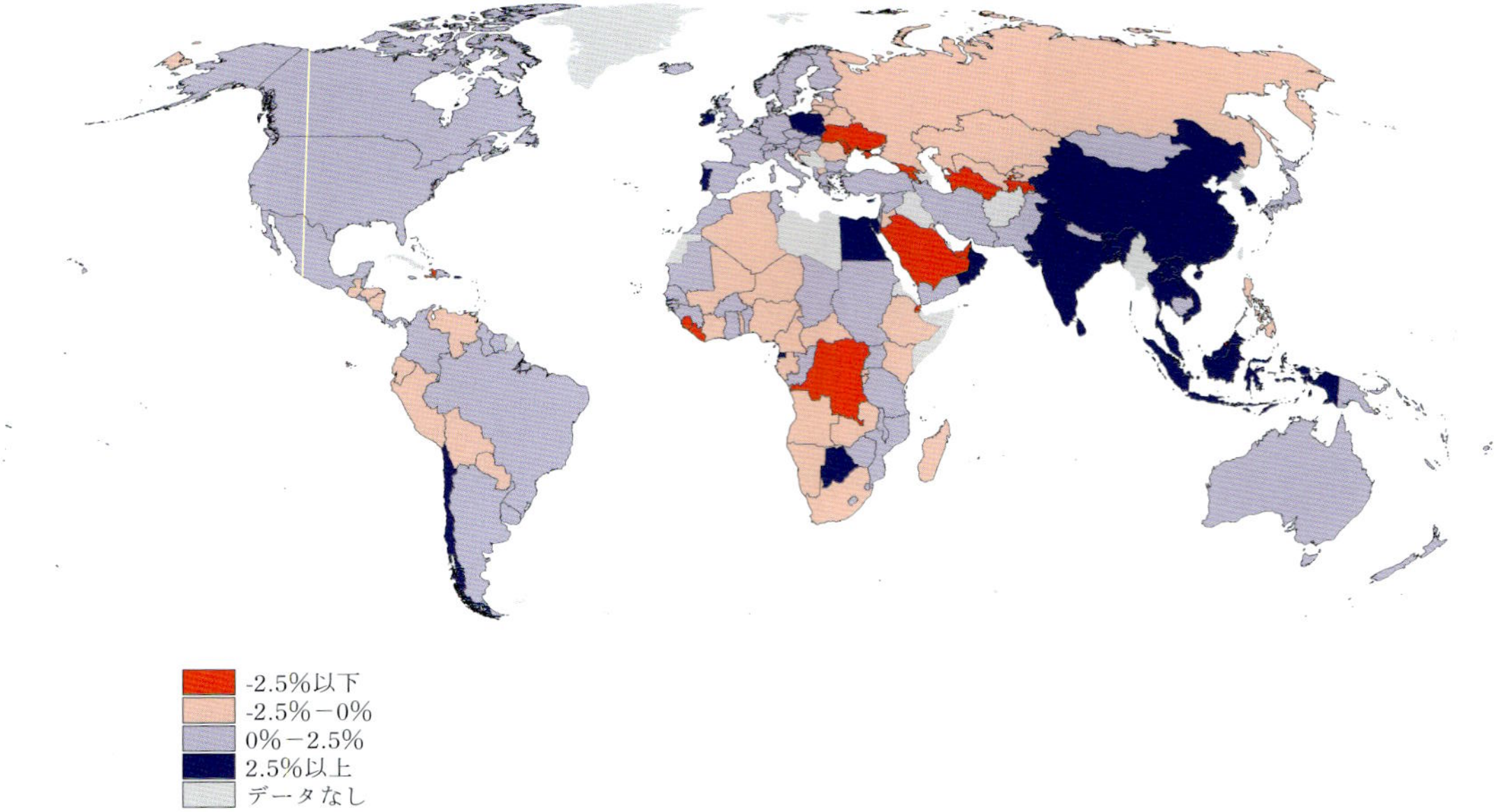

出典：世界銀行のデータ（2004年）により算出。
Jeffrey D. Sachs

地図6　西ヨーロッパ

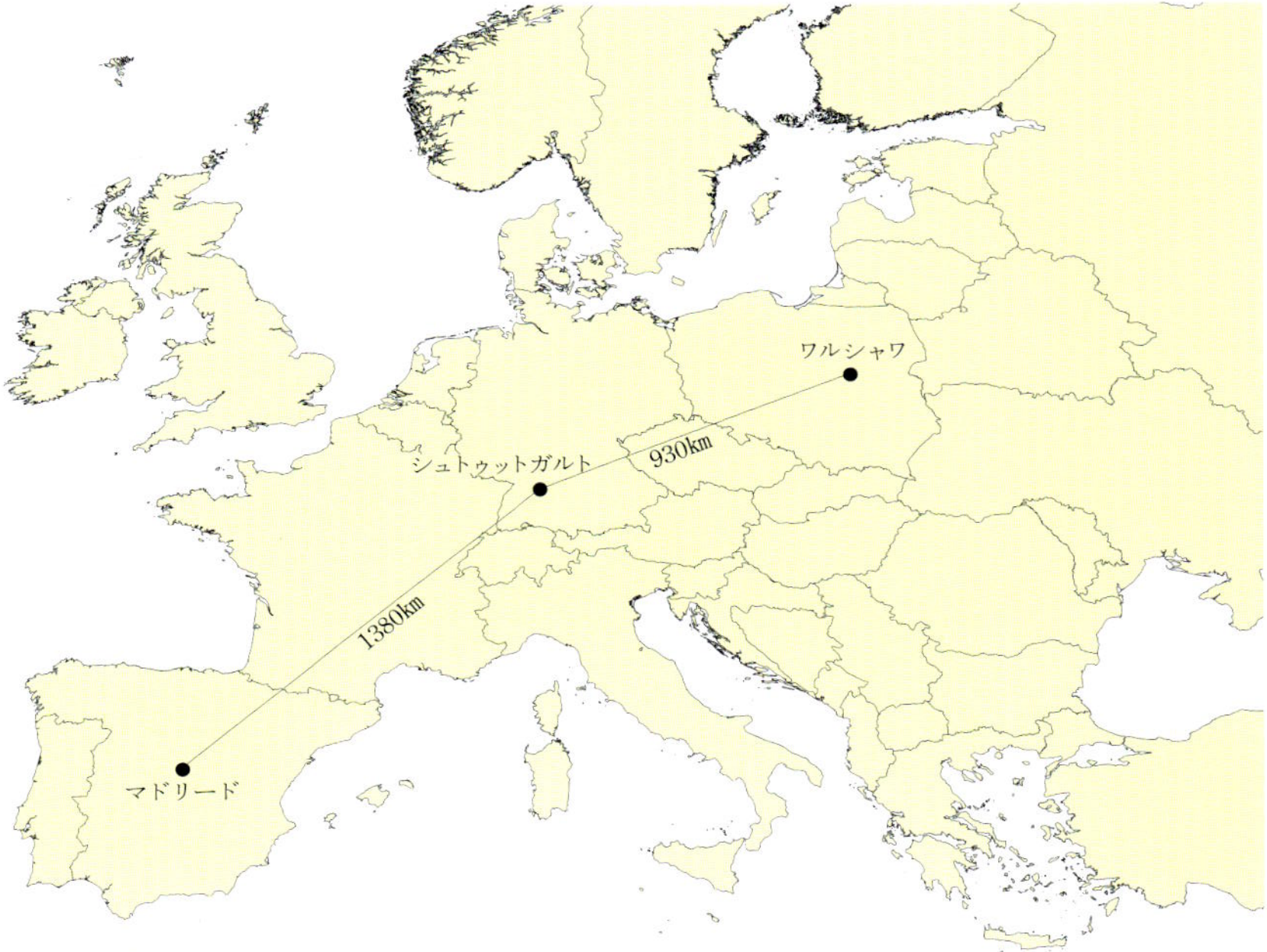

Jeffrey D. Sachs

地図７　対中国 FDI（海外直接投資）の省および都市における分布状況（1999年）
（単位100万ドル）

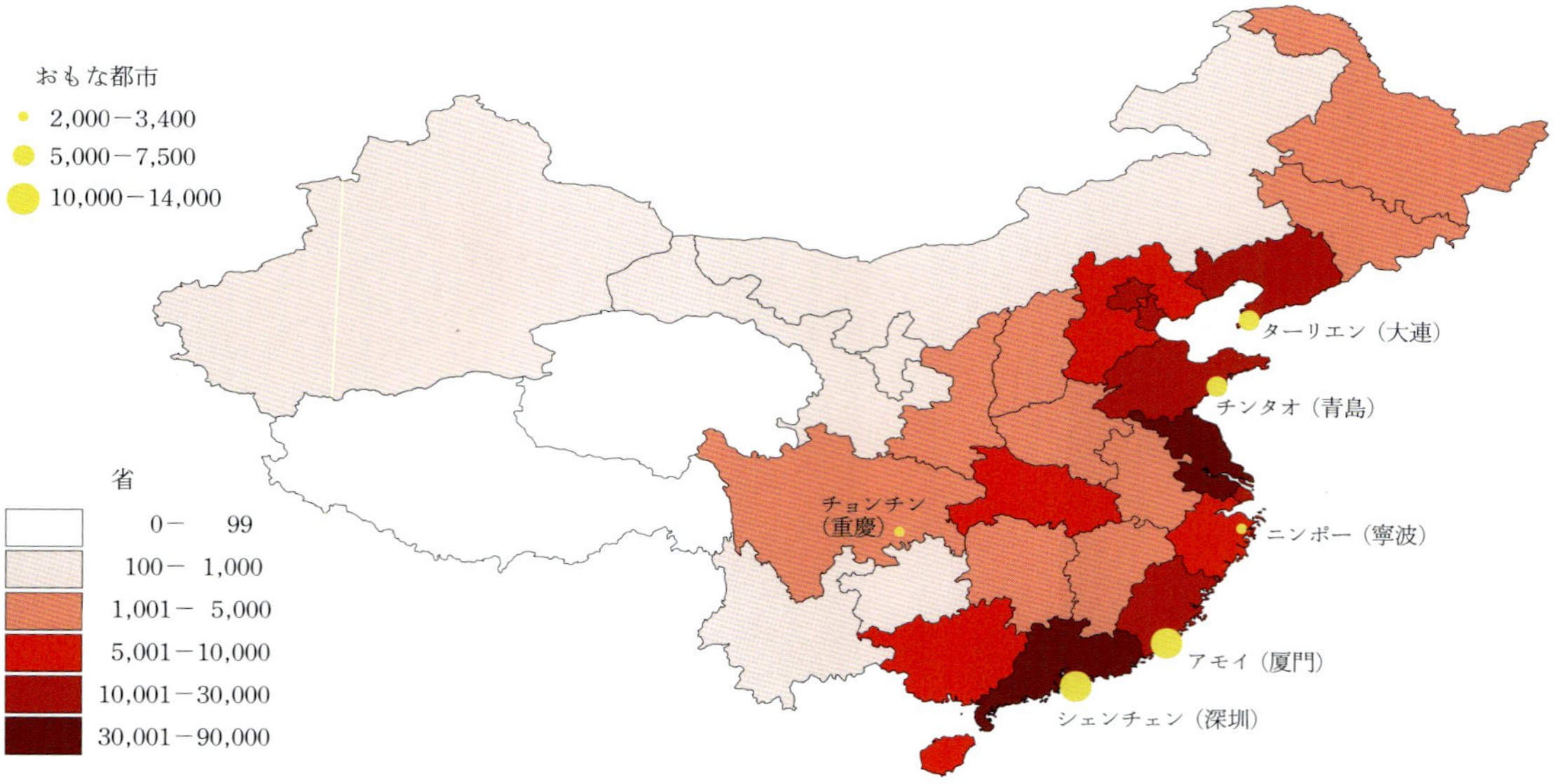

出典：2001年 UNCTAD 世界投資報告書による。
UNCTAD、中国 MOFTEC（2000年）をもとに算出。
United Nations Conference on Trade and Development. World Investment Report 2001: Promoting Linkages. New York and Geneva: United Nations, 2001.

地図8　世界の平均寿命

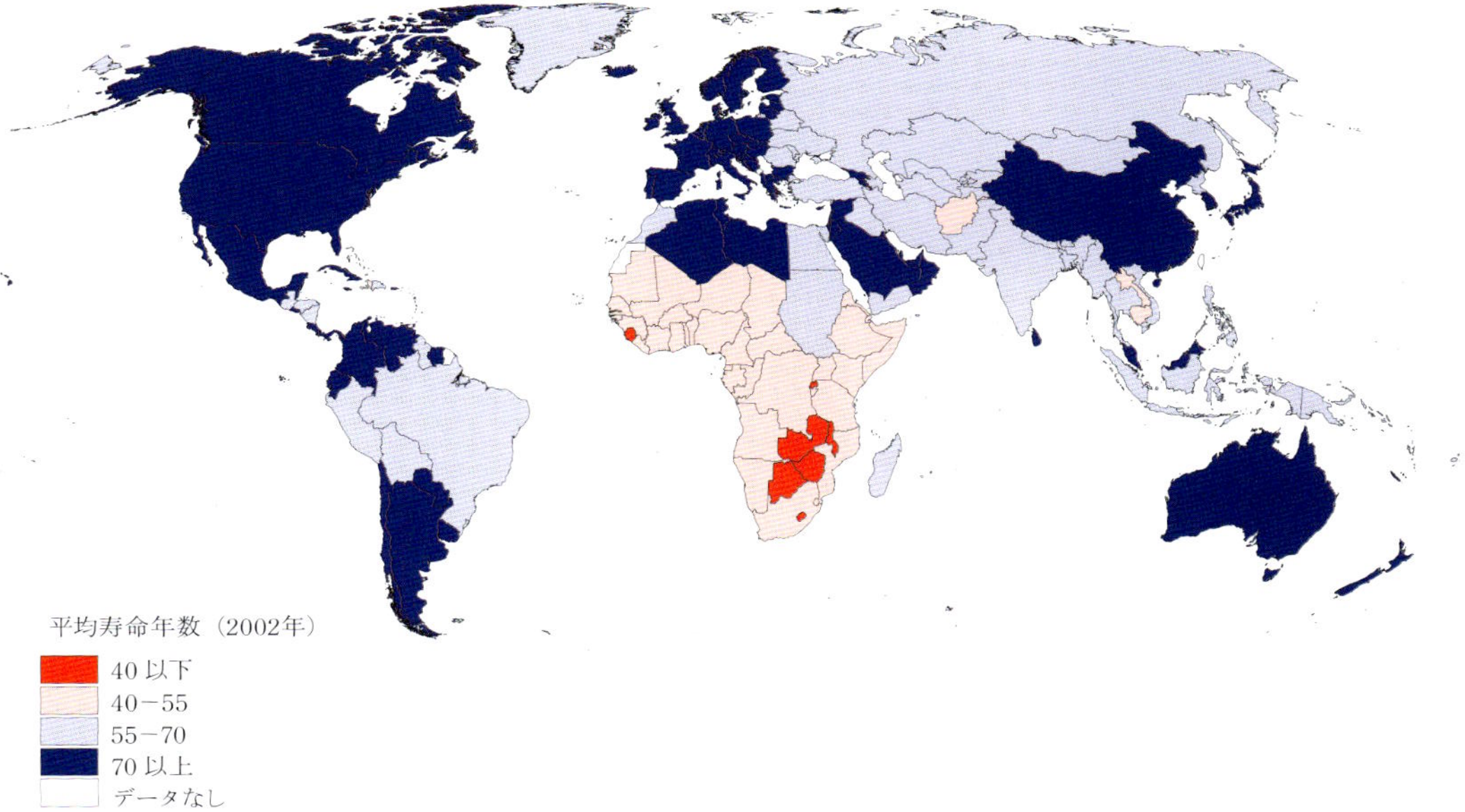

出典：世界銀行のデータ（2004年）による。
Jeffrey D. Sachs

地図 9　低所得国

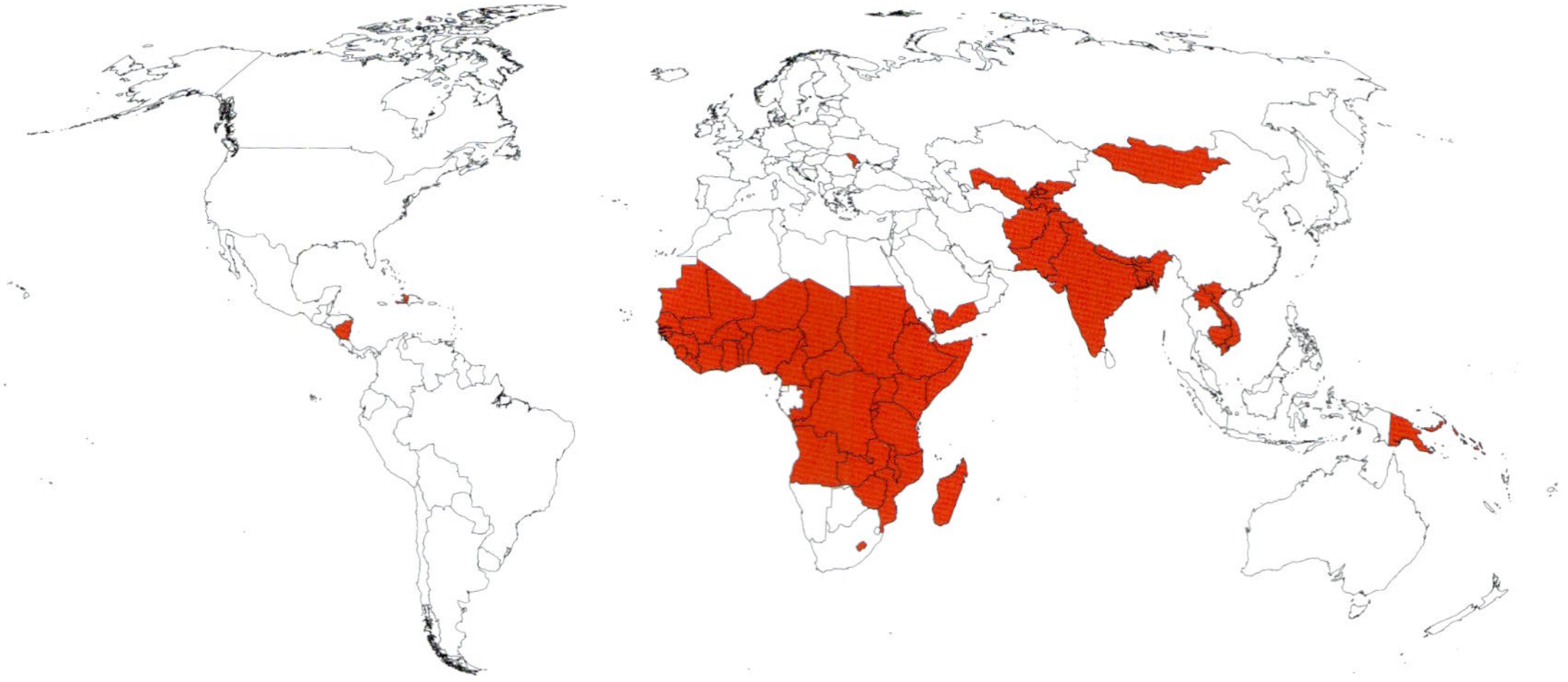

世界銀行の分類による低所得国（1人あたりの所得が 765ドル以下）

出典：世界銀行のデータ（2004年）による。
Jeffrey D. Sachs

地図10　マラリアの危険地域（1946年、1966年、1994年）

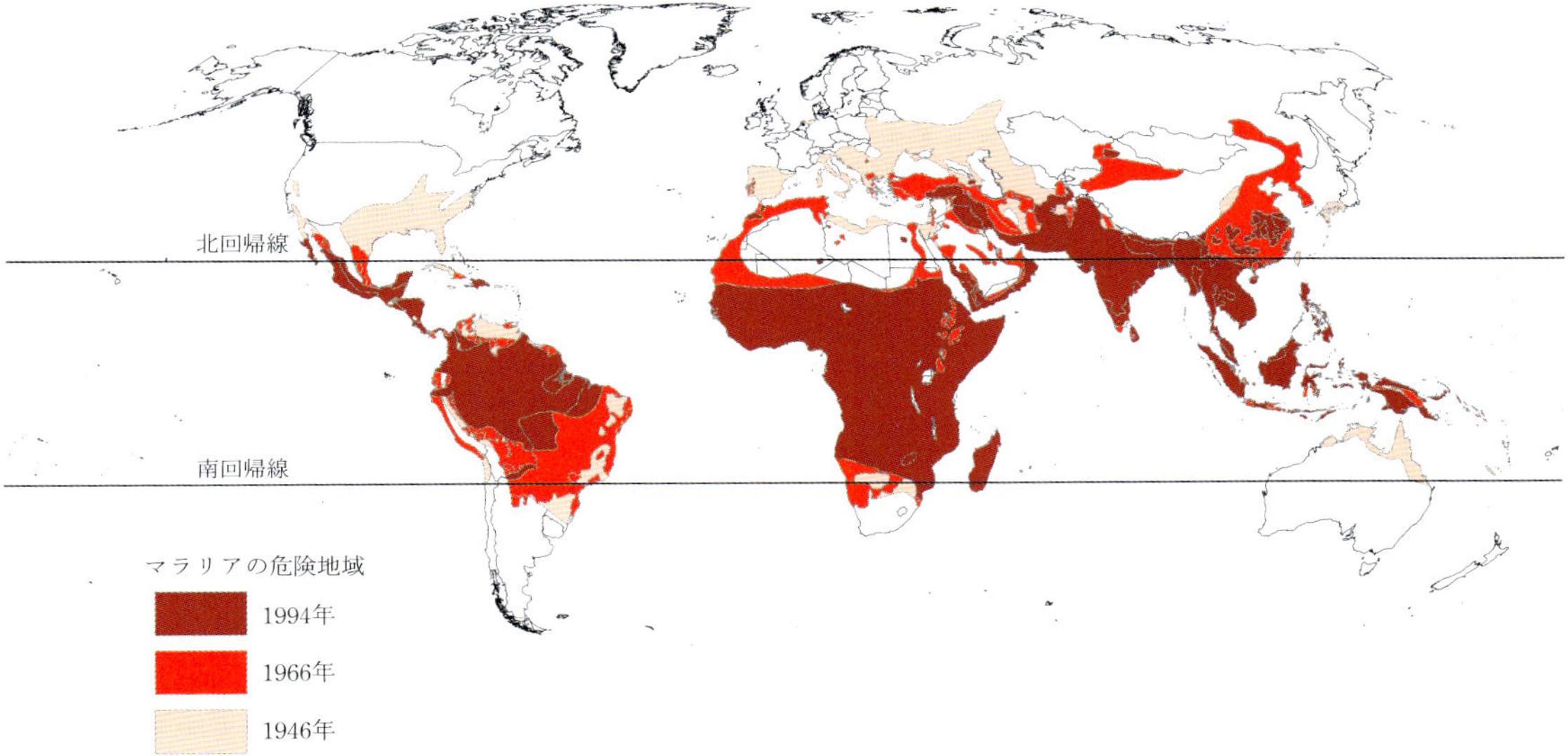

出典：サックスおよびギャラップ（2001年）による。
"The Economic Burden of Malaria" by Jeffrey D. Sachs and John Luke Gallup, *American Journal of Tropical Medicine and Hygiene*, January 2001, volume 64, 1 Supplement, pages 85-96.

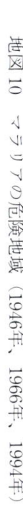

地図 11　マラリア・エコロジー指数

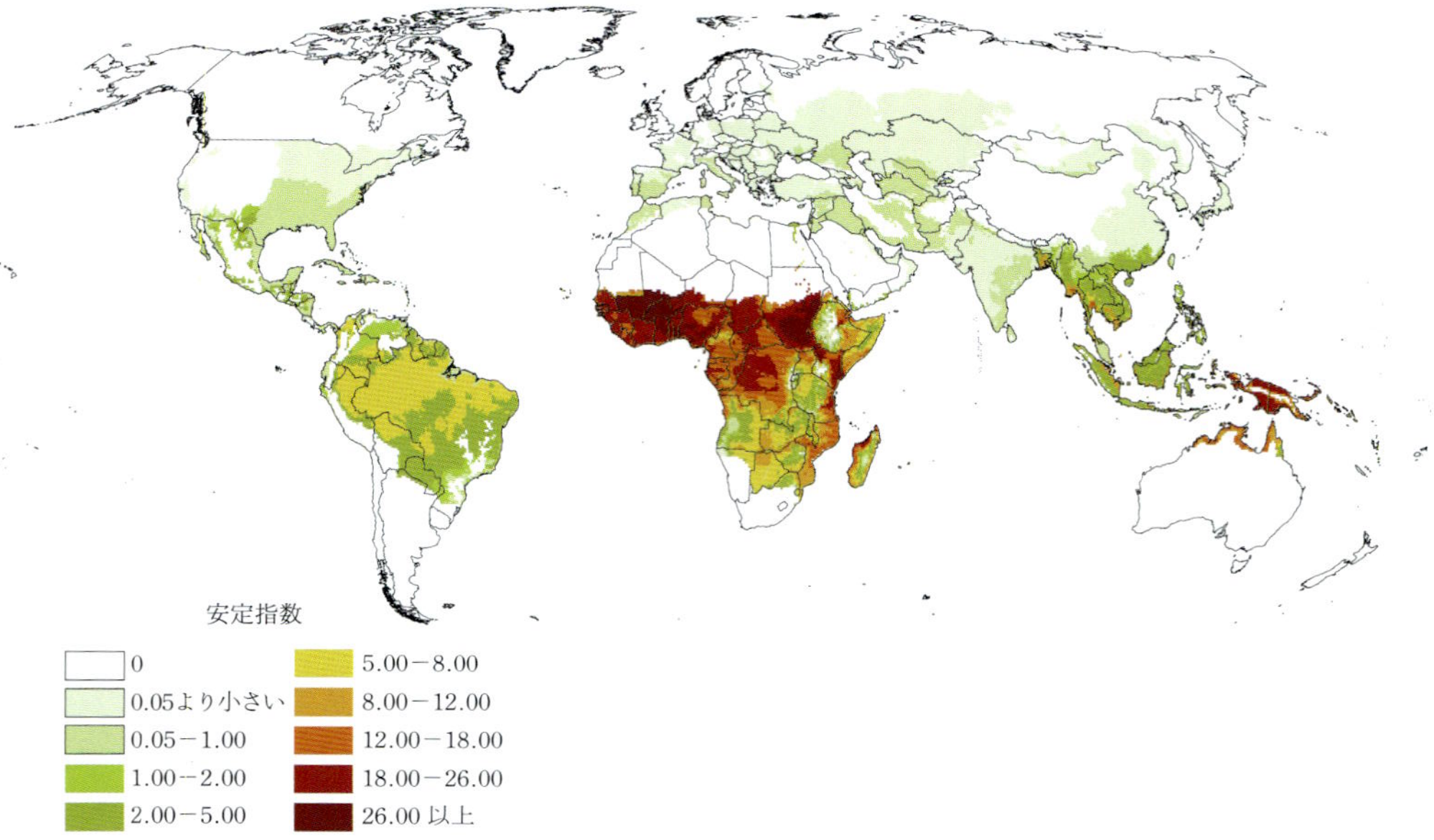

出典：キシェフスキー他（2004年）による。
"A Global Index Representing the Stability of Malaria Transmission" by Anthony Kiszewsky, Andrew Mellinger, Andrew Spielman, Pia Malaney, Sonia Ehrlich Sachs, and Jeffrey D. Sachs, *American Journal of Tropical Medeicine and Hygiene*, May 2004, volume 70, issue 5, pages 486-98.

ハヤカワ文庫 NF
〈NF404〉

貧困の終焉

2025年までに世界を変える

ジェフリー・サックス
鈴木主税・野中邦子訳

早川書房
7365

日本語版翻訳権独占
早 川 書 房

©2014 Hayakawa Publishing, Inc.

THE END OF POVERTY

How We Can Make It Happen in Our Lifetime

by

Jeffrey D. Sachs

Copyright © 2005 by
Jeffrey D. Sachs
All rights reserved.

Translated by
Chikara Suzuki & Kuniko Nonaka
Published 2014 in Japan by
HAYAKAWA PUBLISHING, INC.
This book is published in Japan by
arrangement with
THE WYLIE AGENCY (UK) LTD.
through THE SAKAI AGENCY.

人生の伴侶であり、インスピレーションにして師、そして親友のソニアへ

目次

貧困の終焉

２０２５年までに世界を変える

謝辞

この謝辞は二つの役目を負うべきである。本書の執筆にあたって、私は無数のサポートと寛大さと導きに助けられた。だが、もっと重要なのは、このグローバルな社会、そして深い断絶のある世界で、揺るぎない信念をもつ多くの同僚、教師、リーダーたちとめぐりあい、サポートを得られたことである。このまたとない機会に、私は生涯にわたる友の協力と支援に対して感謝を捧げたい。

まず私の家族――妻のソニア、娘のリーサとハンナ、息子のアダム――に感謝したい。この仕事は家族も巻きこんだ。この二十年間、「夏休み」には東アフリカの村のうだるように暑い一室でまたしてもパパの講演を聴くというのが定番だった。ソニアは私のガイド、アイデアの源泉、症状から病名を特定する方法を教えてくれる教師、またディベロップメントに関する研究のパートナーにして共著者である。親としては嬉しいかぎりだが、世界各地の発展途上国を自分の目で見てきた子供たちは、みずからグローバル・ディベロップメントにチャレンジしようとしている。これまで経験したことに率直な驚きをあらわし、私はそれに促されて彼らの将来のためにも闘おうという気持ちになった。家族といえば、義父ウォルター

・エーリックの叡智、母ジョーン・サックスの良識、妹アンドレア・サックスの心からなる関心があればこそ、私たちは道をそれずにやってこられた。そして法律家として大きな才能をもち、社会正義のために闘いつづけてきた亡き父セオドア・サックスは、善悪を判断するうえで、つねに羅針盤の役目を果たしてくれた。

この二十年間、私は幸いにも世界各地であたたかく迎えられてきた。現地の状況と問題点を理解したうえで私の研究に参加し、この地球上に存在する境界線を広げるために挑戦してくれる大勢の同僚や友人に恵まれた。私のキャリアのごく初期にボリビアで共同研究をしたダニエル・コーエンとフェリペ・ラライン は私の生涯にわたる仲間である。デイヴィッド・リプトンはIMFを辞めてラテンアメリカおよび東欧における私の仕事に協力してくれた。のちに彼はクリントン政権の国際政治経済問題に腕をふるった。ウィン・ウーはこの四半世紀のあいだ私のアジア問題のチューターであり、ガイドの役目も果たし、また多くの重要な問題に関して私の共著者および共同顧問を務めてくれた。ニルーパム・バジパイはこの十年のインドにおける驚くべき改革を、冷静にして厳正かつ鋭敏な目で観察してきた学者であり共著者、そしてアドバイザーである。

経済顧問として成功する第一の道は、成功の可能性のある政府の顧問になることだ。その点で、私はとても運がよかった。私の最初の冒険はボリビア政府で、当時、この国を率いていたのは、強力なリーダーシップをもった故ビクトル・パス・エステンソロ大統領とその首席経済顧問でのちに大統領の座についた故ゴンサロ・サンチェス・デ・ロサダだった。彼らは私に、経済改革を成功させる実際的な政治について学ばせ、より広い意味での政治を成功させるには正直さと国を愛する心が大事だと教えてくれた。ポーランドでは、ラリー・リンデンベルクが中心となって私を「連帯」の傑出したリーダーたちに紹介してくれた。アダム・ミフニク（日刊紙〈ガゼタ・ヴィボルチャ〉の編集長）、ヤツェク・クーロン（元ポーランド共和国労相）、ブロニスワフ・ゲレメク（ポーランド共和国外務相）、それにもちろんレフ・ワレサ（「連帯」委員長・元ポーランド大統領）などである。私たちはみな、ポーランド改革の勇敢で明敏なリーダー、レシェク・バルツェロヴィチ（元副首相兼財務相）のおかげをこうむっている。長期にわたってポーランド共和国を率いるアレクサンデル・クファシニェフスキ大統領にも敬意を表したい。ポーランドで民間人に授与される最高の栄誉ある国家功労十字勲功章をリプトンと私に授与してくれた配慮はいまでも忘れられない。スロヴェニアのヤネス・ドルノウシェク大統領は私に過去二十年のバルカン半島のこみいった政治状況について教示し、リーダーシップについて深く考えさせてくれたばかりか、独立国としての誕生にも立ちあわせてくれた。ロシアでは、共同顧問を務めてくれたアンダース・アスルンドに感謝するとともに、勝算の乏しい闘いに敢然と立ち向かった三人の改革者の名前もあげておきたい。エゴール・ガイダル（移行経済研究所所長）、ボリス・フェドロフ（元大蔵相）、グリゴリー・ヤヴリンスキー（改革派政党ヤブロコ党首）。

アフリカでの仕事は、多くの同僚およびアフリカ各地のリーダーによる援助と指導に恵まれた。とくに以下のかたがたに感謝する。カレスタス・ジュマ（元国連生物多様性条約事務局長)、ダイナ・アーヒン＝テンコラ(WHOの「マクロ経済と健康に関する委員会」のシニア・エコノミスト)、ウェン・キラマ(国立医療リサーチ研究所長)、チャールズ・マン(元マラウイ食料安全保障顧問)、アン・コンロイ。私がアフリカに対して熱烈な希望を抱いていられるのは、あの大陸全体で数多くの強力かつ先見的なリーダーシップをじかに見てきたからである。これはアフリカの政治全般についてアメリカ人が抱いているワンパターンの先入観とは大違いだ。とくに、進むべき道を示しつつある新世代の民主的なリーダーたちに敬意を表したい。アルベルト・シサノ元モザンビーク大統領、ムワイ・キバキ・ケニア大統領、ジョン・アジェクム・クフォー・ガーナ大統領、オルシェグン・オバサンジョ・ナイジェリア大統領、ジャスティン・ムラウェジ元マラウイ副大統領、フェスタス・モハエ・ボツワナ大統領、アブドゥラエ・ワッド・セネガル大統領、メレス・ゼナウィ・エチオピア元首相。

おぼつかない足取りとはいえ、この世界はビジョンとリーダーシップ、そして正義と平等と法律遵守を重んじるリーダーたちの苦闘によって一つにまとまろうとしている。リーダーのなかでも特筆すべき存在が国連事務総長コフィ・アナンである。彼の寡黙ながら断固たる対応によって、世界は近年の危機をなんとか乗り越えられた。もう一人の偉大なリーダーはグロ・ハルレム・ブルントラントである。彼女が事務局長だった期間に私はWHO(世界保健機関)で仕事をする機会に恵まれた。WHOの「マクロ経済と健康に関する委員会」は、貧困層への基本的な資金援助をスケールアップするさいの道筋を示してくれた。この委員会の同僚たちはそれぞれの分野で比類のないリーダーシップを発揮している。インド首相のマンモハン・シン、世界エイズ・結核・マラリア対策基金（GFATM）事務局長のリチャード・フィーチェム、世界貿易機関（WTO）事務局長のスパチャイ・パニチャパック、スローン・ケッタリング記念がんセンター所長のハロルド・ヴァーマス。

国連の各部局には大勢の才能ある献身的なリーダーがおり、そのような人びとと近年ともに仕事ができたのは私にとって大きな幸せである。国連開発計画（UNDP）総裁のマーク・マロック・ブラウンは発足当時から国連のミレニアム・プロジェクトを支持してくれた。国連人口部長のジョゼフ・チェイミー、UNDP副総裁のゼフリン・ディアブレ、元国際通貨基金（IMF）専務理事でドイツ大統領のホルスト・ケーラーはIMF理事在任中に資源割当のグローバルな公正さを推し進めた。国連ハビタット（国連人間居住計画）の優秀なリーダーであるタンザニア生まれのアンナ・ティバイジュカ、疲れを知らない有能な国連環境計画事務局長クラウス・テプファー、エネルギッシュで勇敢な世界銀行総裁ジェームズ・ウォルフェンソン。また、世銀チーフ・エコノミストのニック・スターンとフランソワ・ブルギニオン、IMFチーフ・エコノミストのラグラム・ラジャンの協力にも感謝する。

世界の貧困を終わらせるためのさまざまなアイデアは国連のミレニアム・プロジェクトから生まれた。光栄にも私はこの計画の長を務めさせてもらい、その経験からこの本が書かれたともいえる。毎日の苦労をともにしたジョン・マッカーサーのけっして揺るがない自発的なリーダーシップがなければ、この計画はスタートから脱線していたことだろう。ジョンと私はさらに、有能な事務局員たちにも大いに助けられた。チャンドリカ・バハダール、スタン・バーンスタイン、ヤッシーン・フォール、エリック・カシャンバジ、マーガレット・クルク、ギドー・シュミット＝トラウプ、エリン・トローブリッジ、昼夜を問わず休みなしで働いてくれたアシスタント、アルベルト・チョー、マイケル・フェイ、マイケル・クローズ、ルイス・ハビエル・モンテロ、ロヒ・ワンチュー、アリス・ウィーマー。

国連ミレニアム・プロジェクト・タスクフォース（対策本部）のリーダーたち、連携する科学者、政策専門家たちは、農業学、水管理、気候、エネルギーシステム、疾病管理など、貧困の撲滅と長期開発の核となるさまざまな分野が交錯するなかで、私の教師となり、ガイドとなってくれた。幸いにも、それら第一級の科学者たちは現在コロンビア大学地球研究所での私の同僚でもある。地球研究所の仲間たちにはとくに感謝したい。デボラ・バーク、ウォレス・ブレッカー、ボブ・チェン、リン・フリードマン、ジェームズ・ハンセン、クラウス・ラックナー、アップマヌー・ラール、ロベルト・レントン、マーク・レヴィ、ドン・メルニック、ビジャイ・モディ、ジョン・ムッター、チェリル・パーム、アラン・ローゼンフィールド、ジョシュ・ラクシン、ペドロ・サンチェス、ピーター・シュロッサー、ジョゼフ・スティグリッツ、アワッシュ・テクルハイモノット、ロン・ウォルドマン、ポール・ウィルソン、そして持続可能な発展についての理解を広げるのに大きな役割をはたしてくれたスティーブン・ゼビアク。地球研究所の活動を強力にバックアップしてくれたコロンビア大学の学長リー・ボリンジャーには心から感謝している。また、国連ミレニアム・プロジェクトを推進するために努力してくれた対策本部のコーディネーターおよびメンバーのすべてにもお礼をいいたい。

熱烈なファンを含む大勢の人びとの目を開かせ、地球上の平等と正義のためにともに闘おうという熱意をかきたてることができるのは、ボノくらいだろう。本書に序文を寄せてくれたことはもちろん、すぐれたリーダーシップを発揮して世界を一つにまとめ、そうやって築かれた絆をたえず補強してばらばらだったエネルギーとコミットメントを新たにしつづけるボノに感謝する。ボノの協力者であるジェイミー・ドラモンド（アフリカの貧困問題にとりくむ〈DATA〉の事務局長）とルーシー・マシューズはグローバルな市民社会にとって貴重なスターである。往々にして無関心で冷淡な世界を代表するリーダーたちをグローバル・ディベロップメントの実現に向けて動かし、毎日のように奇跡を起こしている。ほかにもグローバルな正義を遂行するという奇跡をなしとげながら、私の活動を助けてくれる人びとは大勢いるが、なかでも投資家のジョージ・ソロスと公衆衛生のパイオニアであるポール・ファーマー、ジム・キム、ブルース・ウォーカーの寛大な援助にお礼を申し上げる。

彼らの助けがなければ本書は出版にこぎつけなかっただろうというのは決まり文句だが、この世では、決まり文句が真実であることも多い。この企画の最初から編集のアシスタントを務めてくれたすぐれたライターのマーガレット・ローレンジーは的確なサポート、専門的な助言、編集上の意見を絶妙なタイミングで与えてくれた。地球研究所および国連ミレニアム・プロジェクトの仕事のあらゆる側面を処理するアシスタントのゴードン・マコードはこの本に関しても細々した厄介な仕事をこなしてくれた。今後、持続可能な開発という難しい仕事を推進するうえで、ゴードンはかならずや次世代のグローバル・リーダーとなるにちがいない。ウィンスロップ・ルムルは二〇〇四年半ばにハーヴァードからチームに参加し、地球研究所に来て以来、重要なメンバーとなっている。マーサ・シンコットは本書に書かれた活動と重なる二〇〇三年までの二十年間、私のオフィスをとりしきってくれた。二〇〇三年以後はジー・ミー・チョイがその仕事を引き継ぎ、現在はハイディ・クリートケのもとで、ともすると混乱のきわみになりそうな状態がきちんと管理されている。私一人ではとても国連と地球研究所と世界各地に広がったプロジェクトおよびプログラムは整理しきれないだろう。

同僚や友人たちは原稿をていねいに読んで、誤りや勘違いやわかりにくい記述などをチェックしてくれた。とくに貴重な時間を割いて有益な助言をくれたダイアン・アサドリアン、ニルーパム・バジパイ、デイヴィッド・リプトン、ウィル・マスターズ、ステイシー・ワーデン、ウィン・ウーとジェニー・ウーに感謝する。また、キリスト教界による世界の貧困撲滅のための伝統的な活動について、私の質問に答えてくれたボブ・エドガーと彼の同僚である全米キリスト教会協議会のメンバーにも感謝したい。

かぎりなく有能なエージェント、アンドリュー・ワイリーはこの本の企画を実現させるのに一役買ってくれた。この本の内容と目的は、私たちが生きているあいだに極貧を根絶できるという考えを世界に広げることである。着実にして明晰なプロの導きとサポートを与えつつ執筆を見守ってくれたペンギン・プレスの担当編集者スコット・モイヤーズ、そして編集作業にあたってのペンギン・プレスの熟練したチームワークにも心から感謝する。

序文

ボノ（U2）

不穏な雷雲を幸いにも——文字どおり——下に見ながらアフリカへの長い旅路をたどる飛行機のなかで、二人の男が隣りあわせで眠っている。一人はきれいに髭を剃り、周囲には書類が散乱している。渋い黒のスーツを着て、この数日の寝不足のために目はやや落ちくぼみ、頭のなかにはその大きな頭蓋にさえ収まりきれないほど壮大な思想をもっている。もう一人はどちらかといえばボヘミアン風のだらしなさで、無精髭を生やし、髪はぼさぼさで、少年のような顔には飛行機の旅が数日どころか何年にもおよんでいるかのような疲労がにじみでている。空の旅がどれほど健康に悪いかの証拠みたいなものだ。彼が目覚めると、客室乗務員の女性がサインを求めてくる。とまどいながらも愉快そうに、彼——この男が私だ——は書類に囲まれて眠っている黒いスーツの男を指差す。自己紹介しよう。私の名前はボノ、ロックスターであり、学生でもある。いっしょに旅しているのがジェフリー・D・サックス。偉大なエコノミストで、この数年来、私の教師でもある。いずれ、私のサインよりも彼のサインのほうがずっと価値が上がるだろう。

私たちの旅がどうやって始まったのかを話そう。そもそもはジェフ・サックスがコロンビア大学地球研究所の所長になる前にさかのぼる。彼が国連事務総長コフィ・アナンの特別顧問としてニューヨークに来るよりも前のことだ。マサチューセッツ州ケンブリッジのハーヴァード大学ケネディ校で国際開発に関する厳しい口頭試問を彼から受けたとき以来の仲だ。私の大事な友人ボビー・シュライバー（JFKの実妹ユーニス・シュライバーの息子）が彼に会いにいけと助言してくれたのだ。そのとき私はジュビリー2000の代表としてアメリカ連邦議会でスピーチすることになっていた。新ミレニアム祝賀の一環として、OECD（経済協力開発機構）に加盟する裕福な国に対するLDC（後発開発途上国）の債務の帳消しを求めるキャンペーンのためである。だから、私は自分のしゃべる内容について勉強しておく必要があったのだ。こうして私は頭文字の略語だらけの世界に足を踏み入れた。その先導となった男はそんなアルファベット記号でスープが作れる男だった。しかも、それは食べるに値するスープだ。このスープは――きちんと作りさえすれば――さらに大量のスープを生み、さらに大勢の人びとがそのスープを食べるだろう。

極度の貧困による飢え、病気、死は、全人類にとっての恥辱である。ジェフにとって、これは困難だがけっして解決不能の問題ではない。豊かな資金をもつ人、貧しい社会に対して新たな計画で戦略的に対処できる裕福な社会にとっても、これは解決可能である。

シンガーの私はメロディを聴きとる耳をもっている。偉大な思想には偉大なメロディとの共通点がある。それはわかりやすく、身近で、記憶に残る――一度聴いたら頭から離れず、いつまでもつきまとう。この本が訴える思想は長ったらしいものではない。だが、けっして忘れられないものになるだろう。貧困を終わらせる。これは難しい試みではあるが、無視はできない。

ジェフ自身、無視しがたい人物だ。スピーチのときには、私はつねに彼の二番手にならざるをえなかった（ビートルズのあとに登場するモンキーズみたいなものだ）。彼の声はどんなエレキギターよりもよく響き、ヘビメタよりもずっとヘビーだった。彼の情熱はオペラを思わせ、存在そのものに迫力があり、活気にあふれていた。レトリックは大胆だが、論旨は緻密だった。神は彼にアンプ内蔵の声を与えたにちがいない。だが、肝心なのは議論の中身である。

あふれているのは活気だけではない。怒りもある。低開発国の危機の多くが回避できることを知っているからだ。マラウイのリロングウェにある病院で、死を迎えるベッドでさえ三人で――二人は上に、一人は下に――分けあわなければならない人びとを見ながら、こうならずにすむ手段があったのにと思うのは、たいていの人には耐えがたいことだろう。私にはショックだった。ジェフはクリエーティブでもある。エコノミストの彼は統計数字に本来それがもっていたはずの生命を吹きこむことができる。数字の羅列から目を上げ、スプレッドシートを通して人びとの顔を見ることができる。世界の果てに向かって歩み続ける家族の姿を、自分の家族のように眺めることができる。彼は私たちに、無関心とはいったいどういうことなのかを教えてくれる。予防が可能で、治療法もわかっている病気——エイズ、マラリア、肺結核——のために、毎日、一万五千人のアフリカ人が死んでいる。私たちにとってはありきたりの薬が不足しているために。

　この数字だけでも、私たちがこだわってきた概念のばかばかしさがわかる。平等という概念である。アフリカの現状は、平等という概念に対する私たちの忠誠心を嘲り、関心を疑い、コミットメントに疑問を投げかける。正直にいうなら、世界のほかの地域で毎日のようにそんな大量死が起こるなどとはとても考えられないからだ。こんなことが北アメリカやヨーロッパや日本で起こりうるだろうか？　心の奥底で、本当にそれらの命——アフリカ人の命——が自分たちの命と平等だと思っているなら、私たちはこの災厄を終わらせるためにもっと何かをしているはずだ。受け入れるのはいやだが、これが真実である。

　この本は、平等に向けて新しい一歩を踏みだすためのもう一つの可能性だ。平等はとても大きな概念であり、自由《フリー》と密接に結びついている。しかし、それはただ《フリー》では手に入らない。真剣にとりくもうと思うなら、代価を払うことも覚悟しなければならない。代価など払えないという人もいる……だが、私はそうは思わない。私がいいたいのは、欲しいものを手に入れるのに代価を払うのは当然だということだ。隣人という言葉に物理的な距離があまり意味をなさなくなった世界では、平等のために代価を払うのは犠牲ではなく、むしろ賢明な行為なのだ。「もてる者」の運命は、「もたざる者」の運命と分かちがたく結びついている。これまで気づかなかったとしても、二〇〇一年九月十一日にはそれがあまりにも明白になった。

9・11の実行犯は裕福なサウジアラビア人だったかもしれないが、彼らに援助と聖域を与えたのは貧困にさいなまれ崩壊したアフガニスタンだった。いまのところアフリカはテロとの戦いの最前線にはなっていないが、いつなんどきそうなってもおかしくはない。

「テロとの戦いは貧困との闘いに結びついている」――これは誰の言葉だろう？　私ではない。反政府的な平和運動のグループでもない。アメリカの元国務長官コリン・パウエルの言葉だ。軍人がこんなことをいうようになったら、私たちは耳を傾けるべきだろう。緊張でぴりぴりした時代には、敵になるかもしれない相手から自分の身を必死で守ろうとするより、彼らと友達になったほうがずっと安上がりな――しかも賢明な――ことではないだろうか。

私たちは事態を変えたいと願っている。だが、希望的観測はいまや役に立たないだけではなく、危険でさえある。ジェフの立てたプランは、二〇一五年までに世界の貧困を半減するためのミレニアム開発目標――これには世界中の政府が署名した――を達成するのに欠かせない筋道というだけではない。これは私たちがこの仕事をなしとげるためのハンドブックなのだ。この豊かな世界において、子供が飢餓で、あるいは二十セントの予防接種があれば防げる病気で死んでいる。このまったく理屈に合わない極貧状態を終わらせる最初の世代に、私たちがなれるかどうかの境目なのだ。私たちはそれを可能にできる最初の世代である。不公正な取引、不当な債務、そして不運というもつれた糸をときほぐせる最初の世代。これまで長きにわたってこの世に頑強に存在しつづけた強者と弱者のあいだの腐った関係に終止符を打てる最初の世代なのだ。

　ジェフの手にかかると、私たちの首のまわりにかけられた重荷は冒険に変わり、達成可能なチャレンジとなる。彼のいうことは明快だ。私たちは異なった立脚点から同じところをめざす……彼はマーケットから、私はプラカードから。幸いにも、私たちはその両方が必要だと同意している。しかし、この本が説得力に富んでいるにもかかわらず、最も重要な問いの答えは見つからないだろう。それは分析や理論やフィールドワークの範疇を外れ、やがて責任はまさしく私たちの両肩にゆだねられる。私たちは、一人の子供が死ぬか生きるかを偶然の範疇にゆだねるのをやめる世代になれる——だが、そうなろうとする意志が私たちにあるだろうか？　恵まれた場所にいる私たちは自分たちのもつ力に気づくだろうか。それとも、耳元のかすかな囁きを無視し、聞こえないふりをして、豊かさのなかでのうのうと眠りつづけるだろうか。その必要もないのに、毎日一万五千人がエイズ、肺結核、マラリアで死んでゆく。母親、父親、教師、農民、看護師、技師、子供たち。これがアフリカの危機である。これは他人事として聞き流す夜のニュースではない——これは私たちの危機なのだ。

　この本のページをめくる未来の世代には、私たちがこの重大な問いにどう答えたかがわかるだろう。その証拠は、彼らのいる世界に見られるだろう。歴史が私たちを裁くだろう。しかし、それがどんな歴史になるかは、私たちの行動による。私たちがいったい何者なのか、何をしてきたか、どんなことで記憶されたいのか。私たちの世代がその方法を知らなかったとはけっしていえない。それをする余裕がなかったともいえない。それをしない理由があったともいえない。すべては私たちの決断いかんにかかっている。責任をよそにシフトするか、それとも、この本で教授が提案しているように、パラダイムをシフトさせるかなのだ。

二〇〇四年

イントロダクション

これは、私たちが生きているあいだに世界の貧困をなくすことについて書かれた本である。何が起こるのかを予想するのではなく、何ができるのかを説明しているだけだ。現在、世界で毎年、八百万人以上の人びとが、生きていけないほどの貧困のなかで死んでいる。私たちの世代は二〇二五年までにこのような極貧をなくすことができる。

毎朝の新聞にこんな記事が載ることもありうる。「昨日、二万人以上が極度の貧困により死亡」。記事には厳然たる数字が並んでいる――およそ八千人の子供がマラリアで死亡、五千人の父母が肺結核で死亡、七千五百人の若者がエイズで死亡、さらに千人以上が下痢、呼吸器の感染症など、長年の飢えで衰弱した体には致命的となる病で死亡。貧しい人びとは薬剤不足の病院で死に、マラリア予防の蚊帳がない村で死に、安全な飲料水のない家で死んでゆく。彼らは無名のまま、世間に向けて何の言葉も発することなく死んでゆく。だが、悲しいかな、そのような記事が書かれることはまずない。ほとんどの人は、生きるためだけに日々闘っている人びとがいること、そして世界中の貧しい人びとの多くがその闘いに敗れていることに気づいていない。

二〇〇一年九月十一日以来、アメリカ合衆国政府はテロとの戦いにとりくんできたが、世界中に不安定さが増していることのより深い理由については無視している。アメリカ政府は今年、四千五百億ドルを軍事費に回す予定だが、貧しい人びとの苦境を救うためにそのわずか三十分の一の百五十億ドルしか投入しないような状態が続けば、いくら軍事に金を使っても平和は得られないだろう。極度の貧困によって弱体化した社会は不安と暴力をはびこらせ、グローバルなテロリズムの温床にさえなる。

百五十億ドルという金額はアメリカの歳入に対してごく小さいパーセンテージでしかなく、アメリカの国民総生産（GNP）においても百ドルあたり十五セントでしかない。アメリカのGNPのうち貧困救済に使われる金額の割合はこの十年で減りつづけており、そのわずかな金額でさえ、アメリカ政府が供与すると何度も約束したにもかかわらず、支払われていない。さらに、極度の貧困という危険を回避するための資金も削られ、ひいてはアメリカ国内の安全保障のために投入される金も減少している。となると、この本は正しい選択をするための手引きともいえる——本当の意味で人命を尊重する、より安全な世界への選択である。

この二十年間、私は多くの国のリーダーや大勢の財務相・保健相、世界各地のさまざまな村の人びとと過ごしてきた。世界人口の九〇パーセントを有する百カ国以上をめぐり歩いてきた。眺めのよい場所から世界を見わたすという得がたい経験を積んできた結果、私はこの地球の偽らざる実状を理解するに至った。なぜ貧困が生じるのか、富める国の政策がどんな役割をもっているか、そして、そこからどんな将来像が描けるか。これらの問題に関して、正しい全体像をもつこと――それが、二十年にわたって私がとりくみ、チャレンジしてきたことだ。私の学問および政治的なキャリアにおいて、これほど得るところが大きいものはなかった。

ハイパーインフレーションの終息、安定した新通貨の導入、返済不可能な債務の帳消し、瀕死の共産主義経済からダイナミックな市場経済への移行、エイズ・肺結核・マラリア撲滅のためのグローバル基金の設立、貧困層のHIV感染者に対する現代的な薬物治療――これらの成功例をこの目で目撃し、またその一部に貢献できたことは、私にとって幸運だった。やがて私は豊かな社会が貧しい人びとを助けるためにやっていると称することと、実際とのあいだに大きなギャップがあることも理解するようになった。また、科学的なリサーチと経済顧問という地道な仕事を通じて、私たちの世代が大きな力をもっていること、そしてその力を使えば、極度の貧困に苦しんでいる大勢の人びとを助けられること、その過程で私たちの暮らしも安全になるということがしだいにわかってきた。

以下のページでは、ボリビア、ポーランド、ロシア、中国、インド、ケニアといったさまざまな社会で私が目にし、学んできたことを書こうと思う。これを読めば、世界中のどの国でも、グローバル・サイエンスとテクノロジーとマーケットの上に築かれた、この前例のない繁栄の時代に加わるチャンスを手にしていることがわかるだろう。だが、その一方で、世界のある地域が貧困と飢えと病気という下降スパイラルにとらわれていることも見てとれるはずだ。死にかけている人間に、人生における自分の割り当てをもっとうまく使うべきだったとお説教するのはむごいことだ。むしろ、彼らを開発の梯子につかまらせ、せめていちばん下の段に足をかけさせてやることが私たちの務めだろう。そこからは自力で昇ってゆくこともできるのだから。

私はオプティミストだろうか？　オプティミストかペシミストかは視点によって変わる。肝心なのは、何が起こるかを予測することではなく、将来をどんな形にするかの手助けをすることだ。これは集団的な作業だ──私も働き、あなたも働く。経済の入門書は個人主義とマーケットの分散を教えているが、私たちの安全と繁栄は集団的な決断にかかっている。病気の撲滅、科学の有効利用、教育の徹底、基本的なインフラストラクチャーの構築、極度の貧困にあえぐ人びとを一致協力して助けることに、みんなで合意しなければいけないのだ。基本的なインフラストラクチャーの必須条件（道路、動力、港湾）と人的資本（健康と教育）がととのって初めて、マーケットは開発の強力なエネルギーになる。そのような必要条件がなければ、マーケットは世界の大きな部分を素通りして、彼らを貧しいまま取り残し、一刻の猶予もならぬ苦境におとしいれる。保健、教育、インフラストラクチャーをうまく配備できる有能な政府と、必要なときに与えられる外国からの援助があれば、経済的な成功は確実なものになる。

八十五年前のイギリスに生きた偉大な経済学者ジョン・メイナード・ケインズは、大恐慌の悲惨な状況についてじっくり考えた。周囲の深い絶望を目にした彼は一九三〇年に論文「わが孫たちの経済的可能性」を書いた。圧迫と苦悩の時代に、彼は孫たちの世代、二十世紀の終わりになれば、イギリスを初めとする工業国では貧困が根絶されているだろうと予見した。ケインズが強調したのは科学とテクノロジーの劇的な進歩であり、テクノロジーの発展によってさまざまな分野での経済成長が促され、ひいてはこの成長が旧来の「経済問題」を解決するに至って、人はついに誰でも食べることに困らず、また生きるのに必要なものを得られるようになるというのだった。ケインズは正しかった。現在、極度の貧困は豊かな先進国から姿を消し、中程度の発展を果たした国の多くでも見られなくなった。

今日、同じ論理にのっとって、私たちは孫の世代ではなく、自分たちが生きているあいだに極度の貧困を根絶できるといえるはずだ。富める国が保有する資金、現代の知識の宝庫に蓄積されたパワー、貧困からの脱出を求める地域の割合が減っていること――このすべてが、二〇二五年までに貧困をなくすことが現実的に可能だと示唆している。ケインズは、日々の生存という長きにわたる苦闘を脱してようやくかちえた富と先例のない自由を、孫たちの世代の社会がどう用いるだろうかと興味をもっていた。この問いは私たちすべてにもあてはまる。私たちは正しい判断をもって自分たちの富を使っているだろうか。分断する世界を和解させるために、いまだに貧困にとらわれている人びとの苦しみを終わらせるために、そして全人類の絆を強め、安全を増し、文化や地域を超えた共通の目的を達成するために用いているだろうか。

本書はこの問いへの答えにはならないだろう。そのかわり、世界経済がいかにして現状のようになったか、私たちの世代がまだ残っている極度の貧困をなくすために今後の二十年間、どのように行動したらいいかを詳細に説明し、理解を深めることによって、平和と繁栄に向かう道を指し示す一助になるはずだ。進むべき道の輪郭を描くことで、その道を選びやすくできればと思う。さしあたり、私がこの世界で見てきたこと、また私たちの時代の経済的な可能性についての意見を読者と分かちあえることを幸いに思う。

1　地球家族のさまざまな肖像

マラウイ――パーフェクト・ストーム

マラウイの首都リロングウェから約一時間の距離にある小さな村ンサンディアに着いたのはまだ昼前だった。途中の泥道では、水甕や薪などの荷物を抱えて裸足で歩いている女性や子供たちとすれちがった。昼前だというのに、もう汗だくになるほど暑い。零細なトウモロコシ農業を唯一の産業とするこのアフリカ南部の陸に封じこめられた国で、人びとは不毛な土地にしがみついてやっとのことで生きている。この年は例年以上に厳しかった。雨が降らなかったからだ。たぶんエルニーニョの影響だろう。原因がなんであれ、畑の作物が萎れているのは走りすぎる車窓からもわかった。

健康な体をもつ成年男性が村に大勢いたら、そして彼らが数カ月のあいだに降ったわずかな雨を集める小規模なウォーター・ハーヴェスト（乾燥地での灌漑技術で、雨水を最大限に利用する）を屋根の上や畑に構築していたら、ここまで悲惨な状況にはならずにすんだだろう。だが、村に着いたとき、たくましい若い男の姿はまったく見あたらなかった。それどころか、迎えてくれたのは年老いた女性と子供たちだけで、健康そうな働き手は男女を問わず一人もいなかった。大人はどこにいる？　私たちは尋ねた。畑に出ているのか？　村に案内してくれた援助隊員は悲しそうに頭を振り、いいえといった。みんな、死にかけているんです。村はエイズでほぼ全滅状態だという。マラウイのこの一帯には数年来、エイズが蔓延している。村に残っている二十歳から四十歳の男性はたった五人しかいない。この朝、彼らの姿が見えないのは、昨日エイズで死んだ村人の葬式に出ているからなのだ。

近年、このンサンディアの村はすさまじい死の暴虐に襲われた。私たちを迎えてくれた高齢の女性たちは親をなくした孫たちの世話をしている。それぞれが語るべき不幸をもっている。息子や娘がどんなふうに死んでいったか、そして親を亡くした五人、十人、ときには十五人もの孫を食べさせ、育てていく重荷が彼女たちの肩に負わされたこと。もっと豊かな国なら、彼女たちの年齢になれば、女家長として敬意を集め、生涯の労苦の報奨としてかちえた休息を味わっていられるはずだ。だが、ここでは休んでなどいられない。一瞬の息抜きさえない。なぜなら、この村の祖母たち――同じような立場の女性は数えきれないほどいる――は、ほんの一瞬でも気を抜いたら、幼い子供たちが死んでしまうことを知っているからだ。

生きのびられるかどうかの確率はとても小さい。ゼロに近いことさえある。泥でできた小屋の前で会った女性には孤児となった十五人の孫がいる（写真1）。身の上を語りはじめた彼女はまず、小屋の横の畑で萎れかけて倒れている作物を指差した。小さな畑は半ヘクタールほどしかなく、雨が十分に降ったとしても、そこからの収穫では家族全員を養えないだろう。畑の狭さと旱魃に加え、もう一つの問題があった。マラウイのこの一帯では土地の栄養が枯渇し、雨がたっぷり降ったとしても一ヘクタールあたり一トンのトウモロコシしかとれないのだ。健康な土壌なら、一ヘクタールにつき三トンの収穫というのが普通である。

半ヘクタールからとれる半トンのトウモロコシでは、家族が必要な栄養を摂取し、わずかながらの――あったとして――貴重な現金収入を得るにはとても足りない。この年、旱魃のせいで、ほとんど収穫がないだろう。彼女はエプロンのポケットから、手のひら一杯ほどの腐りかけて虫のわいた粟をとりだした。これが今夜の夕食の材料だという。子供たちがその日食べるたった一度の食事である。

私は子供たちの健康状態について訊いてみる。彼女は四歳くらいの女の子を指さして、先週マラリアにかかったという。孫を背負って十キロほど離れた病院までつれていった。病院に着いても、その日は抗マラリア薬のキニーネがなかった。祖母と孫――高熱を出していた――は翌日また来るようにといわれて家に帰された。

翌日、また十キロの道を歩いて病院に着くと、まるで小さな奇跡のようにその日はキニーネが入っていたので治療してもらい、命をとりとめた。だが、危ういところだった。そのまま一日か二日放置していたら、子供は脳マラリアで昏睡状態に陥り、死んでいただろう。アフリカの子供の百万人以上、おそらく三百万人ほどが、毎年マラリアで命を落としている。

これは恐ろしい数字だが、実際には、この病気は予防可能で――蚊帳やその他の環境整備によって防げるのだが、マラウィの貧しい村ではそれが手に入らない――治療法も完全にわかっているのだ。毎年マラリアで何百万もの人命が失われることについては、納得できる言い訳などありえない。

ンサンディアへの旅のガイドを務めてくれたのはキリスト教の援助団体のメンバーで、地元の非政府機関（NGO）で熱心に働く献身的なマラウィ人である。彼とその仲間はこのような村を助けるために幾多の困難と闘っている。このNGOはほとんど資金がなく、わずかな寄付で細々と活動している。この村――とくにこの家族――への大きな貢献は、小屋の草葺屋根の内側に防水ビニールシートを張ったことである。このシートのおかげで、こんど雨が降っても、雨漏りだらけの屋根の下で眠る十五人の子供たちは濡れずにすむ。一戸につき数セントの貢献だけが、この援助機関にできることなのだ。

村のなかを歩きながら、他の女性たちからも同じような話を聞いた。みんな息子と娘に先立たれていた。この村には貧しい人しかいない。近くに診療所はない。安全な飲料水もない。畑には作物もない。さらに目につくのは、援助もないことだ。私は立ち止まって女の子に名前と年齢を訊いた。七歳か八歳に見えたが、十二歳だという。長年の栄養不足で成長できないのだ。将来、何になりたいかと訊くと、女の子は先生になりたいという。そのために勉強し、しっかり働くつもりだ、と。だが現状では、彼女が中学校に入学し、さらに上級の教職課程へと進める可能性はきわめて小さい。いまのところ、彼女は満足に学校へ行くことさえできない。子供たちはみな病気のせいで学校へは行ったり行かなかったりだ。水汲みや薪拾いの手伝いをし、兄弟姉妹やいとこたちの世話をする合間にしか学校へは行けない。教材や制服を買うお金と授業料があるかどうかも問題だ。それに、第一、学校までの数キロを安全に歩いていけるかどうか。

私たちは村を発って、その日の午後遅く、飛行機でマラウイの別の都市ブランタイアへ移動し、マラウイの医療機関のトップであるクイーン・エリザベス中央病院を視察した。そこでは、その日二度目のショックを受けた。マラウイ政府はこの病院をベースにして、HIVウイルスへの感染後、治療の手段がないためにエイズで死にかけている約九十万人のマラウイ国民に対する治療プログラムにようやく着手しはじめた。この病院には外来診療室もあり、一日一ドルの治療代を払える人びとは、抗レトロウイルス薬併用治療が受けられる。これは、貧しい国々に低コストの抗レトロウイルス薬を提供してきたインドの大手製薬会社シプラとの共同事業である。マラウイ政府には薬を必要とする人びとのために一日一ドルの費用を肩代わりするゆとりさえなかったため、このプログラムは当初、自分で治療費が支払える少数のマラウイ国民しか利用できなかった。私たちが訪問した時点で、この病院では毎日平均しておよそ四百人に抗エイズ薬を投与していた。九十万人におよぶHIV感染者のなかで、一日一ドルが払えるのはたった四百人しかいないのだ。それ以外の人びとにとって、抗エイズ薬を手に入れるチャンスはまずない。

私たちは外来診療と入院病棟の管理者である医師につれられて会議室に入った。彼は抗エイズ薬治療は小さな奇跡だという。その効果はドラマチックだった。治療の成功率はほぼ一〇〇パーセントなのだ。マラウイ人はこれまでほとんど薬を摂取したことがないから、HIVウイルスにはまったく薬剤耐性がないのだという。また、この医師によると、患者たちは一日二度の投薬をけっしておろそかにしないという。彼らは生きたがっている。医師はこの結果にとても喜んでいる。

この短い説明に力づけられていると、医師は立ちあがって、入院病棟を見てくださいという。病棟は廊下のすぐ向かいだ。「入院病棟」とは要するに婉曲語法で、はっきりいって、とてもそうは呼べないしろものだ。それはエイズで死んでゆくマラウイ人を集めた場所である。入院病棟には薬がない。病棟のベッドの定数は百五十だが、患者は四百五十人いる。四百五十人をベッドが百五十しかない部屋に入れれば、一つのベッドに三人ということになる。たいていは、ベッドの上に頭と爪先をたがいちがいにして二人を寝かせる——死の床を他人と分けあわねばならないとは。そして、ベッドの横か下の床にもう一人。文字どおり、床の上に直接、またはダンボールを敷いた上に寝かされている。ベッドの下で死を迎えるのだ。

部屋は呻き声に満ちている。これは臨終の部屋だ。この日、ここにいる人たちの四分の三かそれ以上がエイズの末期を迎えており、しかも薬はない。ベッドのそばに坐った家族は乾いた唇を水で湿らし、愛する人が死んでいくのを見守っている。廊下の向こうで患者を診察しているのと同じ医師が入院患者の世話もしている。彼は対処法があることを知っている。問題は一日一ドルの金さえあればこの患者たちが死の床から立ちあがれるとわかっている。

インフラストラクチャーでも物資の流れでも患者の熱意でもないことを知っている。問題は簡単だ。貧困によって何百人もの貧しいマラウィ人がこの日死んでいくのを世界が見て見ぬふりをしていることなのだ。

何回か訪問して、私はマラウィの状況がかなりよくわかってきていた。マラウィの副大統領ジャスティン・ムラウェジから私に連絡があったのは数年前だった。ムラウェジはとても善良な人で、威厳があり、雄弁で、困難を抱えた連立政権のなかできわめて人気の高い政治家である。困難は長きにわたっている。国民一人あたりの一日の所得が五十セント、年間でせいぜい百八十ドルという貧しい国で、しかも深刻な伝染病と飢餓と気候の変動という災厄に見舞われたために、民主主義の根幹がもろくなっているからだ。だが、意外にも、マラウイはもちこたえてきた。マラウイがこの災厄のすべてにじっと耐えているあいだ、国際社会の大半はただ見ているだけだった。

ムラウェジ副大統領自身、家族の何人かをエイズで亡くしていた。エイズについて初めて話しあったとき、彼は悲嘆に満ちた眼差しで、全国エイズ委員会の長としての新たな責任について語った。彼が率いるのは、この恐ろしい試練に対処するための全国的なエイズ戦略を立案する専門家のチームだった。このチームは世界中をまわって――ハーヴァード、ジョンズ・ホプキンズ、リヴァプールの各大学、ロンドンの衛生・熱帯医療学校、そして世界保健機関（WHO）――エイズに対する闘いをより有効にする方法を論じあった。

マラウイはじっさいのところ、死にかけていた国民に治療をほどこすため、ごく早くから有効な戦略を実行するために一丸となった国の一つだった。さらに、医師の訓練に加えて、薬品の分配、患者のカウンセリングおよび教育、コミュニティの活動、資金の流れといった面で新しいシステムを築きあげるべく、きわめて思慮深い態度をとった。それらを基盤にして、マラウイは五年以内に、現在のＨＩＶ感染者の三分の一（およそ三十万人）に抗エイズ薬を与えられるよう、援助してほしいと国際社会に訴えた。

だが、国際社会の対応は冷淡だった。ドナー国（資金提供国）の政府――アメリカ合衆国やヨーロッパ諸国を含む――はマラウイに要求を縮小するよう求めた。最初の要求は「あまりにも大きすぎ、コストがかかりすぎる」というのだ。次に出された草案は五年以内に十万人というところまで削減されていた。それでさえ多すぎた。緊張の五日が過ぎたあと、ドナー国はさらに六〇パーセントのカット――四万人まで――をマラウイに突きつけた。こうして切り詰められた案が、世界エイズ・結核・マラリア対策基金（ＧＦＡＴＭ）に提出された。信じがたいことに、基金を運営するドナー国はさらに削減を求めた。こうして、長い苦闘の末に、マラウイはようやく五年以内に二万五千人を救う基金を受けとれることになった――つまり、国際社会がマラウイ国民に差しだした死刑執行状である。

ユニセフ（国連児童基金）のキャロル・ベラミーはマラウイの苦境を「パーフェクト・ストーム」と的確にいいあらわした。気候不順、貧困、エイズの流行、長期間におよぶマラリア、住血吸虫病などの病気――これらがいちどきに襲ってきたのだ。この恐ろしい大渦巻きを目にして、世界のコミュニティは心配して身をよじり、高尚な言辞を弄してはいるものの、肝心の行動はほとんど起こしていない。

バングラデシュ――開発の梯子

このパーフェクト・ストームから数千マイル離れたところに、もう一つの貧困がある。ここでは貧困は退却しつつある。生きるための闘いがしだいに勝利を収めつつあるが、それでもまだ大きなリスクと不足する必需品の山が残っている。この闘いの場はバングラデシュである。世界でもとくに人口の多い国で、二つの大きな川――ブラマプトラとガンジス――のデルタを形成する氾濫平野に一億四千万人が住んでいる。この二つの川はバングラデシュを流れてインド洋に注ぐ。

バングラデシュは一九七一年に東パキスタンからの独立闘争をへて建国された。その年、深刻な飢餓と混乱に見舞われ、ヘンリー・キッシンジャー時代の国務省の役人の一人がそれを「国際社会の完全な無能力者《バスケットケース》」と呼んで有名になった。今日のバングラデシュは無能力者とはほど遠い。一人あたりの所得は、独立以来ほぼ二倍になり、平均寿命は四十四歳から六十二歳に延びた。乳児死亡率（出生児千人につき誕生から一歳未満に死亡する乳児の数）は一九七〇年の百四十五人から二〇〇二年には四十八人に減った。どれほど希望のない環境に見えても、正しい戦略をとれば、そしてそれと並行して正しい資本投入ができれば、前進することが可能だと教えてくれるのがバングラデシュである。

それでも、バングラデシュは極度の貧困から完全に逃れられたわけではない。これまでのような飢餓と病気という荒廃のきわみからは抜けだしたものの、いまでも大きなトラブルに直面している。マラウイを訪ねた数カ月後、私はある朝早く、バングラデシュのダッカで目を覚まし、驚くべき光景を見た。徒歩で出勤してくるおびただしい人の群れが路上を埋めつくし、その行列はダッカ郊外、近隣の最も貧しい地域まで続いている。よく見ると、そのほとんどは若い女性で、十八歳から二十五歳くらいに見えた。急成長しているダッカのアパレル業界で働く彼女たちは、毎月何百万点もの衣類を裁断し、縫いあわせ、パッケージにしてアメリカやヨーロッパに送りだしているのだ。

これまで何年ものあいだ私は発展途上国の被服工場をたくさん見てきた。洞窟のようなホールに何百人もの若い娘がミシンに向かって坐り、男たちは裁ち台に向かっている。布地が流れ作業で加工されてゆき、服が完成に近づくと最後にGAPやポロ、イヴ・サンローラン、ウォルマート、J・C・ペニーといった見慣れたラベルが縫いつけられる。この仕事に華やかなところはまるでない。毎朝、彼女たちは無言の行列を作って仕事場まで二時間の道を歩いてくることも珍しくない。七時か七時半に仕事場に着くと、それから十二時間働くこともある。休憩はほとんどないも同然で、ほんの短い昼休みか、トイレ休憩がやっとだったりする。色目をつかうボスにセクシャル・ハラスメントまがいの接し方をされることもある。辛くて単調な長い一日が終わると、娘たちはまたとぼとぼと家路をたどる。その途中でも身の危険にさらされることがないとはいえない。

こうした労働搾取（低賃金・長時間労働）は先進国の抗議の的になっている。そのような抗議は、彼女たちの安全と労働条件の質を高めるのに役立ってきた。しかし、豊かな社会で抗議活動をくりひろげる人びとは、そのような仕事がむしろ増えるように——ただし、安全な労働環境のもとで——働きかけるべきなのだ。だから、バングラデシュのような国々からの衣料品の輸入を制限する自分たちの国の保護貿易主義にこそ抗議してほしい。バングラデシュの若い女性たちはすでに近代経済という梯子の最初の段にしっかりと立っている。それはマラウイの村との違いを決定的にする大きな一歩なのだ（さらに、当事者の彼女たちにとっては、生まれ故郷の村からの大きなステップアップだ）。このような工場は、極度の貧困から抜けだす梯子のいちばん下の段である。バングラデシュの極度の貧困を不治の病と決めつけたキッシンジャー率いる米国務省の予測は完全にくつがえされた。

バングラデシュを訪問したあるとき、私は英字新聞の朝刊を手にし、アパレル業界で働く若い女性たちへの長文のインタビュー記事を読んだ。その内容は感動的で興味深く、意表をつくものだった。一人一人が勤務の辛さや労働条件の厳しさ、ハラスメントについて語っていた。だが、その記事で最も強く印象に残り、また予想外だったのは、彼女たちがこの仕事をそれまで考えられなかった大きなチャンスだと思っていて、これによって生活がよりよく変わったとくりかえし述べていることである。

インタビューを受けた女性たちのほとんど全員が地方出身で、とても貧しく、読み書きができず、学校にも行かれず、長期におよぶ飢えと高圧的な家父長制のなかで心身ともに疲弊していた。彼女たち（そして、それより前の一九七〇年代と一九八〇年代の女性たち）が村にとどまっていたら、父親の決めた相手と結婚させられ、十七歳か十八歳で子供を産まざるをえなかっただろう。仕事のために都会まで歩いてくるようになって、若い女性はこれまで前例のなかった個人の自由を獲得する機会をつかんだのだ。

バングラデシュの女性たちは、わずかな賃金からどうやって貯金をひねりだすか、収入をどう管理しているかについて話していた。彼女たちは、自分の部屋をもち、誰といつデートし結婚するかを自分で決め、欲しいと思ったときに子供を産み、自分の生活をよくするために貯金を使い、とくに学校へ戻って読み書きなど仕事に役立つスキルを身につけるために貯金を使うことが多かった。厳しい暮らしとはいえ、これは経済の発展に向かう道の第一歩であり、ひと昔前の田舎の村では想像もできないことだった。

豊かな国の活動家は、ダッカのアパレル工場に対して、もっと高い賃金を払うか、さもなければ工場を閉鎖すべきだと抗議する。しかし、労働者の生産性以上の賃金を支払ったあげくに工場がつぶれたりしたら、若い女性たちは田舎の惨めな暮らしに送り返されるだけなのだ。彼女たちにとって、工場は一人一人に自由な暮らしをする機会を与えてくれただけでなく、技能を身につけて自分で稼ぎを得る梯子の一段目ともなる。さらに、数年後には子供たちにもその可能性が与えられる。これまで開発を順調に進めることができた国はほとんど例外なく、この産業化の最初の段階を通過してきた。バングラデシュの若い女性たちは、ニューヨークのガーメント地区を初めとするさまざまな地域にやってきたかつての移民たちと同じ経験をしているのだ。アメリカへ移住して、被服工場でこつこつと働いた祖先たちがいればこそ、子や孫の世代は都会の豊かな暮らしを手に入れることができた。

この衣料ビジネスの発展が、年五パーセントを上回るバングラデシュの最近の経済成長率を推し進めただけでなく、生活のさまざまな場で女性の機会を長いあいだ抑圧してきた社会で女性たちの意識を高め、パワーをもたせる一例になっている。バングラデシュの社会は全体にドラマチックな変貌をとげつつあるが、これもその一つである。これらの変化を受け入れれば、バングラデシュは長期的な経済成長の道を確実にたどれるだろう。若い娘たちの故郷である田舎の村も急速に変化しつつある。一つには、彼女たちの稼いだ金が故郷に送られると同時に新しい考え方も伝わったからであり、また一つには田舎から都会への移動がひんぱんになり、短期間ながら都会で暮らすようになった結果、家族の収入が農村の畑仕事だけでなく、都会での工場労働やサービス業などへと多様化したせいでもある。

二〇〇三年、私はコロンビア大学の同僚とダッカ近郊の村を訪れた。案内してくれたのはユニークな活動をしているNGO、バングラデシュ農村向上委員会（現在はBRACとして知られている）のリーダーの一人である。私たちはBRACの後援で組織された村落共同体の代表と会った。これは都会から一時間ほど離れた村に住む女性たちが、村内や村とダッカを結ぶ道路上で小規模な商業活動――食品加工やその販売――に従事できるよう支援する組織だった。この女性たちが村にもたらした変化は、アパレル業界の発展に負けないくらいドラマチックだった。

美しいサリーをまとった女性たちは六人ずつ六列になって床の上に坐り、私たちに挨拶したあと、質問に答えてくれた。一列ずつが地元の「マイクロファイナンス」ユニットのサブグループで、列の先頭にいる女性が後に並んだグループ全体の資金借り入れの責任者である。グループはメンバーが借り入れた資金の返済に対して共同責任を負う。ＢＲＡＣとその協力者として有名になったグラミン銀行はこの種のグループ融資の先駆者である。このやり方なら、貧しい人びと（おもに女性）でも数百ドルという少額ローンが組めるので、それをもとでにしてささやかな商売《マイクロビジネス》が始められる。女性たちはこれまで社会的な信用がなかったので、銀行でローンを組むことなどとても無理だった。しかし、このグループ融資によって、返済の動向が大きく変わった。ローンが返済できなくなる割合はきわめて低くなったのだ。ＢＲＡＣとグラミンはローン処理にかかる金銭的・時間的コストをさらに下げようとしている。

マイクロファイナンスが零細ビジネスをいかに推し進めたかは注目に値するが、もっと驚かされるのは、子育てをめぐる女性の態度の変わりようである。コロンビア大学公衆衛生マリマン校の校長で、性と生殖に関する健康《リプロダクティブ・ヘルス》の世界的な権威であるアラン・ローゼンフィールド博士がこの女性たちに「子供が五人以上いる人は？」と尋ねた。手はあがらなかった。四人は？　まだ手はあがらない。三人は？　一人の女性が周囲を見回しながら、おずおずと手をあげた。二人は？　四〇パーセントほどの女性が手をあげた。一人？　残りの二五パーセント。子供のいない人は？　残りの女性すべて。このグループでは、子供の数は平均して一人から二人だった。

ローゼンフィールドは次に、全部で何人の子供が欲しいかと訊いた。ここでも五人から始めた——手はあがらない。四人？　まだ。三人？　これもなし。二人？　ほとんど全員の手があがった。こうした傾向はこれまでにないもので、女性の将来性と可能性が大きく変貌したことの証拠だった。ローゼンフィールドは滞在中ずっとこのことを考えつづけた。彼は一九六〇年代以来、バングラデシュを初めとするアジアの国々を訪問してきたが、バングラデシュの田舎に暮らす女性が六人か七人の子供をもつのは当然という時代をつい昨日のように覚えていた。

都会や農業以外の零細ビジネスで女性の働き口が増えたこと。女性の権利と自立と地位向上に対する意識の高まり。乳児死亡率の劇的な低下。女児や若い女性の識字率の上昇。そして、何より大きいのが、家族計画と避妊の普及。これらすべてが絡みあった結果、女性の生き方が一変した。産みたい子供の数が急激に——というより、歴史的に例がないほど——落ちこんだことについては簡単には説明できない。新しい考え方が普及したこと、母子に対する保健の概念が改良されたこと、そして女性の経済力を伸ばす機会が増えたことなどが組みあわさった結果である。出生率の低下によって、いずれバングラデシュの所得の上昇率はさらに伸びるはずだ。子供の数が少なければ、貧しい家庭でも子供一人一人の健康と教育に費やされる金額が増え、次の世代にはより健康で、栄養豊かな、教育にも恵まれた若者たちが多くなり、バングラデシュの生活水準はさらに上がるだろう。

バングラデシュは開発の梯子のいちばん下の段にやっと足を置くことができ、経済成長とよりよい健康と教育の充実をめざしている。一つには自身のたゆまぬ努力によって、また一つには、BRACやグラミン銀行のようなNGOの創意工夫によって、さらにさまざまなドナー国の——ときには、きわめて大規模な——資金援助によって、それが達成されつつある。これらのドナー国はバングラデシュを「完全な無能力者《バスケットケース》」として切り捨てたりせず、注目し、気にかけ、発展の手助けをするのにふさわしい立派な国として評価したのだ。その評価は正しかった。

インド——輸出サービス革命の中心

バングラデシュが開発の梯子のいちばん下の段に足をかけたばかりだとしたら、インドはさらに何段か上にいる。たとえば、チェンナイの情報テクノロジーセンターでコンピューターのディスプレイに向かっている若い女性は、新しいインドを象徴する労働者である。私はその肩越しにディスプレイを覗きこんでいる。二十五歳の彼女は、高校を卒業したあと地元の教員養成校に進んで二年間の課程を終えた。現在は、南インドのタミール・ナドゥ州の州都チェンナイにある新しいインドのIT企業にデータ入力のオペレーターとして勤務している。チェンナイはインドIT革命の中心地で、十億の人口を抱えるこの広大な国に予想外の経済成長をもたらすきっかけになった都市でもある。IT革命が創出した職場は、マラウイの人びとには無縁の存在であり、バングラデシュでも大多数の国民にとってはいまだに想像のおよばないものだが、高等教育を受けた若いインド人女性にとっては標準となりつつある。

この企業はシカゴのある病院と画期的な契約を結んでいる。シカゴの病院で一日の勤務を終えた医師はその日のカルテを口述し、ボイスファイルにして衛星回線でインドに送信する。インドとシカゴは十一時間半の時差があるので、シカゴでの勤務時間の終わりは、ちょうどチェンナイの勤務時間の始まりになる。ボイスファイルを受けとると、特別に医療関連のデータ入力を勉強した十人あまりの若い女性がヘッドフォンをつけてコンピューターの前に坐り、およそ一万マイルも離れたところにいる患者のカルテをすばやくタイピングしていく。私はボイスメールの一部を少しだけ聞かせてもらった。短期集中のトレーニングと経験のおかげで、ここの従業員のほうが私よりずっと医療専門用語に通じている。彼女たちがひと月に稼ぐ金額は経験の度合いによって二百五十ドルから五百ドルで、アメリカ合衆国の同じ仕事で得られる月収の十分の一から三分の一になる。インドの未熟練産業労働者の収入にくらべると倍以上であり、農業従事者の所得の八倍にはなるだろう。

この会社を作った起業家のごく近い親戚がアメリカ合衆国に住んでいて、その親戚が合衆国側でのビジネスとのコネを築いた。いまや、この商売は大繁盛している。最近では、データ入力から財務記録の保管に移行し、やがてはアメリカ企業向けの経営コンサルタントとアドバイザー業務にも進出する予定だという。それと並行して、企業の雑多な事務処理を専門に請け負う——グローバル経済の新しい専門用語ではＢＰＯ（ビジネス・プロセス・アウトソーシング）と呼ばれる——仕事も視野に入れている。この会社はきらきら光る近代的なビルのなかにあって、ブロードバンドのインターネット接続、衛星通信システム、アメリカとインドの各部門の重役が顔を合わせて話ができるビデオ会議の設備などがととのっている。衛生設備も万全だ。女性従業員たちのほとんどは、彼女たちの母親が家族のなかで初めて文字の読み書きを習い、都市経済の最初の足がかりをつかんだ（低賃金の縫製工場でミシンに向かっていたのかもしれない）世代だった。祖母の世代はほぼまちがいなく、田舎で畑仕事をしていたはずだ。わずか二世代前には、どうしようもなく逼迫した村の経済から脱けだすすべがなかった。

インドは広い。インドのさまざまな地方、とくに北部インドでは、マラウイやバングラデシュの一部と同じようにどんよりと淀んだ貧しさが根強く残っている。一方、インドの都市の多くはダッカに似ている。いくつかの突出した「成長の頂点」だけが、IT産業の盛んなチェンナイと並んで最先端を走っているのだ。北インドのガンジス渓谷一帯、インド最大の川が流れるこの広大な平野には二億人のインド人が住んでいるが、ここまではIT革命もなかなか到達できない。それでも、IT革命だけでなく、繊維や衣料品、電気製品、製薬、自動車の部品、その他の部門も含めて、インドの新たなトレンドは非常に力強く、いまやインドの経済成長率は年六パーセントを上回ろうとしている。成長率は中国に追いつきそうな勢いを示しており、世界中の投資家は急成長するインド経済に注目して、IT産業、製造業、リサーチ、開発会社など、さまざまな部門での会社設立を考えはじめている。

この世界では、ある国が成功しようとすると、きまってそれを危険視する人びとが出てくる。インドと中国の最近の成長に関して皮肉なのは、アメリカが自分たちの犠牲のうえにこの二つの国が成功したにちがいないと思って不安に苛まれたことである。そんな不安は根本的にまちがっているし、さらに悪いことに危険でさえある。なぜまちがいかといえば、世界はゼロサム社会ではないからだ。つまり、どこかの国が得をすれば、その分、どこかの国が損をするわけではないのだ。もっとポジティブな可能性を考えるべきだろう。テクノロジーの進歩とスキルの向上によって、世界の生活水準が上がる。インドのＩＴ企業で働く人びとはアメリカ合衆国の消費者に良質な商品とサービスを提供するが、その一方で彼らはデル・コンピューターの前に坐り、マイクロソフトやＳＡＰのソフト、シスコのルーターなど、先進国から輸入したさまざまなテクノロジー関連機器を使っているのである。経済が成長するにつれ、インドの消費者は自宅や仕事用に、アメリカやヨーロッパの豊富な商品やサービスから好きなものを選べるようになる。

中国――ますます豊かに

インドへ行った帰り、私は中国の北京に寄った。ここでは経済成長が猛スピードで進んでいた。北京は発展途上の世界を代表する大きな首都になりつつあるが、同時に世界経済の中心として成長を続けている。いまや一千百万の人口を抱える大都市である。年間所得は一人あたり四千ドルを超え、中国経済は年八パーセントの割合で急成長している。

ある夜、私は若いカップル――二人とも正真正銘の都会っ子で専門職についている――に招待され、北京一のトレンディスポットにつれていかれた。ステージでオペラ風に声をはりあげるデュエットの合間に話をなんとか聞きとろうとする。毛沢東時代の改革派オペラをレトロ趣味で再現したものらしい。客席はスマートなスーツ姿のヤング・エグゼクティブで満員だ。どのテーブルにも最低一個、たいていは五、六個の携帯電話が置かれている。やり手のビジネスマンやビジネスウーマンのもとには、いつなんどきクライアントやオフィスから電話がかかってくるかもしれないのだ。目の片隅でオペラをうかがっていた私に、招待主の二人は買ったばかりだという新しいカメラ付き携帯電話を見せてくれた。その場で私の写真を撮って、一台の電話からもう一台にその画像を送信してみせる。故国アメリカではまだこんな機能は見たことがない。

ここがロンドンやニューヨーク、あるいはパリか東京だったら、これほど驚きはしなかった。だが、ここは二十五年前にようやく文化大革命の混沌を抜けでて、毛沢東のもとでの苦しい数十年をやりすごした国なのだ。たった一世代で、中国は世界の経済と通商において無視しがたい存在になりつつある。

ここに集う若い中国人男女が裕福になれるチャンスをつかみ、海外旅行ができ、恵まれた暮らしを享受できるのは、経済のグローバル化のおかげだ。過去二十五年の中国の高度成長は、ほとんど鎖国同然だった社会と経済が二十年のあいだに世界でも有数の輸出国へと変貌したことの結果である。輸出が伸びたのは、海外の資金とテクノロジーが大量に流入したおかげだった。投下された資本で近代的な工場が建設され、同時に運営に必要な機械や技術も導入された。加えて、比較的安い中国の労働力が使え、しかも彼らはしだいに各種の技能を身につけていった。こうして、どの分野でも次々と生産性が上がっていった。企業同士の競争もあいまって、中国の輸出産業は一九八〇年にはおよそ二百億ドルだったのが、二〇〇四年にはおよそ四千億ドルにまで成長した。

経済開発の梯子を昇る

地球上の四つの異なる世界を描いてみたが、ここから何がわかるだろう？　世界の豊かな地域と貧しい地域のあいだに想像しがたいギャップがあり、そのあいだにさまざまな段階があることがわかる。発展の過程で、科学とテクノロジーが重要な役割を果たしていることもうかがい知れる。さらに、発展のプロセスは零細農業から軽工業と都市化へ、それからハイテク・サービス業への移行であることも見てとれる。マラウイでは人口の八四パーセントが農村地帯に住んでいる。*1 バングラデシュでは七六パーセント、インドでは七二パーセント、中国では六一パーセントである。発展の梯子の頂点に位置するアメリカ合衆国では、わずか二〇パーセントだ。マラウイではサービス業に従事するのは雇用の二五パーセントにすぎないが、アメリカでは七五パーセントにのぼる。

経済発展を梯子にたとえ、その段を上がることが経済的な幸福につながると考えるなら、世界中でおよそ十億人——全人類の六分の一——が現在、マラウィの人びとと同じような状況にあるといえる。病気と飢え、そして極度の貧困のために開発の梯子のいちばん下の段にさえ足がかけられない。この人たちは「極度の貧困」であり、地球上で「最も貧しい」。すべて開発途上国の人びとだ（豊かな国にも貧困は存在するが、それは極度の貧困ではない）。もちろん、この十億人が今日死ぬわけではない。だが、彼らは日々、生きのびるために闘っている。深刻な旱魃や洪水、または病気の猛威に襲われれば、あるいは彼らの換金作物を扱う世界市場の値が崩れれば、ひどい苦しみが待っていて、ときには死ぬことさえある。一日の現金収入が数セントになることさえあるのだ。

開発の梯子を数段昇ることは、低所得国の人びとの当面の目標である。現在、ざっと十五億人がバングラデシュの若い女性と同じような問題に直面している。これらの人びとは「貧困」のカテゴリーに入る。ぎりぎりで生存可能という線よりもやや上にいて、生命の危険を日々感じるとまではいかないが、それでも都会や田舎で生計を立てるために苦闘を余儀なくされている。死が戸口に立っているわけではないにせよ、長年におよぶ財政難と、安全な飲料水や機能的なトイレといった基本的な施設の不備に悩まされている。極度の貧困（およそ十億人）と貧困（さらに十五億人）を合計すると全人類の四〇パーセントにのぼる。

梯子の数段上にいる二十五億人——インドのIT業界で働く人びとを含む——は中所得国に属する。世帯の所得も中程度だが、豊かな国の基準によるミドルクラスとはけっして同じではない。彼らの年収は数千ドルというところだ。ほとんどは都市に住んでいる。住居はまあまあ快適で、室内のトイレもあるだろう。スクーターを買うくらいはできるし、そのうち自動車だって買えるかもしれない。みっともなくない程度の服装ができ、子供たちは学校に通える。栄養もほどほどで、なかには豊かな社会のマイナス面を踏襲して不健康なジャンク・フードにはまっている者さえいる。

梯子のもっと上の段にいるのは、全人類のざっと六分の一にあたる残りの十億人で、これは高所得国の人びとである。豊かな国に住む人びとだが、いまや中所得の国に住む一部の金持ちがここに加わるようになり、その数はしだいに増えてきている。上海、サンパウロ、メキシコシティといった都市に住む高所得者が一千万人ほどいる。北京で会ったヤング・エグゼクティブも二十一世紀の豊かさを享受できる幸運な人びと――全人類の六分の一――の仲間である。

よいニュースは、バングラデシュの衣料工場で働く人びとを初めとして、人類の半数以上が――おおまかにいって――経済的発展をとげていることだ。彼らは開発の梯子のいちばん下の段に足をかけただけでなく、上に向かって着実に昇りはじめている。個人所得が増えたこと、それに携帯電話やテレビやスクーターなどの商品が売れていることからも明らかだ。さらに、平均寿命が伸び、乳児死亡率が減少して、教育程度が上がり、飲料水や衛生設備が改善されるといった現象からも、経済的に豊かになっていることがうかがえる。

私たちの時代の大きな悲劇は、人類の六分の一が開発の梯子に足をかけることさえできずにいることだ。極度の貧困に陥った人びとの多くは貧困の罠にとらわれ、あまりにも物資が乏しいために、そこから脱出できなくなっている。彼らを縛りつける罠は、病気、地理的な孤立、気候によるストレス、環境の悪化、そして極度の貧困そのものである。命を救うための何らかの方策——新しい耕作法、医療に欠かせない医薬品、マラリアの伝染を防ぐ蚊帳など——があるにはあるが、それらの救援策を現実のものにする資金が政府にも家族にもまったくない。世界の貧しい人びとは開発の梯子のことを知っている。周囲の世界の豊かさを見せられて、彼らはじれったい思いでいる。だが、その梯子のいちばん下の段に足をかけることができない。だから、梯子を昇って貧困から脱することもできないのだ。

誰が貧しいのか。そして、貧しい人はどこにいるのか

貧しい人びとが正確にどれだけいるのか、彼らがどこに住んでいるのか、そしてその人数と経済状態が時間を追ってどのように変化してきたかについては、これまで盛んな議論が交わされ、さまざまな解釈がなされてきた。どこまで合意しているのか確認した上で意見の分かれる分野に進むのが妥当だろう。まず貧困の定義だが、貧困は三つに分けられる——極度の貧困（絶対的貧困）、中程度の貧困、相対的貧困である。極度の貧困とは生存するのに最低必要なものを得られない状態をいう。長期にわたって飢えに苦しみ、必要な医療が受けられず、安全な飲料水や衛生設備をもたず、子供たちは十分な教育が受けられず、住む場所も雨漏りのする小屋、料理の煙を家に充満させる煙突など、最低限の条件を満たしておらず、

図1a　極度の貧困の数

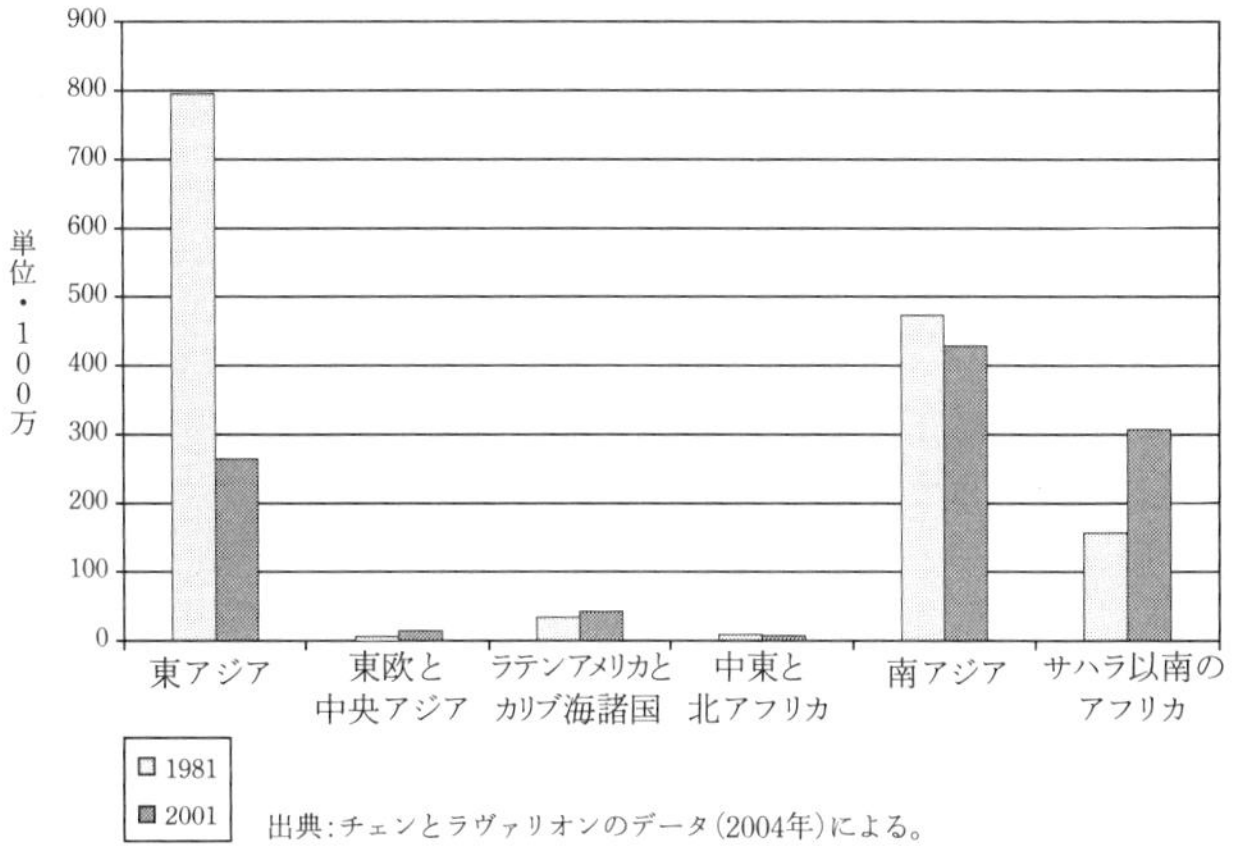

出典：チェンとラヴァリオンのデータ（2004年）による。

靴や服のような生活必需品さえない。中程度の貧困や相対的貧困とちがって、極度の貧困は開発途上国にしか存在しない。中程度の貧困とは一般に、基本的な要求は満たされているものの、まったく余裕がないぎりぎりの状態をさす。相対的貧困は、一家の収入がその国の平均よりも低い場合をいう。高所得の国において相対的貧困とみなされる人びとは、文化的な商品、娯楽、レクリエーション、質のよい医療と教育など、社会的に上位にある人びとが享受している特権から排除されている。

　世界銀行はこれまで長いあいだ、世界における極度の貧困の人数を算出するのに複雑な統計にもとづく基準を用いてきた——購買力平価（各国の物価水準の違いを調整したうえでの換算）で計算して一人あたりの一日の収入が一ドル以下というものである。世界銀行の別の分類では、一人あたりの日収が一ドルから二ドルまでを中程度の貧困としている。

図１ｂ　極度の貧困が人口に占める割合

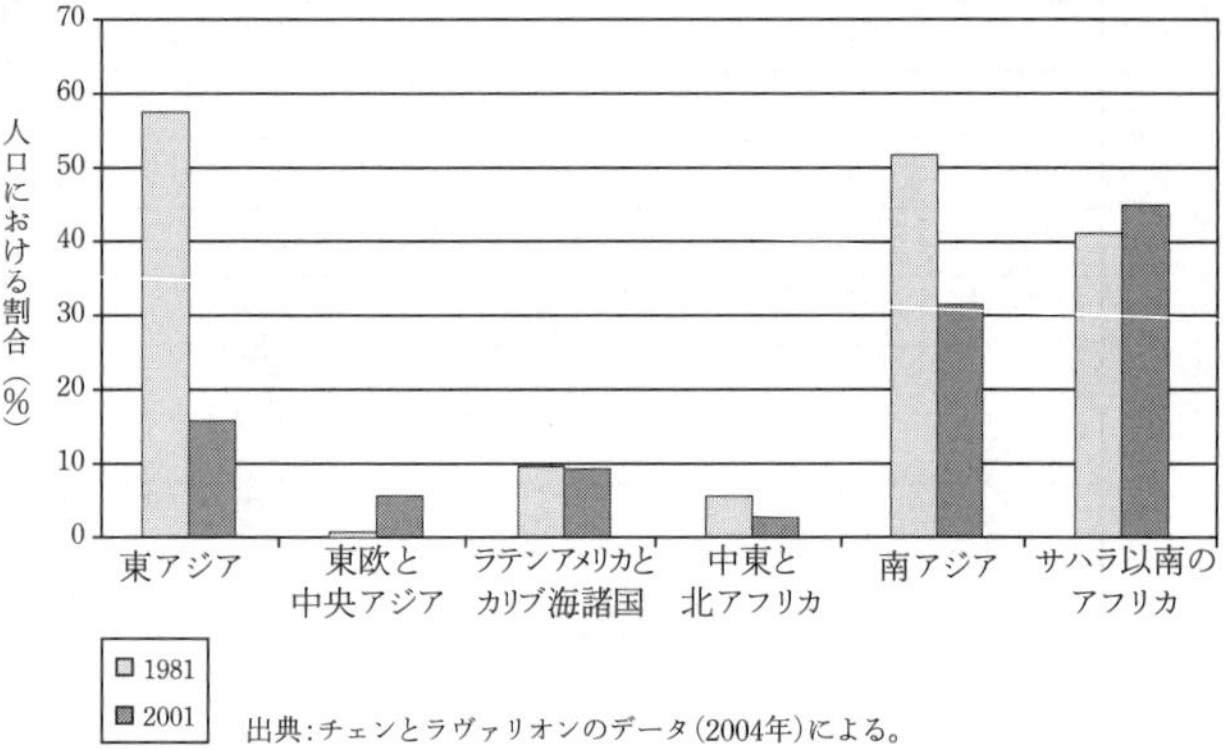

出典：チェンとラヴァリオンのデータ（2004年）による。

これらの計算法はおもに公共政策の分野で用いられ、つい最近も世界銀行の二人のエコノミスト、シャオフア・チェンとマーティン・ラヴァリオンがこれをもとに計算している。[*2] それによると、二〇〇一年には世界のおよそ十一億人が極度の貧困状態にあり、一九八一年の十五億人よりも減少しているという。図１ａは世界における極度の貧困の分布図である。棒グラフは地域ごとの貧困の数を示しており、左側は一九八一年の数字、右側は二〇〇一年の数字である。二〇〇一年のデータによれば、地球上の極度の貧困のうち、じつに九三パーセントが三つの地域に集中している。東アジア、南アジア、サハラ以南のアフリカである。一九八一年以来、極度の貧困の数はサハラ以南のアフリカでは増えているが、東アジアと南アジアでは減っている。

　図１ｂも同じく極度の貧困の分布だが、数ではなく、人口における割合を示している。アフリカ

図2ａ　中程度の貧困の数

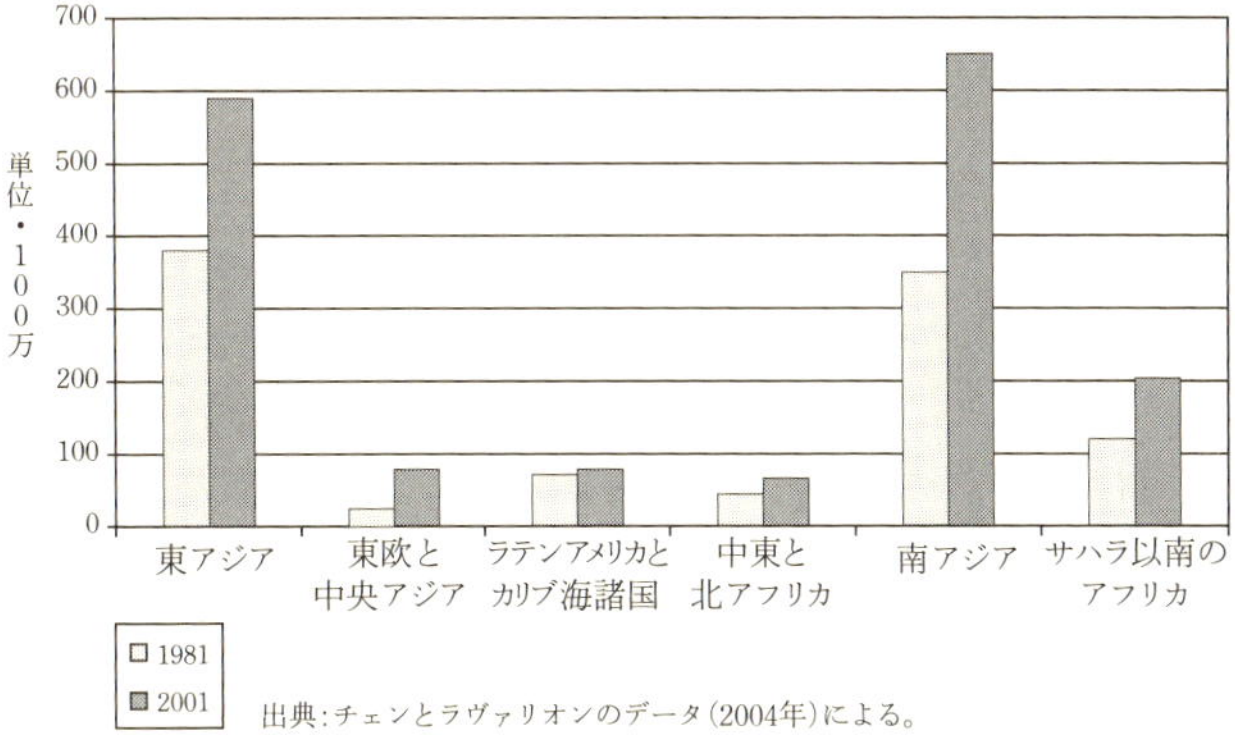

出典：チェンとラヴァリオンのデータ（2004年）による。

の人口のほぼ半分が極度の貧困にあり、この比率は年を追うごとにわずかずつ上昇している。東アジアにおける極度の貧困の割合は急落しており、一九八一年に五八パーセントだったのが、二〇〇一年には一五パーセントまで下がっている。南アジアでも下がっているが、東アジアにくらべるとやや漸減で、五二パーセントから三一パーセントである。ラテンアメリカにおける極度の貧困の割合はおよそ一〇パーセントで、変化はあまり見られない。東欧は、一九八一年にゼロに近かったのが二〇〇一年におよそ四パーセントまで上昇しているのは、共産主義の崩壊と市場経済への移行という大変動のせいだろう。

図2ａと2ｂは、中程度の貧困（一日一ドルから二ドルで暮らしている人びと）の分布である。東アジア、南アジア、サハラ以南のアフリカが突出しており、全世界で十六億人といわれる中程度の貧困の八七パーセントを占めている。東アジア

図２ｂ　中程度の貧困が人口に占める割合

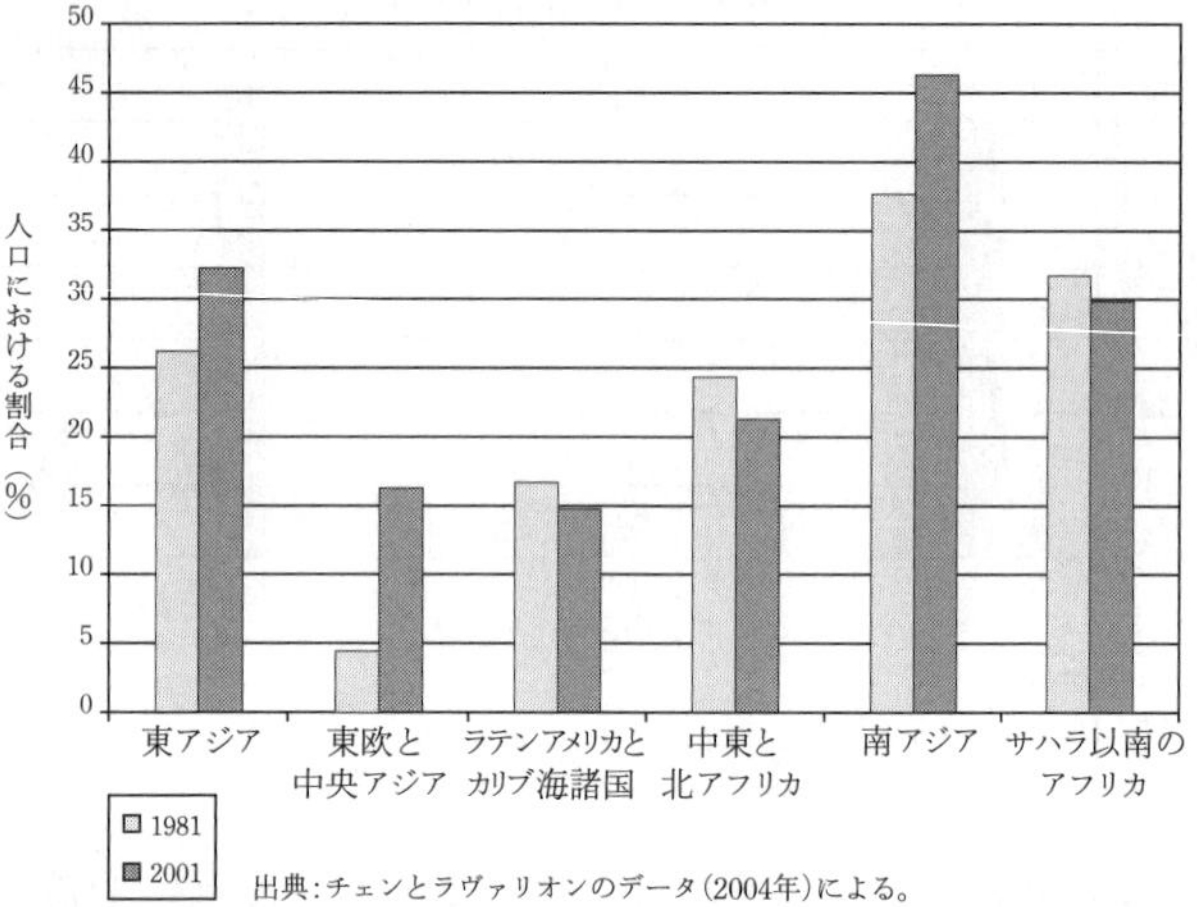

出典：チェンとラヴァリオンのデータ（2004年）による。

と南アジアにおける中程度の貧困の数が増えているのは、極度の貧困にあった人びとが中程度の貧困へと生活環境を向上させた結果と思われる。ラテンアメリカのおよそ一五パーセントは中程度の貧困に属し、この割合は一九八一年から横ばいである。

　地図１（口絵参照）は同じデータを別の視点から見たもので、国別の分類である。極度の貧困と中程度の貧困の割合を人口比で色分けしてある。総人口に対して極度の貧困が二五パーセント以上の国は、全体として極度の貧困国と見なされる。中程度の貧困国とは、総人口に対して極度の貧困が二五パーセント以下ではあるが、これに中程度の貧困を足して二五パーセント以上になった国をさす。中程度の貧困とは一日およそ二ドル以下で暮らしている人びとである。サハラ以南のアフリカ諸国では、ほとんどの人が極度の貧困と見なされ（たぶんもっと数は多いはずだが、信頼できるデータがない）、南アジア諸国も同様である。東アジアとラテンアメリカは中程度の貧困国が多いが、おそらく今後十年くらいのあいだに中程度の貧困から脱却できるはずである。

世界銀行による数値が正確かどうかについては論議の的になっている。世界銀行は世帯ごとの調査をもとにしているが、ほかの調査機関は国民所得の計算から割りだしており、それによるとアジアの貧困はより急激に減っているという。しかし、ここでは細部にこだわる必要はない。全体の傾向がわかりさえすればいいのだ。つまり、東アジア、南アジア、サハラ以南のアフリカに極度の貧困が集中しているという事実である。アフリカでは絶対数と人口比がともに増えているが、アジア地域ではそのどちらも減少している。

本書では極度の貧困という特殊な状況について何度も論じることになる。極度の貧困はおもに地方に見られるが、都会でも増えつつある。彼らは現在の豊かな世界ではほとんど見られなくなった難題に直面させられる――マラリア、深刻な旱魃、道路の不備や自動車の不足、地元の市場や世界市場との隔絶、そして電気もなく、近代的な調理用燃料も手に入らない。ちょっと見には手も足も出ないような状況に思えるが、よく考えてみると希望がないわけではない。なぜなら具体的な解決策はすぐそこにあるからだ。

私たちの世代のチャレンジ

経済成長のとくに厄介な部分は、梯子のいちばん下の段に足をかけることである。世界の所得分布の最下層におかれた家族や国家は、その一歩がなかなか踏みだせない。バングラデシュやインドのように開発の梯子にすでに足をかけた国々は、なんとか上昇できる。もちろん、その道は平坦ではなく、進み方はうんざりするほど遅いだろうが。私たちの世代がなすべきことは、最低ラインにいる人びとが極度の貧困から抜けだして経済開発の梯子を自力で昇れるように手を貸すことである。この意味で、貧困の根絶は極度の苦しみを終わらせるだけでなく、同時に経済的な発展をスタートさせ、経済成長にともなう希望と安心感を与えることも目標となる。

したがって、私のいう「貧困の終焉」とは密接に関連した二つのことを意味する。一つは、極度の貧困にあって生存のために毎日闘っている全人類の六分の一の苦しみを終わらせること。地球上のすべての人は、生きのびて幸福で健全な社会生活を営むための必要最低限の食べもの、保健、飲料水、衛生設備、家などをもつ権利があり、それができなければいけない。二つ目は、中程度の貧困も含めた世界中の貧しい人びと全員に、開発の梯子を昇れるように機会を与えることである。グローバルな社会の一員として、私たちは経済という国際的なゲームのルールを不公正なものにしてはいけない。たとえば、不適切な開発援助や保護貿易というバリア、グローバルな金融取引の不安定さ、知的財産保護の不備といったことは、梯子の下のほうに——意図してか、または意図せずにか——落とし穴をしかけるようなもので、梯子を昇ろうとする開発途上国への妨害にほかならない。

極度の貧困を撲滅することは可能だ――私たちが生きているあいだにできる――が、その成否は、私たちがすぐ目の前にある歴史的なチャンスをつかめるかどうかにかかっている。その目標に向けてすでに一歩を踏みだした大胆な例もある――ミレニアム開発目標（MDGs）は国連に参加する百九十一カ国が全会一致で二〇〇二年に採択・署名した国連ミレニアム宣言にもとづき、八つの目標を掲げている。一九九〇年を基準として二〇一五年までに貧困を半減させるには、これら八つの目標がとても重要だ。むずかしい目標ではあるが、けっして達成不可能ではない。とはいえ、いくつかの国はまだ具体的な策を講じるにいたってはいない。これは二〇二五年までに極度の貧困をなくすために欠かせない道筋である。豊かな国々は、貧しい国々がこの目標を達成できるよう開発援助を増やす――すなわち、経済というグローバルなゲームのルールを公正なものにする――と何度も約束してきた。

私たちの時代に達成できるであろう経済発展の可能性を以下にあげておく。

- 二〇一五年までにミレニアム開発目標を達成する。
- 二〇二五年までに極度の貧困を根絶する。
- 二〇二五年までに、世界の貧しい国のすべてが経済開発の梯子にしっかりと足をかけられるようにする。
- これを達成するために、豊かな国々の資金援助はなるべく最小限にとどめる。現在の援助額よりは多くなるだろうが、ずっと前から約束していた当初の援助額の範囲内には収まるはずである。

これらの目標を達成するために、私たちがまず最初になすべきことは、現状を正しく理解することだ。現在を理解して初めて、将来進むべき道も見つかるはずだからである。

2　経済的な繁栄の広がり

世界中が同じように貧しかった状態から、さまざまな度合いでの貧富の差が生じるまでは、人類の歴史のなかではあっというまだった。二百年前には、極度の貧困を根絶できるかもしれないなどという考えは夢物語も同然だった。ほぼ全員が貧しく、貧乏でないのはごく少数の支配者や大地主だけだった。ヨーロッパの暮らしも、インドや中国の暮らしと同じくらい苦しかった。私たちの祖父母のまた祖父母にあたる世代は、ごくわずかな例外を除いて、だいたいが貧しく、農村地帯に住んでいた。比較経済の権威である経済史家のアンガス・マディソンによれば、一八二〇年の西ヨーロッパの一人あたり平均所得は、今日のアフリカの平均所得のおよそ九割だったという。一八〇〇年の西ヨーロッパと日本の平均寿命はおよそ四十歳だった。*3

数世紀前まで、世界にはそれほど大きな貧富の差はなかった。ヨーロッパ人がアジアやアフリカやアメリカへの航路を発見した時代には、中国、インド、ヨーロッパ、日本の所得水準はほぼ横並びだった。中国へ行ったマルコ・ポーロは、その貧しさではなく、壮麗さに目を見はった。コルテス率いるコンキスタドールはアステカの首都テノチティトランの豊かさにびっくりした。初期のポルトガル人探検家は西アフリカの整然たる町のたたずまいに感心した。

近代経済成長がいかにめざましかったか

今日の世界に見られる大きな貧富の差がなぜ生じたのかを理解するには、人類の歴史をほんの少しさかのぼって、この分断が生じたつい最近の時代をふりかえらなければいけない。一八〇〇年ごろからの二百年間は、経済史ではきわめて例のない時代であり、偉大な経済家サイモン・クズネッツが「近代経済成長」と定義したことでも知られる。それ以前の何千年ものあいだ、世界には経済成長といえるようなものはほとんどなく、人口が少しずつ増えてゆくだけだった。地球上の人口は紀元一年ごろの二億三千万人から、紀元一〇〇〇年ごろには二億七千万人程度、そして一八〇〇年には九億人まで増えた。実質的な生活水準の変化はもっとゆっくりしていた。マディソンによれば、紀元後の最初の千年間には地球規模で目につく生活水準の上昇はなく、紀元一〇〇〇年から一八〇〇年までの八百年間に一人あたりの所得はおよそ五〇パーセント増だったという。

ところが、近代経済成長の時代になると、人口も一人あたりの所得も急激に変動し、これまで見たこともなく、また想像もしなかったほどの率で上昇した。図1のように、地球上の総人口はたった二世紀で六倍になり、二十一世紀の初めに六十一億人という驚くべき数字を

図1　世界の人口

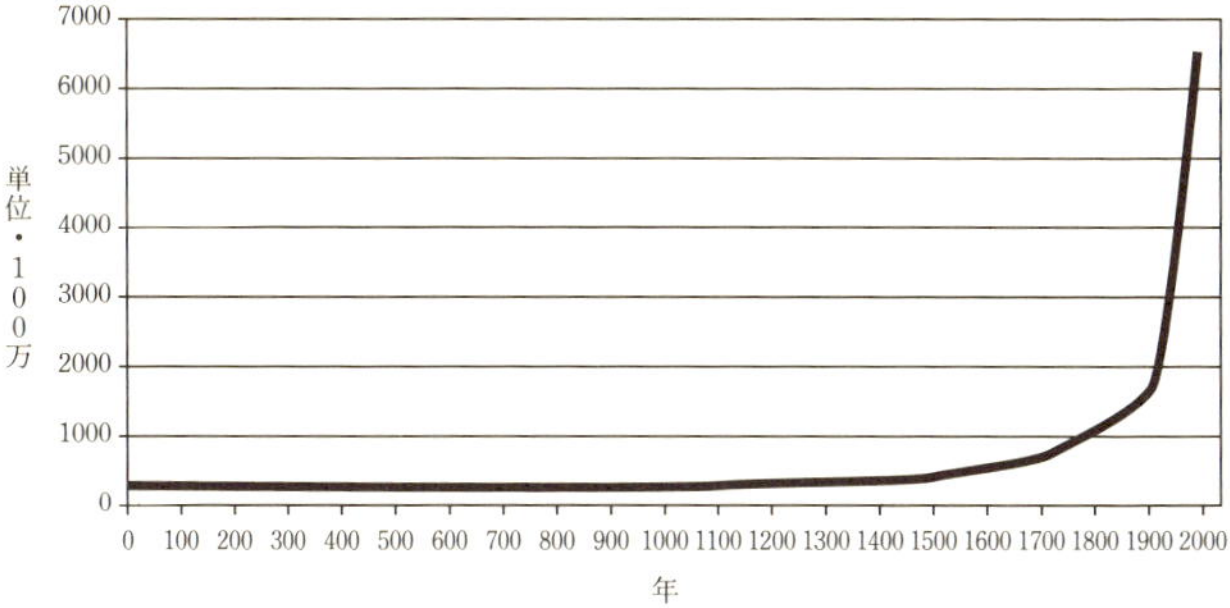

出典:マディソンのデータ(2001年)による。

記録したあとも、さらに増加の勢いはとどまらない。一人あたりの平均所得もそれ以上のスピードで上昇し、図2のように一八二〇年から二〇〇〇年までで、なんと九倍近くになっている。今日の豊かな国家においては、その経済成長はさらに驚くべきものだった。アメリカの一人あたりの所得は、この時期におよそ二十五倍の伸び率を示し、西ヨーロッパでは十五倍だった。世界の食糧総生産は爆発的に増える世界の人口さえもしのいだ（とはいえ、長期的に飢えに苦しむ人びとは現在もまだいる）。技術的な進歩のおかげで、農産物の収穫量は格段に増えた。世界の人口増加と一人あたりの生産力から計算すると、全世界の経済活動（GWP＝世界総生産）はこの百八十年間に、驚くなかれ、四十九倍にもなっていることがわかる。

　したがって、今日の富める国と貧しい国のあいだに差がついたのは比較的最近のことであり、大きなギャップが生じるようになったのは、まさにこの近代経済成長の時代だった。一八二〇年には、貧富の差――当時経済界

図2　1人あたりの年収の世界平均

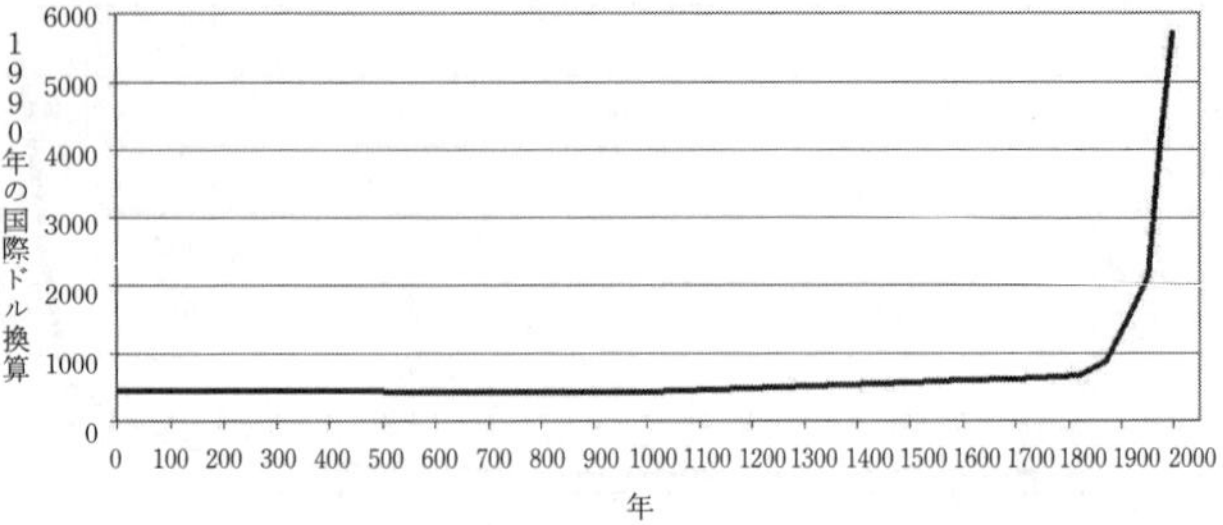

出典：マディソンのデータ（2001年）による。

のリーダーだったイギリスと、世界で最も貧しい地域だったアフリカの比較によれば――は一人あたりの所得で四倍の格差があった。一九九八年には、世界一豊かな国アメリカと最も貧しい地域アフリカの差は二十倍にもなっていた。一八二〇年には世界中のどの地域もそこそこの差しかなかった（今日の基準からすれば、すべて貧しかった）のだから、今日の貧富の差の大きさを見るかぎり、近代経済成長を果たした国とそれができなかった国があったのだろうと思わざるをえない。現在の大きなギャップは、この二世紀のあいだに、それぞれの地域の経済成長のパターンに大きな不均衡があったことを示唆している。

この不平等は図3の棒グラフで一目瞭然だ。マディソンの推計による一人あたりの所得をあらわしたグラフで、左の棒は一八二〇年、右の棒は一九九八年である。右の棒の上部に記してあるパーセンテージはその地域の年間平均成長率（一八二〇年から一九九八年まで）を示している。このグラフでは三つのことがわかる。

図３　1820年と1998年の地域別1人あたりGDP

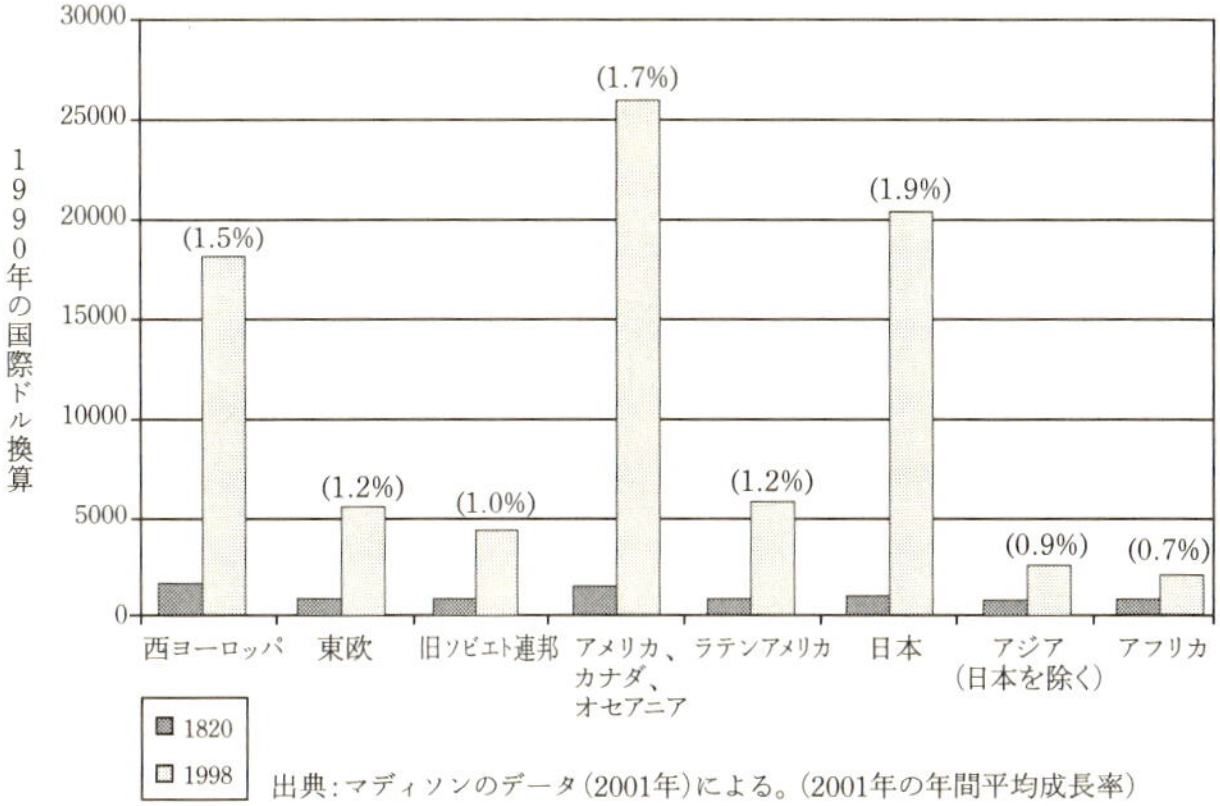

出典：マディソンのデータ（2001年）による。（2001年の年間平均成長率）

・一八二〇年にはすべての地域が貧しかった。
・すべての地域で経済成長があった。
・今日の豊かな地域は過去最大の経済成長を達成した。

一八二〇年から一九九八年まで、各地域間の経済成長に「大きな不均衡」があったというのは、何を意味しているのだろう？　年間の経済成長率がごくわずかでも、それが何十年何百年と続けば、やがて経済的な恩恵（このグラフで見たように、ある社会の一人あたりの平均所得など）のレベルに大きな差があらわれる。たとえば、アメリカの一人あたりのＧＮＰ（国民総生産）は、一八二〇年から一九九八年まで年間平均一・七パーセントの成長率だった。つまり、一人あたりの年間平均所得がおよそ千二百ドルだったのが、今日では三万ドル（一九九〇年のドル換算）になったわけで、二十五倍の伸びである。アメリカが世界一裕福な経済大国になった理由は、目をみはるような急成長ではなく——近年の中国は年に八パーセントという急成長を示している——むしろ、一・七パーセントという、どちらかといえば低い成長率を着実に維持したことが大きい。大事なのは持続である。アメリカのこの成長率はほぼ二世紀間ずっと保たれたのだ。

それにくらべて、アフリカ経済は年平均〇・七パーセントの割合で成長してきた。この数字はアメリカの一・七パーセントにくらべてそれほど低いようには思えないかもしれない。だが、百八十年の歳月を重ねるあいだに、年間成長率の小さな差は所得レベルの大きな差となった。〇・七パーセントの年間成長率によって、アフリカのかつての所得（一人あたりおよそ四百ドル）は三倍あまりの伸びとなった（一九九八年の所得は一人あたりおよそ千三百ドル）が、これに対してアメリカは二十五倍である。したがって、アフリカとアメリカの所得は一八二〇年には一対三だったのが、現在ではおよそ一対二十の開きになっている。年間成長率のわずかな差（アフリカが〇・七パーセント、アメリカが一・七パーセント）が積もり積もって、現在の所得格差が一八二〇年とくらべておよそ七倍の開きになるという結果につながったのだ。

だから、今日の極端な格差について理解しようとするとき、まず解明すべきは近代経済成長の時代に、地域によってなぜ成長率に差ができたのかということである。地球上のどの地域も最初はすべて極度の貧困だった。全人類の六分の一だけが、持続する経済成長のおかげで高所得層になった。三分の二は、もう少し控えめな経済成長の結果、中程度の所得層になった。残りの六分の一は、これまでずっと低い率の経済成長しかできず、極度の貧困から抜けだせなかった。長期間にわたる経済成長率がなぜ地域によって異なったのかをまず理解すれば、現在の開発途上国において経済成長を促すよい方法が見つかるだろう。

まず最初に、これだけははっきりさせておきたい。金持ちが富を蓄積するには、貧乏人がますます貧乏にならなければいけないと考える人は多い。つまり、ヨーロッパやアメリカは植民地主義の時代に軍事力や政治力を駆使して貧しい地域から財産を搾りとり、それによって豊かになったという考えである。このような説明は世界総生産がつねに一定であれば理にかなっていて、豊かな地域の増加分と貧しい地域の減少分がほぼ同じになるだろう。ところが現実は大違い。世界総生産はほぼ五十倍になっているのだ。世界中のどの地域もなんらかの経済成長を経験した（経済の規模そのものも大きくなり、また個人のレベルでも発展をみた）が、そのなかでも、ある地域だけが突出して大きな成長率を示したのである。近代経済で肝心なのは、ある地域から別の地域への富の移行――力によるにしろ、別の方法によるにしろ――ではなく、むしろ世界総所得の全体的な増加である。もちろん、地域によって成長率は異なるだろうが。

だからといって、富める者が貧しい者を食いものにしてきたという非難を帳消しにするつもりはない。たしかにそれは事実だし、貧しい国々はいまだに政情不安を初めとするさまざまな後遺症に苦しんでいる。だが、近代経済成長の本当の姿といえば、ある地域の総生産がかつてない長期的な成長を持続して世界でも例を見ないレベルにまで達したのに、他の地域ではそれにくらべて成長が緩慢だったというのが正しい。豊かな社会の所得を長期的に増加させた大きな推進力は科学技術であって、貧しい地域からの搾取ではなかった。これは朗報である。今日の開発途上国を含めて、世界中のあらゆる地域は科学技術の進歩という恩恵を享受できる――これは大きな希望となる。経済成長はゼロサム・ゲームではない。誰かが勝つにはかならず誰かが負けるというルールではないのだ。このゲームでは全員が勝者になれる。

離陸前夜

一七〇〇年代半ばまで、今日の尺度からすれば、世界中がかなり貧しかった。平均寿命はずっと短く、豊かな国でも貧しい国と同じくらい大勢が死んでいた。病気も多く、ヨーロッパの黒死病や天然痘や麻疹のような伝染病がくりかえし猛威をふるって人びとを死にいたらしめた。飢え、酷暑や酷寒、気候変動も社会を脅やかした。二十世紀の有名な歴史家アーノルド・トインビーによれば、ローマ帝国の興亡もそれ以前や以後の他の文明の興亡と似たようなものだったという。経済史は長いあいだ上昇と下降のくりかえしだった。成長のあとに停滞と衰亡が到来し、一貫した経済成長はめったに見られなかった。

ジョン・メイナード・ケインズは一九三〇年の論文「わが孫たちの経済的可能性」で、ほとんど停滞して見える人類の経済的発展について書いている。[*4]

有史以来、つまりキリスト生誕の二〇〇〇年前から十八世紀の初めまで、地球上の文明化された都市に住む平均的な人間の生活水準にはこれといった大きな変化はなかった。上昇と下降をくりかえし、ときには疫病や飢饉や戦争の襲来があり、そのあいだに黄金時代があったとしても、目に見えるほどの大きな変化はなかった。ほかの時代にくらべて五〇パーセント増しでよい時代もあれば、最大で一〇〇パーセントよい時代もあった。これは有史以来四千年、つまり紀元一七〇〇年ごろのことである。

さらにケインズは長期的な停止状態の理由をテクノロジーの不在だと看破した。

先史時代から近代前夜まで、重要なテクノロジーの発明がなかったことは特筆すべきである。本当に大事なもの、そして近代の始まる時点で世界にあったものは、すでに歴史の夜明けから人類の知るところだった。言語、火、今日と同じ種類の家畜、小麦、大麦、ワイン、オリーブ、鋤と車輪、オール、帆、革、麻と布地、レンガと鍋、金、銀、銅、錫、鉛——紀元前一〇〇〇年以前に鉄が加わる——銀行、政治術、数学、天文学、宗教。人類がこれらを初めて手に入れたのがいつかは記録がない。

変化は産業革命の開始と同時に始まった。その背景には北西ヨーロッパにおける農産物生産量の増加があった。適切な輪作の導入によって土壌が改善されるなど、作物学の応用が系統だって進められるとともに食物の生産高は上昇した。イギリスで画期的な発展があったのは一七五〇年ごろだった。イギリスに誕生したばかりの産業が初めて新しい形態のエネルギーを使うようになり、その結果、これまでに例のない大規模な生産が可能になった。近代史において、蒸気機関の登場は決定的なターニングポイントだった。大量に蓄積された一次エネルギーと石炭燃料と蒸気機関を用いることで、産業化以前の時代にはとほうもない夢でしかなかったスケールで、製品とサービスの大量生産ができるようになったのである。近代的なエネルギーを糧として、経済活動のあらゆる面が急速に発展した。化石燃料から化学肥料が作られて、食糧の生産はうなぎのぼりになった。化石燃料のエネルギーを投入したおかげで、鋼鉄、輸送機器、化学と医薬品、繊維と衣料という強力なラインナップが出そろい、そのほか近代産業のあらゆる部門が誕生した結果、工業生産も急上昇した。二十世紀の初めには電化によって——電気そのものが化石燃料時代の画期的な進歩だった——近代の情報産業やコミュニケーション・テクノロジーを含むサービス産業が勢いを得た。

石炭が産業に活力を与えたのと同じように、産業は政治に活力を与えた。大英帝国はグローバルな政治の分野でも産業革命のパワーを見せつける存在となった。イギリス産業の大躍進は、十九世紀初頭の世界では類のないものだった。産業革命によって軍事および財政面で飛びぬけて有利な立場にたったイギリスは、最盛期のヴィクトリア朝には全世界の六分の一を支配下におくまでになった。

なぜイギリスが発端になったのか？　なぜ中国ではなかったのか？　紀元五〇〇年から一

五〇〇年までのおよそ一千年間、中国は世界のテクノロジーの最先端を担っていたはずなのに。ヨーロッパ大陸やアジアの他の大国ではだめだったのか？　経済史家のあいだで、この問題はたびたび議論の的になってきたが、明らかな答えはいくつか出ている。それを見なおすことは産業革命をより深く理解する助けになるだろう。

その一、イギリスの社会は比較的オープンで、ほかの地域とくらべて、個人のイニシアティブや社会的な流動性を許容する余地があった。一五〇〇年ごろまでに、封建制度の固定的な社会秩序はだいぶ弱まるか、あるいは完全に消滅していた。一方、ヨーロッパの大半の地域ではまだ農奴制が続いていた。世界のその他の地域では、インドのカースト制のような、もっと厳格な社会階層がまだたくさん残っていたのだ。

その二、イギリスは政治的な自由を確立しつつあった。イギリスの議会制度と、弁論の自由とオープンな議論を認める伝統は、新しい考え方をとりいれる大きな推進力となった。同時に、それらは私有財産権を守る役目も果たすようになり、その結果、個人の起業心も育成された。

その三、これは大事な点だが、イギリスはヨーロッパの科学改革を先導する中心的存在となっていた。何世紀ものあいだ、ヨーロッパはアジアの科学思想をおもに輸入するだけだったが、ルネッサンスの到来とともにヨーロッパの科学は大きな進歩をとげた。コペルニクス、ブラーエ、ケプラー、ガリレオなどによる天文学の発見から、近代物理学が誕生した。政治的な自由のあったイギリスだからこそ、理論的な科学思想を発展させる好機もあり、イギリスの科学界における発見ラッシュに刺激されて、ヨーロッパ大陸の科学界も進歩した。なかでも決め手となったのは、アイザック・ニュートンの『プリンキピア・マテマティカ』である。一六八七年刊のこの本は、それまで世に出た本のなかでもとくに重要なものだった。物理現象はすべて数学的な法則で説明できると主張し、その法則を見つけるための計算法を提示することで、ニュートンはその後数百年におよぶ科学とテクノロジーの分野での発見をもたらす土台を築いた。この科学革命の道筋をたどって、産業革命が到来したのである。

その四、イギリスにはいくつかの地理的な利点があった。まず、ヨーロッパ大陸に近い島国ということで、イギリスはヨーロッパ全域を相手に低コストの海上貿易をくりひろげることができた。またイギリスには国内貿易のための航行可能な河川も多く、農業に適した環境もととのっていた。降雨量が多く、作物が成長するのに向いた季節もあり、土壌も肥沃だった。もう一つの地理的な利点は、イギリスが北アメリカに近いことだった。北アメリカの新しい植民地は食物生産の新たなテリトリーとなり、綿などの原材料はイギリス産業界の発展を促した。しかも、北アメリカはイギリスの田園地帯から脱出しようとする貧しい人びとの移民先として格好の安全弁にもなった。イングランドの農産物の生産量が増え、より少ない人数でより多くの食糧が生産できるようになると、土地をもたない大勢の貧農たちが北アメリカへと移民していった。

アダム・スミスの一七七六年の著作『国富論』はイギリスの自然条件の有利さについて書いている。*5

イングランドは、その持ち前の肥沃な土壌、国土全体に占める海岸線の比率の高さ、国中を走って内陸まで水上輸送ができる航行可能な川が多いことからして、ヨーロッパのどんな大国にくらべても、海外貿易や遠距離相手の産業、さらにそれらを可能にするあらゆる進歩という点で、最も有利な自然条件をそなえた国といえる。

その五、イギリスは君主制を維持したため、近隣の国とくらべて侵略を受けるリスクが少なかった。島国であることが、かなりの助けになった。同じく島国の日本が何度もアジア大陸からの攻撃を受けながら、侵略を免れたのとよく似ている。それどころか、およそ一世紀の遅れで、日本はユーラシア大陸の東の端で、アジアの近代経済成長を促すリーダーとしてイギリスと同じような役割を果たすことになった。

その六、イギリスには石炭があった。石炭と蒸気機関の発明があいまって、社会はエネルギー不足という問題から解放された。有史以来、人類はつねにエネルギー不足のために生産のスケールを抑制せざるをえなかった。石炭以前には、生産はエネルギーの供給量に左右されたが、そのエネルギーのほとんどすべてはバイオマス（有機物質）から来ていた。人間の食べものや家畜の飼料、暖房やある種の製造業に必要な薪などである。海上輸送には風力が使われ、製造業の種類によっては風力や水力を使うこともあった。だが、これらのエネルギーでは大量生産はできなかった。人類の歴史上初めて大量生産を可能にしたのが石炭だったのだ。

要するに、イギリスが先んじたのは、社会と政治と地理のすべてにおいて好条件が組みあわさった結果である。イギリス社会は比較的自由で、政治的にも安定していた。科学思想はダイナミックに展開できた。地理的な好条件から、貿易にも有利で、農業生産高も多く、エネルギー資源の面でも地下に大量の石炭が埋蔵されていた。世界中を見まわしても、これほどの好条件が重なった幸運な地域はめったにない。一方で不運な地域は、この近代経済成長の波に乗りおくれた。最も不利な条件のもとでは、いまだに近代経済成長の恩恵をこうむっていない地域さえある。

大変貌

新しい産業テクノロジーと石炭のパワーと市場力《マーケット・フォース》が合体したなかから産業革命が起こった。この産業革命によって、人類の歴史でおよそ一万年前に農業が始まって以来、最もめざましい経済上の事件が導かれた。突如として経済が急成長しはじめたのである。これまで長いあいだ、食糧や薪の生産高という物理的な制約に縛られていたのが、いまや限界がなくなった。工業製品の生産量は急速に上昇し、イギリスからあふれだした経済成長のパワーが世界中に広まった。世界各地の社会は根底から変えられ、その変化はときに大混乱をともなった。

産業革命とそれに続く近代経済成長によって、人類の基本的な生活環境は一変した。住む場所、暮らし方、仕事や経済活動、家族構成。イギリスを先頭にやがて世界中どこでも、産業化によって、これまで農業主体だった生活が工業主体の生活へと大きくシフトした。都市化が進み、社会の流動性が高まり、ジェンダーや家族の役割が変わった。人口の変動が起こり、職業の専門化が見られるようになった。

近代経済成長とともに生じた現象のなかでも、最も目につくのは都市化である。つまり、ある国の総人口のうち、都市部に住む人びとの割合が高くなったのだ。経済成長と都市化が手に手をとって進むのには二つの理由がある。その一つは農産物の収穫量が増えたことだ。農民一人あたりの収穫量が増えるにつれ、人口全体を養うために必要な農民の数は減ることになる。なぜなら、農民一人あたりの食糧生産高が上がると、食糧の値段が下がり、その結果、農民やとくにその子供たちは農業に魅力を感じなくなって他の仕事に活路を求めるからだ。二つ目は、農業以外の経済活動には、人口密度の高い都会のほうが有利なためである。とりわけ、対面式でお客に接する商売やサービス業では都会のほうがずっといい。各家庭が耕作用の広い土地を必要としていた時代には、人口密度の低い田園地帯のほうが経済的にも有利だった。しかし、人びとの多くが製造業や金融や商業などにたずさわるようになったら、それはかえって不利になる。もはや労働力が食糧生産だけに費やされる時代ではなく、そうなると大勢の人が賃金の高さに引かれて都会に住むようになるのは自然な流れだった。賃金が高いのは、人口密度の高い都市部のほうが仕事の生産性が高いことの証拠である。

近代経済成長は、社会の流動性においても革命をもたらした。既存の社会的な階層階級—

―たとえば小作人と地主（郷紳）の厳然たる階級差、インドのカースト制、アジアの伝統的社会に見られる貴族、聖職者、商人、農民といった序列――は、市場を基盤とした近代経済成長のもとではすべて意味をなさなくなる。固定化した社会秩序は、生活水準やテクノロジーが一世代でそれほど変化しない農業経済主体の環境でこそ成り立つ。だが、近代経済成長の時代に突如として大爆発したテクノロジーの進化にはとてもついていけない。この時代、職業や社会的な役割は世代間で劇的に変化し、父から息子へ、母から娘へと引き継がれることは少なくなった。

　社会の流動性にともなうある側面には、とくに注目すべきだろう。それはジェンダー・ロールの変化である。伝統的な社会では男女差による役割分担をはっきり分ける傾向があり、たいていの場合、女性は損な役割を押しつけられてきた。合計特殊出生率が最低でも五人ないしそれ以上の社会では、女性は成人してからの生涯をほとんど子育てに費やすことになる。慣習によって家庭に縛られた女性たちは、農場での辛い仕事に従事し、日々の薪拾いや水汲み、子育てに追われる。だが、近代経済成長によって、これが一変した。女性たちは――ダッカの衣料工場で働く若い娘たちのように――自分の手で都会ベースの雇用のチャンスをつかみ、やがては社会的、政治的なパワーを握ることになった。

　生活環境と経済活動が変化すると同時に、家族のあり方も新しくなってゆく。結婚年齢は高くなり、性的な関係も変わってゆく。妊娠出産とは直接関係のない自由な性関係ができあがる。数世代が同居する家庭は減って、核家族が一般的になる。そして、決定的なのは、家族が農村地帯から都市部へと移動するにつれて、欲しい子供の数が大きく変わることである。田舎では、ほとんどつねに大家族が標準である。だが都会では、あまり大勢の子供は望まれない。これこそ人口統計の鍵であり、近代経済成長の時代に起こったすべての社会変動のなかで最も基本的な要素の一つなのだ。

もう一つ、構造的な変化をもたらした重要な要素がある。それは労働の分化（分業）である。人びとはしだいに狭いジャンルの技能に特化し、やがて専門職が生まれる。今日のアフリカ——あるいはアダム・スミスの時代のスコットランド——の農村地帯に住む貧しい農民の働きぶりはじつにすばらしい。彼らは家を自分で建て、作物を育て、それを料理し、家畜の世話をし、衣服も自分で作ることができた。つまり彼らは建設作業員であり、獣医であり、農学者であり、アパレル製造者でもある。そのすべてを自分の手でこなすのだから、まさに驚異的な能力である。

しかし一方で、これはきわめて非効率だった。アダム・スミスの指摘によれば、一人一人がこれらの技能を分担して一つずつ身につければ、全員の生活が一律に底上げされるはずだという。この考え方はシンプルで説得力がある。たった一つの活動——たとえば食糧生産、衣服製作、家の建設などの一つ——に専念すれば、一人ずつがその分野で名人になれる。とはいえ、専門化が有効になるのは、一人の専門家がその作品を他の分野の専門家の作品と交換できる場合だけである。余分な食べものを衣服や家などと交換できる市場《マーケット》がなければ、家庭で必要とする以上の作物を収穫する意味はない。同時に、市場で食べものが買えなければ、生きるための畑仕事は不可欠だから、家を建てる専門家や服作りの専門家としてやっていくことはできない。こうして、スミスは次のような理解に達した。労働の分化は市場の規模(すなわち通商能力)によって決まり、また市場の規模は専門化の度合い(そして、さらにいえば生産力)によって決まる。

近代経済成長の広がり

近代経済成長が最初にイギリスから始まったのは、好条件がいくつも重なったせいだった。しかし、これらの条件はイギリスに限ったことではなく、いざ産業革命が進行すると、近代的なテクノロジーと社会組織という同じ組みあわせが世界中に波及していった。北ヨーロッパの片隅で始まった動きが、やがて地球全体に広まったのだ。その過程で、近代経済成長の力はグローバルな規模での生産性をかつてない高みへと押し上げた。

理論上は、近代経済成長への移行は明白かつ直裁的で、世界全体に恩恵をもたらしたように思える。なんといっても、新しいテクノロジーのおかげで社会は新たなエネルギーとアイデアを活用できるようになり、労働生産性(一人あたりの生産額)はこれまで想像もできなかったレベルまで上がった。この生産性の上昇によって、生活水準もかつてないほど上向きになった。しかし一方で、この移行はひどい混乱の原因ともなり、社会の軋轢《あつれき》やときには戦争さえも引き起こした。歴史的な記録を見る前に、この移行が多くの地域でなぜこれほど困難だったかを少し考えてみるのも有益だろう。

いちばん重要なのは、近代経済成長が「より多く」（一人あたりの生産額）という問題であると同時に「変化」でもあったことだ。近代経済成長への移行には、都市化、ジェンダー・ロールの変化、社会の流動性の増加、家族構造の変化、専門化の動きなどが関連していた。社会の構造と文化的な常識をくつがえす多方面の大変革を巻きこんだ厄介な移行だったのだ。おまけに、この近代経済成長の波及によって、世界に新しく誕生した豊かな国々とその他のまだ貧しい国々がたえず、しかもくりかえし対立するという図式ができあがった。先に見たように近代経済成長は場所によって成長率が大きく異なっていたため、地球上の富とパワーに人類史上前例がないほどの偏りが生じた。産業の分野で一頭地を抜いていたイギリス――産業化においてトップを切った結果である――は軍事の面でも他国の追随を許さなかった。こうしてイギリスは大帝国を築きあげた。もっと広い視野で見れば、十九世紀のヨーロッパで産業化が早くから進んだ結果、アジア、アフリカ、南北アメリカに次々と、ヨーロッパ帝国の植民地が築かれることになったのである。

最後に、この国家間の大きな不平等は、誤った社会理論を導きだす要因ともなった。そんな不適切な理論は、現在もまだ通用している。ある社会が経済的に優位にたつと、その社会に属する人びとは往々にして、そうなったのは自分たちがもともと優れていたせいだと思いたがる。タイミングや地理的条件だけではなく、自分たちの宗教や人種、遺伝、文化、あるいは制度などが優れていたと考えるのだ。こうして、十九世紀に国力や経済力の点でヨーロッパが優勢になったことから、新たな形の人種差別や「文化主義」が広まった。世界に広まる不公正に対して似非《えせ》科学にもとづく正当化がなされたのである。この考えがさらに進むと、植民地法による貧しい国々からの搾取が当然となり、貧しい人の財産や土地の没収、ひいては奴隷制までが容認される。

だが、多くの障害にもめげず、産業革命を推し進める基盤となった強い底流は世界中に伝わり、広まっていった。そのプロセスが反復されるにつれて、さまざまな現場で起こる産業化と経済成長は確実なものとなっていった。この変化を経験する場所が増えると、まるで連鎖反応のように相互の影響力が強まり、それを背景としてさらに新機軸が生まれ、経済成長に拍車がかかり、テクノロジーの開発が進んだ。イギリスの産業革命が他の地域に波及する経路にはいくつかの種類があった。イギリスが通商相手の国々に圧力をかけること。それらの通商相手の国にイギリスの資本を投下してインフラストラクチャー（たとえば港湾や鉄道）を整備すること。イギリスで開発されたテクノロジーを広めることなどである。

近代経済成長の波及には大別して三つの形があった。一つ目――これにもいくつかの形があるが――は、イギリスの植民地である北アメリカ、オーストラリア、ニュージーランドへ直接、産業革命を伝えることだった。この三つの地域は農業をはじめとして、その他の経済活動全般で宗主国であるイギリスのやり方をそっくりまねていた。したがって、イギリスのテクノロジーや食用作物、さらに法制度までも、それほど抵抗なく移植することができた。そのような近代経済成長を引き継いだ場所は、北アメリカの沿岸地域の場合、「ニューイングランド」と呼ばれた。アンガス・マディソンにいわせれば、これは「西の分家」だった。

観念的には、帝国の権力者と植民者は北アメリカとオセアニアを空白の場所と見なしていた――もちろん、実際にはそのどちらにも先住民がいたのだが。イギリス人植民者は、虐殺、追放、居留地への強制移住などでそれらの先住民を駆逐したが、その結果、植民地の人口は急激に増えることになり、やがて北アメリカとオセアニアにも近代経済成長がもたらされた。

波及の二つ目の形はヨーロッパ内部で起こった。おおまかにいえば、十九世紀の西ヨーロッパから東へ、そして北ヨーロッパから南へという動きだった。北西ヨーロッパは東欧や南欧とくらべて最初から有利だった。まず第一に、北西ヨーロッパは大陸の大西洋岸に位置するので海洋貿易が発展しやすく、アメリカやアジアと交易の道が開けるという点で東欧よりもずっと恵まれていた。第二に、北西ヨーロッパは一般に、石炭、材木、河川（水車をまわす）などの天然資源が豊かで、降雨量も多かった。第三に、北西ヨーロッパは熱帯や亜熱帯に特有の病気――たとえばマラリア――が流行しにくいため、概して健康的な環境といえた。第四に、理由はさまざま――意見の一致を見た事柄もあれば論議の的にもなっている事柄もある――にせよ、とにかく政治および社会環境がより良好だった。十七世紀までに北西ヨーロッパの大部分では農奴はほとんど消滅していたが、南欧や東欧では農奴をはじめとする厳格な階級制度がまだたくさん残っていた。ドイツとイタリアは産業革命が起こった当時、国民国家すら成立していなかった。しのぎを削りあう公国の高い壁に阻まれて、自由な通商もできなかったのだ。

産業革命が始まり、とくにナポレオン戦争のさなかとその戦後に産業革命が各地に波及するようになると、南欧と東欧の発展を妨げていた障害は消えはじめた。ヨーロッパ全域でぼちぼちと、ときには暴力をともないつつ農奴制は廃止された。立憲政治がとりいれられた。鉄道が敷かれてヨーロッパ各地を結んだ。アイデアやテクノロジーがこれまで以上の速さで広がり、かつてないほど大きな資本の裏付けを得た。十九世紀末には、産業化はヨーロッパ全域をカバーしたように見えた。

波及の三つ目の形は、ヨーロッパで興った近代経済成長がラテンアメリカ、アフリカ、アジアへと至る道筋だった。どの地域でも、このプロセスには混乱がつきまとった。たとえば、産業化が進んで豊かになったヨーロッパと、農業主体で軍事力が弱く、産業化に遅れたその他の地域がぶつかりあうことも珍しくなかった。中国や日本のように、古代文明から続く長い伝統をもった地域もあれば、熱帯アフリカの多くの地域のように、人口密度が極端に低い地域もあった。だが、ほとんどすべての地域で結果として起こった大きなドラマは、異なる社会、異なる経済、異なる文化の対立から生じる騒乱状態だった。たとえ生活水準は上がったとしても、近代経済成長のせいで社会の機構は根底からくつがえされ、よりパワフルなヨーロッパとの衝突に苦しむことになった。

金持ちと貧乏人の対立は明らかだった。なぜなら、富の差はパワーの差でもあり、パワーは搾取の手段にもなったからだ。より裕福な支配者の利益のために弱い社会を力ずくで動かす手段としてヨーロッパの強力なパワーがくりかえし使われた。ヨーロッパの強大な帝国は武力でアフリカ人を抑えつけ、自分たちの選んだ換金作物を栽培させた。植民地当局は人頭税を課し、アフリカ人を鉱山やプランテーションで働かせ、ときには家族の住む場所から何百マイルも離れたところへ連れ去ることもあった。ヨーロッパの投機家や政府はアフリカやアジアの貴重な鉱物や広大な森林などの天然資源を勝手に奪った。ヨーロッパの私企業は会社「法」を守らせるため、植民地に私設の軍隊を維持していた。いざとなれば祖国の軍隊のバックアップが得られるという暗黙の了解もあった。

テクノロジー進化の奔流

無慈悲な植民地法のもとで苦しむ地域もあれば、経済的な恩恵のほとんどをその土地の住民ではなく植民地の支配者たちが握ってしまう地域もあったが、それでも世界中で人びとの生活水準は上がりつつあった。極度の貧困からの脱出はきわめて遅々として、しかも一貫性がなく、戦争や飢饉のために逆行することも多かった。一方で、十九世紀末の四半世紀に産業化を猛スピードで進め、経済的に急成長した日本のような例もあった。

私が思うに、豊かさがこれほど広まった理由、そしていまも広がりつづけていることの最も大きな理由は、テクノロジーとそれを支えるアイデアが伝播したことだろう。地中に埋まった——石炭のような——特別な資源を得ることよりはるかに重要なのは、生産を組織化するための、科学を基盤にした近代的なアイデアを導入できるかどうかである。アイデアや思想の美点は、何度でも使いまわしがきき、けっして枯渇しないことだ。誰かがあるアイデアを使っても、他の人が同じようにそのアイデアを用いる可能性は少しも減らない——このために、エコノミストはアイデアをユニークなものと見なしているのだ。これがあるからこそ、私たちは誰もが豊かになれる社会を思い描ける。第一次産業革命にとって何より肝心なのは石炭そのものではなく、石炭をどのように使うかだった。より広くいえば、新しい形のエネルギーをどのように使うか、である。石炭で学んだことは、他のエネルギー・システムを使うときの基本になった。水力、石油、ガス、核燃料、さらに最近の風力や太陽発電のような再生可能のエネルギーにも応用できるのだ。

産業革命の第一の波は蒸気機関の開発とそれに関連するテクノロジーの進歩だった。工場での大量生産、繊維や衣料業界の新しい機械、スチール製造の新しい技術などである。テクノロジーに画期的な進歩をもたらした第二の波は十九世紀半ばに到来した。鉄道と、さらに注目すべきは電信の発明である。一瞬にして世界中の遠距離通信を可能にする電信は、これまでにないスケールで情報を伝達できるという点において、まさに画期的な進歩だった。

テクノロジー進化の第二の波には、大洋横断蒸気船、地球規模での通商、それに二つの巨大なインフラストラクチャー――スエズ運河とパナマ運河――の建設が含まれた。一八六九年に完成したスエズ運河はヨーロッパとアジアの交易の道を大幅に縮め、一九一四年に完成したパナマ運河はアメリカ東海岸からアメリカ西部各地、そしてラテンアメリカや東アジアまでの物流の時間を一気に短縮した。パナマでは黄熱病やマラリアのためにおびただしい数の労働者が死んだため、一八八〇年代に試みられた最初の工事は遅々として進まなかった。だが、やがて研究の結果、蚊が伝染病を媒介することがわかり、建設現場に沿った蚊の繁殖地を一掃したおかげで、一九一四年にやっと運河が完成した。

テクノロジー進化の第三の波は十九世紀末、産業界および都会の電化だった。エディソンが発明した白熱電球のほか、さまざまな電気製品があった。エディソン、ウェスティングハウスなどの後ろ盾で巨大な発電所ができ、そこから電線を伝って電気が家庭やオフィスビル、工場に送られた。電線は二十世紀初頭に新しく登場した重要なインフラストラクチャーだった。内燃機関の開発も同じくらい重要だったし、化学業界——とくにドイツ——の躍進もめざましく、大気中の窒素からアンモニアを合成して（ハーバー・ボッシュ法）肥料が作れるようになった。化石燃料エネルギーから作るこの窒素肥料は二十世紀の食糧生産にとって画期的な進歩であり、人類の大部分——まだ、すべてとはいかなかったが——を恒常的な飢餓状態から救いだし、人類の歴史に大昔からつきまとった飢饉のリスクをとりのぞいた。

これらテクノロジー進化の波はグローバルな通商と海外投資を通じて世界に広まった。それとともに経済的な繁栄も世界各地に広まった。だが、その一方で、ヨーロッパの政治支配が地球上を制覇することにもなった。そのような支配力は、ヨーロッパが産業化に向けて有利なスタートを切ったことからくる力の不均衡を意味していた。すでに見たように、有利なスタートとは政治的、地理的条件、資源などのすべてに恵まれていたことをいう。

二十世紀初頭までに、ヨーロッパは世界のほとんどを支配するようになっていた。ヨーロッパの帝国は実質的にアフリカ全土とアジアの大部分を傘下に収め、ラテンアメリカ貿易の財政や制度の面でも支配力を強めていた。これはグローバリゼーションの幕開けだった。グローバル・トレードの時代、電信によるグローバル・コミュニケーションの時代、大量生産と産業化の時代だった――要するに、すべての面において進歩を迫られた時代だったともいえる。そして、このグローバリゼーションはあくまでもヨーロッパ主導だった。経済成長はとどまるところを知らないように見え、それとともにできあがった序列も一見ごく自然なものに思えた。この、いわゆる「自然の序列」から生まれたのが、悪名高い「白人の責務」である。ヨーロッパ生まれ、またはヨーロッパ人の血を引く白人には、他の地域に住む人びとを教え導く権利と義務があるという考え方だ。ヨーロッパ人は無邪気さと同情と野蛮さという矛盾した心情をもって、この権利を行使した。

大いなる不和

二十世紀初頭、グローバリゼーションはどう見ても必然であり、そこから戦争がすでに過去のものになったと考える人も出てきた。ヨーロッパの指導者たちが――少なくともまともな考えの持ち主であれば――国を戦争に巻きこもうなどと考えるはずがない、というのだ。一九一〇年、イギリスの著名な経済学者ノーマン・エンジェルは『大いなる幻想』を著し、国家経済の相互依存がこれほど強まり、同じように労働のグローバルな分業も進んでいるのだから、世界経済のリーダー的な役割を果たす国同士が敵対することは不合理だと論じた。戦争は国際貿易の基盤を揺るがすのだから、ヨーロッパの大国同士が軍事的に衝突したとしても、侵略側にとって経済的に利することはけっしてないと、エンジェルは警告した。戦争のプラスとマイナスがはっきり理解できるようになれば、戦争はなくなるだろう、と。

エンジェルは、人間心理の不合理さと破壊的な結末に至る——たとえ理にかなっていなくても——社会的なプロセスを過小評価しすぎていた。つまり、エンジェルは半分だけ正しかったということになる。戦争は、たしかに経済的利得と引き換えにするには危険すぎた。だとしても、たまたま勃発する戦争の抑止力にはならなかった。一九一四年には、二十世紀の大いなる不和の幕が切って落とされた。この衝突はのちに起こる第二次世界大戦よりも、ずっとドラマチックだった。

第一次世界大戦は、なぜあれほどドラマチックだったのか。そして、なぜあれほど深刻なトラウマを残したのか。この戦争はヨーロッパ主導のグローバリゼーションの時代に終止符を打った。死傷者数は信じがたいほど多かった。そして、この戦争をきっかけに大変革をともなう事件がいくつか起こり、その暗い影は二十世紀全体を覆うことになった。最初の副産物はロシア革命の勃発と、それに続くロシア帝政の崩壊だった。当時のロシアはどちらかといえば時流に遅れていて、ヨーロッパで農奴制が最後まで残った国だったが、第一次大戦の後遺症で制度も人びとも疲弊していた。ウラジーミル・レーニンを首謀者とする一派は、ほとんど大衆の支持なしで権力を握ることができ、革命の思想を訴えた。これによって、ロシアはひどい蛮行と経済的損失をともなう七十五年もの遠回りをすることになった。その最盛期には、レーニンとヨシフ・スターリンの提唱した共産主義の思想は全世界の人口の約三分の一——旧ソ連、中国、ソビエト支配下の東欧諸国、キューバ、北朝鮮など、ソ連に同調して独自の共産主義政権を打ち立てた国々を含む――を惹きつけた。

第一次世界大戦のもう一つの副産物は、戦後のヨーロッパがいつまでも引きずった財政不安である。戦争によって、財政および経済面の問題が複雑に絡みあった泥沼状態が生じた。交戦国は多大な負債を背負った。オスマントルコとハプスブルク帝国は滅亡し、分割された結果、たがいに確執を抱いた不安定な小国が乱立した。連合軍に多額の賠償金を求められたドイツでは次の世代まで遺恨を残し、そんな感情がヒトラーの台頭を許容することになった。

ジョン・メイナード・ケインズは、第一次大戦のあと、自分の知っていたかつての世界が消えてしまったことを悟った。そして、有名な論文「平和の経済的帰結」で、失われたものについて書いている。*6

一九一四年の八月に終わりを告げたこの時代は、人間の経済的進歩のなかでも、なんという素晴らしいエピソードであったことか！　確かに人口の大部分は懸命に働き、低い安楽水準の生活をしていたが、にもかかわらず、どの点からみても、この運命にまずまず満足しているようだった。しかし、およそ平均以上の能力や性格を備えた者なら誰にとっても、その運命を逃れて、中流や上流階級に入ることが可能だったし、それらの階級に対しては、人生は、低廉な費用と最小の煩労で、他の時代の最も豊かで最も強力な王侯すら手にしえなかったような便益品、安楽品、快楽品を提供していた。ロンドンの住民は、ベッドで朝の紅茶を啜りながら、電話で、全世界のさまざまな産物を彼が適当と思う量だけ注文することができ、それらの物がほどなく戸口に配達されるものと、当然、期待してよかった。彼は、同じ時に同じ方法で、自分の富を世界の好きな部分の自然資源や新事業に投資し、なんらの労働も心労すらも払わずに、その将来の果実や利益の分け前にあずかることができた。あるいは彼は、かなりの都市なら、どの大陸のどの都市であれ、自分がこれと思ったり情報の推奨するままに、市債を購入して自分の財産の安全性をそこの市民の信義と結びつけよう、と決めることもできた。彼はまた、望めば直ちに、パスポートや他の形式的手続きなしに、任意の国、任意の気候の土地への移転手段を確保することができ、近くの銀行に召使をやって都合がいいだけの貴金属の供給を受けることができ、そのうえで、鋳貨の形の富をもっているだけで、そこの宗教も言語も習慣も知ることなしに海外の見知らぬ地域に行くことができ、ごく僅かな障害に出あっても大変不満に思ったり、非常に驚かされたりしていたのである。しかし、何よりも重要なことは、彼がこのような事態を、正常で、確実な、いっそうの改善という方向以外には変化しないものとみなし、それからの乖離は、すべて、常軌を逸した、怪しからぬ、回避可能なものとみなしていたことである。

（『ケインズ全集』2「平和の経済的帰結」早坂忠訳、東洋経済新報社刊）

ケインズが現代へのメッセージで強調したように、この時期の終わりはまさに想像を超えたものだった。

軍国主義や帝国主義の企てと政略、人種的・文化的敵対や、独占・制限・排他などのそれは、この楽園にとって蛇の役割を果たすようになるはずのものなのだが、それもほとんど日々の新聞の楽しみ以上のものではなく、実質上ほぼ完全に国際化した社会・経済生活の通常のコースには、ほとんどまったく何の影響も及ぼさないものと思われていた。（同上）

第一次世界大戦後の経済的不安定が引き金となって、一九三〇年代の大恐慌が起こり、やがて第二次世界大戦へとつながった。この連鎖はいわくいいがたいもので、学者たちは細部にわたって論じているが、基本的な事実は否定しがたい。不当な債務という重荷、ヨーロッパ内部の経済の縮小、ヨーロッパ列強の拡張しすぎた予算によって、一九二〇年代にはインフレと停滞、財政引き締めが常態となった。ヨーロッパ諸国はしだいに金本位制度へと傾いた。当時は、長期的な金融上の安定をはかるにはそれが効果的だと思われたのだ。残念ながら、金本位制への退行は一九二〇年代に蔓延した不況を悪化させるだけだった。最も重要なのは、この金本位制とそれにともなう通貨操作という「ゲームの規則」では、大国の経済が一九三〇年代初頭の大恐慌へとなだれ落ちるのを抑止するのが——不可能とはいわないまでも——困難だったことである。[*7] この大恐慌がきっかけとなって、やがて貿易の保護主義が横行するようになり、ドイツではナチスが台頭し、日本は軍国主義に支配された。

第二次世界大戦の終結までに、一九一四年以前のグローバル・システムはあとかたもなくなっていた。国際貿易は死に瀕していた。各国の通貨はいまや交換不能になり、国際的な通商のための基本的な決済機構は崩壊した。不幸中の幸いというべきか、ヨーロッパの帝国主義も終わりを迎えた。とはいえ、それが完全に息の根を止めるまでにはまだ十年かかり、その間に多くの戦争があった。それでも、第二次世界大戦の廃墟に立ってみると、グローバルな市場経済の利点――労働のグローバルな分業、テクノロジーの平和的な伝播、オープンな国際貿易――は、遠い昔のものに感じられ、二つの世界大戦と大恐慌の瓦礫の下に埋もれてしまったかのように思えた。

グローバル経済の再建

一九四五年の第二次世界大戦の終結から一九九一年のソ連の崩壊までになされた多くの努力は、新たなグローバル経済システムの再建のために注がれた。緊急に必要な仕事は物理的な再建だった。国内の経済生産と国際貿易を支える道路、橋、発電所、港湾などの修理と建て直しである。その一方で、国際経済の「配管」工事も必要だった。まず最初に、通貨協定と国際貿易の原則づくりが求められた。これによって、市場を基盤とした品物やサービスの流れができあがり、新しくなったグローバルな労働部門から生じる生産利益も分配されるだろう。この再建の過程には三つの段階があった。

まず、一九四五年以前から十分に産業化されていた地域——ヨーロッパ、アメリカ、日本——では、アメリカの政治的なリーダーシップのもとで新たな国際貿易システムが再建された。これらの国々は着実に通貨の兌換性、すなわち為替相場（これによって企業も個人も市場レートで外貨を買うことができる）を再構築し、国際貿易のための決済システムを作りあげた。ヨーロッパでは一九五八年にふたたび為替相場が機能するようになった。円が変動相場になったのは一九六四年だった。同時に、これらの国々は貿易の障壁をなくす努力をすることで意見が一致した。高い関税率や割当制度は大恐慌の混乱のなかで設定されたものだった。GATT（関税および貿易に関する一般協定）の先導による国際貿易交渉を何度か重ねるうちに障壁はしだいに低くなっていった。GATTは今日の世界貿易機関（WTO）の前身にあたる。やがて裕福な国々は、まとめてファーストワールドと呼ばれるようになった。ここでは市場を基盤にした貿易システムが再建された。戦後十年間の停滞した貿易と財政不安のあとで、これらの国々は一気に経済成長をとげることになった。

とはいえ、ファーストワールドで貿易が再開されたからといって、グローバル経済が再建されたわけではない。一九四五年以降の世界経済の断絶は、為替相場や貿易障壁よりずっと深刻だった。第二次世界大戦の終結までに、世界は政治的にきっぱりと分断されていたが、それは経済的な断絶を反映していた。そのような分断状態はその後何十年も続き、現在になってようやく解消されはじめた。

セカンドワールドは社会主義国家である。第一次世界大戦の余波のなかで、レーニンとスターリンによって築かれた。このセカンドワールドは、一九八九年にベルリンの壁が壊されて一九九一年にソ連が崩壊するまで、ファーストワールドとは経済的に切り離されていた。最盛期には、このセカンドワールドにおよそ三十カ国（どの国を含めるかの基準によって数は異なる）が加わり、人口にして全人類の三分の一以上を数えた。セカンドワールドの大きな特徴は、生産手段を国家が保有すること、生産プランが中央集権的であること、共産党の一党支配であること、社会主義圏内での経済統合（バータートレードによる）を進めてファーストワールドとは経済的に接点をもたないことだった。

サードワールドには植民地支配から脱した国々が含まれるが、その数は急激に増えていた。今日では、第三世界といえば単純に貧しい国々をさす。だが、最初のうち、サードワールドという言葉にはもっと溌剌《はつらつ》とした意味が含まれていた。帝国主義の支配から脱却して、資本主義のファーストワールドにも、社会主義のセカンドワールドにも加わらない道を選んだグループである。これこそ本当の意味で第三の道を選んだ国々だった。サードワールドの核となる考え方はこうである。「われわれは独自のやり方で発展するつもりだ。われわれは産業を育成する。ときには国有化し、ときには民間企業に助成金や保護を与えるが、外国の多国籍企業の関与は不要である。オープンな国際貿易とは関係なしに進めたい。われわれは外の世界を信用しない。どんな勢力とも同盟関係は結びたくない。ファーストワールドはわれわれの手本ではない。彼らはかつてわれわれを植民地にしていた大国である。セカンドワールドのリーダーも信用できない。ソ連の傘下に加わって、飲みこまれたくない。したがって、われわれは政治的には中立で、経済的には自給自足をめざす」

こうして、第二次世界大戦以後の世界は三つの経路で進歩した。だが、根本的な問題は、セカンドワールドとサードワールドの方法が経済的には理にかなっていなかったことである。どちらも海外債務のためにやがて破綻した。セカンドワールドの中央集権的プランはうまくいかず、同様にサードワールドの自給自足も行き詰まるしかなかった。どちらの場合も、その理由についてはアダム・スミスが説明している。経済的に外部との接触を断ったセカンドワールドとサードワールドは、グローバルな経済成長とテクノロジーの進歩の恩恵からも切り離された。コスト高の地元産業を育成したが、国際的な競争力では——たとえ競争することを選んだとしても——まったく勝ち目がなかった。そのような社会は閉鎖的だったから、国内の産業は競争する必要もなく、腐敗の温床になりがちだった。同盟を排したサードワールドの国々には、ファーストワールドのテクノロジーの進歩を自分のものにする機会がなかった。彼らはファーストワールドに不信の念を抱いていた。苦労して勝ちとった独立を——たとえその独立がとりたてて危険に晒《さら》されていなくても——なんとか守りたいという気持ちは理解できるのだが。

私がエコノミストとして仕事を始めたのは、セカンドワールドとサードワールドの経済がすでに瀕死の状態にあり、混沌のうちに下降スパイラルを辿っていたときだった。そんな危機的状況の初期の兆しは概して、海外債務の膨張とインフレ率の上昇である。私の初期の仕事はマクロ経済の安定——ハイパーインフレーションの抑制——であり、この仕事を通じて、私はファーストワールドのマーケットやテクノロジーと無縁の国々を知ることになった。これらの仕事は金融が主体だったが、同時に、国家が広い世界と経済的にどんな関係を築くべきかという基本的な選択について考えさせられる機会ともなった。

一九九〇年代の初めに、セカンドワールドとサードワールドに属する大多数の国々はこう宣言しはじめた。「もう一度グローバル・エコノミーの一部にくみこまれる必要はない。われわれは独立を保ちたい。自己決定権をもっていたい。だが、レーニン・スターリン主義の中央集権政策は棄てるつもりだ。すでに破綻しているからだ。自らに課した自給自足という考え方も放棄しよう。経済的な孤立は個人ならともかく、国家にとっては意味をなさないからである」。要するに、一九八〇年代半ば以降の私の役割は、これらの国々が新たな国際システムの独立したメンバーになるのを手助けすることだった。私は三つの重要な問いをくりかえした。国際貿易に復帰するいちばんよい方法はなにか？　不当な債務と非効率な産業という重荷から脱却するにはどうすべきか？　パワーのある裕福な国だけではなく、世界中のあらゆる国々の要求を本当の意味で満たすグローバルな経済、それを確実にする新しいゲームの法則を決めるにはどのように交渉すべきか？

二百年にわたる近代経済成長

これまで二百年間におよぶ近代経済成長についてごく簡単にふれてきた――この成長は変

化、動乱、衝突、イデオロギーで完結した。この近代経済成長の時代は世界に何をもたらしただろう？　二世紀前には想像もできなかったほど生活水準が向上したこと、近代的なテクノロジーが世界中に広まったこと、科学と技術界の改革がいまだに勢いを増していることである。このプロセスが始まったときとくらべて、ほぼ世界中どこでも生活水準はかなり上昇した。例外は、エイズが蔓延したアフリカの一部の地域だけである。

だが、その一方で、近代経済成長は富裕層と貧困層のあいだに大きなギャップをもたらした。世界中が貧しかった時代には、そのようなギャップはありえなかった。近代経済成長の時代に、世界経済は地図2のような状況になった。それぞれの国が二〇〇二年の一人あたりGDP（購買力平価による）によって色分けされている。豊かな国（一人あたりの所得が二万ドル以上）は緑色で、これにはアメリカ、カナダ、西ヨーロッパ、日本、オーストラリア、ニュージーランドが含まれる。中程度の所得の国（四千ドルから二万ドル）は黄色で、東アジアの大部分（韓国やシンガポールなど）と中央ヨーロッパ、旧ソ連、ラテンアメリカなど。低所得のなかでもやや上の国（二千ドルから四千ドル）はオレンジ色で、おもに南アメリカ、南アジア、東アジアの地域である。最も貧しい国（二千ドル以下）は赤で示され、サハラ以南のアフリカと南アジアに集中している。もちろん、一人あたりの平均GDPを示したこの地図と、貧困家庭の割合を示した地図1には共通点が多い。低所得国の分布は、中程度および極度の貧困の割合が高い国を示した地図と明らかに重なるのである。

それでは今日、全人類の六分の一を占める最も裕福な国々と、生きていくだけがやっとの六分の一を隔てる大きな溝はどこから生じたのだろうか？　豊かな国々は二世紀にわたって近代経済成長の恩恵を受けてきた。貧しい国々は何十年も遅れてやっと経済成長のスタートを切り、しかもさまざまな障害に行く手を阻まれた。なかには、大国の植民地にされて容赦ない搾取に苦しめられることもあった。地理的な悪条件（気候、食糧生産、病気、エネルギー資源、地形、世界市場との距離などに関連する）にも悩まされた。イギリスやアメリカのような初期の産業経済にはこんな重荷はなかった。さらに、国内政策さえも誤った選択を下した。そんな政策は、つい十年前まで続いていたのである。こうした条件が重なった結果、彼らは近代経済成長の恩恵とは無縁のままに過ごし、何年かおきの断続的な成長でがまんするしかなかった。

これらの国々にとって肝心なのは、彼らが抱えるどんな問題にも具体的な解決策があるということだ。過去のまずい政策は修正できるし、植民地時代は完全に終わった。地理的な障害さえ、新しいテクノロジーで乗り越えられる。マラリアは退治できるし、生産量の限界とみなされる土地でも農産物の収穫は増やせる。だが、世界の一部がいまだに貧困から脱けだせない理由が一つではないように、その治療法もまた一つではない。この先、本書では何度も強調することになるが、すぐれた行動計画とは、その国の経済状況を形作る特殊な要素のそれぞれに沿った的確な診断を下したうえでスタートさせるものなのだ。

3 なぜ繁栄を享受できない国があるのか

世界の全人口六十三億人のうち、ざっと五十億人が少なくとも経済開発の梯子のいちばん下の段より上にいる。全人類の六分の五は、少なくとも極度の貧困から一段上に足をかけたのだ。さらに、およそ四十九億人は平均的な所得——一人あたりのGDPによって計算——の国々に住んでいるが、一九八〇年から二〇〇〇年のあいだにこの数は増えつつある。もっと大勢、ざっと五十七億人が住む国々では平均寿命が伸びている。これを支える経済発展は本物で、世界に広まっている。極度の貧困の範囲は、絶対数でも全人口における比率でも、縮小しつつある。この事実からも、二〇二五年までに世界から極度の貧困をなくすという提案は絵空事ではないとわかる。

世界のどこでも経済的な成長が可能で、実際にそうなっているとしたら、次に大事なのは、経済的な成長に見放された地域の問題を理解し、解決することである。そこでは、人びとがまだ開発の梯子に足をかけられず、あるいは最下段で立ち往生しているのだ。経済成長が成功するか失敗するか、そのわけを理解するには、一人あたりのGDPの推移を予測する理論的なフレームワークが必要だ。長期的な開発を促す要素のいくつかについてはすでに述べてきたが、この章ではそれについてもう少し系統だてて論じたい。経済的な発展が多くの場所――とりわけ、最も貧しい地域――で失敗するのはなぜかという問題も扱う。まず、実例をあげて見るのがわかりやすいだろう。一軒の農家である。

家計の成長

二ヘクタールの農場で暮らしを立てている夫婦と子供四人（娘二人、息子二人）の家庭を考えてほしい。トウモロコシを栽培し、日干しレンガでできた小屋に住んでいる。極度の貧困のため、一家はとりいれたトウモロコシを自分たちで食べ、もう何年間も現金収入はない。子供たちは農場のまわりで燃料にする薪を拾いあつめ、近所の泉から飲み水を汲んでくる。

この年、家族は一ヘクタールあたり二トンのトウモロコシを収穫した。全部で四トンである。収穫したこれらのトウモロコシは自家消費されるが、政府の統計局は一家の収入をトウモロコシの市場価格にもとづいて算定する。地元の市場でトウモロコシの価格は一トンあたり百五十ドルである。そこで、一家の収入は六百ドルになる（百五十ドル×四）。または一人あたり百ドルとなる（六百ドルを家族六人で割る）。政府はこの数字をほかの家族の収入と合算して、この国のＧＮＰ（国民総生産）をはじきだす。

この家族の一人あたりの収入を翌年までに増やす方法は、少なくとも四つある。

貯蓄

四トンのトウモロコシのうち、三トンだけを自家消費にまわし、残りの一トンを市場に出す。この百五十ドルで家畜（鶏、羊、雄牛、乳牛など）を買う。家畜によって新たな収入の流れが生まれる。雄牛の糞は肥料になり、耕作にも牛の牽引力が使える。乳牛ならミルクを売ることができる。鶏や羊なら、食用の肉、卵、革などが売れる。経済用語でいえば、貯蓄は（家畜という形での）資本蓄積につながり、ひいては一家の生産性を高めることになる。

通商

別のシナリオも考えられる。一家は近所の農民から、ここの土地と気候が、より商品価値の高いバニラの栽培に向いていることを教わる。よく考えた末、一家はトウモロコシのかわりに換金作物となるバニラを栽培することに決める。翌年、バニラの収益が八百ドルになり、そのうち六百ドルを使って食用の穀物四トンを買う。この地域でバニラ農家が増えるにつれ、新しい販売農家のグループが形成され、バニラの出荷や貯蔵、それに食料や労働力の配分なども専門化するようになる。

このパターンはアダム・スミスも例をあげていて、専門化が市場の拡大につながり、それがさらに専門化を促すことが示されている。この農家が商品価値の高いバニラ栽培を専門とするようになったのは、土壌や気候がバニラの木の生育に向いていたからである。彼らは市場に商品を出して他の農家と取引をする。他の農家は食料を専門に作っている。収入が増加し、「市場の規模」——スミスの用語——が拡大するにつれて、さらなる専門化の余地が生じる。この場合は輸送サービスである。さらに進むと、経済活動はもっと細分化される。家の建設、衣類製造、道路建設、給排水工事、電気工事、水道、衛生設備などである。

テクノロジー

もう一つは、農業促進を指導する役人から、生産性をあげる新しい手法を教わった場合である。土壌の重要な栄養素である窒素を固定する植物を植えれば土地が肥沃になり、また改良された穀物の種もみを使えばプラスが多い。新種の穀物は生育が速いうえに害虫にも強く、肥料を加えた土ではなおよく育つ。結果として、一ヘクタールあたり年三トンの収穫があり、合計六トンになる。これで、一人あたりの収入は百五十ドルになる（一ヘクタールあたりの収穫量三トンを二倍し、それを家族六人で割る）。

資産の増大

政府がオンコセルカ症（別名リバーブラインドネス、和名は河川盲目症）を媒介するブユの絶滅対策に成功すれば、この農家はもっと大きく、もっと豊かになる。この病気の被害がなくなれば、耕作できる農地はぐんと広がり、生産量も増大する。収入が増え、飢えも減少する。新たに開墾された土地の農家はそれまでの生産量を三倍にできるのだから。

以上が、収入を増やし、経済成長を促す四つの道である。が、もちろん、現実はこれほど単純ではない。現実の経済では一般に、一人あたりのＧＤＰ（国内総生産）の上昇はこれら四つのプロセスが同時に働いたときに見られる。貯蓄によって資本が蓄積され、専門化が進んで通商が盛んになり、テクノロジーが進歩して（投下資本に比例して生産量が上がり）、一人あたりの天然資源が増えた（すなわち、一人あたりの生産レベルが上昇した）結果なのである。ここでは一家族の収入の増加として説明したが、実際のところ、これらのプロセスは市場を通じて結びついた何千、何万という家庭がおたがいに干渉しあい、公共政策と公共投資の集合的な動きと関連している。

一方で、家族一人あたりの収入を減少させるような要素を見てみよう。全体として、経済が逆行し、前進よりも後退する動きである。そんな事態を誘発する条件をいくつかあげてみる。

貯蓄の不足

この家族は長期的な飢餓に苦しみ、したがって四トンのトウモロコシはすべて家族が食べてしまうので市場に出すものがなく、新しい農地を買うだけの現金はまったくない。それどころか、いまある農地も痩せ衰えている。翌年の収穫は四トンに満たず、一人あたりの収入は減少する。痩せた農地は資本の減少、あるいは労働者一人あたりが利用できる資本の量の低下と見なされる。

通商の不在

別のケースを考えてみよう。この農家はバニラが有望だという話を聞くが、それを役立てることができない。この農家に通じる道路がなかったり、近くに市場がなかったりして、バニラを市場に出せない場合、また金が得られても食料を買えない場合だ。結果として、この農家は換金作物の生産へと専門化するチャンスを逃し、生きていくための食料を手に入れることができない。通商を邪魔する、あるいは完全にブロックするものは他にもある。暴力（商品の確実な輸送ができなくなる）、通貨の混乱（通貨が信頼できる交換材料にならない）、また価格統制など、政府の介入によって専門化と通商が妨げられることも多い。

テクノロジーの後退

アフリカの田園地帯では珍しくないことだが、子供たちを残して父母がエイズで死んだらどうなるだろう。年上の子が弟妹の面倒を見なければならず、正しい耕作法を身につけるゆとりがない。翌年の収穫はうまくいかず、子供たちは村のよその家に頼らざるをえない。家族の収入はゼロにまで落ちこむが、そうなったのは農業の技術に関する知識のレベルが低下したせいである。技術的なノウハウは自動的に継承されるものではない。新しい世代はつねに経験を通してテクノロジーの知識を学んでゆく必要がある。

天然資源の衰退

別の形を見てみよう。新たな耕地が増えるどころか、いまある農地も周囲の環境の悪化によって侵食されつつある。とくに、この農家は肥料も買えず、窒素固定植物のことも知らない。そのため、土壌中の窒素が極端に不足する。結果として、収穫できる農地は一ヘクタールだけになる。こうして、この家族の年間収入は一人あたり五十ドルに落ちこむ（一トンあたり百五十ドルを二倍して、家族六人で割る）。

不利な生産性ショック

洪水、旱魃、熱波、霜、害虫などの自然災害、家庭内の病気（たとえばマラリアなど）、あるいはそれらの同時発生によって、その年の家族の収入がゼロになることもある。

人口増加

世代は交代する。両親が死に、二ヘクタールの農地は二人の息子に分けられる。それぞれに妻と四人の子供がいる。一ヘクタールあたり二トンの収穫量が変わらないとしたら、この農場に住む人口が倍になっているのだから、一人あたりの収入は半分になる。近年、アフリカの農村地帯ではこのような状況がよく見られる。

こうして見ると、ごくシンプルな一家族の「経済」でさえ、成長するのに――また下落するのにも――多くのパターンがあることがわかる。ある国の状況を改善しようとする開発エコノミストはまず最初に、どのプロセスが有効で、どれが無効かを読みとることが大事だ。経済をたてなおすためのステップを見つけるには、経済成長を目指しながら、なぜそれが失敗したのか、その理由を知るべきである。

なぜ目指したとおりの経済成長ができないのか

経済成長に失敗した理由についてよく聞かれる説明は、貧困の原因だけに注目しがちだ――貧困は、近代的な発展を妨げる不手際なリーダーシップと堕落した社会から生じるというのである。ところが、社会経済システムは複雑な動きをするいくつもの部分からなりたっており、一つの理由だけでは説明しきれない。経済マシンのどの部分でも問題は起こりうるし、ときには同時発生して、マシンを停止状態にしてしまうことさえある。

経済成長において、停滞ないし衰退の原因となる問題は大きく分けて八つある。私は世界各地でこれらの不運な状況を目撃してきた。このそれぞれに有効な治療法がある。したがって、正しい診断こそが大事である。

貧困の罠――貧困そのものが経済停滞の理由になっている例

最貧国にとって大きな問題は、貧困そのものが罠になっていることである。極度の貧困に

表１　発展途上国の貯蓄率

所得レベルは2002年のデータによる。パーセンテージはGDPに占める割合。	
中の上の所得国	25%
中の下の所得国	28%
低所得国	19%
最も貧しい国	10%

出典：世界銀行（2004年）による。

陥っている場合、貧しい人びとはその窮地から——自分自身で——脱出する力をもたない。それはなぜか。一人あたりの資本不足ゆえの貧困を考えてみてほしい。貧しい田舎町で、トラックも、舗装道路も、発電設備も、灌漑水路もない。飢えと病気にさいなまれて人的資本はきわめて乏しく、無学の村人たちは生きるだけで精一杯だ。天然資源も枯渇している。木々は切り倒され、土地は痩せている。こんな状況で求められるのは、より多くの資本——物的資本、人的資本、自然資本——だが、資本投下のためにはより多くの貯蓄がなければならない。たとえ貧しくても、極度の貧困でなければ、なんとか貯蓄ができるかもしれない。しかし、極度の貧困では、収入のすべて、あるいはそれ以上を、ただ生きるために使いはたしてしまう。生きるのに精一杯で、将来の資本のために収入を貯蓄するゆとりなどまったくない。

極度に貧しい人びとが低い経済成長率——マイナス成長率——から抜けだせないおもな理由はここにある。あまりの貧しさゆえに、将来のための貯蓄ができず、惨めな状態から抜けだすのに必要な一人あたりの資本を蓄積することができないのだ。表１は国の所得レベル別に見た国内貯蓄率のＧＤＰ（国内総生産）比である。これを見ても明らかなように、最も貧しい国の貯蓄率が低いのは、収入のすべてを生きるために使っているからだ。*8

それどころか、国家統計局による国内貯蓄の標準的な調査では、貧困層の貯蓄額が過大評価されがちである。なぜなら、これらのデータは最低貧困層が自然資本を使いはたしている現状を見ていないからだ。彼らは木を切り倒し、痩せた土壌を酷使し、鉱物やエネルギーや埋蔵金属を掘りつくし、魚を獲りつくしている。このような自然資本について、国家統計局のデータは視野に入れておらず、結果として、それらの「下落」ないし枯渇は貯蓄のマイナスとして捉えられていないのだ。切り倒した木を薪として売り、新たな苗木を植えなかった場合、木を切った人が得た金は収入として計算される。だが本当なら、資産上の一つの項目（樹木）を財政上の一つの項目（金）に転換したものと考えるべきなのだ。

自然地理学

貧困の罠という解釈が適切な診察だとしても、貧しい国のなかで貧困の罠に陥る国とそうでない国ができるのはなぜかという疑問が残る。その答えは、ふだん見逃されがちな自然地理学の分野にヒントがある。たとえば、アメリカ人は自分の力だけで裕福になったと思っている。彼らが失念しているのは、彼らが受け継いだアメリカという土地の条件である。天然資源に恵まれた広大な土地。肥沃な土壌と豊かな降雨、航行可能な河川、何千キロにもおよぶ海岸線には天然の良港がいくつもあり、海上貿易にはうってつけの基地となっている。

世界はこんな好条件に恵まれた国ばかりではない。貧しい国々の多くは、運搬コストの高さという深刻な障害を抱えている。内陸にあったり、高い山に阻まれていたり、航行可能な河川や長い海岸線や天然の良港がなかったりという国は多いのだ。ボリビアやエチオピアやキルギスタンやチベットの長びく貧困の理由は文化だけでは説明できない。むしろ地理的条件を見るべきだ。険しい岩がちの地域では輸送コストという大問題に直面せざるをえないし、経済的に孤立した場所ではほとんどあらゆる形の近代的な経済活動が不可能である。アダム・スミスが鋭く見抜いたように、経済発展の遅れた地域では輸送コストの高さが大きなネックになっている。彼がとくに強調したのは、低コストの海上貿易という利点があるかどうかが発展の決定的な要因になっていることである。そして、経済が隔離されているほど経済発展も遅れるだろうといっている。*9

水上輸送によって市場が広がり、その結果、あらゆる種類の産業に門戸が開かれる。これは陸上輸送だけではとても成し遂げられない。したがって、大事なのは水上輸送および航行可能な川の堤を使った輸送である。これによって、あらゆる種類の産業がさらに枝分かれし、それぞれが発展する。それらの発展がやがて国の内陸部にまでおのずと波及することも珍しくない。

地理的に厄介な条件はほかにもある。農産物が生育しにくい乾燥した気候や、不安定な気候、長引く旱魃などに悩まされる国は多い。熱帯の国々では致死性の病気――マラリア、住血吸虫病、デング熱など――を招きやすい環境が悩みのたねだ。とくにサハラ以南のアフリカは、降雨と気温と病気を媒介する蚊のせいで、マラリア発生の国際基地のようになっている。アフリカの経済発展を遅らせる最大の要因といっていいだろう。ジャレド・ダイアモンドの名著『銃、病原菌、鉄』は、人類の初期の文明を形成するのに地理的条件が果たした大きな役割について注目している。この本で彼は、アメリカ、アフリカ、ヨーロッパ、アジアを比較して、固有の作物種や家畜の違い、輸送の手段、テクノロジー伝播の可能性、環境による病気の有無など、経済発展に関連する地理的条件について論じた。もちろん、これらの要素のなかには、近代的な輸送手段やコミュニケーションが発達して、農作物や動物が世界中に運べるようになればほとんど、あるいはまったく意味をなさなくなるものもある。

幸いにも、これらの条件のうち、経済発展にとって不可欠のものはない。いまや地理的決定論という亡霊は退散すべき時期である。地理上の不利ばかりいいたてるのは、地理的な条件だけが国家の経済的な帰結を決定するという主張と同じくらい見当違いである。ここで肝心なのは、逆境にある国々は不利を克服するために運のよい国々より多くの投資が必要だということである。内陸の国からよその国の港まで道路を建設することができる。熱帯に特有の病気は対策が講じられる。乾燥地帯では灌漑水路を築けばよい。地理的な不利からくる問題のほとんどは物理的な投資と適切な保護管理によって解決可能なのだ。しかし、不利な地理条件のもとでは、農業や輸送や保健にまつわる問題を解決するためのコストが高くつき、そのような環境にある国は貧困の罠に陥りやすくなるのである。

財政の罠

個人の経済状態が悪化していなくても、政府の財源が乏しいために、経済発展の基盤となるインフラストラクチャーが整備できない場合もある。たとえば国民健康保険や道路建設、電線の敷設、港湾整備のような公共財や公共サービスへの投資において政府の存在は大きい。だが、政府がこれらの公共財に投資する財源をもたない場合もあり、それには少なくとも三つの例が考えられる。その一、国民全体が貧しく、税収が不足している。その二、政府の対応が不適切か、腐敗しているか、あるいは無能なため、税を集められない。その三、政府がすでに多額の債務を負っていて（昔の借金が先送りにされている場合など）限られた税収のすべてを負債の返済に回さなければならず、新たな投資をするゆとりがない。この三番目の例は、デット・オーバーハング（過剰債務）と呼ばれる。過去から引きずった大きな負債は、将来の成長に対する希望を打ち砕く。そんな状況におかれた国が改めて経済発展の道へのスタートを切るには、負債《デット》の帳消しだけが解決策になるかもしれない。

政策の失敗

経済成長をとげるには、開発に向けて努力する政府の存在が欠かせない。政府には果たすべき役割がたくさんある。どのインフラストラクチャー建設を最優先にすべきかを判断し、投資しなければいけない。そして、基本的なインフラストラクチャーと公共サービスを、少数の選ばれた人だけでなく、国民全体が利用できるようにする。個人事業家が投資しやすい環境をととのえるのも政府の務めである。自由にビジネスが展開でき、将来の利得を確保できるという投資家の信頼を得なければいけない。政府は賄賂や副収入を期待すべきではない。政府は、国内の平和と安全を維持し、個人の生命や財産がむやみに脅やかされないように守り、財産権と契約の公正さを保証する法システムを遵守し、侵略されないように自国の領域を防衛しなければならない。

政府がこれらの職務のどれかに失敗すると、たとえばインフラストラクチャーに大きな亀裂が残るとか、経済活動を衰退させるほどに腐敗していたり、国内の平和が乱されたりした場合、経済は必ず下り坂になり、ひどく悪化することも多い。極端な例として、政府がごく基本的な機能さえ果たせなくなった状態は「国家破綻」と呼ばれ、そうなると戦争、暴動、クーデター、無政府状態などを引き起こす。のちに見ることになるが、国家破綻は経済破綻の原因となるばかりか、その最終ステージともいえるのである。国家破綻と経済破綻は絡みあっていて、くらくらするような恐ろしい下降スパイラルを辿ってゆく。

文化の壁

政府が国を前進させようと努力しても、文化的な環境が開発の妨げになることがある。たとえば、その社会の文化的・宗教的な規範が女性の役割を制限している例は多く、そうなると国民の半分が経済的・政治的権利を奪われ、教育の機会もないということになる。つまり、国民の半数が国全体の開発に寄与できないまま放置されているのだ。女性の権利と教育の機会を奪ったままでいたら、やがて重大な問題が続出するだろう。おそらく最も重要だと思われるのは人口の問題で、高い出生率を低いレベルに移行させるプロセスが遅れるか、あるいは完全に阻害される。貧しい家庭ではあいかわらず六人か七人の子供がいる。女性の役割がおもに出産と子育てだけだと思われているからである。そのような社会では、女性は教育も受けられないので、労働力としてはほとんど選択肢がない。女性の社会的立場はさらに悪くなり、経済的な基盤をもたず、法的な権利もない。夫を亡くすと、往々にして女性は経済的な基盤をもたず、法的な権利もない。夫を亡くすと、女性の社会的立場はさらに悪くなり、完全な貧困のうちに取り残されて、そこから脱する希望さえもない。

同じような文化的なバリアは、宗教および民族的なマイノリティにもあてはまる。慣習によって、ある種のグループが公共サービス（学校、医療施設、職業訓練所など）から排除されることもある。マイノリティは大学への入学や公職につく機会を拒否されるかもしれない。地域社会ではいじめにあい、商売をボイコットされたり、財産を壊されたりする。ひどくなると、東アフリカにおけるインド人コミュニティの場合のように、大規模な「民族浄化」運動が起こり、生命の危険にさらされることさえある。

地政学的要因

通商とは二者のあいだでおこなわれるものだ。外国による貿易障壁は貧しい国の経済発展を妨げる。このような障壁はときには政治的な思惑に由来する。大国が意に沿わない国に対して貿易制裁を加えるような場合である。そのような制裁は、不当な政権を弱体化させ、立ち往生させるのが目的だが、ときとして当の政権にはなんの影響もないまま、相手国の国民をただ困窮させるだけのことも多い。そのほかにも、地政学的要因による外国からの介入によって、国の発展が左右させられることは珍しくない。

新発明の不足

貧しい国の発明家の悩みを想像してみよう。ある発明家が、自国の経済発展に貢献できるような新しい科学的アプローチを思いついたとしても、のちに地元の市場で売りに出したときの儲けが少なければ、リサーチと開発に投資した資本をとりかえすことができない。新しい製品に対する地元の購買力が小さければ、発明品をうまく市場に出せたとしても——また、この貧しい国が最新技術を保護する特許法を整備していたとしても——十分な利潤は得られないだろう。問題は発明品に対する所有権ではなく、市場の大きさなのだ。

その結果、豊かな国と貧しい国では、新発明に対する態度も違ってくる。豊かな国には大きな市場があり、新製品を送りだそうという意欲も高まる。そして新しいテクノロジーが市場に出ると、それによって生産性が高まり、市場の規模がさらに拡大する。そしてさらに新製品を開発しようという意欲が高まる。はずみがついて、連鎖反応が起こる。これを経済学では内生的成長と呼んでいる。新発明が市場の規模を拡大し、大きな市場が新発明への意欲をさらに促す。つまり、経済成長と新発明はおたがいに補強しあいつつ前進するのだ。

　北アメリカ、西ヨーロッパ、東アジアの豊かな国では、リサーチと開発への多額の投資というプロセスによって、大きな市場に特許製品が出るという状況が作りだされており、これが経済成長の核となっている。先進国ではふつう国民総生産の二パーセント以上をリサーチと開発のプロセスに投資しており、ときにはそれがＧＤＰ（国内総生産）の三パーセント以上になることもある。その額はきわめて大きく、毎年、調査研究のために何億ドルもの資金が投入されている。さらに、そのような資本はただ市場にゆだねられているわけではない。政府も多額の資本を投下しており、とくに調査研究の初期の段階に集中している（開発よりもむしろリサーチに重点を置いているとはいえ、政府の財源はふつう両方にあてられる）。

　貧しい国の多く――とくに小国――では、新発明のプロセスはまずスタートさえ切れない。発明家が動きださないのは、新製品を開発するときの多額のコストをあとでとりもどせないとわかっているからだ。貧しい政府には国の研究所や大学での基本的な科学研究をバックアップする財源がない。そんな国には科学者もとどまろうとしない。結果として、新製品開発にも不平等が生じ、ひいてはグローバルな収入格差がますます広がることになる。今日の低所得国は全人類の三七パーセント、世界のＧＤＰ（国内総生産）の一一パーセントを占める（購買力平価で換算）。だが、これらの国々は二〇〇〇年度に取得された特許の件数で、アメリカの一パーセントにもおよばない。[*10]特許取得のトップ二十位はすべて先進国で、その数は特許件数の九八パーセントを占めている。

二十世紀全般を通して、この新発明の分野におけるギャップは豊かな国と貧しい国を分ける基本的な理由の一つになっている。そして、これは極貧国がなぜ成長への足がかりをつかめないかの理由でもある。豊かな国は、新発明から潤沢な財産を得て、そこからさらに新発明を生みだす。貧しい国はそれができない。幸い、期待したほど活発にはなっていないが、新発明を導く道はいくつかある。

その一つは、テクノロジーの普及である。新テクノロジーの発明者にはなれなくても、テクノロジーを輸入することで、その受益者にはなれる。例外はあるが、現在ほとんどの国がパーソナル・コンピューターを用い、携帯電話も世界中に――とても貧しい地域にまで――広まっている。新発明は消費財を通じて輸入されるばかりか、ビジネスの資本輸入（たとえば機械など）や海外の直接投資（ハイテク企業が貧しい国に工場を設立するなど）、教科書、口コミ、リバースエンジニアリング（機械などを分解して模倣すること）などで入手できる。歴史をかえりみれば、新たな資本財や青写真がこっそり盗まれ、どこか別の場所に運ばれるといった例はそこらじゅうにある。

とはいえ、極度に貧しい国にとって、テクノロジーの輸入も思いどおりにはいかない。これらの国々はあまりにも貧しいため、資本財を買うことができず、インフラストラクチャーの不備のために海外投資家を引きつけるだけの魅力がないかもしれない。しかし、そこにはたいていもっと深い理由がある。豊かな国で画期的なテクノロジー開発が進むのは、豊かな国に特有の経済状況に見合った状況があるからこそで、それがかならずしも熱帯や乾燥地帯や急峻な山岳地帯——今日、極度の貧困層が住んでいる場所——にとって有益とはいえないのだ。豊かな国ではバイオメディカル・リサーチに七百億ドル以上の巨額資本が投下されているが、マラリアのような熱帯病への対策はほとんど無視されている。金持ちの国の財源は——当然のこととはいえ——金持ちの国特有の病気に費やされる。

東アジアの貧しい国の多くで、初期のころにテクノロジーの発展をうまく成し遂げたのは自国の新発明を通してではなく、むしろ海外投資を呼びよせて、それとともにテクノロジーが導入された結果だった。早くは一九六〇年代の後半から、テキサス・インストルメンツ、ナショナル・セミコンダクター、ヒューレット・パッカードなどの企業はシンガポールやペナン島（マレーシア）といった東アジアに事業の拠点を置くようになった。企業にとっては経費削減策の一環だったが、このおかげで、それまで経済的に貧しかった国に洗練された科学技術と進んだマネジメント・プロセスがもたらされた。貧しい国が、ハイテク企業に生産部門の一部を置こうと思わせるほど魅力ある場所になれば、そこは——たとえ開発途上国でも——きわめて洗練された生産・管理テクニックの拠点になることが可能なのだ。適切な環境のもとで、そのような事業を誘致できれば、そこから知識が広まり、近代的な製造業への関与が始まる。やがて、それらの利点が国内の企業にも伝わってゆく。

このプロセスは、テクノロジーの面でそれほど先進的とはいえないアパレル産業でも効果的だ。ウォルマート、J・C・ペニー、イヴ・サンローランなどがダッカにアウトソーシングの製造工場を築けば、それにつれて最新ファッションのデザインが現地に届けられ、地元の製造ユニットがグローバルな供給チェーンに組みこまれる。地元の製造ユニットは商品の裁断、縫製、ラベル付け、パッケージを請け負う。ヨーロッパやアメリカ向けにデザインされたもので、最終的に商品として西欧の各都市に送りだされる。これらの工場はテクノロジーの梯子――テクノロジーの基本的な段階から次の段階へと進む――を昇るための重要な訓練所になる。最初のうち、裁断と縫製を請け負う会社は、ファッション・デザインを一〇〇パーセント海外からの注文でこなしているかもしれない。だが、いったん商売のコツを会得すれば、会社は独自にデザイナーを雇おうとするだろう。やがて、工場の労働力を売るだけでなく、デザインも売りはじめる。こうした発展のプロセスは世界中のいたるところでくりかえされてきた。

世界中でこのプロセスが定着してもいいはずだが、それを阻んできた障壁とは何だろう。やがては世界中に広まったとはいえ、ごく初期のころには、このプロセスが始まる場所はほとんどが港町だった。地図の3と4は、エレクトロニクスおよび繊維・衣料製造業の多国籍企業の事業所の場所を示したものだが、とくに貧しい国々では事業所の多くが海岸線近くにあることがわかる。内陸地方は、この種の産業を引きつける能力という点ではるかに遅れをとっている。

海外投資の集中する先が、すべてアジアとヨーロッパの通商ルート上にある島――ペナン島（マレーシア）、シンガポール、台湾、香港、モーリシャスなど――だということは偶然ではない。中国の経済先進都市である上海が海のすぐそば、長江の河口に位置することも偶然ではない。メキシコの製造工場がリオグランデ川沿いにあるのも偶然ではない。メキシコでは経済的な意味での「コースト」とはアメリカ合衆国との国境をさしているのだ。近年、潤沢な海外投資を受けている土地のほとんどには同様の地理的な利点がある。ポーランドのブロツワフ、スロヴァキアのブラチスラヴァ、チェコのムラダー・ボレスラフ、スロヴェニアのリュブリャナは西ヨーロッパの市場に近いという利点ゆえに、思いがけなく増えた職と潤沢なテクノロジー移植の恩恵を受けている。

人口の罠

この数十年で、ほとんどの国が出生率の急激な低下を経験している。豊かな国々を含む世界の半分近くで、人口はいわゆる「人口置換水準レート」か、それに近い状態になっている。置換とは、母親が次の世代に自分と置き換えられる娘を平均して一人育てることをいう。正しくは、人口置換水準レートとは子供二人のことで、平均して、その二人のうちの一人は女児である（実際には、この女児が受胎可能な年齢まで生き延びないことも考えに入れれば、人口置換水準レートは2以上になる）。これと対照的に、極度に貧しい国々の出生率はあいかわらず五人以上を保っている。平均して、一人の母親が少なくとも二人の娘を育て、ときには三人以上になる。これでは、世代が代わるごとに人口は倍増することになる。

とはいえ、世界のほとんどの地域で、人口減少社会への移行が進んでいる。さらに、西ヨーロッパでの人口減少には一世紀かそれ以上の時間がかかったが、二十世紀になってからの

図1　出生率と経済発展

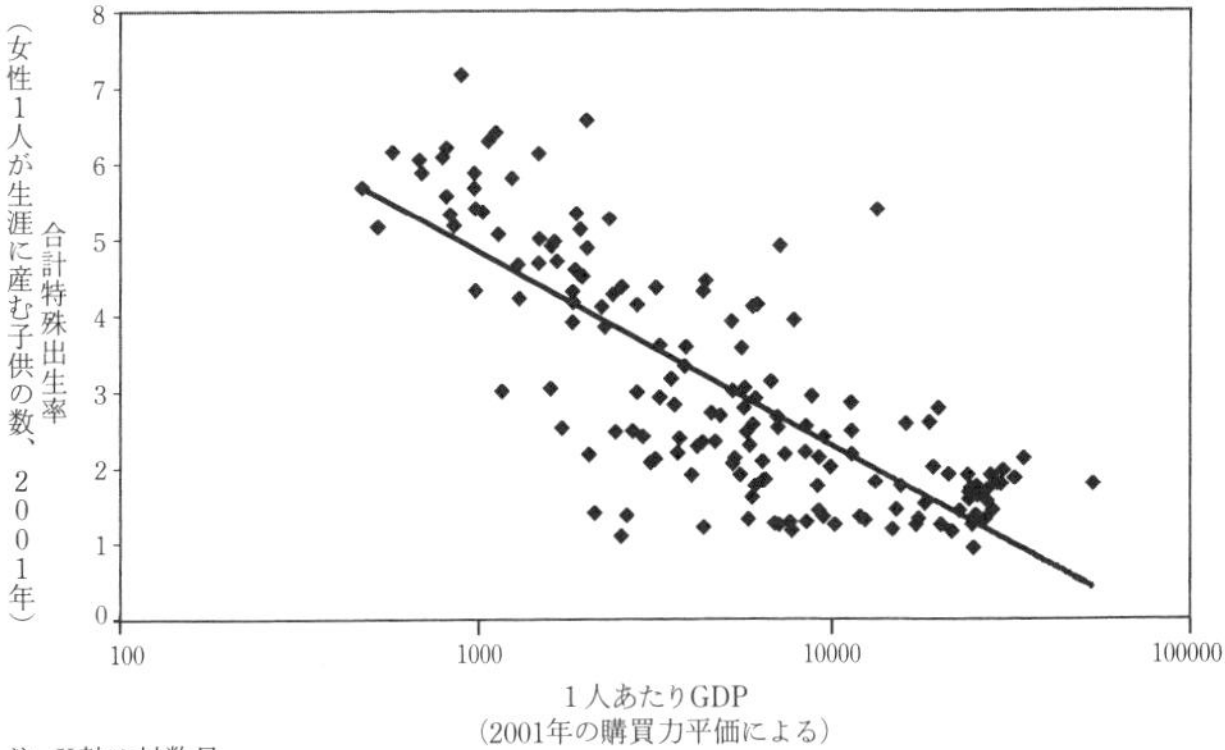

注・X軸は対数尺。
出典：世界銀行のデータ（2004年）をもとに算出。

先進国の移行は数十年、ときには数年間で起こることもあった。バングラデシュでは合計特殊出生率が一九七五年の六・六人から二〇〇〇年には三・一人まで落ちた。ダッカ郊外の村で話を聞いたBRACのマイクロファイナンス・グループの答えがよい例である。一九七九年のイスラム革命後のイランでは移行はさらに急速で、一九八〇年に六・七人だったのが、二〇〇〇年には二・六人になっている。イランではこの革命によって若い娘が学校に通えるようになり、女性の識字率が急上昇したために、出生率が急激かつ大幅に低下したのである。

　貧困の罠に陥る理由の一つは、人口の罠にある。貧しい家族ほど多くの子供をもとうとするからだ。その気持ちもわからないではないが、結果は悲惨なことにもなりうる。貧しい家族に大勢の子供がいると、それぞれの子供に十分な栄養が行きわたらず、健康にも気を配れず、十分な教育も授けられない。一人しか教育を受けられず、たいていは男の子が一人だけ学校に通う。したがって、ある世代で出生率が高いと、その子供たちも貧しくなり、次の世代にも出生率が高くなりがちだ。急速な人口増加は、農地のサイズや環境資源にも大きな圧力となり、さらに貧困を悪化させる要因となる。

経済成長を妨げるその他の障害と同じく、人口の罠も回避できる。女子教育の普及によって、女性が労働力に加わると、金を稼げるようになり、それにつれて家で子育てをする「コスト」も高くなる。教育、法律、社会改革を通じて、女性は力をつけるようになり、出産に関しても自分で選択できるようになる（それまでは、夫や家族の他のメンバーが選択をしていた）。子供たちも病気のときは適切な治療が受けられるので生存の可能性が高くなり、両親は年をとっても子供に面倒を見てもらえるあてができるので、子供の数が少なくても十分だと思える。家族計画と性と生殖に関する健康《リプロダクティブ・ヘルス》サービスは極度に貧しいコミュニティにも広めることができる。とはいえ、これらの対策には金がかかる。そして、最も貧しいコミュニティには、その金が欠けているのだ。

図1では、二〇〇一年の合計特殊出生率と国ごとの一人あたりGDPを比較している。合計特殊出生率――すなわち人口増加率――は世界のとくに貧しい国々でめだって高いことがわかる。これを見れば人口の罠が一目瞭然である。近代経済成長を阻む障害をたくさん抱えた貧しい国は、最も子沢山の家族が住んでいる場所でもあり、そこでは人口がさらに急上昇しつつあるのだ。急激な人口増加はさらに深刻な貧困を招き、深刻な貧困はさらに人口増加

率を高める。

成長できなかった国

地図5は、一九八〇年から二〇〇〇年までの二十年間に一人あたりGDPが低下した国々を示している。北アメリカ、西ヨーロッパ、東アジアの豊かな国のなかには、経済成長しなかった国がなんと一つもない！　問題を抱えているのはすべて開発途上国なのだ。四十二カ国で一人あたりのGDPが低下している（一九八〇年に人口二百万人以上だった国のみに限ったのは、小国だけの特異性という可能性を排除するためである）。

わかりやすくするため、一九八〇年の一人あたりの所得を基準に、世界の経済を次の六つのカテゴリーに分けてある。[*11]

- すべての低所得国
- 石油を輸出している中所得国
- 旧共産圏の中所得国
- その他の中所得国
- 石油を輸出している高所得国
- その他すべての高所得国

表2　1980年の国別分類

		経済成長がマイナスの国		経済成長がプラスの国		計	
低所得国		アンゴラ ボリビア ブルンジ カメルーン 中央アフリカ共和国 コンゴ民主共和国 コートジボワール エクアドル エチオピア グアテマラ ハイチ ホンデュラス ヨルダン	ケニア マダガスカル マリ ニカラグア ニジェール ナイジェリア ペルー フィリピン ルワンダ シエラレオネ トーゴ ザンビア	バングラデシュ ベナン ブルキナファソ カンボジア チャド チリ 中国 ドミニカ共和国 エジプト エルサルバドル ガーナ ギニア インド インドネシア イラン ジャマイカ 韓国 ラオス マラウイ	マレーシア モロッコ モザンビーク ネパール パキスタン パプアニューギニア セネガル スリランカ スーダン シリア タンザニア タイ チュニジア トルコ ウガンダ ヴェトナム イエメン ジンバブエ	25 (−)	37 (+)

中所得国	旧共産圏	アルメニア、ベラルーシ、クロアチア、グルジア、カザフスタン、キルギス共和国、ラトビア、リトアニア、モルドバ、ルーマニア、ロシア、タジキスタン、トルクメニスタン、ウクライナ、ウズベキスタン	アルバニア、ブルガリア、チェコ共和国、ハンガリー、ポーランド、スロヴァキア共和国	15 (−)　6 (+)
	石油輸出国	アルジェリア、ベネズエラ		2 (−)　0 (+)
	その他	南アフリカ、パラグアイ	アルゼンチン、ブラジル、コロンビア、コスタリカ、ギリシャ、香港、レバノン、メキシコ、ポルトガル、シンガポール、スペイン、ウルグアイ	2 (−)　12 (+)
高所得国	石油非輸出国		オーストラリア、オーストリア、ベルギー、カナダ、デンマーク、フィンランド、フランス、ドイツ、イスラエル、イタリア、日本、オランダ、ニュージーランド、ノルウェイ、スウェーデン、スイス、イギリス、アメリカ	0 (−)　18 (+)
	石油輸出国	サウジアラビア		1 (−)　0 (+)

出典：世界銀行のデータ（2004年）をもとに算出。1980年に人口200万人以上の国のみを対象にした。

表2は、それぞれのカテゴリーに分けた国——経済がプラス成長の国とマイナス成長の国——を縦に二分して示した。それぞれのカテゴリーに属する国の数は、右端の枠内に並べて表示した。ここにはいくつかのキーポイントがある。その一、経済停滞の最大の問題はまさに極度の貧困国にあり、とりわけサハラ以南のアフリカに顕著だということ。二つ目は、石油輸出国と旧共産圏国を除いて、すべての高所得国は経済成長を達成しており、同じく中所得国の多くも成長していること。高所得国のなかで唯一成長していないのは、石油輸出国のサウジアラビアである。中所得国のなかでも、マイナス成長は石油輸出国と旧共産圏の国々に多く見られる。中所得国のなかでも、十四カ国のうち十二カ国はプラス成長を示している。

石油輸出国と旧共産圏の国々の経済停滞は、きわめて異例な状況を反映している。もちろん、石油で儲けた国は貧困国には属さず、経済活動をもっぱら石油輸出に頼っている中所得国ないし高所得国に分類される。そのような経済は石油の「実質」価格——つまり機械や消費財のような輸入品の価格に連動して変わる相対的な石油の価格——によって上下する。一九七〇年代には石油の実質価格は急騰し、石油輸出国の生活水準は大きく上昇した。だが、一九八〇年代と一九九〇年代には石油価格が急落し、生活水準も一気に低下した。ここに教訓があるとすれば、たった一つの産物（またはごく少数の製品）の輸出だけに頼る経済は、世界市場におけるその製品の相対価格によって大きく変動するということだ。石油価格は変動が激しいため、石油経済による収入も同じように変動が激しくなる。

旧共産圏の国々の経済停滞はさらに特殊なケースである。これらの国々は、破綻した共産主義システムから市場経済への移行の段階——一時かぎりの事態——で一人あたりのGDPの低下という経験を味わった。いわゆる移行経済国のなかで最も強い経済といわれた国々——チェコ共和国、ハンガリー、ポーランド——でも、数年間は一人あたりのGDPが急落する時期があった。ソ連経済と結びついていた旧来の重工業の業績が悪化し、または破産による倒産でなくなったあと、新たなセクターが発展するまでに時間がかかったのである。その結果が、経済用語でいう移行不況である。一九九〇年代末までに、旧共産圏の国々は経済成長を回復したが、もともとソ連崩壊前の一人あたりGDPは低かったのだ。

貧しい国々のなかで成長できる国とできない国があるのはなぜか

貧しい国が貧困の罠に落ちこむには、大きなきっかけがある。一人あたりの収入が三千ドル以下の非石油産出国五十八カ国のうち、二十二カ国（三八パーセント）は明らかなマイナス成長を示している。だが、残りの三十六カ国は経済成長を達成した。貧しい国のなかでも、なぜ、ある国は貧困の罠から逃れ、別の国は貧困の罠に落ちこむのだろう。うまくいった国と失敗した国をくらべてみると、そこにはある特徴が見出せる。最も重要な決定因は食糧の生産性のようだ。ヘクタールあたりの穀物の収穫量が多く、ヘクタールあたりの肥料の消費量も多い国は、貧しくても経済成長に成功する可能性が高い。一九八〇年に食糧の収穫量が

図2　低所得国における穀物の収穫高と経済成長率

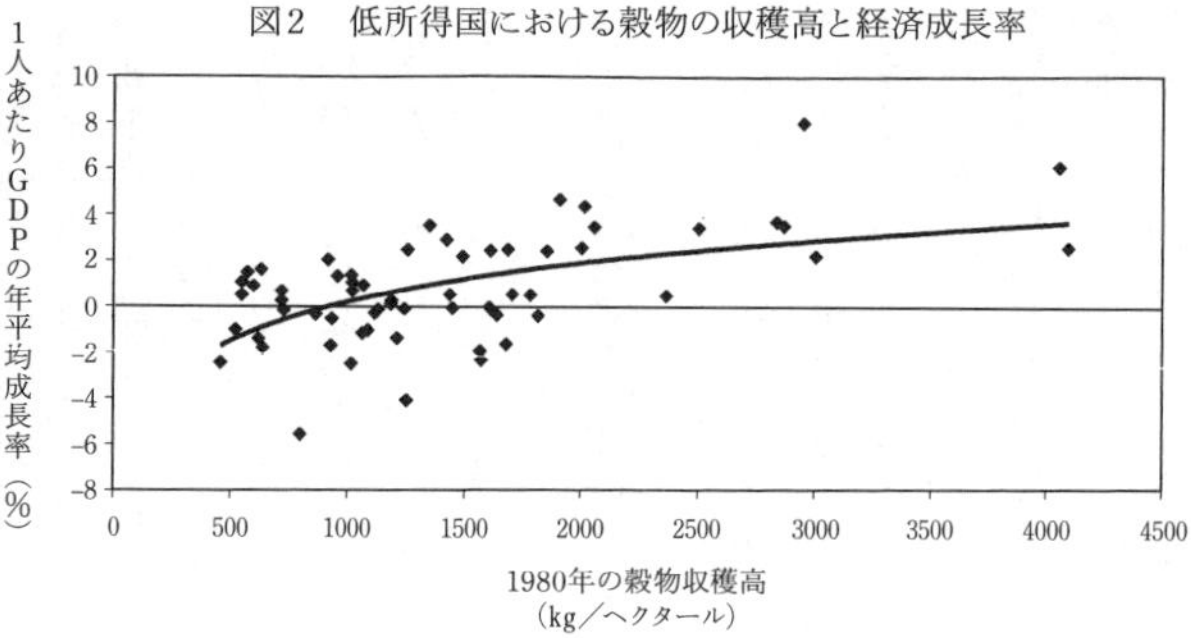

出典：世界銀行のデータ（2004年）をもとに算出。

低かった国々は、一九八〇年から二〇〇〇年のあいだに経済を悪化させた国が多い。図2はこれを示している。低所得国のなかで、一九八〇年に穀物の収穫量が多かった国（横軸）ほど、経済成長率も高い（縦軸）。貧困の罠は、おもに農村地帯に見られる現象である。食わせる口が増える一方なのに、とれる食糧は横ばいか減少という下降スパイラルから抜けだせないのだ。

アフリカとアジアの最大の違いは、この数十年、アジアでは一人あたりの食糧生産量が多く、さらに上昇していることである。一方のアフリカでは一人あたりの食糧生産量が少ないうえに、さらに低下している。アジアの田園地帯は人口密度が高く、かなり広範な道路網ができていて、肥料を農家まで届けたり、農家でとれた農産物を市場まで運ぶことができる。農民は肥料や灌漑の恩恵を受けられるので、食糧の生産量は多くなる。支援団体はアジアで新品種を開発するための支援金をたっぷり提供する。このような状況で、アジアの農民は生産性の高い品種を導入することができ、これが有名な緑の革《グリーンレボルー》

表3　1980年の東アジアとサハラ以南のアフリカ

	東アジア	サハラ以南のアフリカ
穀物の収穫高（kg／ヘクタール）	2016	927
灌漑された土地（耕地に対する割合%）	37	4
近代的な多品種農業における穀物用農地の割合（%）	43	4
成人の識字率（%）	70	38
乳児死亡率（出生児1,000人あたり）	56	116
合計特殊出生率（女性1人が生涯に産む子供の数）	3.1	6.6

出典:世界銀行のデータ(2004年)をもとに算出。

命《ション》につながって、農民一人あたりの生産量がいちじるしく増えることになった。アフリカの田園地帯はそれほど人口が密ではなく、肥料や農産物を運ぶ道路も不足している。農民は食料農産物に肥料をやらず、灌漑よりも降雨をあてにする。支援団体も、アフリカの風土に合った品種改良のための科学研究にはごくお粗末な予算しか出さない。そんな厳しい状況で、アフリカの農民は、品種改良によって食料農産物の生産量を増すという緑の革命の恩恵をほとんど、あるいはまったく受けることができない。一九八〇年にはアフリカもアジアも同じくらい貧しかったが、表3で見るように、アジアの農業はアフリカをはるかにしのいでいた。アジアのその後の発展は、これが基盤になっていたのである。

　このデータからは別の傾向もわかる。成長を経験したアジアの国々は、一九八〇年のスタート時点から、社会環境に恵まれたことである。識字率が高く、乳児死亡率は低く、合計特殊出生率も低かった。このため、急増する人口に対して、農地の量は限られているという人口の罠に陥らずにすんだ。その点でも、アジアの農民はアフリカの農民より恵まれたスタートを切ったといえる。もう一つの傾向は、人口の多い貧しい国のほうが、人口の少ない貧しい国よりも成功する可能性が高かったことである。人口が多いと国内の市場の規模が大きくなり、海外や国内の投資家にとって、より魅力が増すからだと思われる。人口の多い国のほうが、道路や電線といった基本的なインフラストラクチャーを築くのが楽だという理由もあるだろう。そのようなインフラストラクチャー網は初期の建設コストが高くつくものだが、人口の総数が多く、密度も高い経済のほうが財源を確保しやすいのである。

ラテンアメリカの中所得国はなぜ繁栄できないのか

最も貧しい国々が貧困の罠に陥ることは、むしろわかりやすい。それより不思議なのは、一九八〇年代と一九九〇年代に中南米の国々の多くが経済停滞に悩んだことである。表2でわかるとおり、エクアドル、グアテマラ、パラグアイ、ペルーといった国々では明らかに経済が下降した。これらの国々は一般に最貧困国とは見なされていない。だが、国民のなかに極度の貧困層を抱えている。これらの国のつまずきをどう説明すればいいのだろう。

この問題についてはあとでもっとくわしく述べるが、ここでは、経済を停滞させる三つの要因をあげておくだけで十分だろう。第一に、これらの国はすべて、経済活動に不利となる地理的な障害を抱えている。エクアドルとペルーはアンデス山中にあり、人口は熱帯気候の低地に住む人びとと山岳地帯の高地に住む人びとに二分されている。輸送にも危険がともない、コストは高くつく。パラグアイは、いうまでもなく、陸に封じこめられている。グアテマラには山岳と低地の熱帯雨林が混在している。第二に、中央アメリカおよびアンデス地方では、社会階層がはっきりと分かれている。それはおもに民族的な違いからくる。一般にヨーロッパ系の人びとは、現地生まれの人びとやメスティーソ（混血）よりも富裕層が多い。ヨーロッパ人は先住民を征服し、さまざまな形で抑圧した。当然ながら、つい最近まで自分たちの人的資本を投資しようとはしなかった。その結果、政治に軋轢が生じ、ときには暴力沙汰にまでなった。第三に、これらの国々は外部からの——自然的な、あるいは経済的な——ショックに弱かった。自然災害としては地震、旱魃、洪水、山崩れなど。経済危機には、国の主要輸出品——銅、魚粉、コーヒー、バナナなどの農産物や鉱産物など——の国際市場での値崩れがある。

経済成長のさなかで続く極度の貧困

アジアの貧しい国々はめざましい経済成長をとげたが、そんな国のなかでさえ、極度に貧しい人びとが人口の大きな割合を占めている。経済成長が国中にまんべんなく行きわたることはめったにない。中国の沿岸州は世界の通商や投資とリンクし、中国西部の内陸地帯とはくらべものにならないくらい急速に成長した。インド南西部の州は同じく世界通商に組みこまれ、ガンジス渓谷一帯の北部の州よりもずっと速く経済成長を果たした。このように、一国の平均的な経済成長率がいくら高くても、国民の一部は何年も、また何十年も、その恩恵に浴せない場合がある。

　貧困がなくならないもう一つの理由は政府の失策である。うまい市場機会をとらえた家族は金持ちになるかもしれないが、同じコミュニティのなかでも、極度に貧しい人びとはその機会をつかめない。あまりに貧しい人びとは、基本的な人的資本――十分な栄養と健康、基本的な教育――に欠けているため、往々にして市場力《マーケット・フォース》につながることさえできない。貧困層が人的資本を蓄積できるようにするには、公共資金の投入が必須だが、政府による投資は失敗することが多い。経済成長によって国民の一部は裕福になるが、政府はそこから税金をうまく徴収できず、公共のために投資するだけの財源が確保できないのだ。また、政府に財源があったとしても、極貧層が民族的・宗教的マイノリティに属していれば、そういう人たちの窮状をわざと無視することもある。

　経済成長のさなかで貧困がなくならない理由の三つ目は文化である。多くの国で、女性はひどい文化的差別を押しつけられてきた。偏見が司法や政治システムに組みこまれている場合もあれば、表向きは隠されている場合もあるが、差別に変わりはない。たとえば南アジアでは、食べものが十分にある家庭でさえ、若い娘たちが栄養失調になるというケーススタディがいくつも見られ、メディアでも報道されている。女性たちは読み書きができないことも多く、意思に反した結婚を押しつけられ、社会的な地位はもちろんなく、基本的な健康や幸福を守るための法的な後ろ盾もない。

要するに、経済成長のさなかでさえ貧困がなくならない理由は数限りなくある。特殊な状況それぞれをじっくり診断することで初めて正確な理解が可能になる。政策立案者とアナリストは、なによりも地理、政治、文化がそれぞれどんな役割を果たしているかを読みとる感受性をもたなければいけない。

最大のチャレンジ——貧困の罠から抜けだすには

開発の梯子のいちばん下の段に足をかければ、たいていの国はさらに上へ昇っていくことができる。一つずつ段を上がるごとに、事態は好転する。資本の蓄えが増え、専門化が進み、テクノロジーが進歩し、出生率は下がる。だが、梯子のいちばん下の段に足がかけられなければ、この上昇運動をスタートさせることさえできない。貧困国に対する経済開発プログラムの目標は、梯子のいちばん下の段に足をかけられるよう助けることである。豊かな国は、貧しい国が金持ちになれるだけの資本を投下せよと求められているわけではない。ただ、いちばん下の段に足がかかる程度の資本を投じればいいのだ。そのあとは、経済成長のダイナミズムによって、おのずと上昇運動が始まる。

経済開発はうまくいく。きっと成功する。おのずと発展への道を辿る。だが、まずスタートさせなければいけない。

4　臨床経済学

豊かな世界は経済学博士の養成を一手に引き受け、裕福な世界の博士号取得コースの学生はＩＭＦ（国際通貨基金）や世界銀行のような国際機関を支配している。これらの国際機関は貧しい国々にどうやって貧困から脱却すべきかについて助言を与えている。若いエコノミストは頭脳明晰で、やる気満々だ。私はよく知っている。私自身、彼らに実地訓練をほどこしたことがある。だが、彼らの勤務先である機関は、貧困国の抱える問題をはたして正しく理解しているだろうか？　答えはノーだ。開発経済学（貧しい国の経済について理解し、豊かな国になるために問題を分析・解決する学問）は近代医学を範として、徹底的に点検しなおすべきである。医学のように厳格さを重んじ、洞察に富み、かつ実用的なものでなければならない。

　ある点で、今日の開発経済学は十八世紀の医療に似ている。医師は患者にヒルを吸いつかせて血を抜き、それで患者を死なせることもあった。過去四半世紀、貧しい国が豊かな国々に助けを求めると、豊かな国は世界の金融ドクターたるＩＭＦを送りこんだ。ＩＭＦが出すおもな処方箋は、貧しさというベルトで息が詰まりそうな患者を予算緊縮というベルトでさらに締めつけるものだった。ＩＭＦが押しつける禁欲主義は往々にして、暴動やクーデター、公共サービスの崩壊につながった。これまで、ＩＭＦのプログラムが社会の混乱と経済不況のただなかで行き詰まったとき、ＩＭＦはその責任を政府の弱腰と無能のせいにしてきた。ようやく、このような態度も変わりつつある。ＩＭＦが貧しい国の実情に合わせて、より効果的なアプローチを探るようになったのは喜ばしいことだ。

私は二十年以上もかけてすぐれた開発経済学とは何かを理解しようとしてきたが、いまだに勉強中である。私にとって、また私が仕事をした国々にとっても幸いなことに、私は経済顧問の職についたごく初期のころから、この仕事には学校で勉強したことだけではとても足りないと承知していた。高等教育の場で一連の重要なツールを学んではいたが、それらをどこでどう用いるべきかは知らなかった。さらに私は、たとえ使い方を熟知していたとしても、標準的な経済学のツールだけでは不足だと思うようになった。危機に瀕した貧しい国々が障害を乗り越えようとするとき、もっと別のツールや処置がぜひとも必要だと確信するまでには長い時間がかかった。

私は開発経済学のための新しい手法を提唱する。開発経済学と臨床医学の共通点から、これを臨床経済学と名づけた。この二十年間、私は経済学上の患者――危機的な経済――を治療するための処方箋を書いてほしいとたびたび要請された。その間、私の仕事が小児科医である妻ソニアの臨床治療ととてもよく似ていることに何度も驚かされた。私はソニアが――真夜中のことも多かったが――急患や複雑な症例をてきぱきと処理し、うまく解決するさまを尊敬の念とともに見守ったものだ。今日の開発経済学は近代医学にはとてもおよばないが、少なくともそれに近づこうと努力すべきである。開発経済学者が近代医学の基本的な教訓をとりいれれば、格段の進歩が見られるだろう。基礎的な科学の発展と臨床医療の体系化をそこから学びとり、患者一人一人の幸せに科学を役立てるべきなのだ。

臨床医学に学ぶいくつかのこと

真夜中に医師が呼ばれる。子供が高熱でぐったりしている。どうすべきか？　一九八五年半ばに私がボリビアに呼ばれたとき、まさにそんな状態だった。ボリビアはハイパーインフレーションという高熱に苦しんでいたのだ。基礎医学と臨床医学は高い熱が出たときの厳密な対処法を確立している。臨床経済学に応用できる臨床医学の心得は以下の五項目である。

教訓その一、**人間の体は複雑なシステムでなりたっている。**古代ギリシャの医学によれば、病気は四種類の体液のアンバランスから生じるという。二千年以上前にしては物質の性質についてよく捉えているが、今日ではもう少し知識が増えている。人体には信じがたいほど複雑な生物学および生化学のプロセスが存在する。人体生理学はさまざまな系――神経、循環、呼吸、消化、内分泌、免疫、生殖など――によって相互に関連しあっているが、それはほんの表面にすぎず、さらにその下には根本的な生物的プロセスがある。病気の原因は、伝染性の媒介物、環境の悪化、遺伝子の異常、栄養不良などが考えられ、それらが複雑に組みあわされることもある。

人体システムの複雑さには、ただ体の具合が悪くなるといった単純な事実以上の含みがある。いちばん重要なのは、一つの不調が他の部分の不調を連続的に引き起こすことである。感染病原体による熱は、脳の炎症を引き起こすこともある。これは感染そのものよりもむしろ熱が原因である。心臓の病気は腎臓の働きを低下させ、ひいては肝臓を悪くすることにつながる。腎臓の機能不全のために、体内のある種の毒が処理されなくなるからだ。血液が不足すると、ほとんどすべての臓器が機能しなくなり、結果として、体はショック状態に陥る。救急治療室の医師たちが基本的な人体システムを最低レベルでも維持しようと奮闘するのは、その臓器を助けるだけでなく、機能不全の連鎖反応を防ぎ、命にかかわるシステムを維持するためでもある。いったん下り坂を転がりだすと、そのスピードはあまりにも速く、複雑に絡みあった不調の原因をとりのぞくことはまず不可能になる。

教訓その二、**複雑であるがゆえに、個別の診断が重要になる**。熱を出した子供を初めて診察する医師は、発熱がさまざまな理由で起こりうることを知っている、この医師が最初にしようとするのは、この患者がどの症例にあてはまるかを判断することである。発熱の原因には危険な病気もあるが、無害な熱もある。治療可能な熱もあれば、治療できないものもある。緊急の治療が必要な場合もあれば、放っておいていいものもある（ただし、子供を楽にしてやることは大事だ）。発熱の原因は、さまざまな感染（バクテリア、菌、ウィルス、原生動物など）、外傷、自己免疫疾患、がん、中毒などがある。発熱は病気というより症状の一つなので、治療しようとする医師はまず、その症状のもとになった原因をつきとめなければならない。

医師は正解を出すためにチェックリストを参照する。私の妻は患者を一時間も質問攻めにしてから、実験室で検証し、そのあとでようやく診断を下す。また、もっとわかりやすい例もある。発熱と同時に耳が痛いなら、熱の原因はごくふつうの中耳炎（炎症）ではないかと推測できる。とくに、この子の兄さんが二、三日前に耳が痛いといっていたなら、まずまちがいない。中耳炎は教室や家庭で簡単に伝播しやすい病気なのだ。医師のチェックリストはでたらめに並んでいるわけではない。チェックする項目には優先順位がある。高熱を出した子供を診るとき、妻はまず、首がこわばっていないかどうか確認する。硬くなっていたら髄膜炎の疑いがある。高熱の子供をすぐ死に至らしめる病気の一つだ。子供の首がこわばっていたら、妻はすぐに救急治療室へ移し、質問は後回しにする。このケースの基本方針はぐずぐずしないことである。あとで見るように、問題を慎重に研究しているあいだに経済を崩壊させてしまうことが多いＩＭＦにとっては有用な教訓だろう。

もう一つの基本は疫学の応用である。医師はまずあいまいな症例ではなく、最もありそうなケースから想定すべきである。熱を出して運ばれてきた子供の場合——がんで熱が出ることはあるにしても——まっさきにがんを疑ったりはしない。圧倒的に多いのは感染による発熱であり、まずそれを調べる。医師がよくいうように、「蹄の音を聞いたら、シマウマではなく、馬だと思え」である（ワシントンの医師ならこれでいいが、ケニアの医師だったら、まずシマウマだと思ったほうがいいかもしれない！）。疫病学者によれば、患者は一度に複数の病気にやられているかもしれないという。そして、それらの病気には相互関係があるかもしれないのだ。

教訓その三、**あらゆる医療は、家庭医療である**。子供の病気をつきとめるだけでは足りない。子供の病気をきちんと治療するには、環境を理解することが大事だ。両親はちゃんと治療ができるだろうか。母親が病気だったり、極度に貧しかったり、中毒患者だったりして、医師にいわれたとおりの適切な治療を子供にほどこせないとしたら？　子供のけがは本当に事故なのか、それとも虐待のあとだろうか。子供の病状を電話で訴える母親のヒステリックな口ぶりは本当にせっぱつまっているのか、それとも例によって、大げさに騒いでいるだけなのか。あるとき、深夜の電話を受けた妻はこんな言葉とともに子供の命を救ったことがある。「あのお母さんはふだんはとても控えめなのに、珍しくおろおろしていたから、これは大変だと思ってすぐに子供を救急治療室へ送りこんだのよ」。へたをしたら髄膜炎で手遅れになるところだった。

教訓その四、よい治療には**観察と評価が欠かせない**。医師は患者の回復状況を見るためにチャートを作る。いくら慎重にしても、最初の診断がまちがうことはある。実験室の検査もときには誤ることがある。子供は複数の病因をもっていることがあり、そうなると、そのなかの一つに正しい診断を下しても、病気の根本的な解決策にはならない。たいていの場合、健康をとりもどすには、注意深い観察、評価、検査、再検査が必要だ。したがって、よい臨床医師は個々の診断を神聖視せず、そのときどきに考えられる最良の仮説だと思っている。

その仮説が正しいとわかる場合もあるが、かりに新しいアプローチが必要だとなったら、医師は柔軟に態度を変える。

教訓その五、**医学は専門職である。**それに携わる者には厳しい規範と倫理と行動規定が求められる。ヒポクラテスの誓いは、医学の伝統の古さを思いださせるだけの骨董品ではない。二千年も前の文章だから、文字どおりに解釈する必要はない――そうすべきでもない――が、ヒポクラテスの誓いは新米医師に向けて、医学は神聖な仕事であり、きわめて高度な倫理観と責任感を必要とする特殊な天職だということを教えている。医師は患者と唯一無二の関係を結ぶ。個人や家族の最もプライベートな部分に医師は入りこむのだ。医師は文字どおり、生と死の匙加減ができる。金や個人的な利益のために、その匙加減を按配《あんばい》するのはさほど難しいことではない。ヒポクラテスの誓いは、医師たちにその立場を利用してはいけないと戒める。私欲のためでなく、あくまで患者のためを思って判断を下さなければならない。さらに、医師は最新の科学的発見――新しい治療法や新薬も含めて――に遅れをとらないようにし、できるかぎり最高の技術を保たなければいけない。

臨床経済としての発展経済

ある経済、とくに貧しく不安定な国の経済に改善策を提唱するという仕事には、臨床医学に共通する部分がたくさんある。だが、開発経済の実践は、まだそのレベルに達していない。

エコノミストは臨床医師のように考えるための訓練を受けておらず、また実地訓練の段階でも臨床経験を積めることはめったにない。アメリカの経済学博士号課程で学ぶ大学院生はアフリカの開発危機についてよく勉強しているかもしれないが、対象となる国に一度も行ったことがないという学生も多い。指導教官はたとえばナイジェリアの家庭のデータ一覧を渡して、統計学的分析をしてみろという。だが、当の学生はナイジェリアの環境や歴史を知らず、自分の目で見てもいないのだ。何年ものちに──運がよければ──学生は初めてナイジェリアに足を踏み入れることになる。

臨床医学に見た五つの教訓は、経済学の実践にもあてはまる。その一、人間と同じく、経済も複雑なシステムで成り立っている。人体の循環器系や呼吸器系などのシステムと同じように、社会にも輸送、電力、コミュニケーション、司法、国防、税などのシステムがあり、経済を健全に運営するにはこれらが正しく機能していなければならない。人体と同じく、一つのシステムがうまくいかなくなると、経済のほかの部分も次々とだめになる。一九九〇年代後半、アメリカ合衆国がボリビアに農家のコカ栽培を根絶するよう求めたとき、結果は田園地帯の貧困をいっそう深刻にするだけだった。ボリビア政府が悪化した田園地帯の貧困に公共政策と開発計画で対処しようとすると、今度は国の財源が危機的状況になった。財政危機のボリビアには、アメリカ合衆国を含む海外のドナー機関の支援も焼け石に水だった。やがて市民暴動が起こり、警察と軍隊と農民が市街戦をくりひろげた。ついに政府が倒れ、ボリビアは不穏な状態のまま新たな時代に突入した。

その二、エコノミストは、臨床医師と同じように、変化にとんだ個別診断の腕を磨かなければいけない。病理学の教科書はいまや二千ページになることも珍しくないが、それでも人体のおもなシステムしかカバーしていない。医師はさまざまな不調の原因について学び、高熱のような個別の症状に十種、あるいは百種類以上の理由があることを知っている。ところが、IMFは問題の原因について、ごく狭い範囲しか想定していない。たとえば、腐敗、個人企業に対するバリア、予算不足、国有の生産部門などである。また、熱が出たといえば、どれも同じようなものだと考え、その国に固有の環境などいっさい無視して、予算の削減、通商の自由化、国有企業の民営化といったありきたりの処方しか出さない。IMFは貧困の罠、作物学、気候、病気、輸送、ジェンダーといった緊急の問題、つまり経済発展を支える基盤となる病理学を見逃している。臨床経済学は、開発を専門とする臨床医を訓練すべきである。経済の行き詰まりの原因を理解し、その国の状況に合った治療法を提案できなければいけない。アフガニスタンかボリビアなら、IMFはおのずと輸送コストを考えるべきだ。セネガルなら、まずマラリアに注目するだろう。

その三、臨床経済学は、臨床医学と同じく、治療を個人の問題としてではなく、「家族ぐるみで」考えなければいけない。ガーナに合理化を迫る前に、西欧社会が解決すべき問題がある。ガーナが国際市場において貿易障壁――ガーナの商品やサービスが世界市場で売れないようにする――に直面していること。前世代から引き継いだ多額の負債がとても払いきれない金額になっていること。新たな投資家を引きつけるのに欠かせない基本的なインフラストラクチャー建設に緊急の投資を必要としていること。近隣の国からの難民の流入と混乱に悩まされていること。要するに、ＩＭＦと世界銀行がガーナに貿易を自由化し、予算の帳尻を合わせ、海外の投資家を招致しろというのはもっともだし、悪気はないのだろうが、豊かな国が貿易障壁を撤廃し、負債を帳消しにし、基本的なインフラストラクチャーへの投資のための海外援助を増やし、西アフリカ全体が平和を維持するように支援しなければ、その助言はむだになるだろう。ある国を個人と見なしたとき、世界中の国が家族の一員なのだ。ミレニアム開発目標の考え方はそれである。とくに、目標を達成するにはグローバルなパートナーシップが大切だと考えているが、現実の臨床治療にはまだ生かされていない。

その四、よい開発援助には観察と評価が求められる。とくに、目標とその結果は厳密に比較しなければいけない。目標が達成できないときは、過去の助言のせいにするのではなく、なぜ失敗したかを考えるべきだ。現在の開発援助のもとでは、ＩＭＦと世界銀行は、国の活動を評価する基準に特定の開発目標を設定することはめったにないし、さらにいえば、自分たちの助言を客観的に評価することもまずない。そのかわり、国の達成度の評価は、結果が《アウ》どうなったか《トプット》ではなく、政策に何をとりいれたか《インプット》で決まる。ある政府は予算の赤字をＧＤＰの一パーセントに収めろといわれる。その成否は、一パーセントという数字だけで判断される。その国のおもな産品が急速に成長したかどうか、あるいは貧困が減少したかどうか、または負債の重圧による危機が解消されたかどうか、ではないのだ。結果として、ある政策が実施されたかどうかという形式化した議論に堕してしまい、そもそもその政策が正しいかどうかさえ棚上げになる。現在の状況から思いだすのは、こんな寓話である。ある農民の鶏が次々と死んでいた。地元の神父が次から次へといろいろな治療法――お祈り、薬、まじない――を試したが、ついに最後の鶏まで死んでしまった。「とても残念だ」と神父はいった。「いい考えがまだたくさんあったのに」

その五、開発関係者のあいだには、この仕事に欠かせない倫理観とプロの水準がない。開発エコノミストが腐敗しているとか、倫理に欠けているといっているわけではない。そのようなケースはめったにない。そうではなく、開発経済のコミュニティは、この仕事に必要な責任感をもって仕事にとりくんでいないのだ。経済顧問という仕事は、正しい答えを探りだすために真剣なコミットメントを必要とする。生半可なアプローチではだめだ。プロのアドバイザーが仕事をする場合、その場所がどこであれ、歴史、民族誌、政治、経済に関して、徹底的に理解しなければいけない。さらに、問題の国だけでなく、そのアドバイザーを雇ってそこへ送りこんだ機関に対しても率直な助言をするよう誠心誠意努めなければいけない。貧困国が抱える問題は、かならずしもその国の内部で生まれたわけではなく、解決策も政策の見直しや財政緊縮や市場の改革がすべてとはかぎらない。本当の解決は、大きすぎる債務の帳消し、開発援助の増額、豊かな国の貿易障壁の解消などにかかっている場合もある。IMFや世界銀行の職員であれ、専門の開発エコノミストであれ、貧しい国の政策立案者に対してだけでなく、力のある裕福な国の政策立案者にも真実を告げる責任をもっている。

経済開発計画の誤り

臨床経済学は過去二十年の開発計画を考えなおす必要がある。この時期は一般に、構造調整の時代と呼ばれている。ロナルド・レーガン大統領政権のアメリカとマーガレット・サッチャー首相率いるイギリスの保守政権が先導したこの時代の貧困対策は、単純というか、むしろ素朴な考え方にもとづいていた。豊かな国は貧しい国に向かってこういったのだ。「貧困は自分の責任だ。私たちのように（あるいは、私たちの抱いている自己イメージ――市場の自由化をめざし、起業を促し、財政をたてなおす――のように）なれ。そうすれば、あなたがたも民営主導の経済的な繁栄を享受できるだろう」。構造調整時代のＩＭＦ・世界銀行による開発計画は、おもに経済停滞の原因となる四つの悪癖に向けたものだった。統治方式の不調、政府による市場への過剰な介入、政府の赤字、産業に占める国有企業の多さ。これに対する一般的な処方は、緊縮財政、民営化、自由化、統治方式の改革だった。

構造調整というやり方にはいくらかの真理はあった。一九八〇年代に経済危機に陥った貧しい国の多くは経済政策の大きな失敗が原因だった。閉鎖的な通商システムを採用した国があまりにも多すぎた。セカンドワールドとサードワールドの戦略は破綻し、グローバルな市場ベースの国際経済システムをめざして方向転換しなければならなかった。だが、最貧国の政策や統治方式の問題は全体のごく一部でしかなく、たいていの場合、核心でさえもない。たぶん、排他的な通商システムと産業の過剰な国有化という問題は、マラリアとエイズ、山がちの地理条件、降雨量の不足といった問題と並行して考えるべきなのだろう。だが悲しいことに、そのような多面的なアプローチがとりいれられるようになったのはつい最近のことだった。

遺憾ながら、構造調整時代の助言の失敗と援助の不足には、利己主義とイデオロギーの問題という側面があった。利己主義の側面は明らかだ。貧困をなくすための責任はすべて貧しい国自身にあると思われていたのだ。海外からの資金援助は不必要だと見なされた。実際に、一九八〇年代から一九九〇年代にかけて、貧しい国に向けた一人あたりの海外援助額は急速に下落した。たとえば、サハラ以南のアフリカにおける一人あたりの援助額は、二〇〇二年の恒常ドル換算で、一九八〇年にはアフリカ人一人につき三十二ドルだったのが、二〇〇一年には二十二ドルまで落ちこんだ。この時期、アフリカ全土に流行病が蔓延し、公共投資の増額がこれほど必要とされたことはなかったのだが。しかし、ドナー国はこれが限度だといって、それ以上の問題は自分たちの責任ではないという態度をとった。

開発援助に見るイデオロギーの問題はさらに明瞭だ。アメリカやイギリスなどの保守政権が国際的なアドバイス機関を通じて押しつけたプログラムは、当の先進国だったらまったく通用しないものばかりだった。アフリカの国々はこの二十年間、世界銀行から、健康保険を民営化するか、少なくとも医療や教育を有料にすべきだと耳にたこができるほど聞かされてきた。ところが、世界銀行の株主である高所得の国のほとんどでは、国民健康保険制度があり、誰でも公教育が受けられる。

貧困をなくすための個別の診断

ミレニアム開発目標（ＭＤＧｓ）は、二十年におよぶ構造調整の失敗を踏まえて、貧しい国それぞれの実状に合った、よりよい計画を提案する。ミレニアム開発目標が掲げる項目は、援助のための基準になるだけでなく、国際機関の助言を評価するうえでの里程標ともなる。これらの目標が達成できないのは、貧しい国ばかりでなく豊かな国の失敗でもある。なぜなら、これは両者の責任だからだ。ミレニアム開発目標がアフリカ、アンデス地域、中央アジアで達成できないとしたら、問題はたんに内政の失策とはいいきれない。これらの地域の政府はこれまで、大胆さと高潔さと知性をもって問題にあたってきた。だが、経済発展は不調だった。臨床経済学のアプローチをとれば、よりよい戦略が示されるだろう。

臨床経済学で大事なことは、個別の診断をもとに、適切な治療計画を立てて、それを実行することである。検査のときに医師は問診表の項目を辿ってゆく。「薬はのんでいますか？」「アレルギーはありますか？」「最近、手術を受けましたか？」「家族のなかに次のような病気の人はいますか？」臨床エコノミストも同じことをしなければいけない。表１は、貧しい国を「検査」するときの七段階におよぶ診断チェックリストである。

貧困の地図作り

表1　個別診断のためのチェックリスト

1　貧困の罠

貧困の見取り図
基本的な要求が満たされていない家族の割合
世帯単位の貧困の分布
基本的なインフラストラクチャーの分布（電力、道路、電気通信、水と衛生設備）
民族、ジェンダー、世代別の貧困分布
おもなリスク要因
　人口の動向
　環境の動向
　気候によるショック
　病気
　日用品の価格の変動
　その他

2　経済政策の枠組み

ビジネス環境
貿易政策
投資政策
インフラストラクチャー
人的資本

3　財政の枠組みと財政の罠

公共部門のカテゴリー別歳入と出費
　ＧＮＰ比
　国際基準との絶対比
税収と支出の管理
貧困撲滅のための公共投資
マクロ経済の不安定性
公共部門のデット・オーバーハング
偽の財政赤字と隠れた債務
中期的な公共部門支出の枠組み

4　物理的な地理的条件

輸送状況
　港湾、国際貿易ルート、航行可能な水路への近さ
　舗装道路の利用状況
　自動車輸送の利用状況
人口密度
　電力、電気通信、道路の接続にかかるコスト
　一人あたりの耕地面積
　人口密度におよぼす環境の影響
農業環境
　気温、降水量、日照時間
　農産物の生育期の長さと安定性
　土壌、地形、灌漑の適性
　年間の気候の変動（エルニーニョなど）
　気候パターンの長期的な傾向
疾病環境
　人間の病気
　植物の病気と害虫
　動物の病気

5　政治の形態と失策

公民権と政治的権利
公共政策システム
脱中央集権と財政の連邦主義
腐敗のパターンと度合い
政権の継続性と長さ
国内の暴力と防衛
国境地帯の暴力と防衛
民族、宗教、その他文化的断絶

6　文化的障壁

ジェンダー関連
民族および宗教の分裂
集団移住

7　地政学

国際安全保障関係
国境を越えた脅威
　戦争
　テロリズム
　難民
国際的な制裁
貿易障壁
地域および国際的なグループへの参加

第一グループの質問は、極度の貧困がどこにあるかを調べるものだ。臨床エコノミストは貧困マップを作らなければいけない。それには、入手できるかぎり最新の世帯調査、地理情報システムのデータ、国民所得の数字、その他の情報が必要だ。極度の貧困に陥った世帯は国民の何割か。学校、病院、水道、衛生設備、電気、道路、栄養など、基本的な要求が満たされていない家庭はどれくらいの割合か。貧困はおもに都会と田舎のどちらに多いか。また、一部の地域に集中しているか、それとも国中に分散しているか。家族の人口構成と貧困の関わり（家族の長が男か女か、子供は何人いるか、家族全員が健康か、それとも病人がいるか）。また、資産状況と経済活動について（土地をもたない貧困層か、小作人か、商人か、産業労働者か、など）。

貧困マップを作成する過程で、臨床エコノミストはやがて貧困を悪化させる恐れのあるおもなリスク要因もチェックしなければいけない。極度の貧困の数や分布に影響をおよぼす人口変動（出生、死亡、国内および国外の移民）はあるだろうか。環境ショックや環境の変動（海水面の変動、海岸線の浸食、森林伐採、土地の劣化、帯水層の減少、生物多様性への危機）が貧困を招かないだろうか。気候ショック（エルニーニョ、地球温暖化、長引く旱魃など極端な気候変動）は、人の健康に影響を与え、病気の原因ともなり、農産物の生産にも響く。伝染病の発生と流行は国や地方の経済に大きなマイナスになるだろう。世界市場における主要輸出品の値動きが、貧しい人びとや将来の経済成長に打撃を与えるかもしれない。

経済政策

第二グループは、経済政策の枠組みに関する質問である。これらは従来と同じ質問だが、システマチックにとりくむ必要がある。国内で（また、国内の異なる地方で）ビジネスの運営コストはどれくらいか。主要なインフラストラクチャー（電力、水道、道路、輸送サービス）の普及率はどの程度か。これは国の平均だけでなく、各地方ごとに都市部と農村地帯の違いも見なければいけない。インフラストラクチャーの不備によるコストは？　貿易政策の枠組みはどうなっているか。貿易障壁が製造コスト——とくに輸出向けのビジネスの場合——に与える影響は？　国内および海外の潜在的な投資家を引きつける要素がどれくらいあるか。ライバル国とくらべてどれほど効果的な誘致活動ができているか。政府は、栄養、公衆衛生、疾病対策、教育、家族計画などのプログラムを通じて人的資本にどれほど投資しているか。

財政の枠組み

第三グループは財政の枠組みについての質問。国家の予算はまず主要なインフラストラクチャーと公共サービスに費やすべきだからである。現在の予算の使い方と税収入のレベルはどの程度だろう。これは現在のＧＤＰ（国内総生産）比と一人あたりのドル換算で計算すべきだ。公共予算の使い方をＧＤＰ比にして各カテゴリー別（保健、教育、インフラストラクチャー）に見ると、その国が貧困削減のためにどれくらい努力しているかがわかる。予算を一人あたりのドル換算で示した数字を見れば、国民の基本的欲求を満たすことおよび貧困の罠から脱するための援助に予算が適切に使われているかどうかがわかる。政府にとって過去から引き継いだ各部門の過剰な債務がどれほど妨げになっているか。債務を帳消しにしたら、政府は公共サービスをどれくらい充実させられるか。公共部門に隠された――バランスシートに書かれていない――債務があるかどうか。たとえば、中央銀行の負債、あるいは民間銀行システムの隠れた損失を政府予算で補塡しなければならない場合など。

地理学と人間的な環境

第四グループの質問は、実際の地理学と人間的な環境についてである（つまり、物質的な環境と社会の接触面を見るわけだ）。極度の貧困に診断を下し、またそれを克服するには、この部分がきわめて重要なのだが、エコノミストはこのエリアに関して驚くほど訓練が足りない。その国の全国または地方の輸送能力はどうか。海港や空港、航行可能な河川、舗装道路、鉄道サービスが利用できる人口はどれくらいの割合か。国内または海外へ貨物（肥料、農産物、機械、工業製品など）を輸送するときのコストはどれくらいか？　そのコストはライバル諸国と比較してどうか。沿岸と内陸、都会と農村地帯、過疎の地域と過密の地域では、人口分布はどうなっているか。国内で人口が集中している地域があるなら、それがインフラストラクチャーのコストにどのような影響をおよぼしているか。たとえば、道路、鉄道、電気、電信網などを中心に人口が集中しているかどうか。

自然環境による農業への影響も見なければいけない。作物の生育期間の長さは？　それによって作物の選び方、肥料のやり方、収入レベルに影響が出ているか。農産物の収穫量に関係する土壌のパターンと地形、水の流れ、土地の利用法について。灌漑の適性や土地改良のコストは？　年間の気候変動による農業への影響、たとえばエルニーニョ現象についてはどうか。地球温暖化や降雨パターンの変化など、長期にわたる気候の変化によって農業がどんな影響を受けているか。実際に、アフリカの乾燥地帯では明らかに降雨量が減っている。

時とともに、エコシステムの機能が変化または低下しているかどうか。森林伐採によって、エコシステムの機能が阻害されていないか（たとえば、洪水を引き起こし、土地の劣化を招くなど）、また貧しい人びとの生活を脅やかしていないか（たとえば、薪にする木がなくなる）。生物多様性が失われた結果、エコシステムが機能不全に陥っていないかどうか（農産物の受粉ができなくなるなど）。侵入した外来種によって土地や漁場の生産性が落ちていないか。環境に入りこんだ毒性物質が空気や飲料水を汚染していないかどうか。

環境によって起こる病気、また環境が病気におよぼす長期的な影響についても調べよう。マラリアの発症には気候と病気を媒介する蚊の存在が影響する。マラリアは一時の流行病か、それとも（年間を通して）つねに見られる風土病か。人口の移動と気候の変化によって発症の形態が変わるか。農業生産に影響をおよぼす家畜の病気（アフリカの眠り病が古典的な例である）にパターンは見られるか。植物をだめにする害虫や病気が、家計や国際貿易や人の健康に深刻な脅威になることはあるか。

政府の態度

個別診断の質問の第五グループは、予算や個々の経済政策より、もっと全般的な政府の対応について知るためのものだ。歴史をふりかえると、民主主義が経済発展の必要条件ではなかったことがわかる。一方で、独裁や専制、無法な政治のもとでは経済が簡単に崩壊することもたしかだ。この国は、法律を遵守しているだろうか、それとも独裁者による専制政治だろうか。会社の登記、資産の売買、防衛契約、公共競売への入札といった公共経営のシステムはきちんと機能しているだろうか。上下水道、電力、基本的な保健や教育などの公共サービスは（それらの資源があるとして）整備されているだろうか、それとも浪費とごまかしで無駄にされていないだろうか。腐敗が蔓延しているか、あるとしたら政府のどのレベルか。政権の移行は正式な手続きを踏んでいるだろうか、それとも現支配者の気まぐれと乱用が横行しているだろうか。公共サービスが一部のエリートや、国内の一地方、または特定の民族グループだけのものになっていないだろうか。

経済発展を阻む文化的な障壁

第六のグループは経済発展を妨げる文化的な障壁の有無を探る質問である。社会は、階級、カースト、民族、宗教、ジェンダーの不平等などで分断されていないだろうか。女性や女児は個人の権利という点で差別されていないか（たとえば、性や妊娠について自分で選択ができるか）、また公共サービスが平等に受けられるか（教育、医療、家族計画など）。法律上でも、また非公式にも、財産継承の権利が奪われていないだろうか。女性たちが家内製造以上の経済活動に参加できる機会の均等は保証されているだろうか。社会の規範や慣習でマイノリティ・グループの経済的な機会が損なわれていないかどうか。民族間の武力衝突が多いか。中国人やインド人の海外コミュニティのような少数の民族集団が国内に存在する場合、投資や送金、社会ネットワークといった面で、どのような影響が見られるか。

地政学

個別診断の最後のグループ――七番目――は、地政学に関する質問である。ここでは国際社会に対するその国の防衛および経済面での関係を見る。その国がなんらかの防衛ブロックに属するとしたら、それが経済発展を決定づけ、あるいは制限するだろうか。国際社会からの制裁を受けているかどうか、受けているなら、その制裁が経済発展にどんな影響をおよぼしているか。国境をめぐって深刻な問題――たとえば難民の移動、テロリズム、国境紛争――を抱えているかどうか。国境地帯のインフラストラクチャーに関して、近隣の国家が協力しているか。地域の通商グループが結成されているかどうか。あるとしたら、それは貿易全体の拡大をサポートしているか、あるいは非メンバー国に対する牽制でしかないのか。豊かな国の貿易障壁が将来の開発計画を妨げていないかどうか。

長い質問表である。これらの質問にすべて答えるのは、診療所で十五分の問診を受けるような具合にはいかない。それどころか、ＩＭＦのような国際機関一つだけでは不十分だ。正確な分析のために、答えは系統だったものでなければならず、つねに更新し、検証していく必要がある。正しい診断を下すには、低所得国の内部や国際機関を含めて、多くの機関が協力しなければいけない。ＩＭＦや世界銀行だけでなく、国連のＷＨＯ（世界保健機関）やユニセフ、食糧農業機関やその他多くの専門機関が力を合わせて診断にとりくむべきなのだ。

エコノミストの教育

個別診断はスタート地点であり、ゴールではない。次のステップは、個別診断によって特定された問題点——貧困をなくす努力を妨げるもの——にとりくむための計画と組織を作ることである。最初から正しい質問をし、それにきちんと答えられていれば、より効果的な戦略が立てられる。具体的な質問の数々については、あとで見るつもりだ。

私にとって、開発経済には新しいアプローチが必要だと本当に納得できるまで、かなりの時間がかかった。経済顧問として初めて「患者の往診」を頼まれたとき、私はそんな洞察力——つまり、診断のための広範囲のチェックリスト——をもっていなかった。それどころか、一九八五年七月にボリビアのラパスに着いたときの私は、ごく簡単なチェックリストのメモさえなかった。そこへ行ったのは、特殊な場所の特殊な問題を解決するためだったのだ。この旅のさなかに直面した問題が、その後二十年にわたって私のリサーチおよび実践的な仕事の中心をなすようになるとは予想もしなかった。そのうえ自分でも驚いたことに、それらの問題について、私はまったく未経験だったのだ。

5　ボリビアの高海抜《ハイ・アルチチユード》ハイパーインフレーション

私のキャリアにおける多くの出来事と同じく、私が初めてラパスの滑走路――海抜三千九百メートル――に降り立ったのも偶然のいきさつによる。私は一九七八年にインドを訪ねたときに初めて極度の貧困をこの目で見たが、それまで私のアカデミックな仕事はほとんどがアメリカとヨーロッパ経済に関するもので、極度の貧困やこの豊かな世界でなぜ貧困がなくならないのかといった問題は専門ではなかった。

一九八〇年代の初め、開発経済学はアメリカの博士号取得コースの中心的な主題ではなく、おもに貧しい国々から来た学生が勉強していた。私は開発の問題に興味をもっていたが、正式に取得したコースは国際経済で、とくに国際金融を専攻した。一九八〇年の秋に助教授としてハーヴァードで教鞭をとるようになってからは、おもに先進諸国の問題にとりくみ、豊かな国と貧しい国のあいだの国際的な金融資本の流れについて研究した。一九八二年に開発途上国の債務危機が起こったとき、私は債務危機の発端をいかにして感知するかという論文を書きはじめた。そのような債務危機の先例、とくに大恐慌について調べ、破産に陥った国々を救うのに有効なメカニズムについて研究した。はからずも、一九八〇年代にそうしたメカニズムについて研究した人は誰もおらず、私が第一号になった。

それは統計学を用いた理論的な研究で、実際にすぐ役に立つものではなかった。当時の私は、この主題に関して必要なことはすべて知っていると思いこんでいた。教授団の若手メンバーとして、私はあちこちで講義をしては喝采され、論文や記事をいくつも書き、アカデミックな世界で着実に出世して、一九八三年には二十八歳で終身在職権を得るまでになった。

やがて私の人生が一変した。私の元教え子のボリビア人学生から手紙をもらい、ボリビアからの訪問団が大学構内でセミナーを開くからそれに出席してほしいと頼まれた。その学生、デイヴィッド・ブランコは一九七〇年代にボリビアの大蔵大臣だった。私が教職についた最初の年、彼は元大蔵大臣だと自己紹介して、私を喜ばせた。しかも、経済学のコースを取ったのは、大臣在職中に自分がやっていたことを正確に理解するためだというのだ！

このセミナーのすぐあとに私は世界銀行で開発セミナーをもつ予定だった。そのため、ボリビアの事情を聞けば、知識がもっと増えるのではないかと期待した。招待されたハーヴァード教授団のなかで、出席したのは二人だけだった。私の生涯でもこれはきわめてラッキーな巡りあわせの一つだったと思う。若いボリビア人のロナルド・マクリーン——ケネディ校を卒業した彼はのちにラパス市長の座につき、私の親友となった——が立ちあがってセミナーを開始し、目がくらむようなボリビアのハイパーインフレーションについて説明した。私には想像もつかない状況だった。いまでもよく覚えているが、その話は外貨を売買するブラックマーケットの情景から始まった。首都ラパスのカマチョ大通りの路上マーケットでは、狂ったようなペースでボリビア・ペソがドルに交換されているのだった。

私のような金融の専門家にとって、ボリビアの危機は刺激的だった。私は一九二三年のドイツのハイパーインフレーションを初めとして、さまざまなハイパーインフレーションを研究してきた。経済学部の学生にとって、それらは半ば伝説化した過去の出来事だった。ハイパーインフレーションを描写したケインズの言葉にも、笑ったり唸ったりするだけだった（ビールは最初から二杯注文すること――バーにいるあいだに値段が上がってしまうから、とか、タクシーよりもバスに乗れ――なぜなら、バスは先払いだから、など）。歴史の教科書以外で本物のハイパーインフレーションに遭遇できるとは思ってもいなかった。

一九八〇年代初期のアカデミックなエコノミストの多くは、現在のマクロ経済で議論されているいくつかの問題を分析するのに、一九二〇年代のハイパーインフレーションを基準にしてきた。私が読んだ最近の論文でもそうだった。セミナーの途中で私は手を上げ、これまでの定説をもちだして解説した。自信たっぷりで黒板の前に立ち、「こういう仕組みになっています」とやったのだ。チョークを置くと、部屋の後ろのほうから声があがった。「そんなによくわかっているのなら、ラパスへ来てわれわれを助けてくださいよ」。私は笑った。その声はまたいった。「いや、本気です」。これがカルロス・イトゥラルデだった。やがて私の友人になったイトゥラルデはボリビア政界の重要人物で、のちに外務大臣となり、アメリカ大使も務めた。

訪問団は経済顧問を求めているのだという。私は面食らった。ボリビアが南米のどこにあるのかも正確には知らず、この国に関与するのが安全か、それに賢明なことなのかもわからなかった。私は折り返し連絡するといった。翌朝、私はこう返事をした。これまで国を助けるようなことは一度も経験がないが、彼らが本当にそれでかまわないなら、やってみてもいい、と。同時に、一つの政党のためではなく、近く実施される選挙で樹立される政府のために働くという条件もつけた。党派政治に巻きこまれたくなかったのだ。そうなったら仕事はうまくいかないに決まっている。私はボリビアだけでなくどこの国でもこの方針を貫いたので、さまざまな政党からなる政府に対して、信用できる第三者として公正な助言をすることができた。

訪問団は選挙で勝ったら連絡するといって帰っていった。それは五月だった。七月初め、ロニー・マクリーンから電話があった。「選挙に勝ちました。旅の用意をしてください」。私はフランス人エコノミストのダニエル・コーエンと大学院生のフェリペ・ラライン に声をかけて同行してもらうことにした。出発したのは一九八五年七月九日だった。

安定化計画を作る

飛行機を降り立った瞬間から、本物の経済開発とは何かがわかってきた。ボリビアのような国を助けるには、新しい臨床経済学が必要だということを理解するのにそれから二十年もかかったが、そこへ向かっての第一歩だった。スタート地点で私がもっていたのは、ページの真っ白なノートとハイパーインフレーションについての論文数本だけだった。幸い、私たちがとりくむべき対象についての基礎的な知識だけはあった。

まず最初に、ハイパーインフレーションを引き起こす基本的な通貨の力については理解していた。ボリビア政府は国家予算の巨額赤字を埋めるために紙幣を印刷していた。最初のうち、私は赤字予算の原因や動き、予算成立のプロセスについては疎《うと》かった。だが、国債を自国の民営部門や海外に売るだけの信用度がボリビア政府にないことだけはわかった。そのため、政府は国債を直接、ボリビア中央銀行（BCB）に売るしかなく、そこから得た現金で軍隊、国営の鉱山、教師などの給料を支払った。この意味で、ボリビアのハイパーインフレーションは経済史に見るほかのハイパーインフレーションと違いはなかった。過去の例にたがわず、政府はつけを払うために紙幣を印刷し、紙幣を印刷することによって通貨の価値を下げた――そして物価の上昇を招いた。

政府が給料を払うことによって、新しいペソが通貨循環に投入され、その結果ますます物価は急上昇した。ボリビア通貨の新たな投入のたびに、人びとはペソをブラックマーケットにもちこんでドルに交換した。こうしてペソに対するドルの価格は高騰した。一九八三年六月には一ドルが五千ペソだったのが、一九八四年一月には一万ペソに、六月には五万ペソ、十二月には二十五万ペソ、一九八五年七月には二百万ペソになっていた。まさにこの時期、三人の未熟なエコノミストがやってきたのだった。このころになると店の商品にはドルの値札がつくようになっていたが、支払いはまだペソだった。したがって、一九八三年には五千ペソだった一ドルの商品が、たった二年後の一九八五年七月にはおよそ二百万ペソになっていた。一九八四年七月から一九八五年七月までの一年間で、物価は三〇〇〇パーセント（三十倍）以上の値上がりを示した。

二つ目に、私はハイパーインフレーションが急激に終わること、そしてドルに対するペソの価格が安定したとたんにそれが起こることを知っていた。そのためには、政府が中央銀行からの借り入れに頼ることをやめればいい。二四〇〇パーセントのインフレが突然終わるといっても、人はなかなか信用してくれなかった。なかには、ハイパーインフレーションが急に終わったりしたら経済が崩壊するにちがいないという人びともいた。インフレは数千パーセントから翌年は数百パーセント、三年目には数十パーセントへという具合に少しずつ減らしていったほうがいいというのだ。ハイパーインフレーションがそのような終わり方をした例は一つもないが、前政府の顧問のなかにはそんな政策を勧めた人もいた。

到着して二日もたたないうちに、私はボリビア・アメリカ商工会議所で講演するよう頼まれ、自分の理論と歴史知識をたずさえて出かけた。トマス・サージェントの最新の論文からの数字をあげて、ドイツのハイパーインフレーションがある日——一九二三年十一月二十日——突然終わったことを説明し、同じことがボリビアでも起こると予想した。聴衆は驚きながらも、この見込みを歓迎した。

私のささやかなチームは、ボリビアの同僚たちに手伝ってもらって、数字の分析にとりくんだ。政府が赤字の穴埋めを中央銀行からの借金に頼らないですむよう、財政たてなおしの方策を探ったのだ。ボリビアの同僚と議論を交わし、帳簿を見直してゆくうちに、ボリビアの国家予算の基盤が石油価格にあることに気づいた。国の歳入は炭化水素類（天然ガスなど）にかかる税金が主体で、そのほとんどは国有の石油会社YPFB（ボリビア石油公社）から支払われていたのだ。ボリビア石油公社は石油とガソリンの価格を（ペソ建てで）決めていた。一般に、石油価格は数カ月ごとに変動するので、ペソの価格が一定していた時期でも、石油価格はドル換算によって、ほかの物価よりも下落の幅がずっと大きかった。石油の安値は国の予算にとっても破滅的だった。

つまり、わかりやすく図式化すればこういうことになる。仮に、ペソ＝ドル換算が一ドルあたり百万ペソの日に、ガソリン価格が一リットルあたり二十五万ペソだったと考えてみよう。ドル建てでは、一リットルあたり〇・二五ドルである。さて、為替交換率が一カ月に五〇パーセントの割合で下がるとする。三十日後に、一ドルは百五十万ペソになる。六十日後には二百二十五万ペソである。ペソ建てのガソリン価格が六十日間変わらなければ（一九八四年と一九八五年にはよくあることだった）、ドル建てのガソリン価格は一リットルあたりたった〇・一一ドルになる（一リットルあたり二十五万ペソで、一ドルが二百二十五万ペソなので、二十五万ペソ割る二百二十五万ペソは〇・一一）。政府の予算は石油税が基盤になっていたのだが、この基盤が崩壊したわけである。

石油価格の実際の状況は、この図式以上にドラマチックだった。一九八五年八月までに、ボリビアのガソリン価格はドル建てで一リットルあたり〇・〇三ドルまで急落した。ガソリンの積荷はすべて国境を越えてペルーに密輸された。税収は壊滅的だった。予算の赤字はGDP（国内総生産）の一〇パーセントに達し、そのすべては新札発行（形の上では中央銀行からの借入金）でしのいだ。私たちは計算によって、ガソリン（やその他の燃料）の価格が十倍になって、実際の国際価格である一リットルあたり〇・二八ドル程度に戻れば、国家予算の赤字のほとんどはおのずと解消されると予測した。その他の問題は、税金の使い方や徴収のほうでなんとかできる。

私たちのチームはこうして、一時的に石油価格を急騰させることをハイパーインフレーション抑止のキーポイントに据え、その他さまざまな金融対策をセットにした提言をまとめた。ボリビアの同僚たちは、石油価格の急騰がハイパーインフレーションを終わらせるという考えに疑問をもち、むしろインフレをさらに加速させるのではないかと危惧した。たしかに、素人の目には、物価を安定させるために価格をさらに上げるというのは不合理に見えるだろう。社会の基盤となる金融および予算の状況によってハイパーインフレーションが引き起こされると理解し、問題を理論的に考えれば、誰でも納得できるはずだ。私はむしろ、これに疑問をもつことのほうが驚きだった。どちらかといえば簡単な解決法である。ジョン・メイナード・ケインズは一九二三年にインフレーションのプロセスがどれほど理解されていないかを嘆き、そのせいでハイパーインフレーションの影響がより破壊的になると書いたが、それはまさに正しかった。[*12]

社会の既存の基盤をひっくりかえすのに、通貨を捻じ曲げるほど微妙かつ確実な方法はない。このプロセスには破滅に向かう経済法則の隠れた力のすべてが働いている。そして、その仕組みを正しく見抜けるのは百万人に一人しかいない。

私たちは二週間で報告書を書きあげ、七月二十四日にラパスを発った。友人たちが選挙のあとで政権につくものと信じてやってきたのだが、実際には選挙の結果は膠着状態となり、次の大統領は投票の結果ではなく議会で任命されることになった。ボストンに戻ったあと、私たちがいっしょに仕事をした政党ＡＤＮ（民族民主行動党）が負けたことを知らされた。八月六日、新しい大統領に対立政党ＭＮＲ（民族革命運動党）のビクトル・パス・エステンソロが就任したことを知った。私はパス・エステンソロが信頼する経済顧問団――その代表は実業家のゴンサロ（ゴニ）・サンチェス・デ・ロサダだった――とは面識があった。新しい政府と関係ができるかどうかはともかく、ＡＤＮが私たちの安定化プランを新しい大統領とそのチームに渡したと聞いてうれしく思った。

実際、新大統領の動きはすばやかった。大統領はさっそくゴニを呼んで、通貨の安定はもちろん、それ以上のことを含めた大胆かつ広範な経済改革プランを立てるよう求めたのだ。草案は革新的なもので、国家統制主義の閉鎖的な経済――当時のサードワールドの典型――から市場ベースの開放的な経済への移行が必要だとしていた。この草案は十年後に東欧で起こることになった変化を――あれほどのスケールではなかったが――予想していた。この草案には、エネルギーの価格上昇を中心戦略とする安定化のアイデアも盛りこまれていたが、安定化だけでなく、私たちのチームが議論さえしなかった問題まで視野に入れていた。

一九五二年以来四度目の大統領の座に返り咲いたパス・エステンソロは手練手管にたけた政治家で、百戦錬磨のベテランにしかできないことをやってのけた。ゴニのプランを手に、彼は新閣僚を大統領官邸に呼びよせ、彼らに通告したのである。「ここから出るな。報道陣にも話すな。これから経済戦略について議論し、合意を得る。全員一致の署名が欲しい。辞めたい者は辞めてもいい。だが、ここに留まるかぎり、全員が政府の一員であり、これに加わらなければいけない」。三日間ほとんど休みなしに議論が交わされ、ボリビアで最高決議二一〇六〇号と呼ばれるものが採択された。それはハイパーインフレーションを終わらせるだけでなく、ボリビア経済を根底から変革するための青写真だった。

このプログラムは八月二十九日から着手され、まず石油の大幅値上げから始まった。ガソリン価格は急騰し（ラテンアメリカの俗語で「ガソリナーゾ」と呼ばれた）、税収の赤字が解消された。金が石油公社に流れ、石油公社から国の金庫へと流れた。国家予算の赤字が一気に解消された結果、為替レートもたちまち安定した。価格がドルで決められペソで支払われていたため、ボリビア・ペソとドルの交換レートが安定すると、当然のようにペソの価格も安定した。一週間のうちに、ハイパーインフレーションは終わったのだった。

図1は一九八二年（ハイパーインフレーションの始まり）から一九八八年までの月ごとの物価指数を示しているが、一九八五年九月に物価指数の上昇が急に止まったことがわかる。

図1　ボリビアの物価　1982−1988年

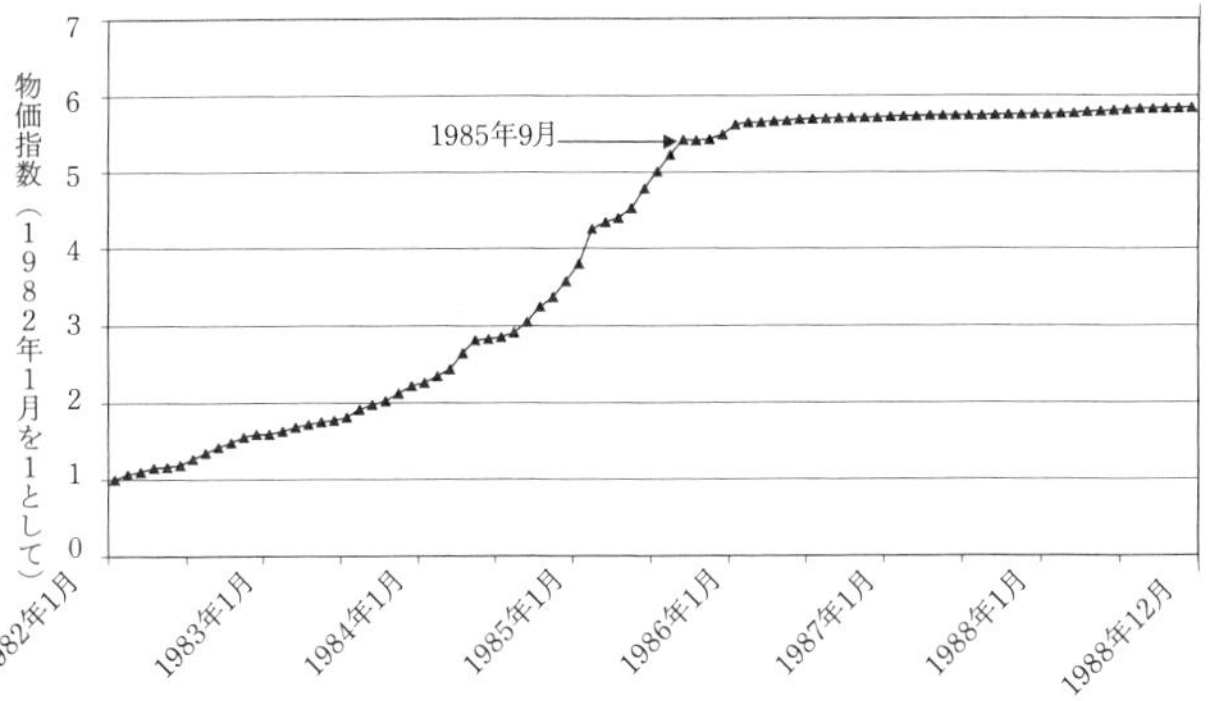

出典：Instituto Nacional de Estadísticaのデータ（2004年8月27日）による。
http://www.udape.gov.bo

図2は、一九八五年八月から九月までの物価指数を週単位で示している。安定化計画の初期の段階ではまだ不安定さが残り、一九八五年の終わりには危うく急騰しそうな動きもあるが、やがてハイパーインフレーションは完全に姿を消した。三年間続いたものが、ある日突然終わったのだ。

そのまま静かに推移すれば、私はこれ以上ボリビアに関与することもなかっただろう。だが、遅かれ早かれ、私はボリビアのハイパーインフレーションとその原因になった予算の赤字がもっと深刻な病気の症状だと気づくことになっただろう。当時の私はボリビアについてごく表面的な理解しかなかった――安定化のプランをどうスタートさせるかの査定を手伝うくらいなら十分かもしれないが、そもそも、なぜハイパーインフレーションが起こったか、なぜ捻じ曲がった変化が次々と長期にわたって続いたかを理解できるほどの知識はなかった。私が考えるよりもずっと状況は危うく困難だったのだ。

図2　週ごとのインフレ率（0週は1985年8月26日－9月1日）

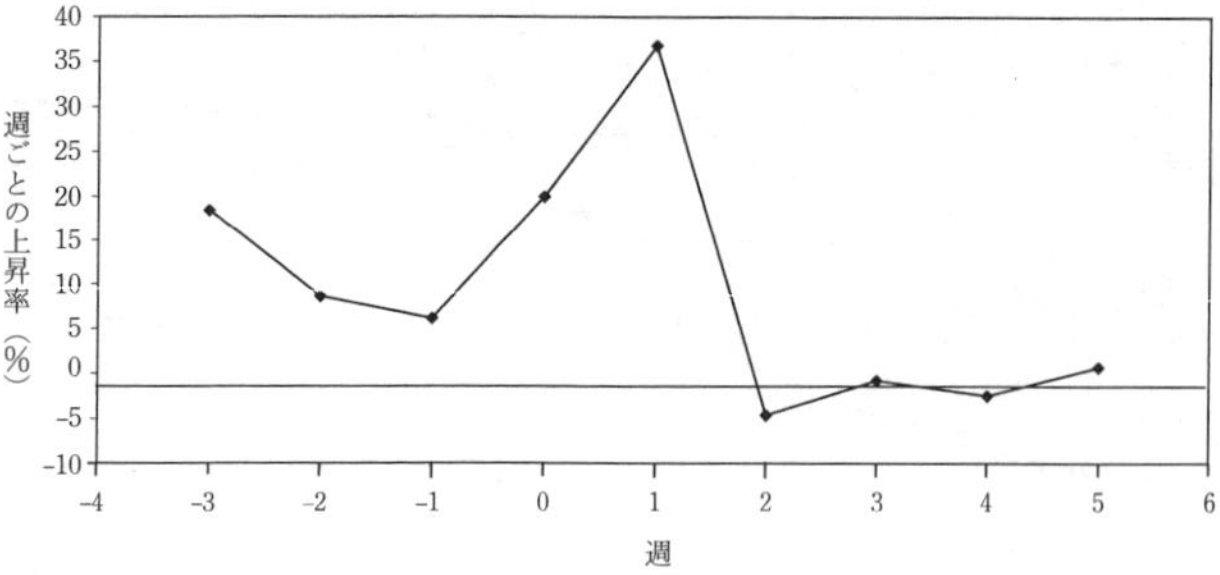

出典：モラレスおよびサックスのデータ（1990年）による。

ひびの入った大建築

一九八五年十月二十四日、ロンドン金属取引所は価格急下落の兆候を見て、錫の取引を一時停止にした。それから九カ月のあいだに錫の値はおよそ五五パーセントも急落し、ボリビアもメンバーだった錫カルテルは破産した。もはや錫を買い支えることができず、初期の目標とされた率まで値を戻すのは不可能だった。ボリビアは錫の輸出国であり、国営の錫鉱山は、大勢の国民の働き口であり、政治的な支柱でもあった。さらに労働者への社会的なサポートとして、また税収入の財源としても、きわめて重要だった。こうして、ただでさえ貧しく疲弊した国の赤字財政にもう一つの大きな穴があいた。ようやく安定化の兆しが見えたばかりのところに、またしても落とし穴が待ちかまえていたのである。私に呼びだしの電話がかかってきたのは、その直後だった。パス・エステンソロ大統領がボリビアにぜひ戻ってくれというのだ。

　そのころには、私もボリビアの経済史について少しは知るようになっていた。驚いたことにこれまでほとんど知られていなかったジョージ・エダーの本を大学の図書館で見つけたのだ。[*13]一九五六年にボリビア政府の経済顧問を務めたエダーは、一九五二年の革命に続いて起こったハイパーインフレーションを終わらせる方法について助言した。そして、政府内に経済安定化のための委員会を設立し、この委員会の顧問となった。エダーはよいアイデアをたくさんもっていた。このときの関係者にはなじみ深い名前が見られた。一九五二年の革命の主導者だったビクトル・パス・エステンソロ自身、一九五二年から一九五六年まで大統領の座にあったのだ。

　ラパスを再訪した私は、初めてパス・エステンソロ大統領と面会し、一九五六年の先例を思いださせるような経済政策のメモを手渡した。大統領はこのメモがお気に召したようで、私に今後も顧問を続けてほしいといった。私は承諾した。ドラマの続きを間近で見られ、助言をし、経験から学べる、またとないチャンスになると思ったからだ。二カ月後に戻ることにして、いったん帰国した。

　一カ月後のクリスマスに、ふたたび緊急の呼びだしがかかった。ハイパーインフレーションが戻ってきたのだ。すぐ来てくれますか？　私は年明け早々に駆けつけた。途中、リマに立ち寄ったとき、ボリビアの計画大臣ギジェルモ・ベドレガルが辞任したというニュースを聞いた。辞任にともなって、急激な物価上昇に対応できるよう給料の五割アップが要求されているという。そうなったら、またハイパーインフレーションがスタートして、猛威をふるうだろう。そして、この新たなハイパーインフレーションは、政情不安という新たなサイクルを引き起こすきっかけになるだろう。ラパスに着くと、私は飛行機を降りたその足でまっすぐ中央銀行へ行った。当然ながら、十二月の融資額は急激な勢いで上昇していた。

中央銀行の専門チームの説明によると、十二月にはクリスマスのボーナスとして国庫から二カ月分の給料支払いをしなければいけないのだという。これも可能だろう。だが、中央銀行の行員の一人はもの思わしげにこういった。「クリスマスを二度経験した大蔵大臣はいまだかってないのですよ」。ボーナスの支給が財政にとっていかに危険なことか、政府はまるでわかっていないのだ！

私はさっそく手当てを始めた。中央銀行には、発行されたばかりの新しいペソと相殺する外貨の備蓄分を売るように指示した。これで新発行のペソの為替レートの問題はかたづく。ペソの交換レートは強くなり、ペソの値上がりは収まる。そうすれば、発表されたばかりの昇給政策は延期できる。こうしたやり方は異例だった。というのも、ボリビアは赤字予算のなかで、ただでさえ少ない外貨の備蓄を放出することになり、それにはリスクがともなうからである。だが、そのリスクを負う価値はある、と私は考えた。あのハイパーインフレーションがまた戻ってきたら、ひどいことになる。私はこのアイデアを、新しい計画大臣になったばかりのゴニに伝えた。ゴニは賛成した。私たちは大統領のもとに行き、大統領もこれを受け入れてくれた。

外貨作戦がスタートした。金融理論のいうとおり、為替レートは安定し、やがてペソが強くなった。ボリビアの通貨が強くなったのは、ここしばらくの歴史でも、ほとんど初めてのことだった。大統領はこう宣言した。「昇給は見送る。当面は経済の安定に専念し、それとともに金融政策が定着するのを待つつもりだ」。政府は明確な態度を示し、それによって結果的に信頼をかちえた。ハイパーインフレーションとの闘いは二度と起こらず、兆しさえあらわれなかった。

方向変換はうまくいった。だが、皮肉なことに、ちょうどそのとき、私はワシントンのIMF（国際通貨基金）から呼び出しをくらった。ボリビア政府をそそのかして、稀少な備蓄外貨を「浪費」させたことに関して釈明せよというのだ。私はそのからくりを説明した。だが、IMFは納得せず、外貨を売ったのは不適切だといいはった。しかし、文句をいっても遅い。作戦はすでに終了し、成功していたのだから。IMFとの初めての小競り合いを終え、私は満足しつつ、その夜の便でワシントンを発った。ワシントンからの「公式な助言」にも弱点があることに、ようやく気づきはじめていた。あのころの私はなんと無知だったことか！

ハイパーインフレーションに終止符を打つ

同時に私は、このような危機にはいっときの平安もないことを知るようになっていた。完全な安定をかちえるまでに、ボリビアには四つの大きな障害があった。一つ目は、一九八五年十月の錫の大暴落によって、国家予算とマクロ経済の安定が大きく損なわれたこと。錫鉱山はもはや儲けにはならず、鉱業部門のために国家予算は大きな赤字を抱えていた。ボリビアは鉱山関連会社での大量人員整理を余儀なくされた。規模の大きさもあって、その影響は国全体に痛みを与えた。最終的に、錫鉱山関連の労働者の六分の五が職を失った。ボリビアの大規模な錫鉱山の時代は、錫カルテルの崩壊とともに終わりを告げた。

障害の二つ目は、差し迫った債務危機である。ボリビア政府は破産状態だった。国際銀行や外国の政府から負った海外債務の利子を払うことができず、実際に一年以上前から支払いは滞っていた。ボリビアの経済が安定しつつあるのを見て、IMFは利子支払いの再開を要求してきた。この段階でのそんな要求は、ボリビアを政治危機に陥れ、ハイパーインフレーションの再来を招くだけだと私は思った。政府の支出がカットされ、増税（徴収できるとして）になったりしたら、ボリビアの貧困層に耐えがたい重荷を負わせることになり、政治への不満が募って社会は一触即発の危機を招くだろう。私の強力なアドバイスと、ゴニの断固たる支持のもとで、ボリビアはIMFにノーといった。利子支払いの再開要求には応じないと返答したのだ。ボリビアが返済再開を拒否し、債務の帳消しを求めたことに勇気を得て、他の貧しい国々も続々と債務帳消しを求める運動を始めた。

債務に関する議論にどれほど消耗させられるかも、私はこのとき初めて身をもって知ることになった。ある晩、IMFのチームと私はゴニの家の居間で話しあいを始めた。私は、利子支払いを再開したら、いまでさえ貧しい人びとの生活水準がさらに悪くなり、国の政情も不安定になると強硬に主張した。だが、ＩＭＦのほうは頭から聞く耳をもたないという態度だった――なんとしても利子支払いは再開すべきだ、と。白熱した議論のあと、われわれは議論を翌日の昼食時まで延期することで合意した。昼食が始まったとき、私は新たな利子支払いが完全に不当であり、過去の債務危機がなんらかの工夫によってかなりの割合で削減された例もあると、ちょっとした説教をした。実際のところ、ボリビアをはじめとする多くの国が一九三〇年代には返済不能の事態になり、一九四〇年代には債務帳消しが実行されているのだ。一九八〇年代にも同じことがあったっていいではないか、と私はやや強引に断言した。

もちろんＩＭＦのチームはまったく逆の考え方だった。レーガン政権は債務帳消しの必要を認めておらず、なんとしてもボリビアから金を搾りとろうとしているようだった。とにかく、ここで債務帳消しを認めたりしたら、もっと多額の負債を抱えたアルゼンチン、ブラジル、メキシコなどにしめしがつかないというのだ。私が話しているうちに、ＩＭＦの代表団長の顔はだんだん赤くなっていった。経済顧問の口からえらそうなお説教を聞かされるのにはうんざりなのだ。彼はついに怒りにまかせてこういった。「とても受け入れがたいですね、サックス教授。そのような計画をわれわれの理事会に出すわけにはいきません」。私がさらに抵抗すると、彼はこういった。「アメリカに帰ったら、ビル・ローズにさっそく電話しますよ。彼だって、こんな提案はだめだというに決まっています」。それを聞いて、私は椅子から転げおちそうになった。ビル・ローズはシティバンクのシニア・エグゼクティブで、対ラテンアメリカ債務の責任者である。この国では、人びとが飢えに苦しみ、鉱山が閉鎖され、ハイパーインフレーションに悩まされ、混乱のきわみにある。そんな国を訪れたＩＭＦの代表団の長が、債務帳消しに関するＩＭＦの決定権を、一介の民間銀行にすぎないシティバンクに委ねるというのか？

私はしばらく間をおいてから、冷ややかに答えた。「ああ、やっとわかりました。あなたがいまいったことを、ボリビアの友人たちに説明させてください。あなたはシティバンクに電話して、ボリビアの政策が適切かどうか尋ねるつもりなんですね？　つまり、ＩＭＦの債務戦略は銀行の思惑しだいということですか？」代表団長は怒りをあらわにして本を閉じ、立ちあがって、話しあいは終わりだといった。部屋を出ていく彼のあとをチームのメンバーがわれ先に追いかけていった。ところが面白いことに、それ以後、ＩＭＦは二度とボリビアに利子支払い再開の要求をしなくなったのだ。ＩＭＦを支配する債権国が大手国際銀行の意向に沿った債務政策をとり、極度の貧困に苦しむ国々の求めに応じる国際社会のコミットメントや有益なマクロ経済政策など二の次になっていることが暴露されて狼狽したのだろう。最終的にＩＭＦは、ボリビア経済が本当に破綻していること、そのたてなおしには債務の削減が必要だという事実を認めるに至った。

それ以来、ボリビアの債務は支払いが延期されている。一九八七年、私はおもな債権者である大手民間銀行とボリビアのあいだに立って債務帳消しの交渉を手伝った。これが、のちの債務帳消し活動のひな型になった。その考え方はいかにも型破りだが、国の経済状況という現実を見れば、これが唯一の有効手段だった。長い目で見れば、債務国だけでなく債権者にとっても理にかなっている。なぜなら——正しく対処すれば——債務国は経済をたてなおし、いずれ負債をわずかずつでも返せるようになる（その可能性は高い）。あるいは、少なくとも将来の海外援助という点に関して国際的なシステムの重荷を減らすことになる。債務帳消しという戦略はこれまでかなり多くの国に適用されてきたが、それでも国際社会の対応は遅すぎることが多く、しぶしぶといった態度である。債務を帳消しにすれば、負債で息もたえだえになっている極貧国を助け、経済成長と開発を促すことができるのに。

またしてもジョン・メイナード・ケインズだが、彼は負債についても重要な発言をしている。*14 第一次世界大戦後の一時期、ケインズは経済的な困窮に陥った政治経済について洞察に富んだ優れた文章を書いている。困窮した国々をさらに追いつめても得るところはないと彼は喝破していた。ドイツに対して賠償金を求めたり、連合国の戦勝国に対して戦争中の負債の返済を迫ったりするべきではない。そんなことをすれば、政治システムがぷつんと切れてしまう恐れがあるというのだ。「平和の経済的帰結」で、彼は第一次世界大戦後の債務帳消しを主張して雄弁に議論を展開している。四分の三世紀が過ぎたいまでも、私はこれをきわめて貴重なものだと思う。

ヨーロッパの連合国にとって、これらの債務に対して当然支払われなければならぬ元本と利子とを支払うことは不可能であるというのは、あるいは誇張かもしれない。しかし、各国に支払わせることは、確実に、破滅的な負担を課すことになるだろう。したがって、各国は支払いを回避ないし逃避しようとたえず企てるものと予期されてよいし、これらの企ては、今後長年にわたって、国際的軋轢と悪意の絶えざる源泉となるであろう……。

（債務国にとっては）他の方面に友邦を求める強い誘因があり、平和な関係に将来何らかのひびが入っても、そのひびは、対外債務の支払いから免れるという莫大な利益を常に伴うことになるだろう。これに対して、もしこれらの巨額の債務が帳消しにされれば、最近友好関係を結んだ国々の連帯感と真の親善関係に対して刺激を与えることになるのである……。

このような紙の枷から手足を自由にしえぬかぎり、われわれが再び動くことは決してできないであろう。（その紙の枷を）すべて火にくべなければならぬ必要性が非常に大きいのだが、しかしその火は、いったん点けられてしまえば、それをわれわれが秩序ある、穏やかな、重大な不正を誰にももたらさぬものとなしえないかぎり、燃え拡がって他の多くのものも燃やし尽くす大火災となってしまうにちがいない。

（『ケインズ全集』２「平和の経済的帰結」早坂忠訳、東洋経済新報社刊）

ケインズは債務危機へのとりくみに失敗したら、いずれ大惨事になりかねないと警告した。そのとおり、やがてヨーロッパにはボリシェヴィキ革命が起こり、ナチが台頭した。

ヨーロッパの破産と衰亡は、われわれがそれを進むに任せれば、結局は、あらゆる人に影響をもたらすのであるが、しかし、おそらくそれは、一撃ないし即時というような形はとらないのである。
(同右)

三つ目の決定的な障害は税制改革だった。一九八六年春の壮大なドラマである。ボリビアの上流階級もそろそろ税制に貢献してもよい時期だった。私は親しい閣僚や政界に影響力をもつ友人たちに働きかけた。ボリビアの大金持ちの地主たちは、自分たちの何千ヘクタールもある家畜農場に税金がかけられるということが、どうしても理解できなかった。議会での議論ははらはらする成り行きだったが、最後にようやく税制改革法が通過し、このおかげで国家歳入はかなり安定した。ボリビアの社会にはいまも不公平がたくさん残っている。だが、公平な社会に向けて大きな一歩を踏みだしたのは一九八六年だった。財政を安定させ、政治を文明化させるという点でもきわめて重要な一歩だった。

その年の最後の大きな決断は、緊急社会基金の設立だった。これによって、この国の急を要する社会状況の少なくともいくつかに取り組むことができる。私はようやく、ハイパーインフレーションの終息イコール極度の貧困の終わりではないとわかってきた――とんでもない。私は政府の経済チームに向かって陰鬱にこう伝えた。彼らが大胆かつ英雄的に、不動の覚悟で誠心誠意努めれば、ハイパーインフレーションに悩まされる貧しい国を、物価の安定した貧しい国に変えることはできるかもしれない、と。ハイパーインフレーションを終わらせれば、少なくとも経済開発の基礎はできるだろう。

ゴニ・サンチェス・デ・ロサダには、ボリビアが生まれ変わらなければいけないことがわかっていた。なにしろ錫鉱山はもう財源としてあてにできない。だが、変身と再生には時間がかかる。それまでボリビアは生き延びなければいけない。人びとには仕事と健康保険、それに子供たちのための学校が必要だ。債務帳消しはそのための手段の一つである。がんばって、より多くの海外援助を得ることも大事だ。そして、極度の貧困に陥った人びとを大急ぎで、しかも直接的に助ける新しい方法を見つけるのは何より肝心なことだ。ある日、ゴニのオフィスでブレーンストーミングをしていたとき、緊急社会基金の設立というアイデアが浮かんだ。ウォーター・ハーヴェスティング（雨水貯留）や灌漑や道路工事のような地元のインフラストラクチャー整備用に、極貧のコミュニティへじかに金銭援助をするための基金である。私はすぐ世界銀行に電話をかけた。世界銀行ボリビア・チームのトップだったキャサリン・マーシャルは「いい考えだわ。さっそくとりかかりましょう」といってくれた。まもなく、世界銀行の支援によって緊急社会基金を発足させることができた。この基金は仕事、村落単位のインフラストラクチャーなどを提供するものであり、きわめて困難かつ脆弱な状況におけるセーフティネットだった。

この時期、私が最後にボリビアと緊密にかかわったのは、一年後、アメリカ合衆国の軍隊がアンデス一帯の麻薬取引を阻もうとしてボリビアを急襲したときだった。アメリカ軍の攻撃を受けてボリビアの麻薬売人はパニックに陥った。そのあとすぐ財政危機が続いた。ゴニと私はこの機会に一歩踏みこんで、コカ葉（コカインの原料）の栽培を断ち切ろうと考えた。政治的にしっかり組織された何万人にもおよぶコカレロ（コカの栽培人）に別の仕事を与えられるような開発計画を立案し、アメリカが十分な資金援助をしてくれれば、ボリビアはほかの農業・鉱業製品を輸出できるようになるだろう、と。

ゴニと私は、人類学者、農業研究家、コカ栽培の専門家のグループを集めて検討を始めた。コカ栽培に代わる実際的な生産部門を樹立して、海外援助を増やそうという計画である。そして、コカ栽培地から離れた人びとに働き口を用意し、コカの代わりになる農産物を見つけるのも目的の一つだった。例によって、アメリカ政府は十五年かけてようやく断続的かつ渋々といった態度でこの計画を受け入れた。しかも——珍しくないことだが——援助金は十通りに分割された。アメリカは当時もいまもなるべく安上がりな方途に頼り、コストを貧しい人びとに押しつけようとする。解決に必要な資金をけちってばかりいるのだ。

私はゴニとともにワシントンへ行き、分析結果を提出した。ボリビアに対するアメリカの冷淡さはひどいものだった。要するにゴニは、軍事行動のほかに費やす金はいっさいないと通告されたも同然だった。なかでも最悪だったのは、当時の国務長官ジョージ・シュルツとの会見である。ボリビアの計画大臣を前に、アメリカの国家予算は赤字だらけでボリビアを助ける余裕などないと釈明するのにたっぷり三十分もかけたのだ。一人あたりの収入がボリビアの三十倍もある国がそんな長広舌を並べるとは——コカ栽培禁止を押しつけるアメリカのせいで、ボリビア経済と政治は重大な危機に瀕しているというのに。

地理に目覚める

ボリビアでの仕事は三年におよんだ。その間、洞察力に富む快活なデイヴィッド・モラヴェッツ——世界銀行のコンサルタント——との会話を通じて、私は経済の現実に目を覚まされた。モラヴェッツは国際トレードの専門家で、コロンビアにおける一九七〇年代の繊維・衣料部門の崩壊についてすぐれた本を書いている。彼はビジネスの実務にも通じていた。世界銀行は彼に錫やコカのあと、ボリビアは何を輸出すべきかという大きな課題を与えて、ボリビアに送りこんだ。

モラヴェッツは率直な観察をもとに話を始めた。「この国は内陸にあり、アンデスの高所に位置するから、輸送コストが信じがたいほど高くつく。これまでボリビアが輸出してきたのはすべて重量あたりの単価がきわめて高いものばかりだった。そういう品物でなければ、輸送コストに見合わないからだ」。モラヴェッツによれば、スペインの植民地支配を脱して以来、ボリビアはまず銀の輸出国となり、次に金を輸出した。十九世紀半ばにはゴムのブーム、二十世紀初頭には錫のブーム、一九六〇年代と一九七〇年代には短期間ながら炭化水素（天然ガス）のブームがあり、一九八〇年代のコカ・ブームへと続く。たしかにボリビアの輸出品はすべて重量単位の価格が高いものばかりだった。「では、いまは何を輸出できるだろうか？」

モラヴェッツにボリビアの地理的な問題点を指摘されて、私はまさに目が開かれる思いだった（目からウロコとはこのことか）。もちろんボリビアが高所にある内陸の国だということは知っていた。この山の眺望はボリビアの大きな魅力でもある。高海抜のせいで空気の薄いラパスではつねに息苦しい思いをさせられた。内陸に位置するため、隣国のチリ――一八八四年にボリビアの沿岸地域を奪った――に対する根強い反感と疑惑の念を抱きつづけることになった。それでも私はこれらの地理的な条件がボリビアの長期的な貧困にとって大きな――おそらく決定的な――要因になっているとは考えなかった。これまでの経験でも、具体的な地形や経済の分布については話題にも上らなかったのだ。

それからの十五年間、地理的な障害に関する問題が私の思考の中心となった。地理が経済におよぼす力について考えはじめると、もうそれを頭から追いだすことはできなくなった。国のあり方は、その位置、近隣との関係、地形、天然資源などに大きく影響される。アダム・スミスもそのことを書いているが、私はもう何年もアダム・スミスを読んでいなかった。モラヴェッツとの会話で改めて考えさせられた。そして、ボリビアに関する国際的な論評やアカデミックな経済学論文のほとんどすべてがこの基本的な視点を欠いていることに気づいたのだった。私はひどく困惑した。学識高い経済学者の大半は何千キロも離れた場所で自分たちの理論をこねくりまわすだけで、経済の現実に欠かせない基本的かつ中心的な特徴を見逃しているのだ。

幸いにも、私が経済顧問として初めて手がけた仕事にはこの大きなミスがさほど響かなかった。私の任務はハイパーインフレーションを終結させ、国家歳入と経済基盤を安定させて経済開発につなげることだった。ありがたいことに、金融理論は海抜三千九百メートルの場所でも通用した。ハイパーインフレーションを終わらせ、債務危機を乗り切るための基本的な考えはここでも有効だった。だが、開発に向けての経済の安定という問題に目を向けたとき、現実的な地理条件が経済におよぼす力について考えなおすことが必須となった。

臨床経済学入門

私が開発経済という問題にとりくむようになったのは、ボリビアがきっかけだった。開発の重要な課題について正しいガイダンスを与えるには、学ぶべきことが山のようにあると、私はようやく気づいた。その国の重要な「ディテール」——山がちだとか、内陸にあるとか、隣の国と戦争中だとか——を無視するようなエコノミストにはなるまいと決心した。国の資源、気候、地形、近隣国との政治的な関係、国内の少数民族や政治的な分裂、世界市場との距離などにもっと注意を払うようになった。要するに、鑑別診断の腕をもった臨床医師になる必要があると気づきはじめたのだ。はっきりそのような言葉で考えたわけではないが、往診に駆けつけるエコノミストという漠然たるイメージは浮かびつつあった。

私が学んだいくつかの項目は、その後も大いに役立った。

・安定化は複雑なプロセスである。予算の大きな赤字をなくすのは目に見える単純なプロセスかもしれないが、予算に赤字をもたらした隠れた原因をコントロールするのはもっと複雑で、時間のかかるプロセスである。ボリビアのさまざまなマイナス要素を解消することで初めて、ようやく通貨安定の基礎固めができる。それは、国内の石油価格、儲けのない錫鉱山の閉鎖、国内の税制改革、債務帳消し、極度の貧困層を助けるための社会基金などだ。

・マクロ経済のツールはパワーに限界がある。マクロ経済の安定に成功したあとでも、ボリビアは長期にわたって大きな困難に苦しめられた。それというのも、この国に固有の問題のためである。地理的な条件は無視できない。たとえば、社会と経済の不公平によって国が分断されていること。近隣諸国、とくにチリ、ブラジル、アルゼンチンとの政治的な関係がうまくいっていないこと。

・刷新を成功させるには、テクノクラートの知識、政治家の大胆なリーダーシップ、そして広範囲にわたる社会の関与を組みあわせる必要がある。テクノクラートの知識なしでは、安定化の成功や債務帳消しは成し遂げられない。ビクトル・パス・エステンソロ大統領やゴニ・サンチェス・デ・ロサダの断固たるリーダーシップがなければ、いくら計

表１　1985年以降のボリビアの成長

	1985	2002
1人あたりGDP（1995年の恒常ドル換算）	835	940
成人の識字率（15歳以上の国民における割合%）	74	87
小学校の入学率（%）	91	94
中学校の進学率（%）	29	67
高等専門学校への進学率（%）	21	39
乳児死亡率（出生児1,000人あたり）	87	56
5歳以下の幼児死亡率（1,000人あたり）	122	71

注・1985年と2002年のデータが入手できなかった項目は最も近い年のデータを入れた。
出典：世界銀行のデータ（2004年）による。

画を立てても失敗していただろう。

・成功には、国内の大胆な改革だけでなく、海外からの財政援助が欠かせない。ボリビアは思いきって、首尾一貫した複雑な改革を実施しなければならなかった。国際社会は十分な援助と債務帳消しに応じるべきである。

・貧しい国々は、当然受けとるべきものを要求しなければいけない。ゴニと私がボリビアの海外債務帳消しをしつこく求めなかったら、ボリビアはますます増える債務に長く苦しむことになっただろう。まちがいなく、ＩＭＦがボリビアを助けることもなかっただろう。たぶん未熟さゆえだろうが、私は赤字削減のために型破りな方法が必要だと思っただけでなく、それが可能だと信じた。そんな思いこみは結局、正しかった。それ以来、私は何が必要かという点だけを

図3　ボリビアの所得

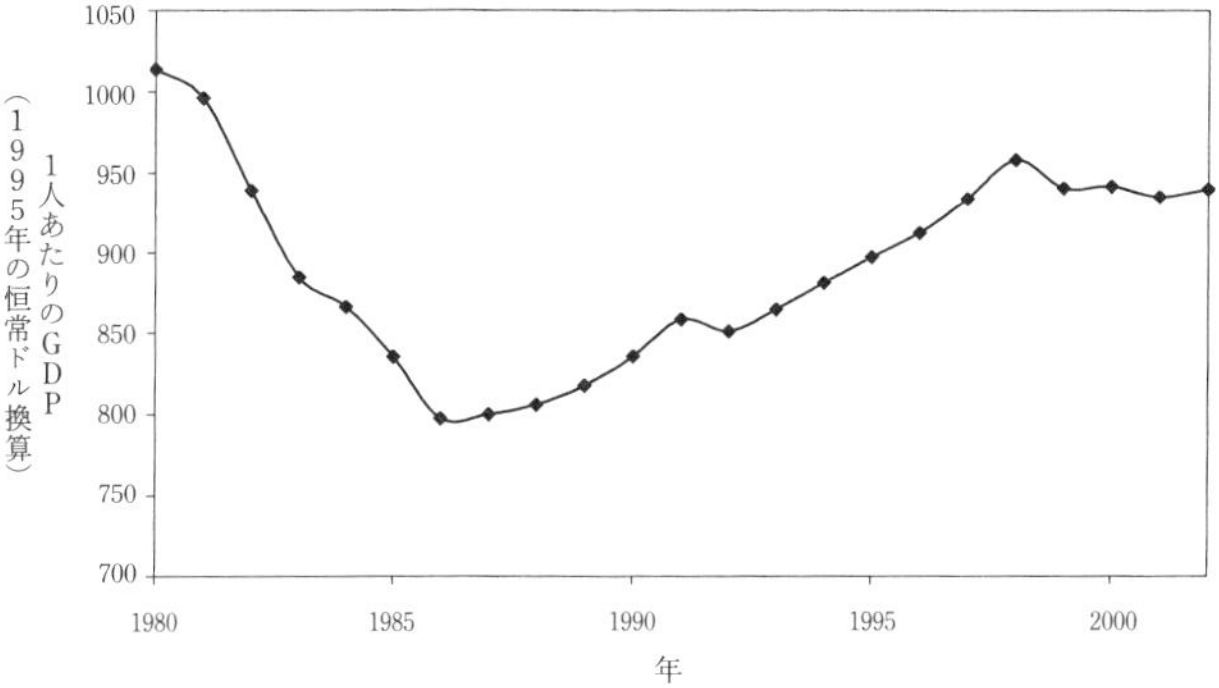

出典：世界銀行のデータ（2004年）による。

明瞭にし、「政治的に可能」かどうかは気にしないようにした。何かが必要なら、それは可能だし、なんとしても実現させるべきなのだ！

一九八五年以来、ボリビアは大きく進歩した。社会も政治も安定し、憲法がととのい、インフレ率は下がり、一人あたりの経済成長もプラスに転じ（とはいえ、成長があまりにも遅々としていたので、大衆の支持は得られなかった）、識字率と進学率は大幅に上昇し、乳幼児の死亡率はかなり下がった。表1はその進歩のようすを示している。一九八〇年代初期には、一人あたりの所得は急下落していた。しかし、安定化のあとは大きく上昇し、図3のようにV字形を描いた。ゴニ・サンチェス・デ・ロサダはこの方向転換によって高く評価され、選挙に勝利して一九九三年から一九九七年まで大統領を務めた。とはいえ一九九〇年代末から二〇〇〇年代初頭にかけて南米全般を襲った経済危機に巻きこまれ、ボリビアの成長も停滞した。

ボリビアは現在も貧しく、分断されている。一世代におよぶ安定化と市場開放への努力によっても貧困は根絶できていない。民族間の深い断絶も埋められていない。二〇〇二年にサンチェス・デ・ロサダが二度目の大統領の座についたあと、二〇〇三年には抗議行動が爆発した。コカ栽培の根絶を迫るアメリカの要求に対して政府が弱腰で応じたこと、また天然ガスをアメリカに売るという政府の計画に異議の声が上がったのだ。残念なことに、暴力と流血のさなかに、サンチェス・デ・ロサダは退陣を余儀なくされた。一九八五年以来のめざましい業績にもかかわらず、地理的な条件の不利とアメリカを初めとするドナー諸国の無関心はいまだにボリビアの重荷となっている。同じように、アンデス一帯の国々ではなお経済危機が続いている。

というわけで、ボリビアの物語から、マクロ経済の改革が成功すること、そして同時に、そこには限界もあることがわかる。物価の安定や市場の改革は経済成長をもたらす。だが、その成長はあまりにも微々たるもので、またその影響力が偏りすぎているため、国内の貧困を根絶するまでにはいかない。ボリビア経済の変貌はまだ、ごく一部しか成就していない。ボリビアは片足を開発の梯子にやっとかけたが、次の段への上昇は大きな痛みをともなうほどに遅く、また不確実である。

一九八〇年代半ばにボリビアが安定化に成功し、経済成長を果たしたことがきっかけで、私のアイデア——債務の帳消し、安定化、社会プログラム——が、国際社会の注目を集めた。

私は、アルゼンチン、ブラジル、ベネズエラ、ペルーなどの経済顧問として呼ばれるようになり、南米の歴史や地理、社会状況、経済の動向についての知識が急速に増えていった。やがて、この仕事を通じて、一九八九年にポーランドから予期せぬ電話があり、招待されることになった。私のキャリアにおける第二章の始まりである。

6　ポーランドがEUに復帰するまで

一九八九年の初め、思いもかけない電話がかかってきた。ワシントンのポーランド大使館員クルジストフ・クロワツキからで、ハーヴァード大学の私のオフィスを訪ねたいという。なんの話かまったく見当もつかなかったが、これこそ、私が東欧解体という画期的な事件に関与することになったそもそものきっかけである。

数日後、私のオフィスに来たクロワツキは故国ポーランドの経済的な苦境について説明し、私がラテンアメリカの国々に与えた助言が東欧にも有効かどうかを尋ねた。彼の話を聞いたかぎりでは、問題は根深いようだった。ポーランドはずっと前に海外債務の一部を支払い延期にしている。経済は急速なインフレーションに苦しみ、物価はいまも上昇中である。そのうえ、政治危機も深まるばかり。政府はそんな状況を改革したいと考えている、と彼はいった。

ポーランドは長年のあいだ、共産圏でも最も開放的な国として知られてきた。一九八〇年の「連帯」の台頭と翌年の軍事弾圧のあと、ソ連の傘下にある東欧の国々のなかで唯一、軍事政権が支配する国となっていた。しかし、一九八一年から一九八九年までの軍事政権下でさえ、ポーランドはいわば無法地帯のようなものとなり、国家と経済が混沌に陥るなか、ブラックマーケットと密輸が横行した。逮捕されたり投獄されたりした人は多かったが、それでも反対派の声は聞こえてきた。

彼の話にすっかり引きこまれ、一時間以上も耳を傾けた。私たちは開発途上国の債務危機や、南米諸国への私の助言について話しあった。この会見のあと、ポーランドへ来て彼の同僚たちとこれらの問題について検討してもらえないかと訊かれた。私は、ポーランドの状況には関心をもっているし、一九七六年の労働者のストライキの直後にワルシャワへ行ったこともあると話した。ポーランドの事件や東欧の出来事に興味をもつのは、一つには妻が家族とともにチェコスロヴァキアから移民してきたせいでもあった。

これで、遠まわしに招待を断わったことになる。つまり、共産党政権のために働く気はないという意思表示である。私はレフ・ワレサの大ファンだったが、彼はまだ自宅監禁のままだった。政府と合法化された「連帯」の両方と話せるチャンスが来たら、そのときは申し出を受けよう。別れるとき、私は「何か変化があったら、軍事政権が去ったら、電話してください。喜んで出かけますから」といった。

四週間後、クロワツキからまた電話があった。「サックス教授、変化があったら電話をくれとおっしゃってましたよね。政府はこの四月に円卓会議の席上で連帯を合法化することになりました」。驚くべきニュースだった。だが、その言葉を額面どおり受けとるわけにはいかなかった。実現するまで、どう転ぶかわからないからだ。それでも私はこう答えた。「それが本当になったら、引き受けますよ。いつ行ったらいいか教えてください。政府と連帯、両方のエコノミストと会いましょう。両者を隔てるギャップを埋めるのに、私の知識と経験がお役に立てば幸いです」

ポーランドの民主化革命

ワルシャワに着いたのは一九八九年四月五日、モスクワでの短い学会に参加したついでだった。招待主はトレード・インスティテュートに属するプロのエコノミストである。私は債務管理について話をし、計画どおり「連帯」運動のエコノミスト二人と会い、それから車で宮殿まで行った。この宮殿は円卓会議の協約書に署名がなされた場所だ。私はその夜のうちにポーランドをあとにした。たった一日の滞在だったが、歴史的な事件の現場に立ちあった気がした。

数週間後、敏腕の投資家で慈善活動家のジョージ・ソロスから電話があった。彼は「連帯」の指導者たちや政府とつながりがあり、ポーランドへ行くところだという。政治家たちと会う予定だが、いっしょに行かないかと誘われた。そこで、偶然にもつい最近ワルシャワへ行ってきたばかりで、またいつでも来てくれといわれていることを話した。ソロスは自分の財政援助によって東欧の民主化が促進されることをよく理解していた。彼はタイミングよく、ファクス機やコピー機、航空券などを寄付することで、東欧全体の民主化革命に大きな影響をおよぼしていた。一九八九年五月、私はソロスとともにポーランドへ飛び、政府高官と面会し、「連帯」のエコノミストたちとの再会をはたした。

その春、共産主義支配はずっと続くと誰もが思っていた。だが、経済の混沌状態はさらにひどくなり、改革が進められるような政治および社会の平衡を早急に求める声が上がっていた。だが、どうすればいいのか、誰にもわからなかった。経済は破綻し、計画は行き詰まり、ブラックマーケットとインフレと極端な品不足が猛威をふるっていた。旅のあとで私は、「連帯」グループとポーランド政府に、この国の深刻な経済危機を乗りきる手助けをしたいと申し出た。ジョージ・ソロスには、少数のメンバーからなるチームの経費を彼のシュテファン・バトリ基金からもってほしいと頼んだ。それから、私のもと教え子で共著者でもある友人のデイヴィッド・リプトン――当時はIMFにいた――に声をかけて、協力を求めた。いざ顧問の仕事にとりかかったときは、この先に何が起こるかということなど予想もしなかった。

ポーランド政治の転機は一九八九年六月四日だった。中国で天安門事件が起こった同じ日、ポーランドでは半世紀ぶりに自由選挙――完全な自由ではないにせよ――が実施されたのだ。円卓会議での合意で二つの改革が決められた。一つは、議会の上院に議席を足して新しい上院が作られたこと。二つ目は、下院（セイム）の三分の一が改選されたことである。「連帯」は上下院の両方で大勝利を収め、上院では百議席のうちの九十九議席、下院では改選された三五パーセントのすべてを占めた。これは地滑り的な勝利だった。政治に風穴があき、国民は声をそろえてこう叫んでいた――「共産主義政権よ、さらば」

続く二カ月は、私のキャリアの上でもとりわけ記憶に残るものとなった。選挙のあとすぐにポーランドへ行くと、精力的な若手活動家のグジェゴシュ（ラリー）・リンデンベルクの案内で、私とリプトンは「連帯」運動を指導してきた有名な戦略家に次々と面会することになったのだ。ブロニスワフ・ゲレメク、ヤツェク・クーロン[*15]、アダム・ミフニクである。三人とも人権を求める世界的な闘いで並ぶもののない存在であり、ヨーロッパを分断した冷戦を終わらせるにあたり、きわめて重要な働きをしてきた。

ある日の夕方、私はゲレメクと向かいあって坐っていた。「連帯」はいまこの時点で何をなすべきだと思うか、と彼に訊かれた。それから話しあいは数時間におよんだ。私はゲレメクに、今回の選挙の結果は国民がポーランドの統治を「連帯」にゆだねたことの証《あかし》だといった。さらに急いで付け足した。もちろん、そう簡単にはいかない。悲劇がくりかえされた最近の東欧の歴史を見れば、それは明らかだ。ソ連は一九五三年に東独、一九五六年にハンガリー、一九六八年にはチェコスロヴァキアを弾圧し、ポーランドの戒厳令はいうまでもない。それでも、選挙の結果は明らかだ。

ゲレメクは眉をひそめた。その額に刻まれた深い皺からも、歴史の重圧は感じられた。東欧での力関係にともなう具体的な困難はともかく、完全に失墜しているとはいわないまでも、ひどい混乱に陥っている経済を「連帯」が管理できるかどうかをゲレメクは案じていた。

「連帯」は、新たに選出された上院に「連帯」主導の経済委員会を設立するなどして傍観者的な立場で助言するだけにし、現在の混乱の責任を負うことはしない。そもそも「連帯」が引き起こした事態ではなく、簡単に治療できるものでもないのだから、とゲレメクはいった。

今度は、私が眉をひそめる番だった。経済は傍観者的な立場でコントロールできるものではないし、「連帯」が歴史的な役割を果たしたいなら、上院の委員会を通じて、などとはいっていられない。ボリビアの例をあげて、現実の経済改革とは「苦難が次から次へと襲いかかってくるもの」だと説明した。ハイパーインフレーションと海外債務の嵐のなかで、経済の舵取りをするのは、なまやさしい仕事ではないともいった。そのうえで、「連帯」にはそれができるという理由を並べた。経済改革はきっとうまくいく、と私は力説した。大衆は「連帯」とともにある。いまこそ、行動に出るときだ。

数時間後、ゲレメクはゆっくりと立ちあがった。「話がすんだいま、怖くてたまらないよ。なぜなら、きみのいうことが正しいと思うからだ。選択の余地はないのかもしれないな」

そしてリプトンと私に、次はヤツェク・クーロンに会いにいけといった。数日後の夕方、私たちはクーロンのもとを訪ねた。小さなアパートの書斎に通されると、乱雑にものが置いてあるデスクの前に向かってクーロンが坐っていた。テーブルの上はもちろん、いたるところに本が積みあげてある。彼はその夜ずっと吸いつづけることになる最初の煙草のパックと一本の酒罎を取りだした。英語はほとんどしゃべれず、理解するほうはしゃべるより少しましという程度だった。彼はほほえんで、こう切りだした。「オーケー、で、なんの用だね？」

「ポーランドがこの混乱状態からどうやって抜けだすかについて、あなたとお話をしにきたんです」。ラリーを通訳にして、彼はまた「オーケー」といった。「きみの意見は？」私は本当の意味でポーランドの経済改革とはどういうことかを長々と語りはじめた。ポーランドはもう一度、ノーマルな経済をもつ「ノーマルな」国にならなければいけない。クーロンも含む東欧の革命家は「ヨーロッパ復帰」の旗を掲げてきた。それはユートピアでもなければ、新たな社会主義国家の創出でもなかった。それは単純に、ポーランドやその周辺の国々がふたたび統一された「ノーマルな」ヨーロッパの一員になるということだ。経済用語でいえば、ポーランド以西の近隣諸国と同じく、混合経済の実施をめざす。

私は即興で、ポーランドのヨーロッパ復帰のシナリオを描きだした。そこにはボリビアでの経験も交えた——ボリビアは自ら課した数十年の保護主義から脱して世界経済に「復帰」したからである。私はまた、ポーランドの状況を、一九七〇年代にフランコとサラザールの独裁から脱したあとのスペインおよびポルトガルとも比較した。この二つの国は長年、経済的にも政治的にも孤立していたが、経済改革と政治改革を通じて、ヨーロッパの中心的な存在に立ち戻る道を見つけた。両国のヨーロッパ復帰は経済面での発展からも明らかだ。経済成長率は上昇し、ヨーロッパ各国の海外投資を誘致することに成功して働き口を増やした。

ポーランドのヨーロッパ復帰のために欠かせないのはヨーロッパ諸国と市場経済ベースでの通商に踏みきることだ、と私はいった。ヨーロッパとのあいだで、人間と商品と会社を行き来させるのだ。ポーランドは西ヨーロッパ流の憲法、制度、政治形態をとりいれなければならない。そうすれば、遠からず――おそらく今後五年以内に――ポーランドはＥＣ（欧州共同体）のメンバーになれるだろう（ＥＵ、つまり欧州連合が設立されるのは三年後の一九九二年である）。だが、そこへ至るまでにはゆるぎない安定化計画が必要だ。目の前にある危機は、品不足とブラックマーケットと目のくらむようなハイパーインフレーションだったからだ。返済不可能な負債の山もなんとかしなければならない。一九八七年にボリビアがやったように、債務の一部を帳消しにするよう交渉すべきだろう。

「連帯」が政権をとる前から、この議論はなんども重ねてきた。だから、私はその場でプランを説明することができた。二分おきに、クーロンはテーブルを叩き、「タク、ロズゥミエム！　タク、ロズゥミエム！（よし、わかった！　よし、わかった！）」とくりかえした。煙草の煙が部屋に充満し、酒壜からたえず酒が注がれた。私はひたすらしゃべりつづけ、たぶん三時間か四時間はそれが続いた。汗びっしょりになった。その夜、彼が煙草を何箱吸ったのかわからない。吸いさしの煙草は、吸殻で山のようになった灰皿にぐいと突っこまれた。ついに彼はこういった。「オーケー、よくわかった。さっそくとりかかろう。行動の日程を書いてくれ」

私は心のなかで考えた。「すごい。このアイデアが気に入ってもらえたんだ」。そしていった。「ミスター・クーロン、帰宅してから、一、二週間のうちにこの計画をまとめてファクスします」。彼はテーブルを叩いた。「だめだ！　いますぐ計画がほしい」。私はきょとんとした。「どういうことですか？」「明日の朝までにほしい」。リプトンと私は顔を見合わせた。すると、クーロンがまたいった。「明日の朝までにほしい」。たぶん十一時半は過ぎていただろう。ラリーがいった。「オーケー、〈ガゼタ〉の事務所へ行きましょう。あそこならコンピューターがある。計画立案書が書けますよ」。ラリー・リンデンベルクは〈ガゼタ・ヴィボルチャ〉紙の営業部長でもあった。〈ガゼタ・ヴィボルチャ〉は合法化されたばかりの「連帯」機関紙で、新任の編集長はアダム・ミフニクだった。

市場経済をたてなおすための計画

私たちは真夜中の新聞社に到着した。もと幼稚園の教室だったところだ。私はコンピューターの前に坐り、リプトンとともに計画を立てはじめた。ポーランドをソ連傘下の社会主義経済から、ヨーロッパ・コミュニティの一員としての市場経済へ移行させるための計画である。夜明けまでその仕事にとりくみ、空が明るみはじめたころには、鍵となるコンセプトと改革の予定表を含めた十五ページの計画立案書をプリントし終えていた。社会主義経済から市場経済への移行のための総括的な計画が作成されたのは、これが初めてだったはずだ。この計画では、簡単ながら、通商問題、為替レート、物価の自由化、通貨の兌換性、安定化、産業政策、債務の帳消しについて述べられており、民営化についてはまだ不確定要素が多かったのでごくわずか触れるだけにとどめた。

私たちの提案は、市場経済に向けて、大胆にすばやく——制度間の断絶を飛び越えて——

移行するものだった。民営化を広く定着させる以前に、市場力《マーケット・フォース》を導入してしまおうというのだ。国有企業とは国家以外に特定のオーナーをもたない官僚主義的な機構だが、私たちの仮説――のちに正しかったことが証明された――は、そんな国有企業でもマーケット・フォースにしたがって運営できれば、ふつうのビジネスと同じ機能をもつことができる、というものだった。私たちは、国は遠からず、さまざまな民営化の手段を通じてそれらの企業を個人オーナーに譲らなければならなくなるだろうと強調することも忘れなかった。

このプログラムを経済的なキーワードでまとめると、以下の五項目になる。これはその後、何度も使われることになった。

- 安定化――ハイパーインフレーションの終結と安定した交換可能な通貨の確立。
- 自由化――合法的な個人の経済活動によって市場を機能させ、価格統制を打ち切り、必要な商取引法を確立する。
- 民営化――現在、国が所有している資産を民間のオーナーに移譲する。これらの資産を民営化する場合、状況に応じて企業全体のこともあれば、分割（機械、建物、土地など）することも考えられる。
- 社会のセーフティネット（最低限の生活を保障する社会福祉計画）――年金、医療など、老人や貧しい人びとのための福祉、とくに移行時のショックを和らげることが大事だ。
- 制度の調和――西ヨーロッパの経済に関する法律、手段、制度を段階的にとりいれ、いずれEU（欧州連合）の一員として認められるようにする（一九八九年当時はまだEC、すなわち欧州共同体だった）。

ポーランドが抱える試練にはラテンアメリカの問題と似ている点もあったが、大きな違いもあった。似ているのはおもにマクロ経済の面だった。ラテンアメリカと同じく、ポーランドもハイパーインフレーションに悩まされ、予算は赤字だらけで、海外債務が山のようにあった。ラテンアメリカの一部の国と同様、ポーランドの通貨は不安定で、公式の為替レートでは交換できず、公式の為替レートと闇のレートでは大きな差があった。そのせいで密輸が横行し、脱税も盛んだった。

似ている点よりも、むしろ違うところのほうが重要かもしれない。ポーランドは識字率が高く、民族的に均質の社会だった。ボリビアを分裂させていた民族と階級の差は、幸いなことに、ここにはなかった。ポーランドは貧しい国でもなかった。たしかに、インフラストラクチャーは荒廃しており、大がかりなオーバーホールが必要だった。多量のエネルギーを消費する工業化政策が何十年も続き、環境保護も無視されてきたため、空気と水は汚染されていた。ソ連時代の工場は西欧の市場では競争力がなかった。それでも、ポーランドはおおむね都会化され、教育程度が高く、基本的なインフラストラクチャー（道路、電気、上下水道、海港と空港）が備わっていた。地理的条件もよかった。ポーランドがドイツに隣接していることは、過去の歴史のうえではともかく、現在の世界状況においては大きなプラスである。

西ヨーロッパ最大の経済圏と双方向の通商ができるのだから（過去には、この距離の近さが災いして何度も外国に侵略され、征服されるという憂き目を見た）。

いまのところ、ラテンアメリカとの最も大きな違いは、ポーランド社会が自分たちの目的地をはっきり認識していることだろう――それは西ヨーロッパである。一九四五年以前のポーランドは市場経済を導入し、改革の一部として一九三〇年代の商業法を引っぱりだしたりもしていた。もう一つの改革として、より近代的な商業法も応用し、これは欧州共同体と法的基盤を同じくするものだった。また、ヨーロッパ復帰のロールモデルとして、ポーランドには参考にすべき先例があった。それは、独裁者フランシスコ・フランコ亡きあとのスペインである。

ヨーロッパにおけるスペインとポーランドの立場には大きな共通点があった。どちらもカトリック国で、人口はおよそ四千万人。ヨーロッパ大陸経済圏では周辺部に位置し、ライン工業地帯の中心からはおよそ等距離――地図6に見るようにスペインは南、ポーランドは東――である。そんなわけで、両国ともヨーロッパでは産業化が遅れた地域だった。

一九五五年の両国の経済規模を見ると、一人あたりのＧＤＰ（国内総生産）にはあまり差がない。スペインは一人あたり五百十六ドル、ポーランドは七百五十五ドルである。どちらも戦争で大きな損害をこうむった（スペインの場合は市民戦争）。ポーランドはソ連の政治的支配下に置かれた。スペインはフランコの生前から少しずつ自由化を進めていたが、一九七五年にフランコが死ぬと、ヨーロッパとの統合にさらに拍車がかかった。一九八六年には

図1　ポーランドのGDPと工業製品

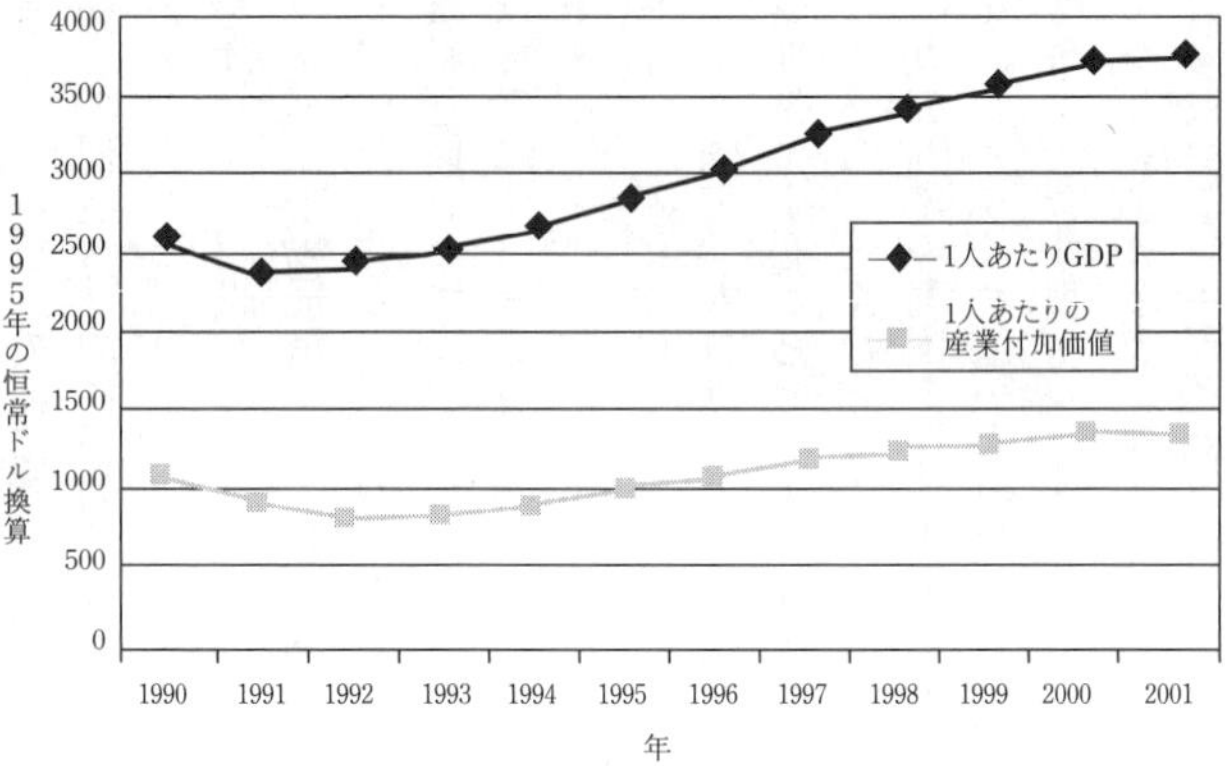

出典：世界銀行のデータ（2004年）をもとに算出。

ついに欧州共同体への復帰を果たした。ヨーロッパ復帰によって、スペインは奇跡的な経済成長を遂げた。スペインは西ヨーロッパのツーリストと投資を引きつけ、近隣諸国への輸出ブームに沸き、その結果、ヨーロッパで最速の経済成長国となったのである。一九八九年には、スペインの一人あたりGDPはポーランドの四倍になっていた。

　私の率直な希望、そして信念は、ポーランドだって四十年の後れをとりもどし、スペインと同じように急成長できるにちがいない、ということだった。ところが、計画を立てていくあいだに、大きな不安材料にぶつかった。ソ連との通商およびエネルギーとの関連性を基盤にしてポーランド国内に設立された古い重工業はどうなるだろう？　その答えはやがて出た。移行が始まると、かつての重工業の生産は一気に落ちこんだ。したがって、最初の変化は、ソ連時代の企業が組織の合理化を進めるにつれて、工業製品の生産量が急減したことだった。改革が始まってから二年目の一九九一年、やっとＧＮＰの回復の兆しが見られた。幸いにもこの改革にはやがてはずみがつき、ポーランドのＧＤＰと工業生産の量は、図１のように、一九八九年のレベルを上回った。

プランの実行

私たちは翌朝、書きあげた計画立案書をヤツェク・クーロンに届けた。「よし、これでいい」とクーロンはいった。「ミフニクに会いにいけ」。〈ガゼタ・ヴィボルチャ〉の編集長アダム・ミフニクは「連帯」の知的リーダー三巨頭の三人目だった。大胆にして先見の明のあるミフニクは、旧ソ連圏の東欧諸国の民主化という大変動のさなかに私が会った大勢の人びとのなかで、誰よりも明晰に考えられる人だった。

私は計画を説明し、少しだけ話しあった。彼はこういいつづけた。「私はエコノミストではない。この手のことはよくわからない」。最後に彼はこんな質問をした。「これはうまくいくかね？　それが知りたい。成功するか？」私は答えた。「ええ、うまくいきます」「本当に自信をもってそういえるのか？」「このプランはよくできています。きっと成功します」。するとミフニクはいった。「オーケー、これでパズルの最後のピースが埋められた。そのうち政治のことはわかっている。いま、きみが経済上の戦略について話してくれた。その政府の前で説明することになるだろう」

二、三日後、〈ガゼタ・ヴィボルチャ〉の第一面にポーランドの政治的な転換を予告するミフニクの社説が載った――「きみたちの大統領《ワスッア・プレジデンテュラ》、われわれの首相《ナスッ・プルミエール》」。つまり、権力の分割である。「連帯」は内閣を構成する。共産主義は大統領と「強力な省庁《パワー・ミニストリー》」（防衛省、内務省、諜報、警察など）の任命権をもつ。半世紀におよぶ苦しい政治的分断を超えて国民に自信をもたせるという意味で、これは巧みなスタートだった。ミフニクの歩み寄り路線は、政治的なリアリズムにのっとっていたばかりでなく、人間心理への深い洞察にもとづいていた。「連帯」のリーダーたちも、ポーランド共産党のリーダーも、ポーランドへの愛国心では違いがなく、その点では対立するより結びつきのほうが強かったのだ。「強力な省庁」を共産主義者の手にゆだねたために、ソ連は譲歩してほかの省庁を「連帯」のリーダーシップにまかせるといわざるをえなかった。

この時点で、ミフニク、クーロン、ゲレメクの三人は私とリプトンに、そろそろレフ・ワレサに面会すべきだといった。数日後、小型飛行機でワルシャワからグダニスクに飛んだ。着陸すると、今度はタクシーですぐ近く、ほとんど空っぽの洞穴のようなビルへ行った。通りをはさんで向かいには有名なグダニスク造船所がある。一九八〇年にレフ・ワレサが壁を跳び越え、東欧の自由化革命をスタートさせた場所だ。

私たちはワレサのオフィスに案内された。壁はマーティン・ルーサー・キング・ジュニアやケネディ大統領やロバート・ケネディの写真、さまざまな宣言書や賞などで埋めつくされていた。窓の外には、造船所の入口を飾る大きな碇が見えた。ワレサが入ってきて、挨拶を交わした。彼は唐突に切りだした。「ここには何の用で？　何のために？」そこで、こう答えた。「ミスター・ワレサ。私たちがここに来たのは、ポーランドがハイパーインフレーションに陥りかけていることについてお話しするためです。経済安定化と改革のプランを作ったので、ぜひ見ていただきたい」。いい終わらないうちに彼が口をはさんだ。「抽象的な議論をするためにここへ来たのではない。私が知りたいのは、どうしたらグダニスクに銀行ができるかということだ」

私は当惑したが、頑固にいいかえした。「ミスター・ワレサ、ハイパーインフレーションは抽象的な問題ではありません。現在の経済危機はポーランドの社会を破壊しかねません」。そして、起こりうる災厄について話しはじめた。彼は耳を傾け、いくつか質問し、それからいった。「外国の銀行をここに呼び寄せる方法を知りたい。ここには立派な建物がある。銀行が必要だ。グダニスクに銀行を誘致するのに協力してほしい」。「ええ、もちろんあなたのお役に立つよう努力するつもりです」と私はいった。それから少し話をしたあと、彼はわざわざ来てくれてありがとうと礼をいい、私たちは辞去した。私は当惑したままだった。

二、三年後、私はモスクワのベルギー大使館で、大使たちを前に講演をした。ベルギー人の大使が私を脇に呼んでこういった。「きみは驚くかもしれないが、一九八九年の夏にきみがレフ・ワレサと面会した翌日、私も彼に会いにいったんだ。当時、私はポーランド駐在のベルギー大使だった」。驚かずにはいられなかった。大使は続けた。「ワレサ氏はこういっていたよ。『あの人が話すことは私にはさっぱりわからなかったが、たしかに面白そうな話ではあった』」

一九八九年当時に戻って、私はその後、何度もレフ・ワレサと会う機会があった。ワレサに対する私の尊敬の念は昔も今も天に届くほど高かった。私がポーランドへ行く気になったのも、もとはといえば彼の存在があったからだ。造船所の壁を跳び越えた電気工は故国に自由をもたらした。そんなワレサにはマクロ経済を学ぶ暇などなかったにちがいない。だが、まちがいなく彼は、人間性と政治についてはよく知っていた。私は——そして全世界も——彼からその二つについて学んだ。ワレサは一九九〇年代初頭にポーランド大統領として偉大な業績をあげ、いまも自由の戦士としての輝きを失っていない。

リプトンと私は飛行機でアメリカに帰った。一週間後の七月半ば、私は電話でミフニクと話した。「その後、どうですか?」と尋ねると、ミフニクは答えた。「オーケーさ。うまくいきそうだ」。「つまり?」と、私は聞きかえした。「ゴルバチョフから電話があって、改革案に賛成してくれた」。ソ連は「連帯」の首相、共産主義の大統領という案を受け入れるという。この決断も、世界平和と冷戦終結のためにゴルバチョフが果たした大きな貢献の一つだった。ゴルバチョフは「連帯」がポーランドの政治の場に復帰するのを助ける仲介者となってくれた。「連帯」の台頭は、ソ連のリーダーが既成事実としてやむをえず認めたものではなく、平和のためにゴルバチョフが選択した結果なのである。

リプトンと私は八月初めにポーランドに戻った。そしてポーランド議会の席上、「連帯」のメンバーの前で改革案を説明した。〈ガゼタ・ヴィボルチャ〉も、ポーランドが経済危機を乗り越えるための「サックス計画」を後援する大きな記事をいくつか載せた。八月二十四日、マゾヴィエツキが首相に就任した当日、私は議会へ行き「連帯」のメンバーの前で話をすることになった。半世紀ぶりにポーランドが政治の自由を取り戻した日である。国内および海外のメディアが集まっていた。さらに、アメリカ上院多数党院内総務のボブ・ドールと妻のエリザベス・ドールもそこに来ていた。

まず、ドール上院議員がスピーチをした。彼はアメリカ大統領とアメリカ国民からの祝福の挨拶を伝えた。ポーランドの人びとには、この自由の瞬間にアメリカ国民が彼らとともに立っていることをわかってほしい。ポーランドが民主化と自由の道を着実に歩めるよう、アメリカ合衆国は助けの手をさしのべるつもりだ、と。大喝采を浴びて、上院議員は着席した。次は私が演壇に立つ番だった。

ポーランドの経済危機はきわめて深刻であり、ハイパーインフレーションが目前に迫り、社会主義システムは崩壊しつつあるということから話しはじめた。ポーランドは思いきって、また早急に市場経済システムへ移行しなければいけない。それから、誰の心にも重くのしかかる大きな問題があるといった。ポーランドが抱えている四百億ドルという巨額の海外債務である。この債務が、ポーランドとヨーロッパ諸国を隔て、ポーランドが豊かになるのを妨げる越えがたい壁になっていると感じる人は多い。

「ドール上院議員がいまさっき、なんとおっしゃったでしょう。ドール上院議員は、アメリカ国民があなたがたとともにいるといいました。まちがいなく、それは真実でしょう。四十五年の独裁政治のあと、今日のポーランドが近代の歴史において、とりわけ重要かつ希望に満ちた事件のさなかにあることを、われわれアメリカ人は理解しています。アメリカの人びとはあなたがたとともにいるでしょう。ヨーロッパの人びともあなたがたとともにいるはずです。だからこそ、ドール上院議員もポーランドの債務帳消しに同意してくださるであろうと確信しています。ソ連時代の債務によって、ポーランド国民の自由を危険にさらすようなことがあってはなりません」

そのあとに続けた言葉は、その後、何度もくりかえされることになった。「あなたがたの債務危機は終わります。そのあと、あなたがたがなすべきことは債権者にポストカードを送るだけです。『とても感謝しています。おかげで、私たちは自由と民主主義の時代を享受できます。ソ連時代の債務を返さなくてすむからです』」。そして私はいった。「もうそのことで悩む必要はありません。終わったことです」。嵐のような喝采が起こったが、当然ながら、このスピーチにショックを受けた人も多かった。

その夜から、ワシントンでは大勢の人が、新しいポーランドの指導者たちに、私のことを危険人物だといいはじめた。少なくとも、ワシントンで高い地位についているポーランド人の一人が、ポーランドの経済改革に大きなダメージを与える前に、私を国外追放にしたほうがよいと首相に進言したことはたしかだ。もちろん私は心配した。自分の考え方が正しいことはわかっていたが、経済顧問としての立場は危うかった。ポーランドは市場経済への断固たる移行が必要だったし、それにともなって安定化、通貨の兌換性、債務の帳消しも進めなければならなかった。それでもこれは魅力的な改革案であり、深刻な危機のなかでも効果は十分に見込めそうだった。

次の日、リプトンと私は新しい首相、タデウシュ・マゾヴィエツキと会うことになり、夜遅く、壮大なスターリン様式の議事堂に案内された。私たちに挨拶する首相は疲れているように見えた。責任の重さは誰にも想像がついた。高齢のうえに、この先も消耗の激しい厄介な仕事が何カ月も続くのだ。経済危機にどうやってとりくむつもりだろうと不安になった。だが、彼の発した的確なひとことで、そんな不安はいっぺんに払拭された。「ポーランドにもルートヴィヒ・エアハルトが欲しいのだ」と首相はいった。

ルートヴィヒ・エアハルトは戦後の西ドイツの経済相として市場経済への改革を断固として推し進めた人物である。思いきった経済運営によって大成功を収めたあと、一九六〇年代初頭には大統領になったが、こちらはそれほど成功しなかった。エアハルトの声望をとくに高めたのは、西ドイツの価格統制を一夜にして終わらせたことだった。これによってブラックマーケットの商品が正規の店に戻ってきた。私はポーランドにもこの種の思いきった改革を導入するつもりだった。この手法はのちにショック療法と呼ばれることになる。ボリビアのゴンサロ・サンチェス・デ・ロサダもエアハルトのやり方を大いに参考にしていたのである。

私たちはさらに話しあった。改革案について説明すると、彼は自分がやりたいと思っていたプランにそっくりだといった。そんな大胆な活動を指揮できる人物が必要だった。そして、私の知らない名前――レシェク・バルツェロヴィチ――をあげた。バルツェロヴィチはやがてポーランドの経済改革を指揮することになるが、まさにポーランドのエアハルトと呼ぶにふさわしく、勇気にあふれた、有能で揺るぎないリーダーである。

リプトンと私は二週間後にバルツェロヴィチと会った。私はプランをざっと説明したが、すでに彼はその内容をよく知っていた。それから彼は、フロー図をとりだしてテーブルの上に広げた。「われわれはこれを実現するつもりだ。しかも、とんでもなく短期間のうちに」。バルツェロヴィチはワルシャワ経済政策立案校の教授だった。政治的には中立の権威ある学者で、ニューヨークのセント・ジョンズ大学でビジネスの修士号を取得していた。完璧な英語を話し、市場経済について理解していたうえに、長距離ランナーでもあった。これからの仕事には、まさに長距離ランナーの忍耐力が必要だった。

私たちはバルツェロヴィチの率いるチームとともに、コンセプトを政策に変えていった。アイデアを書きとめることと、それを日程化することは別だし、立法や予算や財政上の細部を詰めていくのもまた別のことだった。細かい作業には根気が必要だったが、それを避けては通れなかった。だからこそ、改革は傍観者的な立場ではできないのだ。改革は、現実に実権をもつ指導者のもとで、実行力のあるチームによってしかなされない。バルツェロヴィチは一九八九年九月末、初めてこの改革案をワシントンに提出することになった。年に一度のIMF総会の席上である。世界の財政を扱う指導者たちに回覧する計画の草案作りに私たちも協力した。それは大事な瞬間だった。世界中がポーランドの今後の計画を聞こうと待ちかまえていた。

IMF総会が開催中だったある日の早朝、私はバルツェロヴィチに電話をかけて、こういった。「レシェク、いいアイデアを思いついた。きみのために、今日中に十億ドル集めようと思う。ポーランドの通貨の安定を目的にした寄付を募って、ズウォティ安定化基金を作るんだ。ポーランドのズウォティを国際的に交換可能な通貨にしようと思うなら、改革のスタート地点から、ズウォティの価値を安定させるための支えを用意しておくべきだ。そのためには、ポーランドは外貨の備蓄をしておかなければならない。その目に見える形が安定化基金だ」。バルツェロヴィチはいった。「そんな金が集まると思うかい？　十億ドルが集まるなら、こんなにうれしいことはない」

例によって、リプトンと私はリプトン家の居間のテーブルにコンピューターを置き、十億ドルのズウォティ安定化基金の趣旨を説明する一ページのメモを書きあげた。このメモは、ポーランドがヨーロッパへ復帰するには通貨の兌換性と安定化が最重要だという考えを説明するものだった。それから、ドール上院議員に会いにいった。私たちがこのアイデアを話すと、議員も気に入ってくれた。そして一時間後に彼のオフィスに来て、国家安全保障顧問のブレント・スコウクロフト将軍に会うようにといった。私たちはスコウクロフト将軍にもこれを説明し、彼は気に入ってくれた。その日が終わるころ、この計画はホワイトハウスでも承認されていた。その週の終わりには、ブッシュ（第四十一代）政権がズウォティ安定化基金の十億ドルを保障すると発表し、そのうち二億ドルはアメリカ合衆国が拠出し、残りの八億ドルは他の国の政府に出してもらうといった。その年の暮れには基金が集まり、一九九〇年一月一日からのポーランド民主化改革のスタートにまにあった。

計画から行動へ

ポーランドの「ビッグバン」——またの名をショック療法——は、新年の最初の日から始まった。価格統制はほとんどすべてが解除された。通貨はたちまち下落したが、やがて一ドル九千五百ズウォティで下げ止まり、これが新しいレートになった。通貨にはズウォティ安定化基金の後ろ盾があり、また中央銀行も一ドル九千五百ズウォティのレートを維持するために為替市場に介入する準備があると発表した。新しい経済法が続々と生まれ、とくに個人企業がビジネスに参加するのを許可する法律が注目された。西ヨーロッパとのあいだの貿易障壁はなくなり、個人の貿易業者が近隣諸国と行き来して商品を売買するようになった。

最初のうちは、びくびくものだった。価格統制をなくしたとたん、社会主義時代の重圧の反動で価格は一気に上昇し、およそ五倍にまではねあがった。たとえば一キロ千ズウォティの肉の切り身が、数日のうちに一キロ五千ズウォティになった。だが、改革前には千ズウォティという価格はほとんど絵空事だったのだ。朝早くから行列に並んで、たまたまその店に肉があれば、その値段で買うことはできたが、ほとんどの買い物客は売るものがないといわれてすごすごと引き返すだけだった。どうしても肉が欲しければ、闇の値段で買わなければならなかった。それだと、一キロ五千ズウォティ以上したのである。だから、五倍の値上がりは一見ショッキングに思えるが、ほとんどの場合、一九九〇年一月一日以前の闇の値段とその後の自由市場での価格をくらべれば、むしろ安くなっていた。改革後は、ブラックマーケットではなく、正規の商店で品物が買えるようになった。これで品物を買うための時間と労力が減ったことを思えば、さらにコストは下がることになる。

　理論は理論、実践は実践で、まったく別物だ。一九九〇年一月一日の価格統制の撤廃によって商品が店に戻り、適正な値段で落ちつくはずだという理論に自信はあったが、それでも一九九〇年の初めのころは不安でたまらなかった。私はアメリカからポーランドへ定期的に電話をかけた。ラリー・リンデンベルクはしだいに神経質になっていった。「一週間たったが、まだ商店には品物が並んでいない」。しばらくして突然、事態が好転した。「ジェフ、店に商品があふれているよ！　それどころか、近所のデパートではセールをやっている。値下げして売っているんだ。実物のセールをこの目で見たのは、大人になってから初めてだ。何かが起こりつつある」

　まさにそのとおり、数週間のうちにマーケットは品物であふれた。当時、リプトンと私はポーランドへ行くたびに財務省のそばの店でキールバーサ（ポーランドの燻製ソーセージ）の入手困難の度合いを調査したものだった。一九八九年末には、ソーセージはまったく見かけなかった。一月半ば、ソーセージは午前十一時には売り切れていた。数週間後には、一日中、いくらでもソーセージが買えた。ドイツとポーランドのあいだで、驚くべきシャトル・トレードも始まった。ポーランド人は小型自動車でドイツ国境を越え、商品を買ってきてポーランドで売る。車のトランクを開けて品物を売り、ズウォティをマルクに換えて（その年の初めから、交換可能になっていた）、そのマルクでまた次の商品を仕入れるのだ。あるいは、ポーランドの商品——たとえば加工肉など——を売ったり、西ヨーロッパの建設現場で働いたりすることで、ドイツ・マルクなど、西ヨーロッパ諸国の通貨をポーランドの市場に流通させるのだった。

こうした通商によってポーランドが一夜にして金持ちになるわけではない。新たに入ってきた商品は高価だったし、収入は低かった。それでも、ポーランド人はブラックマーケットで商品を探したり、空っぽの店の前で行列を作って一日を費やさずにすむようになった。貿易の自由化は、近い将来の経済成長を支えるものとなるはずだった。もちろん、消費パターンにも大きな変化があり、そのいくつかは望ましいものだったが、苦痛を強いるものもなくはなかった。よいほうへの変化は、ポーランドの食生活の変化だった。一九九〇年まで、ポーランドの食生活は脂肪分の多い乳製品が主体だったので、酪農家には多額の助成金が出されていた。一九九〇年以降、この助成金が廃止され、食生活は果物や野菜へとシフトし、高コレステロールの乳製品離れが進んだ。ポーランドでは入手できなかった果物、たとえばバナナなどが、シャトル・トレードによって手に入るようになった。新しい食生活のおかげで、数年のうちに心臓病に悩む人の数が目に見えて減ったのである。

これまでのところ、最大の試練をこうむったのは国有の大規模な重工業だった。その多くがやってこられたのは、中央集権政策のおかげだった。市場価値のある製品は作れず、とりわけ西洋の製品が容易に手に入るようになったので、競争にはならなかった。工場の多くはソ連向けの製品を作っていたが、ソ連はもはや購買者としてあてにはならなかった。重工業のほとんどはこれまで何十年も、ソ連産の豊富で安価なエネルギーをポーランドに輸入することでなりたってきた。一九九〇年初頭、ポーランドで共産主義支配が終わると同時に、ソ連は石油とガスを厳密な市場ベースの価格で東欧に売るようになり、その結果、供給量は大幅に減った。ポーランドの大規模な重工業施設は労働力削減を迫られ、閉鎖に追いこまれたところもあった。とくに苦渋を味わったのは年齢が四十代から五十代の中年労働者たちだった。彼らはずっとソビエト経済向けの訓練を受けてきたのだが、もはやソビエト経済は存在しなかった。レイオフされた労働者はしばらく失業手当に頼ったが、やがて早期引退によって年金暮らしをするしかなかった。歴史のめぐりあわせによって、終身雇用が保障されるはずだった彼らの訓練と知識はすべてむだになってしまった。

幸い、ドイツをはじめとする西ヨーロッパ諸国からの海外投資は比較的早く集まってきた。一九八九年の暮れ、私はボストンからの帰途、チューリッヒの空港でアセア・ブラウン・ボベリ（ＡＢＢ）のシニア・エグゼクティブと会うことになった。その女性重役によると、ＡＢＢはポーランドへの投資――国有のパワータービン工場を傘下に収める――を検討中だという。そして、理事会に出席して話をしてほしいという。私が出かけていってポーランドの将来の見通しについて話すと、それがあまりにも楽観的なので、理事たちは驚いたようだっ

図2　東欧と旧ソビエト連邦諸国のＦＤＩ（海外直接投資）と位置関係

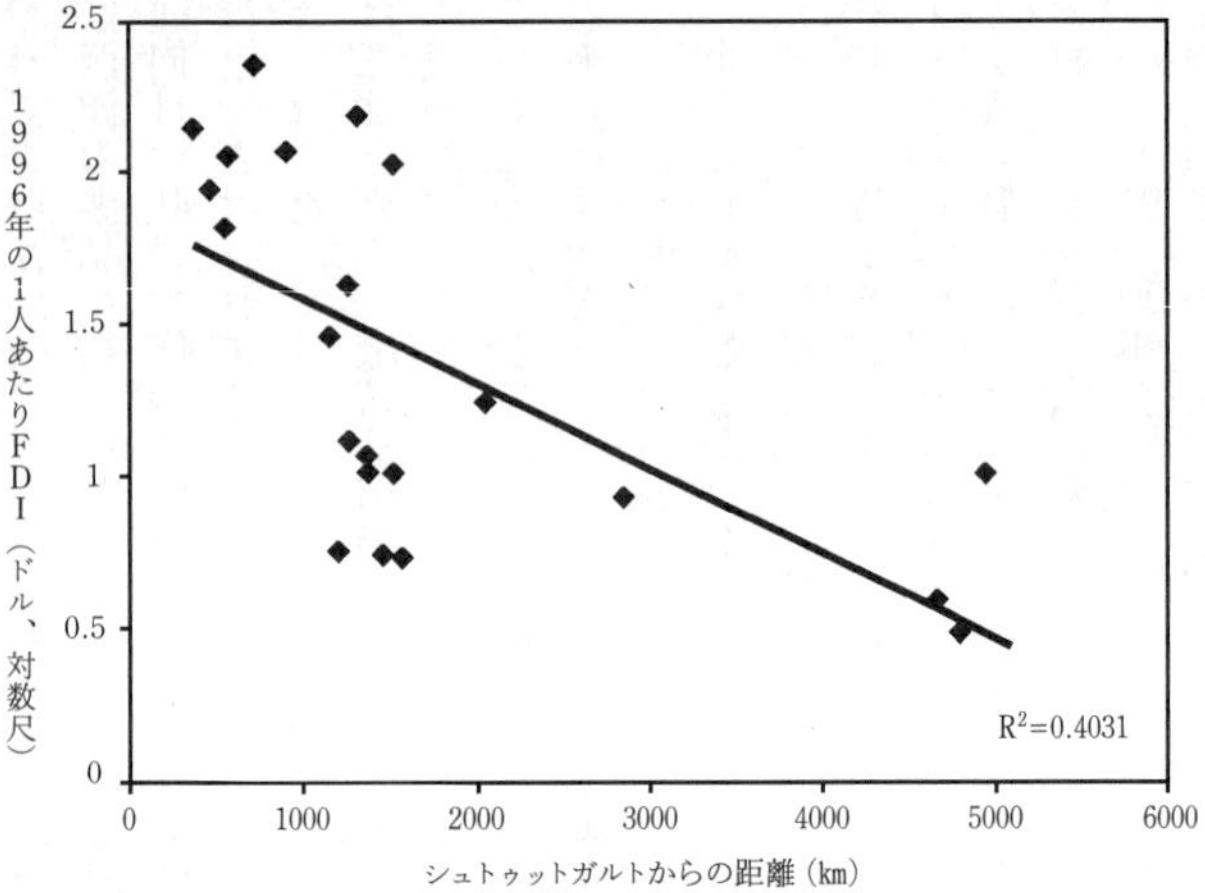

出典：世界銀行のデータ（2004年）をもとに算出。

た。幸い、ＡＢＢのトップもその楽観主義に同調し、投資の話はうまく進んだ。投資は成功し、この会社はＡＢＢのグローバルな製造網を通じて世界中にパワータービンを売るようになった。この会社の成功は、ポーランドが世界経済に統合されることで国内に仕事の口が生まれ、地元の工場の生産性が上がって、ポーランドのヨーロッパ共同体への参加が後押しされ、生産性アップと生活水準の向上という長いプロセスの第一歩が始まることを示した明らかな例である。

全体的に見て、一九八九年以降、西ヨーロッパの会社は東欧への投資を開始し、おもに西ヨーロッパの市場に工業製品を輸出するための製造拠点を設けたが、東欧の労働力の安さも利点の一つだった。スペインが欧州共同体に加わったあと、一九七〇年代と一九八〇年代に急成長をとげたのもこれと同じパターンだった。地理的条件が経済的な要因になるというのは東欧にもあてはまった。ポスト共産主義圏では、西ヨーロッパの市場から距離が遠くなればなるほど、その国に流れこむ一人あたりの海外直接投資（ＦＤＩ）の額は低くなる。これは図２に示したとおりである。[*16] ポスト共産圏の各国の首都と、ヨーロッパ経済の中心地であるシュトゥットガルトまでの距離を横軸に、一九九六年の一人あたり海外直接投資の総額を縦軸に置いた。厳密な分析とはいえないが、右下がりのラインは両者の密接な関連性を示している。西ヨーロッパに近いほど、ＦＤＩは高くなるのだ。

二年もたたないうちに、多くの人びとがポーランドはどん底から脱し、むしろ成長の過程にあると思うようになった。この再生は、東欧の国々のなかでも、ポスト社会主義国の成長では最初のケースだった。歴史的に悲観主義が根強くしみついた環境にさえも、多少の楽観主義は忍びこんできた。とはいえ、本当の楽観主義が復活するのは、海外債務の問題が片付いてからである。それはしつこい雷雲のように、ポーランドの将来に暗くのしかかっていた。

ソビエト時代の大きな負債を帳消しにする

改革の利益が、増えつづける債務の利子に食われてしまったら、いかにバルツェロヴィチといえども、この急激な経済改革の痛みや混乱を無事に乗り越えることはできなかっただろう。改革で得た利益は、ポーランドの海外債権者たちではなく、ポーランド国民の手に戻すべきである。これは政治経済の基本であり、私がラテンアメリカや東欧について何年も前から強調してきた点だ。バルツェロヴィチは私の勧めにしたがって、態度を明らかにすることにした。ポーランドは、海外債務の重要な部分について帳消しを求める交渉に乗りだす。なぜなら、ソビエト時代の債務と引き換えにポーランドの将来を台無しにするつもりはないし、民主化とグローバルな市場経済への統合という大胆なチャレンジから得られる利益は、それを断行したポーランド国民が受けとるべきだからである。

遺憾ながら、交渉は一筋縄ではいかなかった。アメリカやヨーロッパや日本の財務担当官僚からは何度も、西側の債権国がヨーロッパの国の債務を帳消しにすることはけっしてないと聞かされた。彼らによれば、ボリビアはボリビア、ポーランドはまた別だというのだ。やがて、大きな発展があった。バルツェロヴィチがヘルムート・コールに会ったときのことだ。出発する前、私はバルツェロヴィチに一九五三年のロンドン合意を読んでおくと役に立つかもしれないといっておいた。第二次世界大戦に勝った連合国が、民主化したドイツ連邦共和国が新たなスタートを切れるよう、戦前の負債を帳消しにしたという経緯があったのだ。会見の席上、コール首相はポーランドの債務帳消しには同意できないといったが、バルツェロヴィチはかつてドイツもこれと同じ扱いを受けたではないかといい、一九五三年の合意について概略を述べはじめた。コールは結局、かつてドイツが受けたのと同じ措置をポーランドにも適用することを受け入れ、これを歴史的瞬間と呼んだ。これが突破口となった。ついにポーランドは債務の五〇パーセント、およそ百五十億ドルを帳消しにしてもらった。

債務を帳消しにしてもらったら、その国はもう信用されなくなると、よくいわれる。この論理は逆である。ある国が多すぎる負債を抱えていたら、その国は信用できない。理性のある投資家なら、新たな借金を受け入れないだろう。債務帳消しが財政的な現実によって正当化されるなら、そして善意の信念に基づいて交渉されるなら、その国はそれ以後、健全な経済を追求できる。こうして、債務の帳消しは信用を失墜させるよりも、むしろ信用を増すことになる。なんといっても、借金の少ない、政治の安定した国は、新たな融資も受けられる。債務の帳消しは戯れでも気まぐれでもない。過去の責任を逃れるゲームであってはならない。債務の帳消しは、その国の社会、経済、政治の偽りない現実を反映したものでなければいけない。そのような状況で交渉された債務の帳消しは、債務国に新たな希望と新たな経済の機会を与え、ふたたび信用を取り戻させる。これこそまさに、市場経済へと復帰した一九九〇年代のポーランドに起こったことである。

悲しいかな、ユーゴスラヴィアはそれほどの運に恵まれなかった。私がポーランドの顧問をしていたとき、ユーゴスラヴィアからも同じようなハイパーインフレーション、過大な海外債務、社会主義の崩壊という悪循環から抜けだすのを助けてほしいと頼まれた。連邦共和国時代の最後のユーゴスラヴィア首相だったアンテ・マルコヴィッチは一九九〇年一月に安定化計画に着手したが、この立案には私も協力した。この計画はすばらしいスタートを切り、まちがいなくうまくいくはずだった。しかし、スロボダン・ミロシェヴィッチがセルビア大統領の座につき、その強引な介入によって連邦政府と経済プログラムはなし崩しにされていった。マルコヴィッチはミロシェヴィッチとの戦いに支えが必要だった。マルコヴィッチは西側の大国にユーゴスラヴィアの債務返却の延期——帳消しではなく——を求めた。支払いを延期できれば、息をつくことができ、マルコヴィッチの政治的な名声もあがる。この二つで安定化計画は補強できるだろうし、安定化に成功すればマルコヴィッチはさらに改革を進められる。

しかし、ミロシェヴィッチがユーゴスラヴィア打倒の戦いで力を増していく一方で、ブッシュ（第四十一代）の政権やEU（欧州連合）やIMFは、債務返却の予定を組みなおしてほしいというユーゴスラヴィアのささやかな要求さえ拒否した。私にいわせれば、この拒絶は、外交政策と国際的な経済政策が分断されていることの証である。ユーゴスラヴィアの崩壊の責めは、西側ではなくミロシェヴィッチに帰されるとはいえ、この国を助けるためになんの工夫もなされなかったことは事実である。一時期、私の交渉相手でもあった当時のアメリカ大使ウォーレン・ジマーマンはユーゴスラヴィアの崩壊について本を書いているが、その『大惨事の起源——ユーゴスラビアとその破壊者たち』（*"Origins of a Catastrophe: Yugoslavia and Its Destroyers"*）でも同じ結論に達している。

ポーランド改革の教訓

二〇〇二年までに、ポーランドは一九九〇年とくらべて一人につき五割がた所得が増して豊かになった。ポスト共産圏の東欧諸国や旧ソ連邦の国々のなかでも最高の成長率を示したのだ。二〇〇四年五月一日、民主化十五年をへて、ポーランドはＥＵのメンバーになった。ポーランドはまちがいなくヨーロッパに復帰したのだ。まだこの先には多くの試練が待っているし、西ヨーロッパの裕福な近隣諸国との収入および資産のギャップを埋めるには長い時間がかかるだろうが、経済改革は成功した。

私がポーランドに呼ばれたのは、ボリビアとその周辺の南米諸国での経験があったからだ。ラテンアメリカの安定化と債務帳消しから得た教訓は、ポーランドでも役に立った。一九八九年一月に初めてハーヴァードの私の部屋を訪ねてきたクルジストフ・クロワツキの期待どおりになったのだ。ポーランドの経験から私は多くのことを学んだ。それらの教訓は、ポーランド（とその周辺諸国）に何が必要かを理解するのに欠かせなかったばかりか、ラテンアメリカを初めとして世界中の出来事と経済開発戦略を理解するのにも必要なものだった。ボリビアとの類似点と相違点の両方が私を魅了した。私は、ある国の地理、歴史、国内の社会の流れによって、その国の経済活動がいかに規定されるかを理解するようになった。臨床経済学が形成されつつあった。

まず最初に私が気づいたのは、ある国の運命は、その国が世界とどんな関係をもっているかによって大きく左右されるということだった。ボリビアの歴史、危機、経済的な将来性は、天然資源の輸出で生計を得ている内陸の高山にある国という状況を反映していた。一方、ポーランドの歴史、危機、経済的な将来性は、西にドイツ、東にロシアという大国にはさまれた平坦な国土という状況を完全に反映している。一七六三年から一九八九年までのまる二世紀間、広大なポメラニア平原は地球上の国土のなかでもとくに——最悪とはいわないまでも——辛酸をなめさせられた。ポーランドは何度もドイツとロシアの軍隊に侵略された。ポーランドは地図から消え——十八世紀後半には強い近隣諸国に食い尽くされた——ふたたび国として出現したのはやっと一九一九年になってからで、第一次世界大戦の講和条約の一部としてだった。だが、独立は真の自由ではなかった。一九三九年九月、ポーランドはひと月のうちにドイツとソ連の二カ国による侵攻を受けた。第二次世界大戦の勃発である。やがて一九四五年から一九八九年まではソ連の支配下に置かれた。

ポーランドの地理的条件は、二世紀のあいだ世界で最も不利だったかもしれない。だが、一九八九年以後はこれが有利な条件に転じた。ヨーロッパに平和が戻ると、ドイツとロシアにはさまれたポーランドの広大な平原は、侵略軍を載せたタンクのかわりに、貨物を運ぶトラックやツーリストを乗せた自動車を走らせるのに最高の場となった。実際に、一九八九年以降は、ポーランドの地理的条件が有利に働いて、貿易と海外投資のブームが巻き起こった。ABBやフォルクスワーゲンなど、西ヨーロッパの多くの企業は、ヨーロッパ市場向けの製造拠点を築くのにポーランドはうってつけだと考えるようになった。こうしてポーランドには海外投資として何十億ものドルが流入した。高い山岳地帯にあるボリビアにとっては夢のような話である。

第二の教訓として私が学んだのは、大がかりな経済改革には、基本的な手引きとなるコンセプトが重要だということである。それは、社会に大きな議論を呼び起こす力をもったコンセプトでなければならず、また大勢の国民一人一人にこの先の変化について予備知識を与えておくことも大事だ。ボリビアではガイドとなるコンセプトは民主化、ハイパーインフレーションの終結、国のたてなおし、錫とコカ製造から脱却して新しい産業を興すことだった。ポーランドの場合、基本的な原則は何にもまして、ヨーロッパへの復帰だった。西ヨーロッパ、とくに欧州共同体（のちに欧州連合）がよりどころとなり、人びとをまとめる共通理念となった。それは変化後のポーランドがめざす特殊任務でさえあったのだ。ポーランドの人びとにとって、ゴールが達成可能でさえあれば困難や不確実さは耐えることができた。現実に、欧州連合のメンバーに復帰するという約束は改革をスタートしてから十四年後に果たされた。

第三に、スケールの大きい概念的思考を具体的な可能性に変えることとの重要さを改めて思い知った。ポーランドは、瀕死の社会主義経済から市場経済への移行という根本的な変化を必要としていた。その目標ははっきりしていたが、道筋が見えなかった。途中に確固たる事実が立ちはだかっていた。ポーランドは近隣、とくにドイツの市場経済と一体化しなければならない。それには市場ベースの商売ができるように、兌換性のある安定した通貨が必要だ。だが、すぐにズウォティの信用をとりもどさないかぎり、兌換性の獲得はなかなか厄介そうだった。そこで生まれたのがズウォティ安定化基金のアイデアである。ポーランドは信用を回復しなければならないが、ソビエト時代の巨額の負債が行く手をさえぎっていた。そこで、債務帳消しの交渉というアイデアが出た。壮大なビジョンを実現するための特別な政策を事前に発案したことから、さらに具体的な過去の先例（一九五三年の合意によるドイツの債務帳消しなど）をあげることで、私はポーランドのヨーロッパ復帰を妨げる障壁を取りのぞくのに必要な実践的なアプローチを推し進めることができた。

　第四に、私はノーという答えを鵜呑みにするなという教訓を学んだ。まる二年のあいだずっと、世界で最も裕福な七カ国――G7[17]――の財務官僚から、ポーランドの債務帳消しはとうてい不可能だといわれつづけてきた。しかし、実際には可能だった。常識はくつがえるものだ。とはいえ、ときにはうまくいかないこともある。ユーゴスラヴィアがそうだし、ロシアの改革でもそうだった。それでも、ノーという返事にねばり強く耐えていると、やがてイエスに変わるという経験から、私は政策提案への考え方を大きく改めることになった。ある計画が政治的に不可能だと考えることはやめ、むしろ何度もくりかえし、しつこく提案するようになった。その計画はどうしても必要だからである――たとえ不可能だといわれても。こうしたやり方はときには大きな成功をもたらしたが、また大きな失望に終わることもあった。ロシアの改革で経験したのが、まさにそれだった。

　最後に、ポーランドでの経験は、ボリビアでもはっきりと目にした基本的な教訓をさらに裏付けることになった。ある社会が危機に陥ったとき、もとの軌道に戻すには、ほぼまちがいなく外部からの手助けが必要だということだ。国家も一人の人間と同じである。人は困ったとき、家族や友人やカウンセラーや公共制度に助けを求める。自分の力だけで問題を解決できる人はめったにいない。危機に陥った社会は、いっそうの混乱を招く大きな力にさらされる。指導者がなんとかしようとしても、歯止めのきかない力で社会は分断され、暴力や戦争やアナーキーに向かって滑り落ちてゆく。一九九〇年代初めのユーゴスラヴィアがまさにそんな状態だった。投資家が逃げだすのは、国が弱体化したためだけでなく、他の人びとが続々と逃げだすのを見るからだ。こうして災厄は連鎖反応を起こす。

こんな状況では、外部からの援助が欠かせないが、それには少なくとも二つの理由がある。一つは基本的な権利をかちとるために援助が必要になる場合。債務の帳消しがこれにあてはまる。二つ目は、改革の信用を支えるために援助が必要な場合で、ズウォティ安定化基金が典型的な例である。十億ドルを銀行に置いておくだけで、ポーランド国民にズウォティが安定した兌換性のある通貨だと納得させることができた（とくに、その他のマクロ経済政策がきちんと運営されていたので）。ほとんどすべての国が、歴史のある段階で重要な援助を受けてきた。アメリカは独立戦争のときにフランスからの支持を得た。ヨーロッパと日本は第二次世界大戦後にアメリカから大規模な援助を受け、その十年後には韓国が同じ恩恵に浴した。イスラエルはアメリカから多額の財政援助を受けている。ドイツとポーランドは債務を帳消しにしてもらった。道徳的なお説教などうんざりだといわれるだろうか。それでも世界は、極度の貧困にあえぐ人びとやいちばん弱い人びと、危機に見舞われた人びとに、自分の問題は自分で解決しろというべきなのだろうか。

7　ロシアが普通の国になるための闘い

一九八九年四月から一九九〇年の半ばまで、ポーランドで刺激に満ちた困難な日々を過ごしたあと、私はアカデミックな研究に戻るつもりだった。一九九〇年は東欧をあちこち旅行してこの地域の知識を増やし、民主化を推進する新しいリーダーたちの多くと知りあいになった。やがて、ポーランドやその近隣諸国の変化に興味をもつソビエトの若手エコノミストとも顔を合わせるようになった。

一九九〇年の夏、デイヴィッド・リプトンと私はゴスプラン（旧ソ連邦国家計画委員会）のリーダーとの会合に招待された。ポーランドの改革について話をするためだった。ゴスプランのビルへ行くと、ここの最上階に足を踏み入れた最初の外国人だといわれた。そこには、マルクスやレーニンを初めとする共産主義の英雄たちが、銅像や肖像画となってずらりと並んでいた。私たちはソ連の上級政策立案グループを前に、市場改革の論理や鍵となる原則について詳細な状況説明をした。ゴルバチョフのペレストロイカがまさに進行中だったが、経済はそれについていかず、ブラックマーケットが栄え、ますます物資不足となり、インフレも激しかった。前年の夏にポーランドで見た風景そのままだった。

図1　ロシアの石油と負債の「ハサミ」

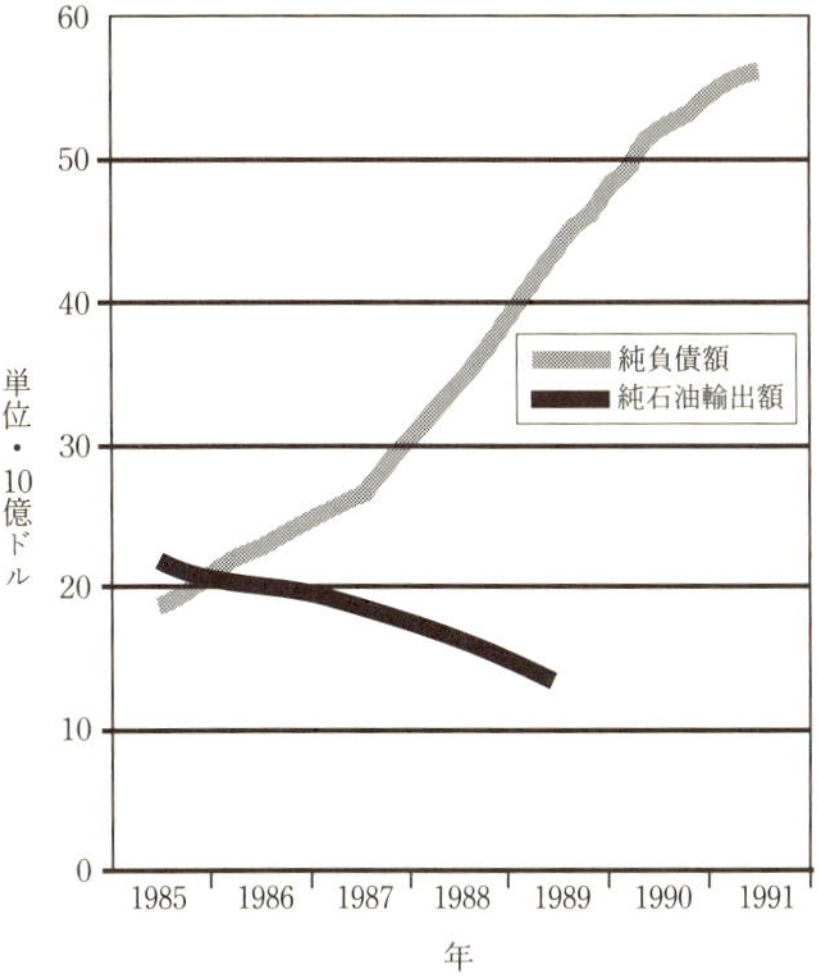

出典:純負債額はアスランドのデータ(1995年)による。純石油輸出額はIMFのデータ(1991年)から計算。

ソ連の地すべり的な経済破綻の核心には、ほかの東欧諸国と同じく、社会主義体制の崩壊があった。しかし、そこにはほかと違う明らかな特徴もあり、それがソ連の危機をますます悪化させていた。より重要なのは、ソ連が外貨獲得の手段をもっぱら石油とガスの輸出に頼っていたこと、また国内でも産業経済を支えるために大量のエネルギーを消費する重工業で石油とガスを消費していたことだった。ところが一九八〇年代の半ば、ゴルバチョフが政権についたのと同時期に、ソ連は二つの大打撃をこうむった。まず、世界市場で石油の価格が急落したため、ソ連の輸出収益が激減したことである。次に、ソ連の石油生産がピークを過ぎて急に下り坂になったことである。古い油田の生産量が減ったうえに僻地のツンドラ地帯にある新しい油田開発への投資も十分ではなかったからだ。ソ連は海外から借金をして輸出収益の不足分を埋め、経済の近代化を進めようとした。だが、その努力も焼け石に水だった――これだけでは旧弊なシステムはとても救えなかった。一九八〇年代後半、ソ連経済は図1に見るように、石油の輸出収益の減少と海外債務の増大が「ハサミ」の形を示すようになった。一九八五年には石油の輸出収益は海外債務の額より多かった（百八十億ドルに対して二百二十億ドル）が、一九八九年には債務額が四百四十億ドルに増えた（一九九一年にはついに五百七十億ドルになった）。[18] 一方で、石油の収益はわずか百三十億ドルにまで減少した。[19] 一九九一年には、債権者（ほとんどはドイツの大手銀行だった）は貸付を打ち切り、返済を求めるようになった。経済崩壊への第一歩である。

ちょうどこのころ、ジョージ・ソロスの手引きで私はソ連の若手改革派のリーダー、グリゴリー・ヤヴリンスキーと会った。ゴルバチョフの新しい経済顧問となったヤヴリンスキーの話によると、ゴルバチョフは一九九〇年初めに彼をポーランドへ送りこみ、ポーランド改革のスタートを目撃させたという。ヤヴリンスキーはモスクワ宛の報告書に、物資が店に戻ってきたことを記し、ポーランドの経験からゴルバチョフは学ぶところが多いだろうとも書いた。驚いたことに、その報告書をワルシャワのソ連大使館経由でゴルバチョフに送ろうとすると、強硬派のソ連大使は送付を拒否した。そこで、ヤヴリンスキーはみずからゴルバチョフに手渡した。

初めて会ったとき、ヤヴリンスキーはソ連の市場改革を促進する五百日計画を提案しているところだった。当時、ソ連国内では急進的な市場改革を求める声があがりはじめ、その是非をめぐって激論が交わされていたのである。ヤヴリンスキーとは一九九一年初めにじっくり話しあう機会が何度もあった。その年の春、彼はハーヴァード大学を訪れ、ハーヴァードのグレアム・アリソン、MIT（マサチューセッツ工科大学）のスタンリー・フィッシャー、それに私も交えて、「グランド・バーゲン」と呼ばれるプランを考えだした。グランド・バーゲンとは、ゴルバチョフが迅速な経済改革と民主化を推し進めるにあたって、アメリカおよびヨーロッパが大規模な経済援助でそれを支えるというものだった。経済改革は、ソ連の現実に合わせて、大筋ではポーランドの改革にならう。当時、共和国は自治権を強めつつもまだ連邦の一部と考えられていたが、民主化には共和国での自由選挙も含まれた。

ハーヴァードで仕事を進めながらも、周辺での政治活動はあわただしかった。アリソンはワシントンへ行って、第一期ブッシュ政権にこのプランを売りこもうと奔走した。だが、ブッシュの顧問たちは大規模な財政援助というアイデアを買わなかった。ゴルバチョフは多額の——海外債務の利子は積もりに積もっていた——資金援助を求めて、一九九〇年にヒューストンで開催されたG7サミットに出席したが、誰も耳をかそうとしなかった。ソ連の危機が深刻化していることは一目瞭然だった。一九九一年八月、ヤヴリンスキーはロシアへ戻り、私は待ち望んでいた夏休みをとってヨーロッパへ出発した。しかし、一日目の夜、電話がかかってきて、いますぐテレビをつけてCNNを見ろといわれた。ゴルバチョフ失墜をもくろんだ暴動が起こったのだ。その企ては失敗したが、結果として、ゴルバチョフの政治上のライバルだったボリス・エリツィンが優位にたった。ロシアはほどなく独立国となり、すでに瀕死だったソ連はやがて全部で十五の後継国家へと分裂することになった。

一九九一年十一月、ボリス・エリツィンは、新進のロシア人エコノミスト、エゴール・ガイダルにエコノミストのチームを結成するよう求めた。ガイダルは私とリプトンをモスクワ郊外のダーチャ（別荘）に招き、新任のエコノミスト・チームとともに、ロシアの改革のプラン作成にとりくんだ。ロシアはまだソ連邦の一共和国だった。だが、近いうちに独立するのはまちがいなく、独立国になればエリツィンが大統領の座につくはずだった。この移行のタイミングと事情の複雑さはうんざりするほどだった。ダーチャ滞在は数日におよんだ。ポーランドでの経験と東欧全般の経済事情に関する知識をもとに、私たちはロシアの改革について新しいチームと熱烈な議論を何時間も戦わせた。

ロシア——かけはなれた世界

私たちがこれまで見てきた世界とロシアとの違いは信じがたいほどだった。ポーランドとくらべて、ロシアではあらゆることが途方もなく複雑だった。問題のスケール。社会を縛る社会主義という思想の根強さ。千年にもおよぶ独裁。ロシア国内だけでも十一に分かれる標準時間帯。ポーランドの四倍に達する人口。そして、ロシア国内でさえ、地理、文化、宗教、言語の差は大きく、さらにロシアと西洋のあいだにも大きな違いがあった。市場経済とは何かということでさえ、ロシアよりもポーランドでのほうがずっとよく理解されていた。ポーランドの財務相レシェク・バルツェロヴィチはアメリカで二年学び、修士号を得ていた。ロシアの指導者たちのなかでそんな経歴をもつ人は一人もいなかった。ガイダルが西側で過ごしたのはわずか数週間だったが、当時の指導者たちのなかではそれでも国際情報通ということになっていた。

ロシアはまさに、かけはなれた世界だった。私にもわかっていたが、ロシアの改革は、ポーランドのようにヨーロッパ復帰という旗印のもとで進めるわけにはいかなかった。だが、エリツィンのいうとおり、ロシアが「普通の《ノーマル》」大国――帝国ではなく、民主化して市場経済をとりいれた国――をめざすという道はある。ロシア史の影のもとでは「普通」という概念は魅力的で、革新的でさえある。だがロシア国民で、普通の意味を本当に理解できる人などいるだろうか。ロシアでは普通の生活をしてきた人などほとんどいない。ロシア人は、スターリンのもとで生きてきた。七十五年におよぶ中央集権国家、一千年におよぶロシア帝政、そして何世紀にもおよぶ農奴時代には、国民の圧倒的多数が自由をもたない小作農として暮らした。普通になるのは容易なことではなさそうだ。私は一度も簡単だといったことはない。可能ではある、といっただけだ。

近代史でもこの移行はとくに困難だろうという理由は、過去のロシアと、変貌後のロシア――国内の平和と安定、そして経済開発――のあいだのギャップが想像もつかないほど大きいことである。ロシアの基本的な経済および政治機構はすっかりオーバーホールしなければいけない。ロシアの経済構造――工場、人員、天然資源、テクノロジーの相互連絡――はすでに袋小路に入っていた。人材は文字どおり不適切な場所に置かれていた。シベリアに送られて、軍事目的で築かれた秘密の大都市に住んでいる人もいた。湯水のように――資源は際限なくあるかのように――石油やガスを消費することでなりたつ重工業で働く人もいた。たとえば、一九八九年、ソ連は一人あたり五百五十七キロの鋼鉄を生産したが、それに対してアメリカは三百八十二キロである。[*20] ところが、ロシアの一人あたり所得は、購買力平価で比較して、アメリカの三分の一にも満たないのだ。だが、この同じ時期、一九八〇年代末から一九九〇年代初めにかけて、石油とガスの生産量は急落した。従来の供給源が枯渇しつつあるのに、ソ連はツンドラ地帯などの僻地にある新しい供給源に適切な投資をしていなかった。アメリカのエネルギー情報局（EIA）の計算によると、ソ連の石油総生産量は一九八九年の一日あたり千二百万バレルから、一九九一年には千三十万バレルまで落ちた。

どんなに大がかりな経済政策をもってしても、人員、工場、資産などを配置換えするのに数日または数週間では――もしかしたら数年でも――十分とはいえない。ロシアが必要とする変化は一筋縄ではいかず、軋轢をともなうだろう。思いきった改革を評してジャーナリズムがいった「ショック療法」は、ここではまったく役に立たない。ロシアの苦難をたった一度のショックで終わらせることなどできないのである。価格統制の撤廃、通貨の兌換性、市場の自由化という最初のショックは、ポーランドのときと同様、効果があるだろう。だが、これらはすべての底流をなす構造的無秩序、エネルギー供給量の減少など、相互に絡みあった無数の危機を解決してはくれない。さまざまな改革案はせいぜい、一世代以上も続く大がかりな経済および社会の移行という道に向けてロシアを舵取りするくらいの役にしか立たない。それでも、この移行を成功させるために、ロシアは国際社会からの大きな援助を必要とするだろう。援助には、いまやおなじみとなった、ロシア通貨——ルーブル——を安定させるための準備金の備蓄、それにソビエト時代の債務の一部を帳消しにすることも含まれる。

これはうまくいくだろうか。私はうまくいくと思った。やってみるだけの価値はあると確信した。やらなければ、どうなるだろう？　内戦の勃発？　新たな独裁制の始まり？　アナーキー？　西側とまたしても敵対する？　私はガイダルとそのチームの経済顧問になることを承諾した。改革の成功を確信したとか自信があったというわけではなく、やってみるべきだと思ったからである。少なくとも、平和と民主化と経済的繁栄のチャンスにはなりそうだった。

ロシアに対する私の基本的な助言は、可能なかぎりの重要な改革——安定化や市場の自由化など——にすばやくとりくみ、断固として、だが性急にではなく、民営化を進めることだった。特別な存在ではなく、普通になることが目標だ、と私たちは何度もくりかえした。さらに、海外からの財政支援をできるだけ確保しろともせっついた。ガイダルも同じ意見だった。彼は海外からの顧問団を任命し、十二月にエリツィン大統領に提出できるよう計画書を準備してほしいといった。私はそのグループの代表として草案を書き、スポークスマンの役目も果たした。そして、一九九一年十二月にはクレムリンでエリツィン大統領と二度会見した。

二度目の会見があった十二月十一日の朝、エリツィンは両手を大きく広げ、笑顔で入ってきた。そして上機嫌のまま席につくと、こういった。「諸君、お知らせがある。きみたちに最初に知らせるのだが、ソ連はたったいま終わった」。さらに彼は続けた。「隣の部屋でソビエトの将軍たちと会ってきた、彼らもソ連の解体に賛成した」。私たちの仕事はさらに緊急を要するものとなった。ソビエト連邦はなくなった。ロシアはすぐに独立するだろう。経済改革も数週間のうちに開始することになる。

ロシアが改革にのりだしたのは一九九二年一月二日、ポーランドの改革から二年後のことである。ガイダルは一九九二年のあいだ首相代行を務め、その年の末にヴィクトル・チェルノムイルジンが首相になるまで改革の旗ふりとなった。最初の一週間で、ロシアとポーランドでは改革に対する社会的・政治的な対応が大きく違うということがはっきりした。改革が始まってまもないうち、ポーランドでは動揺しながらも暗黙のうちに受け入れる態度が見られた。一方、ロシアでは即座にガイダルとそのチームへの攻撃が始まった。閣僚からだけでなく、彼のライバルで、のちに首相の座につくチェルノムイルジンの反撃もあったが、なかでもとくに強力だったのはロシアのドゥーマ（議会）のリーダーたちで、彼らはすぐにガイダルの辞任を要求した。これまで長年のあいだ、改革推進者はめったに公職につけず、権力の座につくことはそれ以上に珍しかったのだ。ほとんどの改革案は、計画とは名ばかりの形骸だけにされるのが落ちだった。

海外援助を求めて奔走する

それからの二年間は、ロシアへの海外援助の問題が私の大きなテーマとなった。私は、ポーランドが受けたのと同じような援助がロシアにも必要だと信じていた。しかも経済の規模が大きく、抱える難題もずっと大きいのだから、よりスケールアップした援助でなければならない。ロシアが通貨を安定させ、年金生活者など、弱者のグループに社会的なセーフティネットを用意し、産業のたてなおしを助けるためには、年に百五十億ドルの支援計画が必要だと私はくりかえした。年に百五十億ドルはけっして過大な要求ではないと思った。豊かな世界の収入からしたらたった一パーセントにすぎないし、冷戦のための軍備費とくらべればごくわずかなものである。冷戦が終わることを思えば、平和の代価としては取るに足りない額で、しかも貴重な出費なのだ。

だが、こんな考えはワシントンでは通用しなかった。私が拒絶の重さを理解するのは何年もたってからだった。当時の私は、必要な援助を獲得するためなら、当たって砕けろという意気込みだったのだ。ポーランドやボリビアで味わった予想外の成功にいい気になっていたといえるかもしれない。さまざまな援助計画は最初は不可能だといわれていたのに、やがて驚くほどの速さで実現したのだから。ノーという返事はイエスに変わることもあると私は思っていた。

ロシアの移行を応援する西側の早急な行動としては三つの項目をあげた。

- ・ポーランドのときと同じく、ルーブル安定化のための基金を用意する。
- ・借金返済の義務をすぐに凍結し、つづいてロシアの債務帳消しを検討する。
- ・ロシア経済の最も脆弱な社会セクターを中心に、移行のさいの新たな援助プログラムを作る。

のちに私は、自由市場のイデオロギーを非情な形でロシアに広めたという批判を浴びた。その批判は当たっていない。この二年間の私のおもな活動は、ロシアがソビエト時代の遺産を払拭しようと苦闘する過程で、やむをえず降りかかる苦難を少しでも軽減するために、国際社会からの援助を得ようという試みだった。しかし、それはうまくいかなかった。

ルーブル安定化基金をめぐる物語は、西側の鈍感さを示す証である。ポーランドの先例から安定化基金が大事なことはわかっていた。このおかげでポーランドは決然たる態度ですばやく通貨の兌換性を確保し、それが財政の要となって市場ベースの国際貿易が可能になった。ズウォティ安定化基金の存在がしっかりと新通貨の信用を支えたので、ポーランド銀行は実際にズウォティを守るために基金を引きだすことは一度もなかった（数年後、この十億ドルはほかの改革案の財政支援のために転用された）。ポーランドが十億ドルなら、ロシアには五十億ドルの基金が必要だというのが私の持論だった。最初、ＩＭＦは根拠のないテクニカルな理由（IMFは旧共産圏の国々がそれぞれの通貨をもつより、ルーブルを共通に使わせたいと考えていた）から、この案に乗り気でなかった。また、アメリカやG7のリーダーたちからも政治的な反対があった。

皮肉なことに、一九九二年半ばには安定化基金という考え方がようやくG7にも認められたが、それはついに実現することはなかった。G7がついに基金のコンセプトを原則的に受け入れたときには、すでにガイダルは勢いを失い、中央銀行は改革反対派の手に落ちていた。そして、G7はこの提案が宙に浮いたのを見て、ほっとしているようだった。ハイパーインフレーションと政治の大動乱のさなかでは、タイミングがすべてだ。西側の不手際のために、安定化基金はタイミングを失った。

もう一つ、大きな失策があった。ソビエト体制では、ソビエト経済圏全体でルーブルが使われていた。ソ連が解体して十五の後継国家が生まれたいま、その数だけ通貨が使われることになった。でなければ、それぞれの国家が新たに中央銀行を創立してルーブルを発行しようとする。最も妥当な代案は、十五カ国の通貨をルーブルで統一して、超国家的な一つの中央銀行――ヨーロッパ中央銀行のような――がバックアップするという形である。だが、一九九二年の政治状況では、後継国家がたがいに協力することなど問題外だった。彼らはできるだけ早くそこから離れようとしていた。

ソビエトのルーブルを十五カ国の通貨に移行するのは、とても複雑だったが、それでも技術的にはなんとか可能だった。一九九二年の最初の半年で完了できるはずだったし、そうすべきだった。ところが、実際には二年以上かかった。一つにはＩＭＦがそれぞれの国家が通貨を設定することに反対していたせいである。ＩＭＦのアナリストは共同で共通の通貨にすることを期待していたのだ。別々の通貨にしたら、それぞれの国に中央銀行ができ、それぞれ別の金融政策をとらざるをえなくなる。しかし、ＩＭＦの見方は診断上の誤りであり、一九九三年には方針変更することになった。ロシア改革の初期には、このような見直しがたくさんあった。

一九八九年末のポーランドがそうだったように、ロシアの政策立案者のあいだにはルーブルがやがて交換可能な通貨になるという見込みに対して根強い懐疑があった。当時のロシア中央銀行総裁ゲオルギ・マチュヒンは私にこういった。「こんなに早く兌換性が確立するとはとても思えないが、きみが五十億ドルの安定化基金を確保できるなら、もちろん私もこの政策を支持する」。二年前にポーランド中央銀行総裁がいったのとほとんど同じだ。もちろんマチュヒンの立場としては、安定化基金をぜひとも設立させたかった。それで大衆を納得させることができるばかりか、政府内の改革懐疑派にも根拠を示せるからである。この点もまさにポーランドと同じだ！

一九九二年の最初の数カ月、私はルーブル安定化基金の設立に奔走したが失敗に終わり、ＩＭＦとＧ７の態度に不信感と絶望を募らせた。一九九二年四月、ロシアをテーマにした夜のニュース番組にローレンス・イーグルバーガー国務長官とともに出演した。番組のあとで、長官はスタジオから町まで私を車で送ってくれた。その車中で長官はいった。「ジェフ、わかってほしいんだ。君がずっと運動している安定化基金があるだろう？　たぶん君のいうことは正しいと思う。基本的には賛成だ。ポーランドのレシェク・バルツェロヴィチ財務相にも先週、同じことをいわれた。だが、このことはわかってほしい。これは無理なんだ」。私はとまどった。基本的には賛成だというのに、なぜ？「今年が何年だか知っているだろう？」「もちろん、一九九二年です」。「選挙の年だ。そのことをわかってほしい。今年は無理だ。だから、忘れてくれ」

だが、いまだからいうが、私は彼の言葉を信じなかった。ノーがイエスに変わるのを何度も見てきたからだ。イーグルバーガーは半ば正しかった。提案は実質的に意味をなさなくなるまで先送りにされた。イーグルバーガーの言葉は、ワシントンで事が運ばれるプロセスを如実に示していた。まず最初に、パトリック・ブキャナンがブッシュ大統領を「外交政策の得意な大統領」になるだろうとからかった。この調子では、政治顧問はどんなに重大な外交政策でもすべて反対したくなる。しかも、ちょうどこの時期、リチャード・チェイニー国防長官とポール・ウォルフォウィッツ国防副長官の二人が、問題になった国防計画指針をまとめていた。ロシアを含めたライバル国のすべてに大量のアメリカ軍を長期的に駐留させるという計画である。

私の頭のなかでは、ロシアをポーランドと同じように扱い、ただ大きさを四倍に、構造と文化に関する困難を十倍にしていただけだった。ヤヴリンスキーやガイダルと同じく、私もロシアの改革には、ポーランドの改革――国際社会の果たすべき役割も含めて――が貴重な教訓となり、それを指針にすべきだと思っていた。一九九一年と一九九二年には、ポーランドをバックアップしたアメリカが、同じようにロシアの成功の支えになるだろうと思っていた。あとから思えば、これは早とちりだった。ポーランドは、ブッシュ（第四十一代）の第一次政権も含めたアメリカの戦略から見て、東側に位置するとはいえ、西側の同盟の一部だった。ポーランドはまちがいなく欧州連合のメンバー候補であり、NATO（北大西洋条約機構）の一員としてもふさわしかった。したがって、ポーランドを支えることは、すなわち西側の利益にもなるのだった。私はロシアの場合もそうだと思っていたが、チェイニーとウォルフォウィッツはどうやら違う考えだったようだ。ロシアはけっして欧州共同体や欧州連合の一員にはなれない。それにNATOの一員としてもふさわしくない。ロシアはいまだに二万基の核兵器を保有する国なのだ。チェイニーとウォルフォウィッツのようなゼロサム思考によれば、ロシアのすみやかな回復を支援することは、ホワイトハウスやジョージ・H・W・ブッシュや防衛体制の見地からして、アメリカの利益に反することとなのだろう。

ロシアのソビエト時代の債務に対するG7の対応も同じくひどいものだった。私は利子の支払いを即座に無条件で延期し、長期の債務についてはロシアと債権者のあいだでペンディングにするよう求めた。一九九一年十一月末に、ガイダルが初めてG7の財務官僚の代表と会見したとき、アメリカの財務次官デイヴィッド・マルフォードはガイダルにこう警告した。「債務の返済は止めず、支払いは継続すること」。G7のほかの代表も口をそろえ、ロシアが海外債務の利子支払いを滞らせるなら、緊急救援食糧の輸送をストップするとガイダルに通告した。もっと悪いことに、G7は後継国家に対して特別の「連帯債務」条項を設け、必要に応じてどの国もソビエト時代の債務を完済しなければならないと定めた。このせいで政治および財政上の厄介な問題が何年もあとを引くことになった。借金返済をしつこく求めたG7の態度は思慮が浅く、近視眼的だった。これはただ一九九二年の初めにロシアの外貨備蓄をいたずらに流出させる効果しかなく、実際に一九九二年二月にはそれが現実となった。

いつも皮肉に思うのは、アメリカのメイシーズ・デパートとロシアが一九九二年二月の同じ日に破産宣告をしたことである。しかし、メイシーズはアメリカの破産法のおかげをこうむった。対債権者の交渉でも法律的な保護を受けることができ、債務の返済も正当に据え置かれ、破産法の保護のもとでただちに新しい資金調達の方法を導入できたのだ（アメリカの破産法によれば、新しい借り入れへの返済は、過去の債務よりも優先権をもつ）。こうした破産法による保護のおかげで、メイシーズは深手を負わずにすみ、営業を再開できた。これは債権者にとってもありがたい。さもなければ、債権者はわれがちに取り立てを強化し、倒産したデパートを相手に目減りした返済金しか手にできなかっただろう。ところが、ロシアにはそのような恩恵が皆無だった。対債権者にも法律的な保護はなく、借金返済の正当な据え置きもなされず、新たな運転資本の導入もまったく望めない。その結果、ロシアもその債権者もともに傷ついた。

資金援助に関していえば、西側は一九九二年四月にロシア向けの二百四十億ドル分の救援計画を発表した。これも豊かな国から貧しい国に向けて次から次へと発せられたまぎらわしい声明の一つだった。実際のところ、これらの声明によってロシアに本物の援助金が渡ったことはまずなかった。金のほとんどは市場金利での短期貸付であり、これによってロシアはじつは欲しくもない物資をアメリカやヨーロッパの製造業者——彼らは自国の政府とともに力ずくで政治的進出を果たした——から買わされる。二百四十億ドルのいわゆる援助計画は、ヨーロッパを再建したマーシャル・プランとは大違いである。マーシャル・プランでは、アメリカはヨーロッパに短期貸付などではなく、ちゃんと補助金を与えたのだ。

　結局、一九九二年はロシアの改革および改革推進者にとって最悪の年になった。最初に価格統制が撤廃されたあと、その他の改革はついに実行されなかった。実施されたとしても、大きく切り詰めたものになっていた。価格統制はまだあちこちで残っていた。国際貿易は一部しか開放されなかった。通貨は部分的にしか交換できなかった。何よりも悪いのは、物価の安定が果たせなかったことだ。激しいインフレーションはその年いっぱい続いた。一つには、断固たる通貨政策を妨げようとして政治的な圧力がかかった結果である。また、一つには、新任の中央銀行総裁ヴィクトル・ゲラシチェンコの破滅的な処置の結果でもあった——私はこのとき彼に「世界最悪中央銀行総裁」というあだ名をつけた。しかし、もう一つには、ロシアの通貨を後押ししなかったＩＭＦの失策の結果でもある。後継の十五カ国にソビエト時代のルーブルを共通で使わせるというＩＭＦの方針は、予想どおり、破綻した。どこの国でも激しい物価高騰に見舞われたため、それぞれが国債——「印刷した金《プリント・マネー》」——を発行せざるをえなくなったのである。

一九九二年の暮れ、インフレの嵐が吹き荒れるなか――ガイダルのエコノミスト・チームが初期に予測し、約束したのとは正反対だった――ガイダルは政治的な立場を失った。政敵の猛烈な攻撃にさらされて、エリツィンは彼をかばいきれなかった。一九九二年十二月、ガイダルの後釜に旧ソビエト時代の古参官僚ヴィクトル・チェルノムイルジンが就任した。彼はエネルギー相のときから改革反対派だった。ガイダルの辞任を機に、私もロシアの経済顧問を辞めるつもりだった。だが、クリスマス休暇のあいだに、新任の大蔵大臣ボリス・フェドロフから電話があった。若くてタフな改革推進派のフェドロフは電話で、チェルノムイルジンが首相になっても自分は大蔵大臣の仕事を続けるつもりだといった。そして、来週ワシントンで会えないだろうか、と。

私たちは世界銀行のオフィスで会った。フェドロフは、この先、大きな闘いが待ちかまえているだろうが、改革はなんとしても続けるつもりだといった。チェルノムイルジンには期待できず、ゲラシチェンコについてはさらに悲観的だ、と。そして、私に協力を求めた。大蔵省に小さなオフィスをもって顧問の仕事を続けてくれないだろうか、というのだ。私は考えた。ガイダルが追放されたも同然で、政治状況はますます厳しくなっているが、もう一度だけ援助のための闘いにとりくむ価値はあるのではないか。

一九九三年は、一九九二年と同じくらい苦しい年になった。改革推進派は爪先立ちになって土俵ぎわでやっとこらえているような状態だった。フェドロフは一年しかもたず、一九九三年の暮れには辞めさせられた。一九九三年の秋、ガイダルが短期間だけ復帰した。だが、このときはたった一カ月半で終わり、一九九三年十二月にはふたたび辞任を余儀なくされた。この年は、ハイパーインフレーションの始まりをなんとか抑えることに明け暮れた。私にとっては、ブッシュ政権のときよりも援助を増やしてほしいとクリントン政権を説得しつづけた一年だった。運悪く、クリントン大統領が政権についたころには、ガイダルを初めとする改革推進派はすでに権力の座から放逐されていた。新しく首相となったチェルノムイルジンは改革への熱意すらもたず、信用できる相手でもなかった。

ブッシュ政権からクリントン政権に変わったばかりのころ、ロシアへの援助を大幅に増やそうという動きは皆無だった。選挙キャンペーンのあいだ、クリントンのロシア問題顧問を務めたマイケル・マンデルバウムは、新しい政権のために仕事をする気はないといってクリントン・チームからおりた。彼の説明によれば、クリントン・チームは対ロシアの大規模な援助にはすべて反対することに決めていて、さらに従来どおりIMFの方針を受け入れるつもりだという。クリントンはロシアへの援助のレベルを上げ、エリツィンに対して政治的な支援を保障したが、新聞の見出しに載ったロシア援助の数字は見せかけにすぎなかった。実際の援助はあまりにも少なく、年金や医療のような緊急に必要な予算をまかなえる額ではなかった。援助のほとんどは、たんに商業クレジットの形で与えられ、IMFのロシア対策はあいかわらず不手際で、たとえ実際に援助が到着しても非効率なことこのうえなかった。

全般的に見て、クリントンの時代は海外援助の予算が減った時期だった。アメリカは冷戦の終結によって軍事費が減るという恩恵を受けたが、その余剰金を世界の貧困国や危機に瀕した地域の援助にはまわさなかった。クリントン大統領は、とくに任期の終わり近くには、もっと援助をしようとしたが、反対派の議会に囲まれていたために実現できなかった。任期の後半に、大統領は貧しい国々に対する債務帳消し問題をとりあげ、エイズとの闘いに目を向けるようになった。ホワイトハウスを出てからも、彼はエイズ撲滅にとりくんでいる。

私にとって一九九三年はロシアの希望がまた一つ砕かれた年だった。私は一九九三年末、ガイダルとフェドロフが辞めさせられたのを機に、とうとう職を辞した。私の辞職は一九九四年一月に公表され、これでロシア政策顧問としての仕事は終わった。その後一年間はリサーチを続け、フォード財団がモスクワに研究所を設立する手伝いもした。一九九五年初めからロシアへは行っていない。顧問としての仕事はたった二年だったが、苦しい日々だった。自分の信じる政策――なかでも海外からの資金援助でロシアの改革を助けるというアイデア――を推し進めることがほとんどできなかった。

西側は援助を拒んだために大きな犠牲を払うことになった。ロシアの人びとは最初は楽観的だった。だが、一九九〇年代の終わりにはひどくシニカルになり、やる気もなくなっていた。一九九〇年代初めには、言論の自由というこれまでにない慣習や、独自の取材ができるようになった新しいメディアとともに、民主化は希望にあふれたチャンスだった。しかし、その十年後になると、かつての楽観主義は姿を消し、ロシアはふたたび強力なリーダーによる中央集権を求めるようになった。改革推進派がロシアに必要な援助を得られなかったとき、国民は旧弊な官僚と腐敗した金の亡者を選んだのである。

最悪の事態になった一九九五年と一九九六年を、私は傍観者として見ているしかなかった。その二年間、ロシアの民営化は恥知らずな犯罪的行為となった。要するに、ビジネスマンと称する背徳的なグループ――のちに集団としてロシアの新しい政商「オリガルヒ」と呼ばれることになる――は百億ドルもの価値のある天然資源、おもにロシア国有の石油とガスをまんまと自分の懐に入れることができた。その最大規模のケースでは、およそ一千億ドル相当の石油やガスなどの貴重な商品が個人の所有に移され、そんな民営化の代償として、たった十億ドルしか国庫には入らなかった。一夜にして億万長者が誕生した。ロシアの石油・ガス産業を手中にした尊大なオーナーたち（ニューリッチ）である。

「株式担保の融資」（または担保入札）という名のもとに詐欺同然の民営化手続きが発表されたとき――これは政府への融資とひきかえにインサイダーが会社の株を入手できるというものだった――私はアメリカ政府、IMF、OECD（経済協力開発機構）、G7に警告しようとした。私はこの一件に関与した人間を知っているし、この手順は恥ずべきものだと話した。これを放置しておいたら、やがて国有の貴重な天然資源は略奪され、ロシアの国庫はひどい損害をこうむるだろう。石油やガスの収入で年金生活者を支えるどころか、いまや、たとえばエネルギー部門の収益がそのまま個人のポケットに入ることになってしまう、と。

西側はわずかな不満の声さえあげずにこれを容認した。クリントン政権のなかには、この「担保入札」をうまい取引だと考える人も少なくなかったという。エリツィンは国有財産をみすみす手放し、旧友たち――新たなオリガルヒ――はエリツィンの一九九六年の選挙戦に資金を援助した。再選キャンペーンの寄付金集めにしては、なんと効率の悪いやり方だろう！　政府の財源からおそらく百億ドルを支払い、その見返りにエリツィンの選挙資金として数百万ドルを得ただけなのだから。

一九九七年、ハーヴァード大学経済学部で私の同僚だったアンドレイ・シュライファー教授が、アメリカ政府の委嘱でロシアの民営化推進の顧問を務めていたのと同時期に、個人的にロシアへの投資をしていたことが政府の調査で明らかになった。当然ながら、激しい非難の声があがった。シュライファーの行為についてまったく知らされていなかった私は、当時はこれらの非難を無視したが、いまではプロにあるまじき背信行為だと思っている。この一件は二〇〇四年にやっと法廷で裁かれたが、シュライファーはアメリカ政府に対する詐欺行為で有罪になった。法廷でも、シュライファーが自身の利益のためにした行為を大学側が知るすべをもたなかったことは認められた。それでも、私はシュライファーのおかげで迷惑をこうむった。同じ時期にロシアで働いた他のエコノミストの倫理観までが暗黙のうちに疑われたからだ。同僚であるハーヴァードの教授たちも同じ気持ちにちがいない。

ロシアから学んだこと

改革のスタートから十年以上たったが、ロシアの民主化と市場経済の将来について判断を下すのは早すぎる。中国の周恩来首相がフランス革命について成功か否かを訊かれたときの返事――「答えを出すにはまだ早すぎる」――を思い出す人もいるだろう。ロシアが民主化と市場経済の根付いた「普通」の国になるかどうかはまだわからない。だが、多くのチャンスが空費されてきたことだけはたしかだ。安定化基金、債務の据え置き、債務の一部帳消し、本物の援助プログラムといった恩恵を受けていたら、ロシアの安定化はもっと容易だったはずだ。改革推進派は権力の座に留まることができただろう。腐敗はもっと少なく、オリガルヒという名称が語彙として定着することもなかっただろう。そして、石油とガスからの税収は個人のポケットではなく、ロシアの国庫に流れこみ、年金生活者や失業者、それに公共の財源に頼っている人びとの状況は改善されたかもしれず、国は経済成長を促すための公共投資がもっとできたかもしれない。

だが、こんな騒乱のなかでも、まちがったことと同じくらい正しいこともなされた。世界はラッキーだった。一九九〇年代の大変動と、海外援助のひどい不足にもかかわらず、ロシアはいまも平和で、外の世界との協調を保っている。チェチェンでの暴力は大きな犠牲を出し、いまも荒れているが、これより事態が悪化することも十分に考えられた。内戦、核拡散、ユダヤ人大虐殺《ポグロム》などが起こる恐れはあったが、幸いにもそんな事態は回避できた。

ロシアは市場経済に移った。とはいえ、いまだに第一次産品――とくに石油とガス――に頼るところが大きい。一九九〇年代末にやっと安定化を果たしたが、それ以前は激しいインフレに悩まされ、一九九八年には国際収支のバランスが崩れかける危機もあった。だがそれ以後は、経済成長が始まり、いまではかなりの勢いで上昇に転じている。国際エネルギー価格の高騰と通貨安という輸出の好条件がそろったためである。

最大の疑問は、ロシアがはたして民主化を果たせるのかということだ。山積する障害と何千年にもわたる専制政治の歴史をのりこえられるだろうか？　強力な支配を求める傾向はまだ根強く残っている。ウラジーミル・プーチン大統領の統治は、憲法重視と複数政党による民主制を旗印にしているが、その一方で、彼は中央集権をうまく機能させ、メディアを手なずけ、独自の反対勢力を押さえつけている。二〇〇三年から二〇〇四年にかけて、プーチンはオリガルヒへの逆襲に出たが、これは富の不正入手に対する完全に正当な異議申し立てともとれる。さもなければ、国家の優位性にたてついたある種の個人財産への攻撃と解釈することもできる。たぶん両方が少しずつあるのだろう。時間がたてば、答えが出るはずだ。

ボリビアやポーランドと同じく、ロシアにもはっきりした物理的条件がある。グローバルな経済地理学というパズルに、もう一つのピースがはまった。ロシアには、国の運命を決定づけた大きな地理的特徴が二つある。その一、ロシアは巨大な陸塊であり、世界中のどの国よりも広い。ロシアの人口はユーラシア大陸の内陸部に集中し、たいていの都市は港湾や航行可能な河川や国際貿易から遠く離れている。そのために、歴史を通じて、ロシアは海外との経済交流の絆がどちらかといえば希薄なままに推移してきた。その二、ロシアは高緯度にあるため、植物の成長期間が短く、ときには厳しい気候になる。ロシア史を通じて人口密度が低かったのも、ヘクタールあたりの食糧生産量があまり増えなかったためである。結果として、歴史の大半を通じて、人口の九〇パーセント以上が人口のまばらな農村地帯で農業を営み、ほそぼそと食糧を生産してきた。都市の数は少なく、都市間の距離も遠い。都市生活と国際貿易に関わる労働部門が社会の主流になることはついになかった。アダム・スミスは二百二十八年前に『国富論』でこのことを活写している。[*21]

黒海とカスピ海、古代スキュティアと現在のタタール地方およびシベリアの北方に位置するアジア全般においては、これまでのどの時代においても、同じように文明から隔絶した未開状態が見られたが、現在もその状況は変わっていない。タタール海は凍っているので航行は不可能だ。この国には世界有数の大きな川がいくつか流れているが、それぞれが遠く隔たっているので、川を利用して商品や情報をやりとりすることができない。

ふりかえって、いまの私なら、ロシアに別の助言をしていただろうか？　アメリカが多額の援助を出すことに関しては、あまり楽観しないだろう。とくにリチャード・チェイニーとポール・ウォルフォウィッツがリーダーシップを握り、ロシアを将来の貿易相手および海外政策のパートナーと見なすどころか、いまだに脅威として敵視しているとしたら、成功の見込みはほぼないと考えるはずだ。しかし、助言そのものは変えるだろうか？　大筋で、答えはノーだ。私は改革のショックを和らげるために海外からの援助を求めた。だが、海外援助がなくても、改革は進めなければいけない。十分な援助がなく、改革に対する政治的なコンセンサスの土台が侵食されたら、改革のプロセスは弱まり、失敗するリスクが高くなる。しかし、予算収支、通貨の兌換性、国際貿易などについての提案は、海外援助の有無にかかわらず、筋の通ったものだった。たまたま起こった不幸な事件——たとえば、民営化という名目のもとになされた国家資産の大量略奪——は、私の助言とはまったく相容れないものであり、私が尊重する公正と平等の原則にも反する。

次の章で見るように、同じ社会主義経済からの脱出でも、中国の場合はもっと混乱が少なかった。だが、その急速な経済成長は、政策の選択が正しかったというより、むしろ中国のまったく異なる地理、地政学、人口学的条件の結果といったほうがいい。

8　五百年の遅れを取り戻す――中国の場合

一九九〇年代初めまでに、私はラテンアメリカ、東欧、旧ソ連圏の経済開発とその遅れについては自分の経験から理解するようになっていたが、アジアに関する知識はまだ限られていた。アジアには何度も旅をし、一九八六年の休暇年度には日本に住んだ。その一年のあいだ、フィリピンのコラソン・アキノの新しい政府とは定期的に会合をもち、アジアの各地を訪れた。その旅によって、力を結集しつつあるアジアの驚くべき変化について理解したいという気持ちがさらに強まった。とくに、アジアの変化はその過程で世界経済全体に影響をおよぼしているのだから。一九九二年から二〇〇四年まで、私はアジアにおける経済改革の試みを自分の目でごく近くから見るチャンスに恵まれた。

私がとくに中国に惹かれたのには特別な理由があった。一九七八年以来、中国は市場ベースの改革をドラマチックに達成していた。まちがいなく、これらの改革は大成功を収め、おもな経済圏でも先例がないほど急速な経済成長率をもたらす一因となった。中国とロシアの改革を比較することは、まじめな政治的議論にもなり、アカデミックな分析の対象にもなった。私としては、中国がなぜ違うやり方をしたのか、そして中国のやり方が東欧や旧共産圏

図1　中国の1人あたり年間所得と西欧の比較

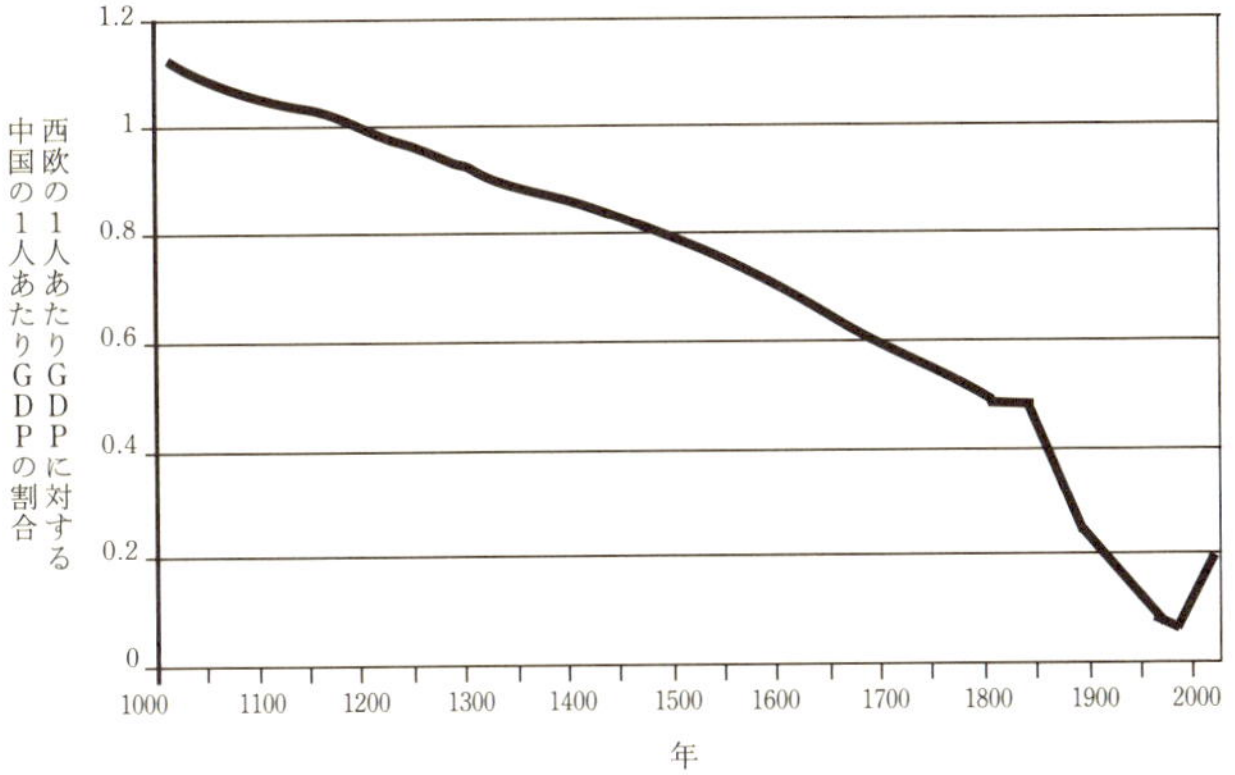

出典：マディソンのデータ（2001年）をもとに算出。

にとって得がたい教訓になるかどうか、またその逆がありうるならばそれも理解する必要があった。一九九二年以後、私は定期的に中国を訪れ、中国経済学会の顧問になった。この学会は、中国経済を比較論の立場から研究する中国人学者の集まりである。また、もっと最近では、政策立案――中国の公衆衛生制度や中国西部の僻地における経済開発問題も含む――に携わる中国政府官僚の顧問にも就任した。

中国の抱える大きな試練を思うとき、私は特別な感慨をもたざるをえない。中国の人口は十三億人で、全人類の約五分の一以上を占める。アジア全体の人口は全人類の六〇パーセントになる。アジアの運命は、まさに世界の運命なのだ。だが、たんに人間の数だけでなく、経済の基本的な事実を見るとき、皮肉に思えるのは中国とインドが長いあいだ貧困に苦しみ、高所得の国に追いつこうとしてきたことである。なにしろ中国とインドは古代からの文明をもち、つい数世紀前まではヨーロッパを大きくリードしていたのだ。西洋――ユーラシア大陸の西側――の台頭は人類の歴史の大きな転機であり、アジアがテクノロジーの分野でヨーロッパを抜いていた一千年以上の歴史がここでくつがえされた。アジアはたんにヨーロッパやアメリカに追いつくだけでなく、科学技術の分野におけるリーダーだった自らの過去までとりもどさなければならないのだ。

何世紀にもわたって相対的な収入がじりじりと下降したあと、この数十年で急速にとりかえしたようすを図1に示した。ここでは一人あたりの所得を中国と西ヨーロッパで比較した。期間はとても長く、なんと一千年である！　図のもとになったデータは経済史家アンガス・マディソンによる。数世紀前の数値はいくらか正確さに欠けるかもしれないが、基本的な事実を見るには十分だろう。かつては中国がリードしていた。だが、一五〇〇年までにそのリードは失われた。中国が停滞しているあいだにヨーロッパが成長して、中国はさらに後れをとる。中国の後退は相対的なだけでなく、十九世紀半ばから二十世紀の半ばまでは、絶対的なものとなる。一九七五年には、中国の一人あたりの所得は西ヨーロッパのわずか七・五パーセントでしかない。しかし、その後、とくにこの四半世紀で中国人の所得は急上昇し、二〇〇〇年にはヨーロッパの二〇パーセント近くにまで達した。この成長は大したものとは思えないかもしれない――グラフで見ても大きくは見えない――が、歴史的には大きな意味がある。中国は国内の極度の貧困を終わらせ、何世紀にもおよぶ下り坂を上り坂に変えようとしているのである。

中国がリードを失った理由

中国はいつ、どこで、つまずいたのだろう？　今日の中国がなぜ急速に成長したか、また今後数十年間このペースを保つにはどうしたらいいかを考察する手がかりとして、この問いは役に立つ。中国の経済史には特筆すべき年号がある。一四三四年、一八三九年、一八九八年、一九三七年、一九四九年、一九七八年である。およそ五百年間にわたるこれらの年に起こった出来事を理解すれば、世界の科学技術の分野におけるリーダーから極度の貧困国へ、そしてまた先例のない急速な経済成長というサクセス・ストーリーへと大きく揺れ動いた中国の謎が明らかになるだろう。

十六世紀初頭、コロンブスがアメリカ航路を発見し、ヴァスコ・ダ・ガマが喜望峰を越えて海路でアジアに到達した直後、中国はまちがいなく世界の科学技術分野における超大国であり、少なくともそれ以前の一千年間はトップの座を保ってきた。一五〇〇年以後、ヨーロッパは羅針盤と火薬と印刷機によってアジアを征服したが、三つともすべて中国で発明されたものだった。大きな方向転換の兆しはまるでなかった。中国の優位はいつのまにか食い尽くされたように見え、一四三四年が転機だったことも徐々にわかってきた。その年、明王朝の皇帝は、世界最大にして最新鋭だった大型船団の艤装を解かせることで、事実上、中国の国際貿易を閉鎖したのである。一四〇五年から一四三三年のあいだ、中国の船団は、声望高い宦官の武将、鄭和の指揮のもとでインド洋の港を歴訪し、はては東アフリカにまで達した。船団は中国の威信を示し、文化と知識を伝え、インド洋一帯の広大な陸地を探索した。だが、ある日突然、宮廷はこの航海の費用がかさみすぎるといいだした。中国の北の国境地帯で遊牧民の侵略が盛んになっていたせいもあるのだろう。理由はなんにせよ、皇帝は海上貿易と探検を中止して造船所も閉鎖し、貿易商の仕事はこれ以降何世紀ものあいだ禁制となった。それ以来、中国が造船や航海技術の分野で抜きんでることは二度となく、近隣の海域における支配力も失った。

アダム・スミスは、一七七六年刊の傑作『国富論』で、中国を豊かだが静かな国と評した。[*22] 国内だけに目を向け、貿易への関心を失うと同時に、中国のダイナミズムは枯渇した。貿易保護主義とは、なんと高くつくことか！ 中国は内向的になったがために世界のリーダーという立場を失った。アダム・スミスは簡潔かつ明晰に書いている。

中国は長いあいだ静止状態にあるようだ。おそらく、遠い昔に国の法律と制度の本質にふさわしい富を必要なだけ手にしてしまったせいだろう。しかし、このような満足は、これとは違う法律と制度、土壌、気候、状況をもつ国にとっては、まったく十分ではなかった。海外との通商を無視し、あるいは蔑んだ国、そして自国の港に外国の船を一隻か二隻しか入れようとしなかった国は、異なる法律と制度をもつ国を相手に同じ量のビジネスを処理することはできない。

中国の経済史でその次に重要な事件が起こるのは一八三九年である。中国の経済的孤立はこの年に終わる。だが、それは非常に厳しい道だった。世界のあちこちで見られたように、ヨーロッパ産業はがむしゃらに外へ出てゆき、他の文明と激しく衝突し、マルクスが予想したとおり、武力によって壁を壊していった。ヨーロッパの侵略は、中国ではとくに悲惨な結果を招いた。大英帝国は一八三九年に、自国の麻薬貿易を妨害させまいとして中国に武力攻撃をしかけた。これが一八三九年から一八四二年まで続いたアヘン戦争のきっかけとなり、中国はむりやり貿易の門戸を開かせられたのだった。なかでもイギリスは中国に対して、インドで栽培されるアヘン――その売買は大きな利益をもたらした――の輸入を強要した。イギリスの政策担当者は中国の大きな市場に目をつけ、ついでにイギリス国民のあいだで大ブームになっていた中国茶の買い入れという難問もこれで解決しようとしたのである。その策略は巧妙で、いかにも悪辣だった。イギリスは中国にアヘンを売り、それで得た金で中国茶を買う。いうなれば、今日のコロンビアがコカインを売る権利を認めろといってアメリカに戦争をしかけるようなものだ。

十九世紀後半になると、中国でも通商が栄え、ヨーロッパの大国の巧みな支配のもとで産業化の兆しも見えてきた。ヨーロッパと内向きの中国との衝突は動乱と暴力をともなった。社会は混乱し、やがて国内でも太平天国の乱が起こって、多くの命が失われた。中国に経済および政治システムの改革を求める圧力はその十年間徐々に高まっていった。日本が一八六八年の明治維新で急速に産業化を進めると、中国への圧力はさらに強まった。日本は改革運動の刺激になり、よいお手本にもなった。

一八九八年という年は、中国の運命を象徴すると同時に、前兆ともなった。その年はおそらく、死にかけていた中国王朝にとって、政権の崩壊を阻止し、苦難の数十年を回避できる最後のチャンスだった。その年、資本主義への移行と産業化によって成功した日本の例に感化された数人の若い改革活動家が、中国の急進的な改革をうたった百日計画の実施を求めた。だが、西太后にはまったくその気がなかった。活動家たちは、日本に逃れた少数を除いて全員が逮捕され、処刑された。この事件は、経済改革を求める人びとにとって、陰鬱な警告となった。続いて起こった事件を見れば、中国が改革に失敗したことのつけは大きかったといわざるをえない。

一九一一年の改革前夜、中国政府には正当性も金もなくなっていた。外国の侵略に抵抗する手段をもたず、ヨーロッパばかりか日本からの圧力にも悩まされた。沿岸の主要都市――港はヨーロッパの砲艦によって無理やり開放させられていた――では産業化が進んでおり、それ以来、日本とヨーロッパの投資家が住みつくようになった。上海はすでに産業化された都市になっていて、世界に向けた繊維の輸出で成功していた。清王朝は、国民のあいだから湧きあがった希望にあふれる革命の声によって崩壊した。だが、事態はそう簡単にはいかなかった。革命運動も、政治の統一と経済改革は達成できなかった。やがて一九一六年には中国は内乱状態となり、政治は混乱に陥って、地方の軍隊によって権力が分割されるようになった。そのあとに不況が続いた。マディソンの計算による一人あたりの所得を見ると、一八五〇年の中国はイギリスの二二パーセント、一九〇〇年は一四パーセント、一九三〇年には一九パーセントである。一方、一八五〇年の日本の一人あたりの所得はイギリスの三一パーセント、一九〇〇年には二五パーセント、一九三〇年には四二パーセントだった。

中国の内部分裂と経済の弱体化につけこんで、産業化とともに力をつけていった隣国の日本は軍事的侵略にのりだした。一九三七年、日本は中国本土へ侵攻し、その六年後には諸外国に狙われていた満州地方を武力で占領した。日本の侵略はきわめて有害かつ非情だったばかりか、中国の民主的な政治秩序に破滅的な打撃を与えた。侵略に続いて内乱が起こり、やがて毛沢東の率いる共産主義者の反乱が勝利を収めた。こうして、一九四九年には中華人民共和国が誕生した。

動乱から急成長へ

一九四九年の革命後の中国を見るとき、経済および社会的にこれほどの混乱と悲惨のどん底から勝利へと大きく揺れ動いた例は、世界でも——ロシアでさえ——稀有なことだと思わざるをえない。ふりかえると、毛沢東時代にも大きな成功と大きな失敗があった。成功はおもに国内の基本的な公衆衛生状態が大きく改善されたことである。失敗のほうは、社会主義的な産業開発の分野で、これはソビエト経済とほとんど同じ経過をたどった。公衆衛生の改善はめざましく、注目に値する。中国の一九七八年の経済発展は一つにはこの進歩が基盤にあったからこそ可能だったともいえる。

独立したばかりのころ、平均寿命は四十一歳で、乳児死亡率（出生児千人のうち一歳までに死亡する割合）は百九十五人という高さだった。女性は平均して六人の子供を産んでいた。それが、市場開放の始まった一九七八年には、平均寿命は六十五歳に延び、乳児死亡率は五十二人まで下がった。合計特殊出生率はおよそ三人になっていた。これらは毛沢東時代の大がかりな政策によるものだった。第一に、公衆衛生キャンペーンのおかげでマラリア、寄生虫、住血吸虫病、コレラ、天然痘、ペストなどの伝染病が減り、なかには完全に駆逐された病気もあった。第二に、「はだしの医者」の普及があった。基本的な公衆衛生の知識と経験をもった地域ごとの健康相談員を田園地帯に配置して、伝染病の予防と治療に従事させる制度である。第三に、基本的なインフラストラクチャー（道路、電力、上水道、トイレなど）が整備されたことで、生活環境の安全性が高まった。第四に、農作物の生産量が大きく増えたこと。これは、一つには中国の「緑の革命《グリーンレボルーション》」によって生産性の高い農作物が導入されたためだった。たとえば、政府のデータによれば、穀物の生産量は一九六一年にヘクタールあたり一・二トンだったのが、一九七八年には二・八トンになった。

中国はまた、常軌を逸したワンマン独裁という悲惨な歴史も経験した。なかでもとくに酸鼻をきわめた二つの事件は、一九五八年から一九六一年の大躍進運動と一九六六年から一九七六年の文化大革命である。大躍進運動とは、いわゆる「裏庭の製鉄工場」の導入によって

図2　中国における経済成長と貧困の減少

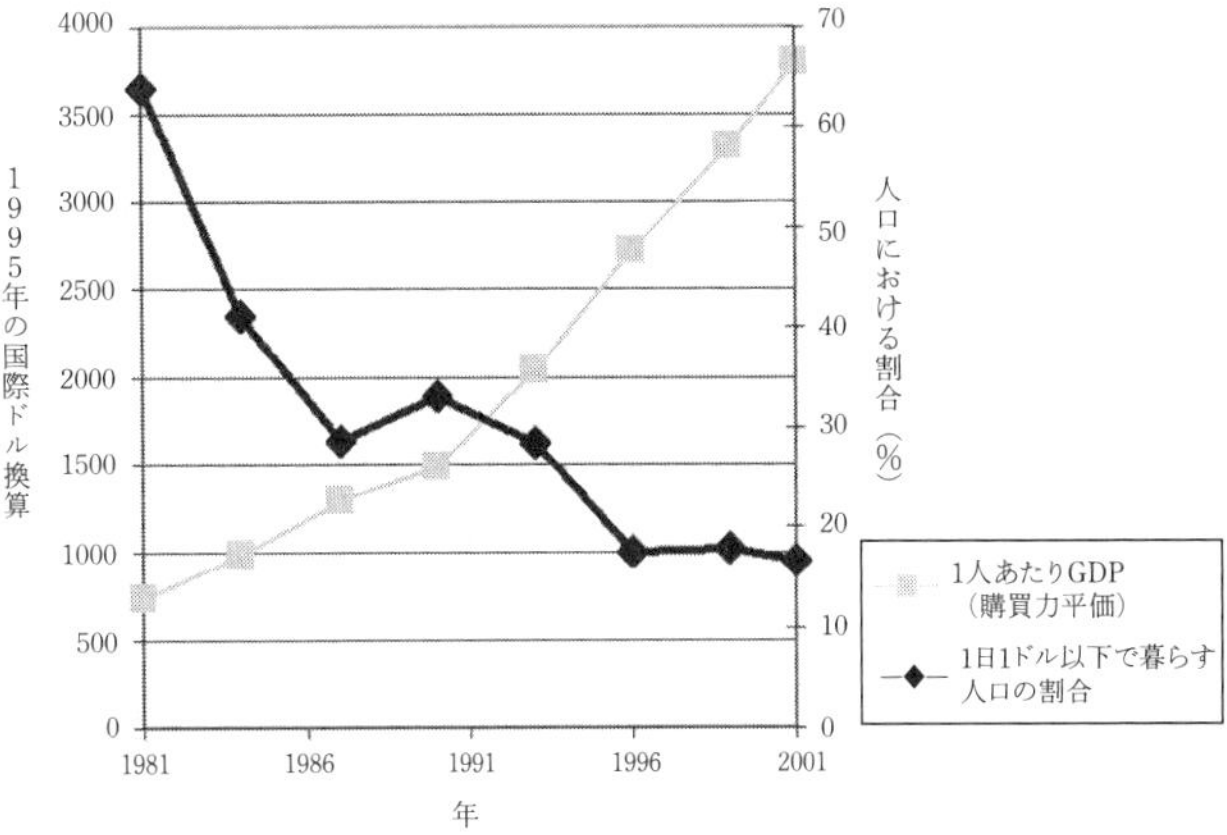

出典：チェンとラヴァリオンのデータ（2004年）、世界銀行（2004年）による。

産業化を促進しようとした毛沢東の非常識なもくろみである。中国全土の何百万という農民が農作業をやめて、裏庭の小さな工場――まったく場違いなうえに非効率的だった――で鋼鉄を製造するよう命じられたのだ。そんな政策の行く末には、食料不足による飢餓が待っていたが、現地の実情は上層部まで届かなかった。偽りの報告がなされたうえ、毛沢東を含むトップ・グループが現実離れした幻想しか見ようとしなかったからである。結果として何千万という死者が出た。一九六六年から始まった文化大革命は毛沢東によるおよそ十年間にわたる試みで、通常の政策立案や官僚のやり方を根底から覆すことにより、永続的な革命状態を作りだそうというものだった。これによって中国社会は転覆され、人びとの暮らしはめちゃくちゃになり、自殺や解職に追いこまれる人も出た。さらに中国の青少年のほとんどがほぼ十年のあいだろくな教育を受けられなかった。その間、第一線にいた学者やリーダーたちは僻地の農村地帯に追放された。中国が開放政策をとるようになったのは、一九七六年の毛沢東の死と四人組の逮捕の後、一九七八年に鄧小平が権力の座についてからだった。

一九七八年以来、中国は世界で最も急速な経済成長をとげ、一人あたりの平均成長率は年に八パーセントの伸びを示している。その率でいけば、一人あたりの平均所得は九年で倍増することになり、一九七八年と二〇〇三年を比較するとおよそ八倍に達している。国内の極貧層の割合も、図2のように劇的に減っている。一九八一年には国民の六四パーセントが一日一ドル以下で暮らしていたが、二〇〇一年にはその数が一七パーセントに減少した。成長のエンジンはまだ猛烈に回転中だが、数年前にくらべて一人あたりの成長率はやや減速している。中国のように急速な成長を示す国では、時間とともに成長率がゆるやかに減じるのはよくあることだ。二十世紀後半の日本もそうだった。そのおもな理由は、テクノロジーの進んだ先進国に成長が追いつくことである。テクノロジーが導入されるにつれ、また先進国との収入のギャップが狭まるにつれ、テクノロジーの輸入による「楽な」成長のチャンスはより少なくなるのだ。

身近で見た中国の急成長

私は一九八一年に中国を訪問しており、幸いにも開放政策をスタートさせた鄧小平時代の中国をかいま見ることができた。当時の中国にはまだ毛沢東の遺産がいくらか残っていた。着ているものは冴えない国民服で、男も女も一律に紺色の木綿の上着とズボンという姿だった。北京の市街は一面自転車だらけで、トラックは数えるほどしかなく、自家用車はほぼ皆無だった。道端でキャベツを売る農民は、自分の商品を売れる自由と、売り物の貧しさの両方をあらわしていた。ツーリストは特別な観光客向けの土産物屋に案内され、手作りの安っぽい小物や衣料品を買わされた。

その次に中国へ行ったのは一九九二年だったが、すでに驚くべき変化が見てとれた。このときは中国経済学会（ＣＥＳ）の招待だった。ＣＥＳは有能な若手中国人エコノミストの集まりで、彼らのほとんどは西側で教育を受けており、早くから経済改革と組織の変革のためにどんな選択が最適かを熱心に探究していた。どのメンバーもドラマか小説になりそうなすごい経歴をもっていた。彼らは現代中国の苦悩を体現していた。ほとんどは中流階級の家庭に育ち、親の職業は医師や教師、政府の官僚などが多かった。毛沢東主義のねじれた論理によれば、そのような家庭環境は胡散臭《うさん》いものとみなされ、家族は文化大革命のあいだ大きな犠牲を強いられた。両親は仕事も社会的な立場も奪われた。子供たちはわずかな例外を除いて農村地帯に送られ、貧しい村の作男として何年も働かされた。教育は中断された。この世代の多くは二度と学校へ戻れなかった。

だが、ＣＥＳのメンバーはエリートだった。その大半は文化大革命のあいだ、追放された人びとのあいだでこっそり回覧される本を使って数学や言語、科学さえも独学で身につけた。鄧小平が文化大革命後に大学を再開すると、彼らは一九七〇年代末に大学の編入試験を受けた。なんという厳しい選別だったことか！　何十万人もの受験者のなかから、試験に合格したのはたった数千人だった。彼らは学生時代から才能を発揮して一九八〇年代にはアメリカやヨーロッパで博士号取得の道に進んだ。そして、一九九〇年代になると、中国の経済発展と個人の自由を広げるために、自分たちのキャリアと生活を捧げていた。

一九九二年のCES会議は、新しく設立された経済特別区の一つ、海南島で開かれた。空港から会議場までのドライブからすでに目がくらむようなものだった。到着したのは夜で、さっそく車を走らせたが、道路脇には焚き火とトーチライトが点々と続いた。驚いたことに、それらはビルの建設現場なのだ。夜間工事で、頼りなさそうな竹の足場が組まれ、三階か四階のビルを建てている。重機はほんの少ししかなく、クレーンも見当たらない。何階建てものビルを人力だけでつくろうとしており、しかも立派にできつつある！　九パーセントの成長率がどういうことかよくわかった。週に七日、二十四時間体制で、昼夜の別なく交代で働きつづける。そうしないと遅れがとりもどせない。なにしろ、中国は五百五十年も遅れているのだ。

私がこの会議に招待されたのは、東欧および旧ソ連圏で始まったばかりの経済改革について話をするためだった。彼らは情報に飢えていた。政府お抱えのメディアは東欧と旧ソ連圏の改革計画をひどくこきおろしていた。市場経済への移行と民主化運動が組みあわさっていたからだ。中国の指導者たちは、市場改革は推進するにしても、あくまで一党支配のもとで進めるつもりだった。少なくとも、ポーランド初の一部自由選挙が実施された同じ一九八九年六月四日に天安門事件が起こったのは皮肉なことである。しかし、そこにはプロパガンダや政治的なポーズだけではなく、もっと別の問題があった。中国は市場改革にともなって経済が急成長していたが、東欧と旧ソ連圏は重工業の縮小によって大きなダメージを受けていた。中国の改革プランのほうが優れていたのだろうか？　東欧はそこから学ぶことがあるだろうか？　中国は、東欧と旧ソ連圏の現状をどう理解すべきなのか？　私はその後もずっと、これらの問いを考えつづけることになった。

やがて、わかってきた。これらの問いの根拠となる考えは、事実に関しても、経済的な解釈の面でもまちがっていたのだ。一般的な見方によれば、中国はゆっくり進み、東欧は急激に移行して、そのやり方はショック療法とまで呼ばれた（このいやな言葉は私にずっとつきまとった）。中国の漸進主義は人間味があり、東欧のラディカリズムは混乱のもとになった。中国が民主化の動きを封じ、経済状態が良好になってから政治的な自由を問題にしたのは賢明だったという人が多い。一方の東欧はがむしゃらに民主化を進めたのがまずかった、と。

最初から、このような考え方は私にはしっくりこなかったが、それにはいくつかの理由があった。その一、私の知るかぎり、ゴルバチョフはソ連のペレストロイカ時代に漸進主義をとろうとしていた。むしろ彼は、ソビエトの改革にあたって中国での成功例を見習おうとさえしていた。だが、その路線はうまくいかなかった。同じように、ハンガリーも一党支配のもとで漸進的な市場改革を試み、「グラーシュ社会主義」と呼ばれて有名になった。しかし、ソ連の場合と同じように、ハンガリーの漸進的な改革は大失敗した。その理由については、ハンガリーの代表的なエコノミストであるコルナイ・ヤーノシュによって明快に分析されている。一方、賞賛を集めた中国の漸進主義だが、ときによってはスピードやラディカルさが目につく。たとえば、農業の集団経営をやめるとなった最初のころの性急さなどである。異なる結果になったのは、たんにスピードが速いか遅いかよりも、もっと重要な違いのせいだろう。

詳細な鑑別診断を応用してこの謎を解こうと決心した私は、それをテーマにした一連の講義をし、論文を何本も書いた。その多くは、私の教え子で共著者でもあるカリフォルニア大学デイヴィス校のウィン・タイ・ウー教授との共同作業だった。ソビエト（および東欧）と中国の違いを分析するにあたっては、中国の有能なエコノミストでCESのメンバーでもあるオーストラリア・モナッシュ大学の故シャオカイ・ヤン教授の協力が大いに役立った。

私たちの診断はまず、東欧およびソビエトの経済と中国の経済の基本的な違いを記録することから始まった。[*23] 一九七八年、市場改革がスタートした年の中国はあいかわらず国土のほとんどが農村地帯で、経済も農業に依存していた。人口のおよそ八〇パーセントは農村地帯に住み、七〇パーセントは小作農だった。一九六〇年代と一九七〇年代には、これらの小作農が組織されてコミューンを形成し、共同で土地を保有し、共同で支払いを受けた。家族単位でどんなに努力しても、土地にいくら投資しても、それに応じた報酬が与えられることは

図3　1980年の部門別雇用の分布

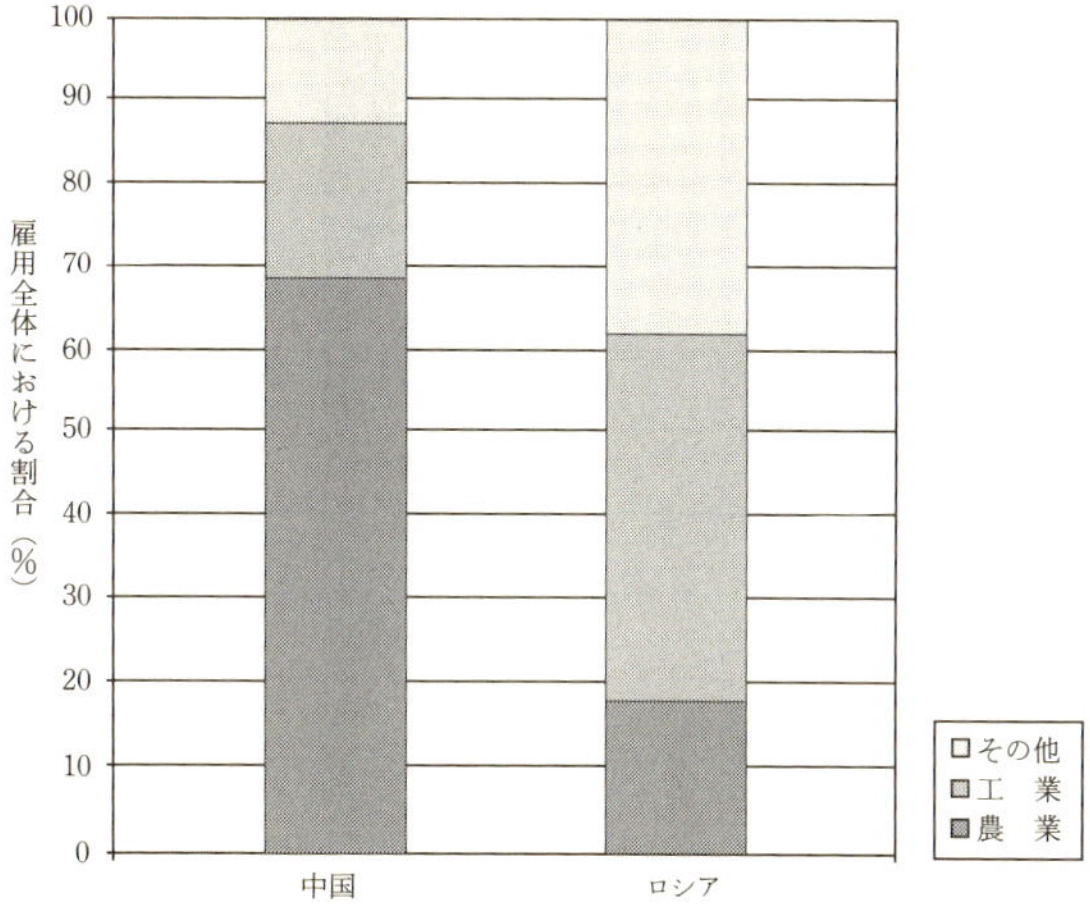

出典：サックスとウーのデータ（1994年）による。

なかった。コミューンでの生産高はとても低かったが、それも家族単位で働く人びとのやる気のなさを反映していた。都会で働くのは国民のほぼ二〇パーセントにすぎず、あらゆる種類の国有企業で働く人の数も、それと同じくらいだった。これらの国有企業もまた非常に効率が悪かった。労働者は給料や特典（たとえば医療なども含む）が保障されており、レイオフも禁じられていた。よくいわれるように、彼らは経済が下り坂になってもけっして割れない「鉄の茶碗」をもっていたのだ。

東欧と旧ソ連圏の国々は構造がまるで違っていた。中国と違って、一九七八年のこの地域では人口のおよそ六〇パーセントは都市部に住んでおり、およそ四〇パーセントが農村地帯の住民だった。工業部門の労働者の割合は全労働力の四〇パーセントを

図4　1984−1985年の組織別雇用状況の分布

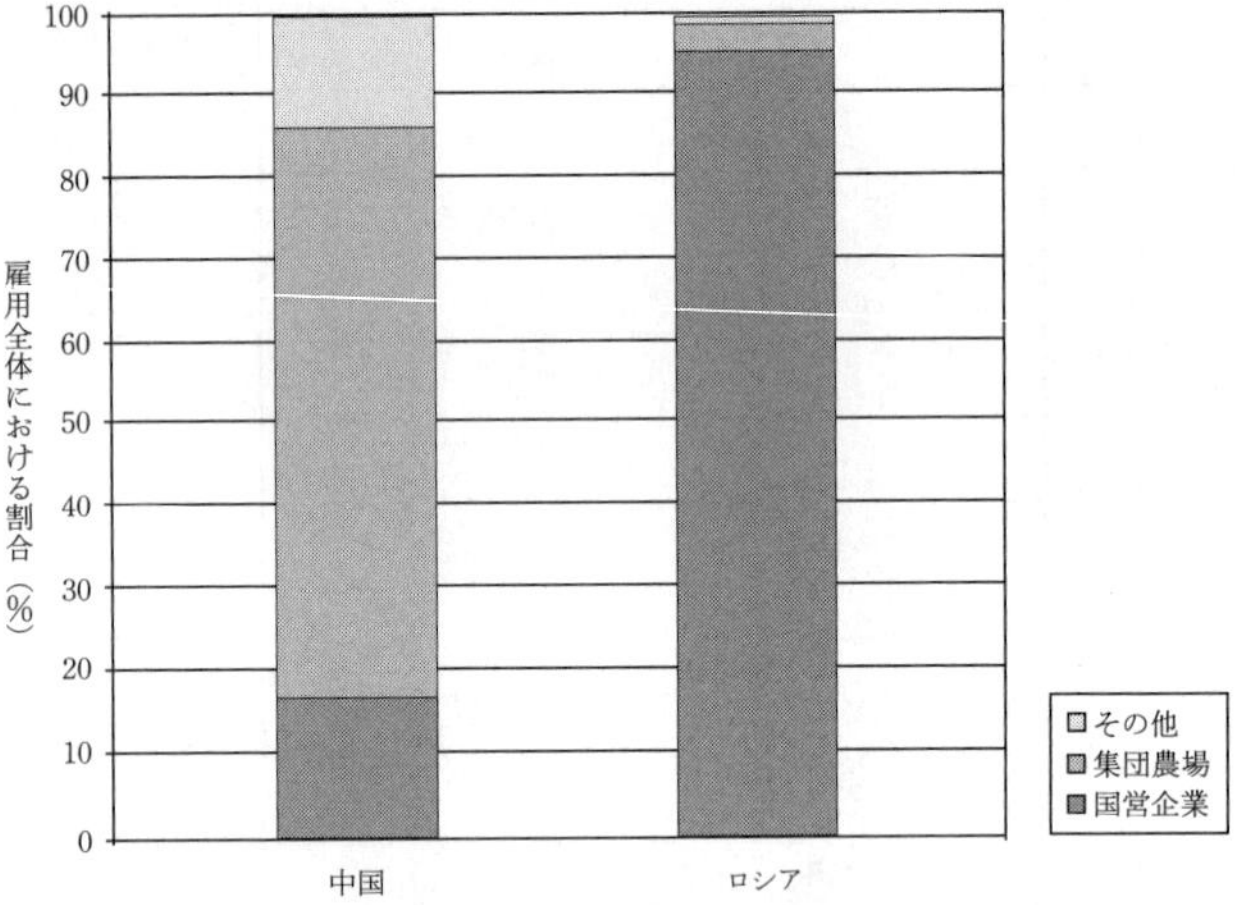

出典：サックスとウーのデータ（1994年）による。

占め、農業部門は二〇パーセント前後しかなかった。図3は中国とロシアの経済構造をくらべたものだが、農業と工業における労働力の割合の違いがはっきり見られる。ソビエト・スタイルの経済では、図4のように国民のほぼ一〇〇パーセントが国有企業で働いていた。中国のコミューンとは違って、農場でさえ組織化されていて、労働者に給料を支払う形の国営企業だった。つまり、ソビエト体制の労働者は全員が、小麦を基盤とした「鉄の茶碗」を享受していたのだ。

スタート地点でのこの違いが、すべての違いのもとになった。どちらの場合も、国営企業部門は大きな試練にさらされた。労働者に対して給料と職と手当てを保証しなければならない国営企業は、効率が悪く、国家予算の浪費につながった。労働者の賃上げ要求を抑えるには、ただ上からの圧力によって、あるいは頭ごなしの脅しによってのみ可能だった。労働者はレイオフや失業の恐れなしに賃上げ要求ができたからである。国営企業に経営を続けさせ、暗黙の、または明白な損失は、国家予算か国有銀行からの補助金で埋めるしかなかった。

一方、中国の農村コミューンは補助金をもらうどころか、国税を収めなければならなかった。政府はすべての農作物を安値で買い上げ、都会で売られる食品の価格を抑えることで、都会の住民をむしろ助けていた。そのうえ、小作農には収入や手当ての保証もなかった――要するに、「鉄の茶碗」はなかったのだ。中国の小作農が大昔からいってきたように、国とへたにかかわって重い税金を取られるくらいなら、放っておいてくれたほうがずっとありがたい。コミューンは効率も悪かった。穀物の生産量が低かったのは、労働意欲がわかないためだった。農民の収入は一人一人の努力や工夫とは関係なく、コミューン全体の生産量によって決められた。だが、家族ごとに別々の土地を耕し、それぞれの収穫によって収入が決まるという「家族の責任」制度が復活すると、労働意欲は驚くほど高まった。

したがって、中国が改革に着手すると同時に、農業生産量は大幅に向上し、食品部門での急速な市場改革が進んだ。一九七七年と一九七九年のあいだに、コミューン・システムはおのずと解体された。上から下への命令ではなく、毛沢東の死後にぽっかりと生じた空白の時期に、国中の農村で下から上へ伝わったのである。コミューン解体運動は野火のように広がり、一九七九年には中国共産党によって認可されたが、実態は農民たちのあいだから自発的に起こった動きだった。

この変化にゆっくりしたところはまるでなかった。むしろ、究極のショック療法である。農村地帯に暮らすおよそ七億人が突然コミューンから離れ、家族のものとなった土地を耕しはじめたのだ。この新しい「家族の責任」制度によって、個々の農民はにわかに労働意欲を高め、がんばって働き、土地の世話や肥料にも工夫をこらし、やがて収穫量が増えはじめた。コミューン解体にともなって食糧生産は急速に増加し、都市部への食品供給も減退するどころか、盛んになる一方だった。つまり、中国の改革における初期の段階では、生産量が急速にアップし、そのおかげで農村地帯と都市部の両方が恩恵をこうむったのである。

一九八〇年代から一九九〇年代初めに導入された改革の次のステップも急速な変化だったが、結果はとても良好だった。第一に、農村地帯の農民は農場を離れて、郷鎮企業（郷は町、鎮は村の意）と呼ばれる地元の産業で働く自由が与えられた。突然、何万という企業が生まれ、工業分野に何百万もの働き口ができたのだ。第二に、国際貿易と国際投資が自由化されたこと。当初は、そのために指定された自由貿易ゾーン——経済特別区と呼ばれた——が主体だった。海外の投資家は中国の可能性に目をつけた。彼らは海外のテクノロジーと資本をもたらし、低賃金の中国人労働者を雇って、世界市場向けの労働集約的な輸出品を製造した。やがて地方の中国人労働者が自由貿易ゾーンをめざして続々とやってきた。つまり、農業部門の解体で自由になった労働者が、輸出品製造部門になだれこんだのである。経済特別区ができて数年のうちに、中国では輸出ブームが始まった。そのもとになったのは、衣料品、織維、靴、プラスチック、玩具、電気製品の部品といった労働集約的な輸出品だった。たった二十年で、工業製品の輸出は急増し、一九八〇年には数十億ドルだったのが、二〇〇〇年には二千億ドルになった。

自由貿易ゾーンに指定された地域は、中国の長い歴史のなかで――とりわけ十九世紀には――世界市場との関連という点で過去に先例をもっていた。経済特別区は、アヘン戦争以後、十九世紀半ばに中国経済が最初に外国に対して門戸を開いた場所とぴったり重なっていたのだ。この先例との大きな違いは、一八〇〇年代半ばの中国は擬似植民地支配だったのに対して、二十世紀の中国は独立国としての決断だったことである。その結果、今日の自由貿易ゾーンの正当性は明確になり、改革もより深くまで根付いた。これは開発のための一手段として、産業への投資を呼びこみやすい地域を選び、産業化の鍵となる都市を作るという考え方である。このやり方はアジアの他の場所でも実績をあげていた。日本のめざましい経済発展はもちろん、第二次世界大戦後の韓国、台湾、香港、シンガポール、ペナン島（マレーシア）など、アジア各地でこの例が見られる。

あとはご承知のとおりである。これらの自由貿易ゾーンは大躍進した。安い労働力と国際的なテクノロジーと豊かな投資がここで組みあわさった。しだいに増えていった資金は国内からも、国外からも流れこんだが、一九九〇年代になると海外投資が優勢になった。

海外直接投資には三種類あった。一つは、ヨーロッパやアメリカの金融・産業の中心地から流れこむ遠隔地国際投資である。二つ目の重要な投資は、アジア各地の中国人コミュニティから送られる金だった。中国人コミュニティのリーダーたちは、とくに一族の者が中心となっていとなむビジネスのチャンスを見逃さなかった。そして、三つ目はラウンド・トリッピング・マネーと呼ばれるものである。金をいったん中国国外に――ふつうは国営企業の口座から――出したあと、香港の金融仲介業者を通じて、ふたたび本土の会社に投資する。それはともかくとして、おびただしい数にのぼる低賃金の労働力、近代的なテクノロジー、豊かな資本、安全で確実なビジネス環境があいまって、近代史でもまれに見る強力な金儲けマシンが誕生したのである。

中国革命のある分野は、たしかに漸進的だった。それは国営企業部門である。中国では、一九八〇年代と一九九〇年代に国営企業の一部が自由化されたが、完全な民営化には至らなかった。政府は「鉄の茶碗」を割ろうとせず、その結果は予想がついたが、やはりよくなかった。給料は増えるのに、儲けは減るばかり。そして国庫や銀行の負担は増すばかりだった。それでも政府は国営企業を維持しつづけ、一九九〇年代末に国営企業の改革に向けて真剣なとりくみが始まるまでは、レイオフもほとんどなく、オーナーの交替もなされなかった。一九九〇年代末になって初めて、国営企業の従業員が何百人、何千人、やがて何百万人もレイオフされるようになり、都会の失業問題が生じるようになった。

中国式の改革は漸進主義といわれるが、じつは農村地帯の改革は急激で、国際貿易への経済開放もすばやく進み、ただ国営企業の改革だけは遅かったというのが実情である。その意味で、中国は最も困難な部分を改革の最後にとっておいたことになる。一九七八年の中国の経済構造があればこそ、それが可能だったのだ。

中国と東欧・ロシアを比較する

　ではここで、一九八九年の東欧、または一九九一年のソ連との違いを考えてみよう。この両方の地域では、自由化すべき非国営企業は存在しなかった。誰もが「鉄の茶碗」をもっていて、すべての企業は国から補助を受けていた。国家予算や銀行への圧力はそのころから大きく、マクロ経済の不安定さも見逃せなかった。さらに悪いのは、ソ連と東欧の大半がすでに多額の海外債務を抱えていたことである。そのために新たな貸付金で財政をたてなおすことができなかった。それどころか、海外の債権者はソ連に借金の返済を求める始末だった。

　ゴルバチョフは一九八五年から一九九〇年まで、中国式の漸進主義を試み、非国営部門を自由化しつつ、一方で国営企業の「鉄の茶碗」は温存しようとした。しかし、結果は惨憺たるものだった。中国では国営企業以外で働く人が全労働力の八〇パーセントを占めていたのに対して、ソビエトの場合、国営企業に頼らない労働者はおそらく一パーセント程度だった。したがって、中国で農民たちが郷鎮企業や自由貿易ゾーンに群がったのとは違って、ソビエトには非国営部門に喜んで加わる余分な労働力がなかった。さらに、ソ連では食糧生産量を大幅に引きあげることもむずかしかった。ソ連の国営農場（集団農場とほとんど同じ）は、中国のように農民に引き継ぐことができなかったからだ。ソ連の農場は大規模の資本集約的な小麦生産組織であり、中国のコミューンのような小規模な家族単位の農地が集まったものではなかった。中国の農民と違って、ソ連の農民は国家に放っておかれるのをいやがった。国営企業に雇われた身として、安定は保証されると信じ、国に期待をかけていたのである。

　こうして、ゴルバチョフが非国営部門を自由化し、国営部門を解体したとき、事態は最悪になった。新たな部門に人が殺到するようすはなく、ただ給料支払いを求める声が湧きあがり、国営企業の損失がますます大きくなった。国庫の赤字は目に見えて悪化し、国内市場向けの非伝統的な製造業（中国の郷鎮企業のような）が続々と生まれたことや輸出の伸び（中国の自由貿易区《フリートレードゾーン》のような）でも解消できなかった。ペレストロイカの名のもとに進められた漸進主義的なソビエト・スタイルは、中国の改革のような経済成長をもたらさず、ただ国庫を空っぽにしただけに終わった。

　鑑別診断によれば、ソビエト・東欧の経済と中国経済の根本的な違いを少なくとも五つは指摘できる。

・ソビエトと東欧の経済は多額の海外債務を抱えていたが、中国にはそれがなかった。
・中国には長い海岸線があり、それが輸出主導の経済発展の支えになった。ところがソ連と東欧には長い海岸線がなく、したがって国際貿易に低コストでアクセスできるという利点もなかった。
・中国には、海外在住の中国人コミュニティという協力者があった。彼らは海外投資家の役割を果たし、ロールモデルにもなった。一方、ソ連と東欧は一般に、海外在住のコミュニティをもたなかった。

- ソ連は改革のスタート時点で、石油生産が急激に落ちこむという経験を味わったが、中国にはそんな経験がなかった。
- ソ連はすでに産業化への道をかなりのところまで進めていて、西側（アメリカ、EU、日本）と互換性のないテクノロジーを導入していた。しかし、中国はテクノロジーでは低レベルに留まっていたので、西洋の機械やプロセスを容易に導入できた。

これらの相違点のために、中国とくらべて、東欧や旧ソ連圏の改革はより困難になった。とはいえ、中国の改革がたやすかったとか、東欧の改革がへただったというわけではない。ロシアで何が事態の妨げになったかはすでに述べた。ロシアと中国を軽々しく比較するのは早計だとだけいっておこう。中国の改革がロシアに通用するとはかぎらない。皮肉なことに、ソ連は一九八〇年代後半に中国式の漸進主義を実際に試み、失敗しているのだ。

中国の抱える難問

うれしいことに、中国の経済的な成功はどうやら確実で、近年のめざましい成果がずっと続くこともありそうだ。私は中国がこの先も急成長を続けるだろうと楽観し、数世紀にわたって差が開いてきた一人あたりの所得もいずれ西側に追いつくと確信している。同時に、中国の行く手にはまだ大きな難問が残っている。

一つ目の難問は、中国の成長が均一ではないことだ。世界中のどんな経済でもそうだが、中国も地理による束縛は大きく、とりわけ東西および南北の分断が問題となっている。東西の分断はとくに目を引く。中国の東海岸は太平洋に接し、この一帯には世界的に重要な港が築かれている。たとえば、北から南に天津、上海、広州、香港、海南島などである。沿岸地方は海上貿易の恩恵によって、時間の上でも輸送コストでも、世界の有力な市場に近づきやすいという利点がある。一方、中国の西側の国境には、標高四千五百メートルのチベット高原と中央アジアの砂漠が広がっている。どちらも乗り越えがたい難所であり、輸送コストは高くつき、世界貿易の中心地から遠く隔たっている。この西の地域が、東海岸より成長が遅れたのは無理からぬことだった。また地図7のように海外投資家による投資が東海岸に集中したのも当然である

この分断を解消するのは容易ではない。経済地理学からしても、東と西の成長の差は自然なことである。これはそう簡単には解決できない。できるとしたら、一つには、西に住む人びとが職を求めて東へ向かい、国内を移動することが考えられる。この流れはすでに生まれていて、現在の世界で最も大きな人口移動となっている。永住または季節の出稼ぎを求めて、内陸から沿岸地域に移動した人びとの数はおよそ一億五千万人にものぼっている。また、もう一つには、沿岸地方への投資を内陸に転換することもある。こうした投資によって、イン

フラストラクチャー構築や産業の発展が促され、学校や公共医療サービスの改善によって社会も発展する。

東欧と旧ソ連圏にも東西の分断という問題はあったが、この場合、西端に位置する国々のほうがEUの大きな市場に近かった。中国の東の地域が西の地域より速く成長したのと同じように、EUとの国境に近い東欧諸国のほうが、ずっと遠い旧ソ連圏の国々よりも成長が速かった。

中国の南北の分断はそれほど目だたないとはいえ、これもきわめて重要だ。北は南にくらべて乾燥している。中国北部の水不足は、今後、経済的にも社会的にも大きな問題になるだろう。すでに中国は何百億ドルも費やして建設した三つの巨大な運河で川の流れを南から北へと変えており、そのコストと有効性と環境への影響について正確な判定はできないにせよ、リスクが非常に大きいことはたしかである。

中国にとっての二つ目の難問は、市場改革を進めるにあたって、社会や環境を守る立場としての国家の役割をどうすべきか、ということだ。ある意味で、中国の市場改革は基準を超えてしまったともいえる。農村地帯のきわめて非効率なコミューン・システムを解体したとき、それまであったごく初歩的な公共医療制度も一緒に分解されてしまった。これもコミューン組織が基盤になっていたからである。一九八〇年代以降、中国の農村部に住む貧しい人びとは医療にかかる費用を自前でまかなわなければならなかった。その結果は悲惨だった。国全体の経済成長にもかかわらず、貧しい人の多くが、必要な医療さえ受けられなくなった。

農村地帯では最近になって乳児死亡率が上がっている地域さえある。二〇〇三年に伝染病のSARSが蔓延したとき、中国はようやく農村地帯にきちんとした公共医療制度がないことに気づいた。医療体制がきちんとしていれば、伝染病の発生を監視し、予防することもできたはずだ。要するに、これからの中国は、社会を守るための制度を築くことが必要になるだろう。なかでもとくに農村地帯の公共医療制度は大切だ。

同じように、中国は今後、環境保護のための制度にも真剣にとりくまざるをえないだろう。中国の人口はおよそ十三億人で、今世紀半ばには十四億人になるだろうと予測されている。しかも人口密度は世界一だ。そんな膨大な人間の生活によってエコシステムが破壊される危険性はきわめて高い。中国はこれまでにも環境ストレスによって大きな犠牲を払ってきた。たとえば、洪水のような大規模な自然災害、大都会の大気汚染による病気、中国北部の乾燥した平野での水不足などである。さらに、化石燃料の使用量が急増しているため、人為的な気候変動を起こす最も大きな要因をもつ国家として、中国はアメリカと肩を並べそうな勢いだ。したがって、国内的にも、また国際的にも、中国は環境問題に対して責任ある態度をとらなければならない。それには政府の断固たるリーダーシップが必要となる。これは、市場改革を推進するより、はるかに困難なことかもしれない。

今後の中国が真剣にとりくむべき三つ目の難問――それは政治改革である。私は中国がいずれ民主化を果たすと信じている。だが、国内的にも対外的にも、民主化こそ中国の発展に欠かせないものだと中国の指導者たちが理解していなければ、その道は平坦ではないだろう。

私が楽観している理由の一つは、一般に、経済成長をなしとげた場所では、民主化と透明性への欲求が高まるからである。この現象は、世界共通とまではいかないが、広い範囲で見られ、中国でもかならずそうなるはずだ。「かならず」と断言したのは、そんな形で成功した例が、台湾や韓国など、近隣のアジア諸国でたくさん見られるからである。中国でもきっと内部から民主化への欲求が高まるだろう。識字率の高さや私有財産のレベルの上昇からしても、また社会を構成するさまざまな利権グループが地歩を固め、政治への参加に熱心になる——一つには自分たちの財産権を守るためだろうが——という流れからも、民主化は避けがたい。

しかし、ここではっきりいえるのは、今後の中国には現状とは違う政治システムが必要になるということだ。中国の政治システムは、国家としておそらく世界で最も長続きしたものだろう。その起源は、およそ二千二百年前の漢王朝にまでさかのぼる。紀元前二〇二年に国が統一されて以来、中国では中央集権国家が基本的な政治モデルとなってきた。権力は上から下へ、官僚制を通じて各地域から地方へ、そして最終的には村のレベルにまで伝わるのだ。そのような中央集権制を可能にしたのは、広大な亜大陸全体に広がる村落社会だった。それらの村はどれもよく似ていた。稲作に従事する何億もの人びとが何万もの村に住んで、経済的にも文化的にも特徴の似通った共同社会を築いていた。そのような均質な社会では中央集権制はうまく機能し、命令は上から下へ、さまざまな階層を通じて伝達される。そして、同じような内部構造をもった共同社会の末端にまでやがて浸透するのだった。

中央集権制がうまく機能していたからこそ、中国の民主化運動は複雑になる。中央集権は二千年ものあいだ政治組織のモデルとして有効だった。短期間の例外をのぞいて、中国はその長い歴史を通じてずっと統一国家だった。これほど人口の多い広大な国には珍しいほど内紛が少なかった。中国の政治はきわめてすぐれていた。だが、はっきりいって、すぐれた政治とは何だろう？　大勢の国民をともに生きながらえさせることだ。だが、そんな偉大な業績にもかかわらず、中国は経済面での発展という点では後れをとった。中央集権制の中国ではおよそ五百年にわたって権力のトップがつねに決断を下してきた。これが経済にとっては大きなマイナスになったのである。そのようなプロセスは、つねに権力が分散していた西ヨーロッパではとても考えられない。

成功は二千年以上も続いたが、ついに中央集権制は効力を失った。なぜか？　中国の中央集権機構——広大な領域をカバーする——は、つねに分散し変化してゆく市場経済のダイナミズムとは相容れないからだ。市場経済によってなりたつ社会には、人口の移動、権力や富の多様なあり方、地域の多様性が不可欠である。このダイナミズムはすでに中国の政治に大きな圧力を加えている。

二千年も続いた社会機構は、いまや都市化によってくつがえされつつある。国のさまざまな地域における多様な経済活動もその後押しをしている。それらの多様な活動に加え、文化や民族性、言語表現などにも多様性が出てくるにつれ、インフラストラクチャーや教育などへの欲求もさまざまなものが生まれてくる。上から一つの命令だけを出して、十三億の国民すべてを満足させることなど、いまやとうてい不可能だ。過去二十年における中国の経済成長は、一つには地方政府が力をもつようになったせいでもある。それらの地方政府は地域レベルでの多様性を認め、より複雑な労働分野を創出し、移動を可能にするといった試みにとりくみ、それがどんな結果をもたらすかを見ようとしている。

地方政府の合法化を求める声はかつてなく高まっている。決定の多くが地方レベルでなされているからだ。だが、重要な決定を下すのが上から任命された人びとで、彼らが任務をうまくこなせなかったり、下の人びとから正当な人材だと見なされなかったりしたら、この形は無効になってしまう。実際、地方政府に腐敗が蔓延しているため、このシステムはすでに崩壊しかけている。一党支配は支持を失いつつあるのに、中国は内部の混乱を避けようとする——たとえ、衝突が起ころうとも。この国のリーダーたちは混乱を回避しながら、地方分権の道を見つけたいと願っている。

私が思うに、連邦制の民主化が最も妥当な解決策ではないだろうか。だが、現状からそこへ移行するのはかなり厄介だ。現在の中国は、民主化を経験したばかりで新鮮な興奮がある。たとえば政党と無関係な村落レベルでの選挙では、政党の代表としてではなく個人として立候補するようになった。胡錦濤国家主席は最近こんなことをいった。[*24]「民主主義は全人類に共通の目標である。すべての国は国民の民主的な権利を断固として守らなければいけない」。言葉と行動のあいだにはまだ大きな隔たりがあるが、近い将来、その隔たりはもっとせばまるにちがいない。

問題は、この変化がゆっくりと平和的に達成されるのか、それとも強硬派や腐敗した役人や一党支配への追従者のせいで暗礁に乗りあげるのか、だろう。民主化に向かって着実に進んでいくのがいちばんいいし、それは可能である。台湾や韓国の例を見てもわかるように、国家としての全体性を保ちながら、同時に活発な経済活動をくりひろげることもできるのだ。これらが今後の中国を待ちうける政治的課題である。

中国の史上最大のチャンス

二十世紀に貧困という悩みを抱えてきた国々のなかで、中国は二十一世紀になって最初に貧困を撲滅できる国になりそうだ。すでに中国国内における極度の貧困の割合はかなり減っており、さらに急速に減りつづけている。この章ではすでに、西欧と比較した中国の所得が何世紀にもわたって下りつづけたあげく、ようやく上向きになったことについて述べた。過去四半世紀の方向転換は、ドラマチックとはいえ、一千年単位の下り坂からすると些細なものに思える。中国と、そしてその他の世界にとっての朗報――にちがいないと私は信じているが――は、何世紀かぶりに中国が勢いをとりもどし、どうやら追いつきそうだということである。半世紀という短い時間で、中国はこれまでのギャップを急速に縮めている。開発経済学者の経験則によれば、豊かな経済と貧しい経済の収入の差は、他の条件（地理や政策など）がだいたい同じなら、年におよそ二パーセントの割合でせばまる。これは豊かな国が貧

図5　中国の猛追撃

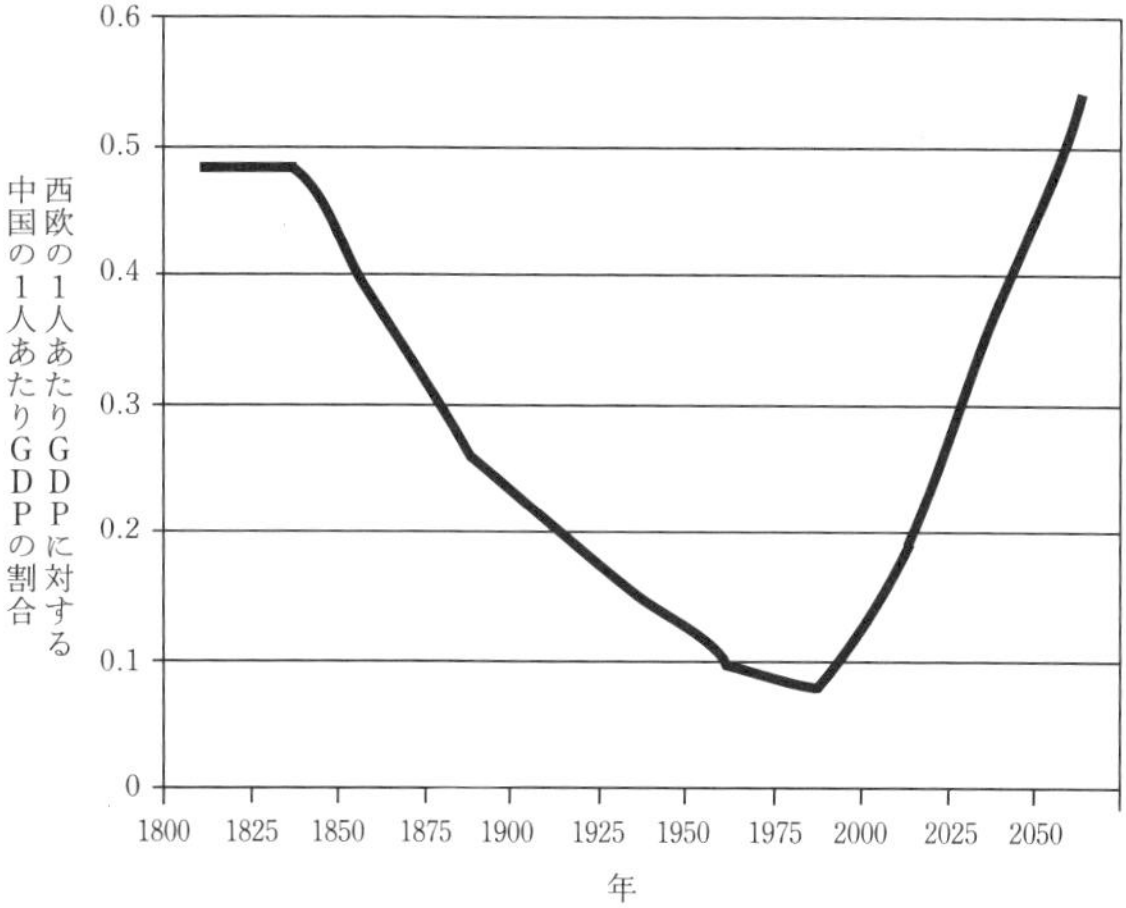

出典：マディソンのデータ（2001年）にもとづき、著者が予測。

しくなるのではなく、開発の遅れていた国が資金とテクノロジーを活用して急速に成長するからである。この大まかな計算によれば、二十一世紀半ばの中国は図5のような成長を遂げることも考えられる。二〇五〇年には、中国の平均所得は西ヨーロッパの平均所得の半分にまで達し、産業化時代がスタートした地点と同じくらいに地位を回復できるかもしれない。

中国の改革によって、グローバルな経済と政治は形を変えることになった。一九八〇年代に始まったソ連の改革と一九九〇年代のインドの変貌は、ある意味で、まちがいなく中国の成功に刺激を受けていた。この十年間、私は中国と深くかかわってきたが、その一方でインドでも経済顧問およびリサーチの仕事を続けてきた。中国の先例で、十億の人口を抱える国でもすばらしい経済成長が可能だということはわかっていた。私も含めて、世界中の大勢の人がインドでも同じことが起こるにちがいないと考えるのは自然だった。一九九四年、私はその問題をこれまで以上に真剣に考えるようになった。

9　インドのマーケット再編成——恐怖を乗り越えた希望の勝利

インドが広範囲におよぶ史上改革を導入しはじめたのは一九九一年だった。これらの改革は、重要な点において、中国、東欧、旧ソ連圏を席巻した改革とよく似ていた。一九九四年半ば、私はニューデリーに招かれて政府閣僚と会い、グローバリゼーションと世界各地の経済改革について一連の公開講義をした。とくにうれしかったのは、インドの財務相、マンモハン・シン博士に会えたことだった。世界中の尊敬を集めているシン博士はケンブリッジとオクスフォードで教育を受けた開発経済学者であり、当時、インドの経済改革の先頭に立っていた。私はその後も、二〇〇四年五月から首相となったシン、それにもう一人のインド首相であるアタル・ビハーリ・ヴァージペーイー——彼が首相の座にあったのは一九九六年に短期間、そして一九九八年と二〇〇四年にも復帰した——を初めとするインドのリーダーたちとともに仕事をする栄誉に浴した。

私は大学院での勉強のため一九七八年にインドを一カ月間旅行したが、そのとき初めて極度の貧困を目にした。一九七八年に初めてその地を踏んで以来、インドの魅力は私をとらえて離さなかった。インドは見た目にも驚きの連続で、衝撃的なまでに不可解だった。色鮮やかなサリーをまとった優雅な女性たち、雑踏で沸きかえる市場、路上を堂々と行き来する牛の群れ、屋根から屋根へ跳びまわる猿たち、混雑したバザールのなかをにじるようにして進む葬儀の列、腰布姿の聖人、多種多様な寺院、路上で物乞いをする貧しい老人たち、ターバンを巻いたシーク教徒。極度の貧困という問題は、私が想像していたよりもずっと深刻だった。広大な土地と古い文明をもつこの国が、なぜこれほど貧しくなってしまったのだろう。この国を貧しさから救うために何ができるのだろう。インドは自らを養うことができるだろうか？　私はその旅のあいだずっと、ノーベル経済学賞の受賞者カール・グンナー・ミュルダールの大著『アジアのドラマ』をたずさえていた。そして、いつか自分がそれらの問題を理解できるなら、そして解決のために役立てるようなことになったら、どんなにうれしいだろうかと考えた。

およそ二十年後、私は最初のときより少しは心構えができた状態で、インドに戻ってきた。それまでに私は世界各地を見てきたし、経済開発の問題を研究し、また実際にとりくんで十年以上がたっていた。大学院時代からの個人的な関心をもとに、インドの極度の貧困をなくす闘いに多少なりとも役立ちたいとはりきっていた。私はまた楽観主義者でもあった。中国はグローバリゼーションの恩恵に浴し、最新テクノロジーを導入したおかげで、思いがけない速さで貧困から脱することができた。中国にできるなら、インドにだってできないはずがない。もちろんできる、と私は確信した。マンモハン・シンとそのチームもそう思っていたにちがいない。

一九九四年にインドへ到着すると、数日もたたないうちに、新たな謎に直面した。シンとそのチームを含む政府のリーダーたちはインドの改革についてかなり楽観的だったし、ビジネス界の人びとも慎重ながら明るい見通しをもっていた。ところが、学者たちは違った。経済学教授の講義を聴くたびに、次から次へと懐疑的な言葉を浴びせられるのだ。この懐疑主義は気力をそぐものではあったが、私の目を開かせてもくれた。遅ればせながら、私はやっとインドの歴史の重さに気づかされたのだ。

活気にあふれた大学人の集会場であるインド国際センターで講義をしている途中だった。海外直接投資によって得られる経済成長の見通しについて、私は夢のような話をしていた。ふと聴衆のなかの疑わしげな顔に気づき、その瞬間、自分がなんと卑小な存在かと思った。私が調子にのって海外直接投資のすばらしさについて弁じたてていたこの場所、このインドは一介の私企業によって主権を奪われた国なのだ！　信じがたいことに、インドはまず最初にイギリスの東インド会社――民間の株式会社である――の手に落ち、やがて大英帝国そのものの傘下に入れられた。十七世紀から十九世紀までのインドの歴史は、欲にかられた私営の軍隊が偉大な文明の地を踏みにじった歴史だった。祖国の辛苦の歴史が身にしみている知識人にとって、グローバリゼーションはそうあっさりと受け入れられるものではなかった。

インドと世界の三千年

きわだって長く、また傑出した歴史は、今日のインドに大きな影響をおよぼしている。歴史家の仮説によれば、インドの伝統的な社会構造は、カーストという厳密な社会成層とともに、この国の発達の歴史に痕跡を残している。インドの初期の歴史については、あまりはっきりわかっていないし、その正否について議論が紛糾してもいるが、近年、インド人の遺伝子地図解析によって、古代のインド神話であるヴェーダの記述が正確らしいということがわかってきた。つまり、もともとインドに住んでいた人びと（ドラヴィダ語族）は中央アジアから侵略してきた部族に征服され、このあとから来た人びとが高位のブラフマンになったのである。最近の研究によれば、ブラフマンは中央アジアや小アジア（アナトリア）の住民にきわめて近い遺伝子マーカーをもっているという。したがって、カーストのような制度やタブーは、ごく初期のころの征服者と征服された側の社会的な関係を反映しているのかもしれない。理由はなんにせよ、インドはたぐいまれな寄せ集め社会であり、文化、民族、言語、アルファベット、宗教などすべてが混沌としている。多様性こそが、インドの第一の、そして最大の特徴なのである。

インドの歴史は、競いあう帝国と征服のユニークなパノラマを見せてくれる。インド国民の大多数はヴェーダ時代からのヒンドゥー教徒だが、過去一千年のインドの支配者たちはどちらかといえばムスリムやキリスト教徒が多かった。デリーやアグラといった都市を中心としてガンジス川流域に人口が密集したヒンドスタン平原一帯は、十一世紀以降、ムスリムの侵略者に征服された。タージ・マハルやデリーのラール・キラー（赤壁城）を築いた有名なムガル帝国の皇帝たちは中央アジアから来た侵略者だった。彼らは強力な支配者で、一六〇二年には北インド一帯を手中に収めた。ちょうどその年、エリザベス一世の特許状をたずさえた少数の貿易商の一団がコロマンデル海岸に到着した。今日の大都市チェンナイ——つい最近までマドラスと呼ばれていた——のすぐ近くである。ムガル帝国はガンジス川流域の平原を支配下に置いたが、インド亜大陸のその他の部分には大勢のマハラジャ、大公、武人の王などが並びたっていた。

天才的な政治的手腕と冷徹な非情さをもったイギリスは、分断したのちに征服するという戦略によってインドでの優位をかちえた。世界の反対側にある人口わずか五百万の国から来た小さな貿易会社が、一億一千万人かそれ以上の人口をもつ亜大陸に将来のための足場を築こうと考えるだけでも相当なものである——いわんや帝国を築くなどとんでもない。一六〇八年の不吉な第一歩から、一八五八年に最終的に亜大陸を征服するまで、イギリスの東インド会社は——イギリスの王権を後ろ盾にして——一歩一歩、策略と武力によって権力を握っていった。最初は一方の王にとりいり、次には別の王の側につき、戦場では味方を裏切り、敵を打ち負かし、買収と賄賂を駆使して、しだいに国全体を手中に収めていったのだ。

これがどのようにして起こったかを正確に説明するのは、歴史上の大きな難問となっている。たしかに、イギリスは進んだ武器をもっていた。イギリスは世界の海を制覇していたが、インドの支配者はけっして海に出ようとはしなかった。十九世紀のイギリスはまちがいなく世界有数の産業大国だった。それでも、十七世紀に東インド会社が世界に進出しはじめたころ、インドの人口はイギリスのそれのざっと二十二倍もあり、しかも彼らは自分たちの縄張り内にいるという利点があった。インドは産業と製造業のパワーでイギリスにけっして負けていなかった。インドの繊維と衣料は世界中で珍重され、世界の繊維および衣料貿易の分野で、インドの被服の輸出は多くを占めていた。イギリスが権力を握るようになった背景には、産業と軍事力の台頭だけでなく、インドの政治および社会構造の弱さがあったのだ。政治に関していえば、拡張しすぎたムガル帝国は十八世紀初めに解体しはじめていた。広大な亜大陸を統治しきれなくなったことと、ヒンドゥー教徒の国民の支持を得られなくなったせいである。ムガル帝国は分裂してさまざまな後継国家が生まれ、イギリスはそれらの政治的分裂をたえず操作して、自国に有利な状況を作っていった。同時に、インドのはっきりした社会成層とカーストが、大きな役割を演じた。その区別はあまりにも厳密で、上級カーストのインド人は低いカーストやアウトカーストの人の影のなかを歩いてはいけないというタブーさえあったのだ。内部に強い団結と同志愛が存在しない社会は、外部の力に征服されやすい。

イギリスの支配と経済面での遺産

軍事力による征服は、経済的な征服と同調していた。十八世紀の初めから末までに、イギリスはインドの繊維や衣料を輸入する側から、インドへの重要な輸出国へと立場を変えた。十九世紀半ばまでにイギリスはインドの布地の製造業者になっていた。インドの何百万という手織り職人に代わって、イギリスの機械織機が工場に設置された。市場力《マーケット・フォース》がテクノロジーの進歩によって形作られる例として、この情景の図はよく教科書に載っている。ただし、きわめて重要な時期である十八世紀にイギリスがずっとインド織維製品の対イギリス輸出に貿易制限を課していた——その間にイギリスは効率の悪い製造業の遅れをとりかえして優位にたつことができた——という事実は教科書には書かれていない。要するに、イギリスは織維貿易でのインドの優位をくつがえすために、攻撃的な産業政策をとったのである。

イギリスがインドを軍事的に征服し終えたのは一八五七年だった。その時点で東インド会社——すでに国のコントロール下にあった——はインドの法的な支配権をイギリス王権に公式に移譲した。いうまでもなくインドは大英帝国の宝石であり、中東や中央アジア一帯におけるイギリスの外交政策はその宝石を守ることが第一とされた。イギリスはまたインド亜大陸に多くの資本を投下して道路、鉄道、電気網、電信設備の敷設に力を入れ、それらが十九世紀末以降のインドの経済発展を促した。しかし、イギリス支配を正当に評価するには、この帝国の否定的な面も考慮に入れなければいけない。そこには冷酷な顔もあった。

おそらく最も重要なのは、統治者としてのイギリスがインド国民の教育——初等教育とエリート教育の両方——をないがしろにしていたことである。インドにはモハンダス・ガンディーやジャワハルラール・ネルーのようなエリートもいて、彼らは世界に通用する教育を受け、のちに独立国家インドの誕生に貢献することになった。しかし、彼らは少数派だった。イギリス支配のもとで、インドはあいかわらず無学な農民の国だった。独立したとき、インドの識字率はたった一七パーセントだった。公共医療もひどく遅れていた。一九四七年の平均寿命はわずか三十二・五歳である。[*25] もう一つ、イギリスがないがしろにしていたのはインドの産業化だった。少なくとも、イギリス本国の産業に損失をもたらしそうな産業には圧力がかけられた。インフラストラクチャーの建設もインドの天然資源――イギリスの工場に送る綿など――を利用するのが目的で、インドの産業化を後押しするためではなかった。もちろん例外はあったが、原則は変わらなかった。アンガス・マディソンがいうように「ようやくあらわれたインドの資本家もイギリスの商業資本に頼りきっていることが多く、産業の多くの部門、たとえば造船、金融、保健、石炭、穀物プランテーション、ジュート栽培などは、イギリスの会社に牛耳られていた」。[*26]

大英帝国の無責任さを示すなによりの実例は、十九世紀後半と二十世紀前半に何度もインドを襲った飢餓や伝染病への対応である。マイク・デイヴィスが傑作『ヴィクトリア朝末期のホロコースト』で書いているように、インドは雨期に雨が降らなかったことによる水不足で何度も苦しめられた。[*27] これはたぶん、エルニーニョ南方震動による太平洋西部の気候変動とも関係があるようだ。雨不足のせいで旱魃になり、その年は飢えに悩まされた。翌年はといえば、今度は雨が降ったために蚊が大発生して、飢餓で体力の衰えた人びとのあいだにマラリアが大流行した。イギリスがダム、灌漑水路、道路といったインフラストラクチャーを建設したことによって、人間の居住地のそばにハマダラカの繁殖地が増え、インドのマラリアはますます猛威をふるったのである。

もちろん、雨不足や蚊の繁殖地が増えたことまでイギリスのせいにはできない。蚊がマラリアを媒介することは一八九八年までわからなかったのだ（マラリア原虫の生態を初めて解明したのは、インド医務官だったイギリス人のロナルド・ロス、それとは別のルートで研究したイタリア人科学者ジョヴァンニ・バッティスタ・グラッシの二人である）。イギリスの最大の失敗は飢餓への対策だった。イギリスは飢えに苦しむ大勢の人びとを前にして、救援食糧などの公共サービスを適切に組織できなかったのだ。デイヴィスは、インド総督のカーゾン卿が飢えたインド国民を前にいった言葉を引用している。

無駄な慈善事業のためにインドの財政的な立場を危うくするような政府は世間から厳しい批判を浴びるだろう。国民の士気を挫き、自助精神を妨げるような無計画な施しをする政府は公然の罪を犯したも同然である。

こうして帝国の支配者が傍観している前で何百万もの人命が失われた。

注目すべきデータがある。インドで最後の大飢饉が起こったのは、帝国支配が弱まりつつあった一九四三年のベンガルだった。一九六〇年代にはまた雨が降らずに水不足となったが、このときは独立国家となっていたインドが大量の救援食糧を配布して国民を救った。この救援活動はアマルティア・センが主導した。彼は、飢餓とは気候変動や穀物の収穫量だけでなく、政策によって大きく左右されるという優れた洞察力をもっていた（とはいえ、センの考え方は行きすぎることもあり、たとえば民主主義社会には飢餓はないという主張もそうだ。アフリカのように極端な気候や人口状態において、きわめて脆弱な国民が乾燥地帯で自然の降雨だけに頼って農業を営んでいるような場所では、たとえ民主的な社会でも簡単に旱魃が起こる)。

近年の歴史学の一部――歴史家ニーアル・ファーガソンの著作『帝国』がその代表だが――には、大英帝国がインドなどの植民地にテクノロジーと知識を広めたことを高く評価する声がある。私にいわせれば、これは誤解を招く言説だ。大英帝国はインフラストラクチャーとテクノロジーを広めたが、それはあくまで自国の利益のためだった。帝国の存在がなくても、他の経路を経て――たとえば、資本財、模倣やリバースエンジニアリング、技術的な援助(金さえ払えばいくらでも得られた)を通じて――テクノロジーが普及したかもしれない。科学知識は、教科書、国際会議、交換留学生、学会などで伝播できるだろう。実際に、日本は帝国の餌食にならずに産業時代のテクノロジーによる恩恵を受けることができた。国家の主権を保ちながら、日本は植民地よりもずっと速く産業化を進めることさえできたのだ。むしろマディソンが書いているように「イギリス政府が技術教育をなおざりにし、イギリス系の企業やその経営者がインド人従業員に訓練の機会を与えず、経営実務も経験させなかったために、インド産業の効率性は損なわれた」のだった。

全般的にイギリス支配下でのインド経済はかなりひどいものだった。マディソンのデータによれば、インドは一六〇〇年から一八七〇年まで一人あたりの所得がまったく増えなかった。[*28] 一八七〇年から独立した一九四七年までは一年に〇・二パーセントしか伸びず、それに対してイギリスは一パーセントの成長率だった。

独立後のインドの経済的な選択

植民地はどこでもそうだが、インドも外国の支配によって疲弊した。二つの大戦とその間の大恐慌でヨーロッパが血を流していたころ、ヨーロッパ支配下の植民地では独立を求める声が聞こえはじめた。インドがその皮切りとなり、一九四七年八月十五日「真夜中ちょうど」――独立にあたってネルー首相が議会でおこなった演説から――に独立した。こうして、インドはネルー首相のいう「運命との逢引」にのりだし、同時に自身が抱える双子の悪魔とのランデブーも始まった。一つは植民地支配の名残りであり、このためにインドはいつまでも国際貿易と海外投資へのアレルギーに悩まされることになった。もう一つは社会階層の大きな断絶で、これはインドを内政面で弱体化させ、世界との競争力においてもマイナス要因になった。

ネルーは初代首相に就任するとさっそく、民主社会主義の戦略をとりいれた。この時期に誕生した他のポスト植民地国家のリーダーたちと同じく、ネルーも自給自足による経済開発の道を求めた。グローバルな市場や国際貿易、海外直接投資などに頼らないやり方だ。植民地支配への長く苦しい戦いを続けてきたあと、ネルーもその同僚も、いまさら海外の経済力に服従する気にはとてもなれなかったのだ。国内重視の経済戦略（アウタルキ、すなわち経済的自給自足）を選んだのにはもう一つの理由があった。一九四七年当時、世界市場はほとんど機能していなかったのだ。しかも、大恐慌の経験から市場力《マーケット・フォース》があてにならないことは身にしみていた。そのうえ、ソ連の産業化が大成功していること――偽のデータで誇張され、公にされない弾圧のもとではあったが――は明らかだったので、科学的な国家プランニングこそ将来の道にちがいないと思ったのも無理はない。

そんなわけでネルーは国家が経済を強力にコントロールする体制を選んだ。インドでは何をするにも――貿易や投資を始めるにも、工場の規模を拡大するにも――許可が必要だった。大規模な産業ユニットが規制されたのは、技術的に遅れた小規模な会社を存続させるためだった。機械式の織機に対して、手織機の職工が保護された。産業労働者をレイオフすることは禁じられた。都市部の土地を新しく産業目的に転じるときも許可が必要だった。銀行口座の開設や資金の移動、海外投資も許可制だった。要するに、経済活動はがんじがらめに縛られていたので、成長など望むべくもなかったのだ。一九五〇年から一九七〇年の成長率は年に三・五パーセント、一人あたりでは一・九パーセントという低さで、これが「ヒンドゥー式経済成長」と呼ばれるようになった。

しかし、緑の革命《グリーンレボルーション》のおかげで、地域によっては収入が増えた。とくにパンジャブ地方では、灌漑と既存の鉄道を利用して、生産性の高い穀物の新品種がすばやく導入された。しかし、全体をながめると、インドの成長率はあいかわらず低いままで、ペースも一定しなかった。一九八〇年代末、ラジヴ・ガンディーが部分的に市場改革を実施し、経済発展のスピードアップにつながるかと思えたが、実際には海外債務が大きな重荷になっていて、しかもますます増えてゆくという状況だった。この海外債務のサイクルは一九九一年半ばに終わりをつげた。海外の債権者は、インドの海外債務の増え方が速すぎて、とてもそれだけの金額を輸出で稼げるはずがないと気づいたのだ。投資家たちが資金を出ししおしみ、借金の返済を要求しはじめると、インドの外国為替準備金はあっというまに減っていった。国際収支危機が目前に迫っていた。そこに登場したのが、マンモハン・シンである。いまや許可だらけの時代を終わらせるときだった。一九九一年半ば以降、インドは世界を席巻した市場改革の波に乗り、中国、ソ連、東欧、ラテンアメリカと足並みをそろえてグローバリゼーションへと向かった。

改革のスタート

シンが手始めにやったのは、国際貿易と海外投資に対する官僚的な規制を撤廃することだった。チャンスを見つけたビジネスは、こうして自由に利益を追い求めることができるようになった。政府は関税障壁を低くし、何千品目もの輸入割当を増やした。エコノミスト以外の人びとは、そんなことをしたら門が開いて輸入品がどっと入りこみ、インドの製造業者は低価格の外国製品の海で溺れてしまうのではないかと心配した。輸入を自由化する一方で、政府が輸出も奨励していることを知らなかったのだ。突然、インドの製造業者は世界市場を通じて格安の資本財や中間財が買えるようになり、同時に、自分たちの製品を世界市場に出して低価格で売れるようになった。より慎重に、またゆっくりとではあったが、政府は海外企業の対インド投資にも壁を低くしはじめた。海外投資を促すために、政府はこれまで認可が必要だったものを自由化した。外国の会社が占めるパーセンテージを増やし、外国人が投資できる部門の範囲を広げたのである。

そんな大きな変化が始まってからわずか三年後の一九九四年半ば、まだ財政危機の名残りを払拭しきれていない時期に、私はインドを再訪した。そのとき、当然といえば当然だが、学究的なエコノミストはまだ誰もが悲観的だった。インドは競争の激しい世界市場で生き残れるだろうか？　新たな東インド会社の支配を避けられるだろうか？　貿易自由化はうまくいく――インドの輸出は増えつつある――と私が主張しても、きまって「インドは別だ」という答えが返ってきた。インドがどの部門で競争できるというのか、と彼らは私に訊いてきた。ありがたいことに、それを決めるのは市場であって、私ではなかった！　私の予想では、中国と同じように、靴、玩具、衣料品、電気製品などの労働集約的な製造部門だった。それらの部門はそこそこの儲けを出したが、改革の最初の十年にインドの成長を加速させたエンジンにはならなかった。世界中が驚いたことに、インドは新たな情報テクノロジーの分野で大規模サービス部門の中枢になったのだ。

一九九〇年代半ばにマイクロソフトはコンピューター・ソフトウェア部門のトップ企業に

なり、インターネットは教育や娯楽ばかりかビジネスにおいても画期的なツールとなったが、それにつれて、最先端のこの業界にインド人のソフトウェア・エンジニアが大勢いることがわかってきた。ＩＴ革命の中核であるシリコンバレーは、高度なトレーニングを積んだ野心家のインド人でいっぱいだった。インド人が所有したり、インド人が率いたりする小規模なＩＴビジネスは急速に成長し、業界内でも一目おかれるインド系大企業になった。シカモアやインフォシスがその例である。マイクロソフト自体もインド人のソフトウェア・エンジニアたち——マイクロソフト社内にも大勢いた——に投資する一方で、最先端のソフトウェア開発を期待してインド国内にも資本投下をしはじめた。

ＩＴ産業でのインドの成功を支えた要因は、しだいに明らかになっていった。第一に、一世代以上のあいだに、インド工科大学（ＩＩＴ）から優秀な起業家やエンジニアが巣立っていたことである。インド工科大学はインド各地に置かれた七つの分校からなる世界クラスの優秀な高等教育機関である。インド経済が不活発だったため、ＩＩＴの卒業生はほとんどがアメリカに活動の場を求めた。一九九〇年代半ばには、彼らがその世代のビジネスリーダーになり、マイクロソフトやマッキンゼー・アンド・カンパニー、シティグループ、さまざまな投資銀行、ＩＴ関連会社など、世界的な大手企業を率いる立場になっていた。

第二に、海外に渡ったインド人の多くは故国インドとビジネス上の関係を築くようになったが、そのプロセスは新しい情報テクノロジーによって大いに促進された。経済的な鎖国と長い停滞のせいで、インドの物理的なインフラストラクチャーはかなり老朽化しており、とくに輸出関係はひどかった。港湾施設は混みあっていて、管理も行き届かず、アクセスしにくかった。道路は老朽化してぼろぼろ、車が落ちたらシャシーが折れそうな穴ぼこだらけだった。だが、IT革命となると、一九九〇年代半ばにできた衛星通信とその数年後の光ケーブルによって情報を輸出するのだから、危険な道路や港湾の混雑に邪魔されずにすむ。建物の屋根につけた衛星通信用のパラボラアンテナさえあれば、地球の反対側でさえほぼ一瞬でコンタクトできるのだ。

一九九四年、私は初めて海外《オフショア》の事務代行部門を訪れたが、それ以来、何度もそこへ行くことになった。私たちが訪れたのは、ムンバイにあるサンタクルス加工区とスイス航空のオフィスである。何列にも並んだ若い女性たちが搭乗券や乗客の請求用紙をチェックして、先月の旅程のマイル数をコンピューターに打ちこんでいる。スイス航空はチューリッヒとジュネーヴで搭乗券や用紙を集め、インド行きのスイス航空機に積みこむだけでいい。そうすれば、あとはこのオフィスですべて処理され、コストはスイスよりずっと安くおさえられる。データは表計算ソフトに入力され、専用の衛星通信で本部に送信される。一九九〇年代末、インドのITオペレーションの中枢――バンガロール、チェンナイ、ハウデラバード、ムンバイといった都市――は、ソフトウェア・エンジニアリング、データ入力サービス、コンピューター・グラフィックス、事務代行サービス、コンピューター・デザインなど、ITをベースにしたさまざまな仕事を求める人にとって、新たな目的地となった。

経済改革という視点からすれば、インドが国際的な競争力をもつことは明らかだ。輸出ブーム——当初は、私たちの多くが予想していた製造業ではなくサービス業だった——が原動力となって、インドの歴史上最も速い経済成長が促された。多国籍企業の波がインドを覆うのではないかという恐れは、いまやばかばかしく思える。逆に、インドの大成功がアメリカのアウトソーシング契約をどっと引き寄せたため、インドが不公正なやり方でアメリカ人の仕事の場を奪っているという見当違いの非難の声が上がり、アメリカ国内で政治問題になったほどだ。「時は金なり」の精神を生かし、インドの起業家はグローバリゼーションの力を活用して、世界の先進国とのあいだにあったテクノロジーのギャップを埋めようとした。そして、その溝は埋まりつつある。

したがって、インドはこの改革の結果、経済成長率をさらに引き上げることになった。長期的に見れば、二十世紀のインドが成長の四段階をへてきたことがわかる。イギリス支配下（一九〇〇—四七年）の低成長、ネルーの許可制時代（一九四七—七〇年）の低成長、緑の革命が到来した時代（一九七〇—九一年）の急速な成長、一九九〇年代（一九九一—二〇〇〇年）に入ってからは市場開放とともに急成長を維持している。この四段階は図1に示した。

グローバリゼーションへの恐れがほとんど消えたとはいえ、多国籍企業の経営に対しては——無理もないが——まだ警戒心が残っている。クリントン政権二期目の終わりごろにデリーを訪ねたとき、その典型的な例にぶつかった。私がインド首相に会う予定の一日か二日前、インド駐在アメリカ大使が私を大使館に招待してくれた。大使は私をじっと見据えてこういった。「エンロンの問題を早く解決するよう、きみの友達にいってくれないか」。アメリカ

図1　1900年以降のインドの経済成長

出典：マディソンのデータ（1995年）による。

のエンロンとインドのマハラシュトラ州のあいだで、エンロン社の発電所で生産した電気の値段についてまだ合意ができていなかったのだ。「この問題をさっさと片付けないと、アメリカのほかの会社との関係も悪化するだろう」。政府高官がアメリカの私企業のためにそんな脅迫めいた言辞を弄するのは厭うべきことだが、エンロンがアメリカ企業の低俗さの見本だとわかったいまでは、さらに嘆かわしいといわざるをえない。

インド経済の試練

インドは一九九四年に四つの大きな試練にぶつかった。問題の深刻さはやや軽減されたとはいえ、十年後のいまもそれらはまだ残っている。その一、改革をもっと広げること。自由化はスタートしたが、インド経済の鍵となる部門は半世紀前に作られたシステムのために無力なままである。その二、基本的なインフラストラクチャー――道路、港湾、上下水道、電気通信――に巨額の投資が必要なこと。これは製造コストの削減と国内の統合をはかり、世界市場と足並みをそろえるためである。その三、これまで社会から排除されてきた低いカーストやアウトカーストの人びとを中心に、インド国民の健康と教育を高めるための投資をすること。その四、このインフラストラクチャー整備と公共投資の資金を確保する手段を見つけること。一九九四年までに、国家予算は中央（連邦）政府レベルでも州政府レベルでも膨大な赤字を抱えて、危機に瀕しているからである。

一九九四年の訪問のあと、私はこれらの問題点についての詳細な報告書を残してインドを去った。のちにこの報告書がもとで政府と学者たちのあいだに激しい議論が巻きおこった。一九九六年、同僚のニルーパム・バジパイと私はインド中央政府の顧問になり、それと同時に急速に発展しているインド南東部のタミール・ナドゥ州政府の顧問も務めることにした。以前に提出した提言の多くが実行されているのを見てうれしかった。私たちにとって最大の関心事は、インドが改革をさらに広げ、また深めていったら、中国と同じくらいの成長率を達成できるだろうかということだった。私たちの期待は裏切られなかった。二〇〇四年までに、インドは年七パーセントの成長率に達し、中国の成長率に近づいた。極度の貧困が減ったこともうれしい成り行きだった。政府の概算によれば、貧困の割合は一九九〇年には人口の四二パーセントだったのが、二〇〇一年には三五パーセントに減った。図2のように、めざましい経済成長にともなって貧困の率も下がったのである。

図2　インドの経済成長と貧困の減少

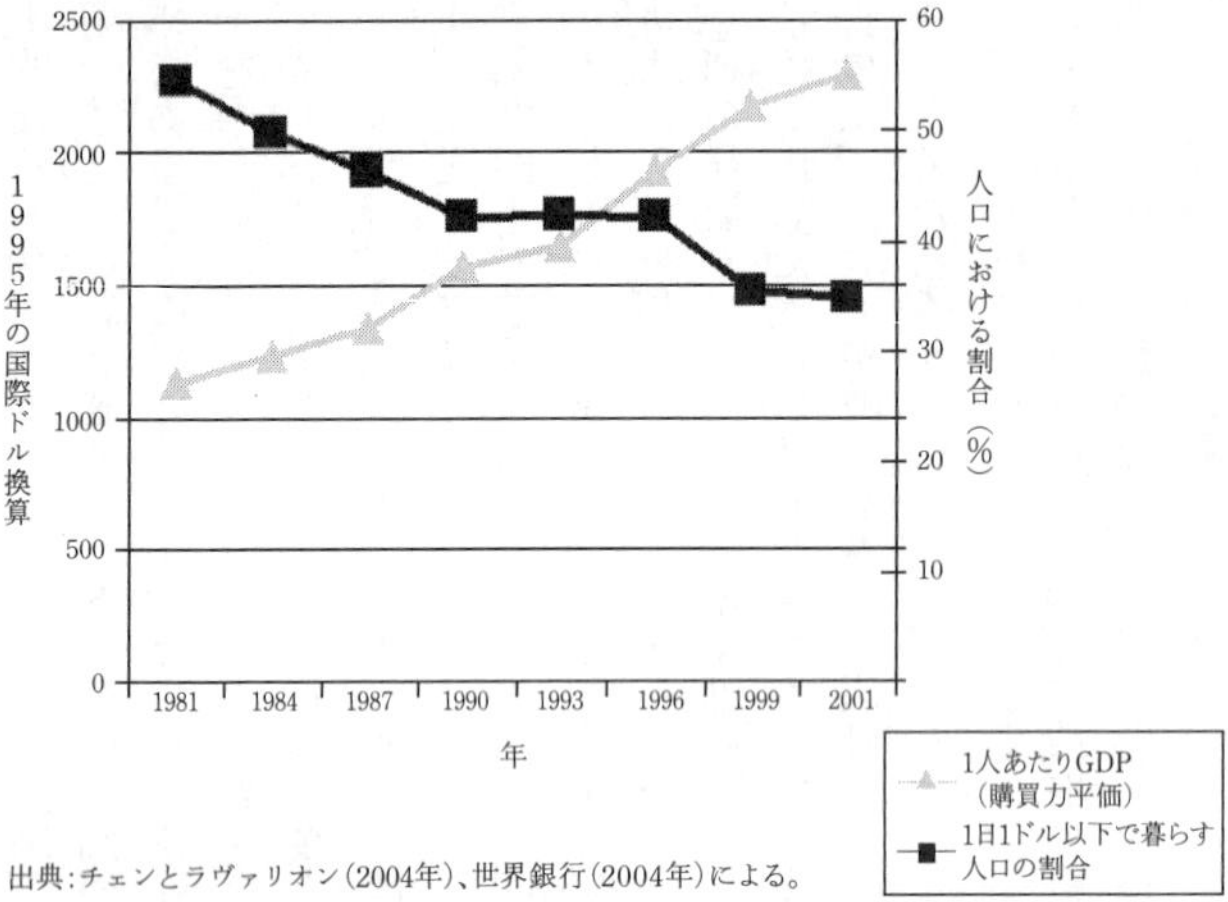

出典：チェンとラヴァリオン（2004年）、世界銀行（2004年）による。

インドの輸出ブームはさらに進み、従来のIT事業（ベーシックなソフトウェア、データ入力、コールセンターなど）から、しだいに洗練されたビジネス・プロセス・アウトソーシング（BPO）まで手がけるようになった。アメリカやヨーロッパの健康、保険、金融関連の企業はコスト削減のためにBPOのルートを模索している。さらに輸出ブームはIT産業だけにとどまらない。なかでもダイナミックな新しい輸出部門は自動車部品である。世界の大手自動車会社の多くがインドに工場を築きはじめている。いまではインドで生産された部品が世界各地の組立工場に送られている。

経済の近代化の根付き方を見るかぎりインドは深さと広がりの点で、まだ中国に追いつかない。だが、先に成功したほうが楽だったとはかぎらない。中国は足並みそろえて順調に改革を進めたように見える。だが、そんな表向きの顔の下には、民族間の衝突、地域による不公平、大規模な人口移動、途方もない腐敗といった厄介な問題がある。インドでは表面下には何も隠れていない。政治はやりすぎと思えるほどオープンだ。インドには英語の日刊紙が何種も出ており、どぎつい犯罪リポートのすぐ隣に痛烈な政治批判の記事が載っている。州政府が来月あたり入れ替わっていても不思議はないように見え、中央の連立政権もいつなんどきくつがえるかもしれない。政治危機はつねに目前にあるとはいえ、インドはよろめきつつも前進している。一九九一年以後の連立政権はすべて（中央政府はこれまで五度の政権交代があった）改革のプロセスを支持し、進めてきた。インド国民は故国を、重々しく——そして、ぎごちなく——ジャングルを歩く「アジアの象」になぞらえる。一方、インドの隣人である東アジアの国々はみずからを「アジアの虎」と称している。

開発の十年

二〇〇〇年までに改革はかなり進んだ。そこでニルーパム・バジパイと私は、この先の十年に向けてインドはより高い目標を掲げるべきだとヴァージペーイー首相に提言した。そして、今後の十年は開発の時代になるという宣言をしたらどうかと勧めた。一人あたりの所得を倍増し、識字率や教育や医療、基本的なインフラストラクチャーを向上させる。十年間で所得を倍増させることは、一九六〇年代の日本や、一九七〇年代の韓国、一九八〇年代と一

図3　1981−1991年の成長率と1981年の州レベルでの都市化

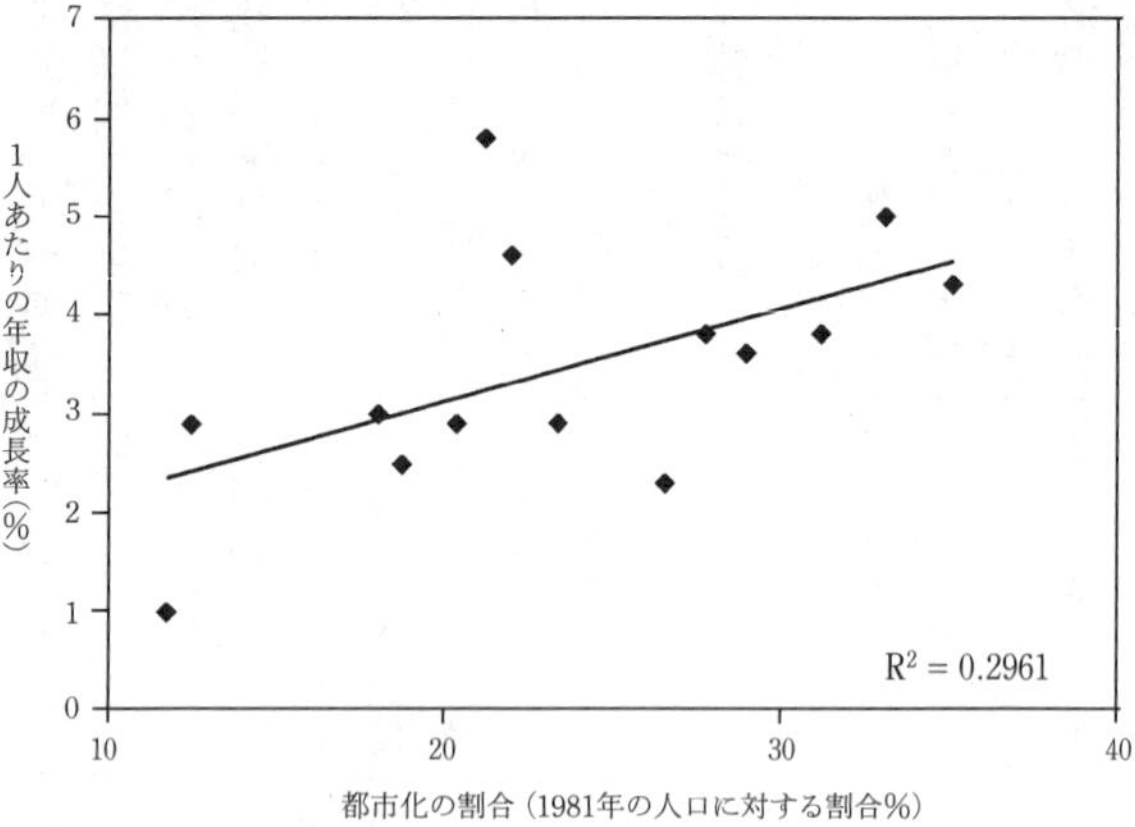

出典：サックス、バジパイ、ラミアのデータ（2002年）による。

九九〇年代の中国で実証済みだが、一人あたりの年平均成長率七パーセントを十年続ければ達成できる。インドなら十分に可能だと私たちは信じた。ヴァージペーイー首相が二〇〇〇年八月十五日の国民へのスピーチでこの目標を宣言したと聞き、私たちは喜んだ。少なくとも年に八パーセントの経済成長率（一人あたりにするとおよそ七パーセント）はその後、インド政府の計画委員会からの承認も得られた。

二〇〇一年から二〇〇三年にかけて急速な経済成長を果たしたにもかかわらず、二〇〇四年春の選挙でヴァージペーイー首相は破れ、政権の座を去った。この結果はまったく予想外だったが、政権交代を望む票はおもに農村地帯で投じられていた。理由の一つはごく最近の出来事だった。二〇〇三年には大きな旱魃があり、農村地帯は貧窮と食料不足に悩まされたが、大規模な飢餓は回避できた。だが、その影響は根が深かった。データからもわかるとおり、インドの経済成長は都市部主導で、近年とくに都会と農村部の生活水準の差は大きくなっていた。ニルーパム・バジパイとの共同研究では、州レベルでの都市化の割合は、州の経済成長率を予測する最も強力な手がかりになった。一九八一年の時点で、都市化が進んでいる州ほど、経済成長のスピードも速かったのである。図3では、一九八一年から一九九一年の州レベルの経済成長と、一九八一年の各州の都市化の度合いを比較している。インドのなかでも都市化が進んだ州ほど急速に成長しているのがはっきりとわかる。これは意外なことではない。一九七〇年代には緑の革命によって農村部の所得が急上昇したが、それ以降の経済成長は都市を基盤にしたIT産業と、同じように都市を基盤とした製造業のおかげだった。二〇〇四年の選挙は、「もううんざりだ」――インドの急成長の恩恵を自分たちにも分けてほしい――という農村の声を反映していた。

マンモハン・シンを新しい首相に迎えた政府は、農村部の成長を助ける政策に転じた。基本的な考え方――私としては、しごくまっとうなものだと思う――は、農村地帯への公共投資を増やし、すべての村が基本的なインフラストラクチャーと公共サービスを受けられるようにするというものだ。政府は「国民すべてに電気を」という思いきったスローガンを掲げ、同時に基本的な医療サービスと安全な飲料水を全員に行きわたらせることも目標にした。これは達成可能な目標であり、その先へ進むための基盤でもある。上位のカーストだけでなく、すべてのインド国民が最低限の公共サービスと基本的なインフラストラクチャーを利用できるようにすることで、インドの社会を分断する階級問題の核心に切りこむことができる。政府の新たな関与は、開発の十年を成功させるのに欠かせないものであり、さらにいえば、貧困からの脱出というインドの歴史的な偉業にとっても必須である。チダムバラム財務相は二〇〇四年の予算演説で次のような所信表明をした。*29


インドを含む世界の国々は、ミレニアム開発目標に賛同しました。私たちの掲げる目標達成の日時はミレニアムの終わりではなく、二〇一五年です。私たちはそのゴールを達成するでしょうか？ 残りはあと十一年です。私たちの運命を決めるのは私たち自身です。進歩は、必ずしも直線的には来ないし、決まってもいません。二〇〇〇年前に、聖人ティルバルバルはこういいました。

「よき統治者とは、道徳を守り、罪を犯さず、名誉と勇気の道を歩む人びとである」

私たちが国政に思慮と情熱を注ぎ、名誉と勇気の道を歩めば、私たちは将来を築きあげることができます。そして、今世紀はインドの世紀になるでしょう。

インドから学ぶこと

チダムバラム財務相は正しい。中国の場合と同じく、何世紀にもわたって下り坂だったインド経済は二十一世紀になって大きく上昇に転じるはずだ。私は一九九〇年代の初めからそんな楽観的な見方をしていたが、その後の進展から正しい予測だったことが証明されつつある。一九七〇年代に初めて文章で読み、一九九〇年代前半にもまた、今度は実際に耳で聞いた悲観的な予測――文化と歴史と地政学的に呪われているため、インドはけっして貧困から脱けだせない――は、まちがっていた。そんな悲観主義に反して、インドは「ヒンドゥー的」成長率をあっというまに払拭した。緑の革命とその後の市場改革は一九五〇年代と一九六〇年代の低成長をくつがえした。深く根づいた厳密なカースト――それはインド社会の流動性を妨げ、国民の大半から十分な健康と栄養と教育を受けるチャンスを奪ってきた――でさえ、力強い経済力と政治力の前ではゆるみを見せることがわかった。経済開発が進み、インドがしだいに都市化されるにつれ、村落社会にはまだ重くのしかかるカーストも、都会の労働市場ではほとんど意味をなさなくなっている。民主化も、昔ながらの社会階層を解消しつつある。二〇〇四年半ばの選挙では一人一票の公平さが政治シーンを変えた。農村の人びとが公共投資の分け前を自分たちにもよこせと声をあげたのだ。

インドはまた、国際的な分業の利点について、世界に多くのことを教えた。そしてテクノロジーの可能性に応えることでいかに変われるかを見せてくれた。貧困の代名詞のようだったインドが一九九〇年代にハイテク情報サービスで世界経済の花形になるなどと二十五年前に予測した人がいただろうか？　一人もいない。インターネット用のソフトウェア・プログラミング、事務代行のオフショアリング、遠距離データ入力といったＩＴ関連産業がこれほど花開くとは、想像さえできなかった。高等教育、なかでもインド工科大学への投資を長年にわたって続けた結果、インドは新しいIT産業の分野で優位に立った。その過程を私はこの目で見守ってきた。ITを初めとする高等教育機関は、新たに生まれたIT関連産業の中枢となっている。私はインド各地を訪問するたびに、優れた教育と長年の学究生活によってインドの経済開発に大きな貢献をしている優秀な科学者と会ってきた。

インドの変化に富んだ地理を見るにつけ、物理的な環境がいかに経済活動を規定するかについての理解はさらに深まった。中国と同じく、インドでも緑の革命によって一九七〇年代と一九八〇年代には短期間ながら農村主導の開発が進んだ。緑の革命の中心地だったパンジャブは最も速く成長し、インドで最も裕福な州になった。だが、農村主導の成長の時代は長くは続かなかった。一九八〇年代以後、とくに一九九〇年代からは、都市を基盤にした製造業とサービス業が経済成長を引っぱった。その結果、沿岸の大きな港湾都市――ムンバイ、コルカタ（旧カルカッタ）、チェンナイ――がインド経済成長の花形になった。ガンジス川流域平野などの内陸部は後れをとった。中国西部の奥地が沿岸地方より経済発展が遅かったのと同じである。インドの地域ごとの発展には、いまでも地理――とそれに関連した降雨量、気温、土壌、天然資源、病気の媒介物――が、病害生態学、ツーリズム、穀物の生産高といったさまざまな要因を通じて、大きな影響をおよぼしている。

中国とインドがグローバル経済に復帰して、二十一世紀に重要な役割を果たすようになれば、グローバルな政治と社会は形を変えていくだろう。五百年間続いた西欧の圧倒的な優位は過去のものになるだろう。こうした発展を畏敬の念をもって見るだけでなく、期待をもって見よう。アダム・スミスは海上貿易によってヨーロッパとアジアが結びついたこと、それにアメリカの発見を「人類の歴史に残る最大にして最も重要な二つの事件」と見なした。[*30] 彼はこう書いている。「なんらかの手段で、この地球の最も離れた部分を結びつけ、一方の要求を満たし、一方の喜びを高め、おたがいの事業を促進しあえば、どちらにとっても利益をこうむりやすい」。とはいえ、鋭敏なスミスは悲痛な事実にも気づいていた。ヨーロッパの「力の優位」によって、ヨーロッパ人は「それらの遠い国々でのあらゆる不正に対して罪をまぬがれる」。それでも、スミスは希望を捨てなかった。勇気と武力の均衡によって「おたがいの権利の尊重」にまさる日が来ることを予見した。さらに「広範な通商」がその日の到来を早めるだろうと信じてもいた。私たちが賢明に行動すれば、東と西がたがいに尊敬しあい、利益を交換できる日がきっといつか来る。

10　声なき死――アフリカと病

私は一九九五年まで、サハラ以南のアフリカへ行ったことがなかった。アフリカを除く世界各地で仕事をしてきた私はしだいに、世界で最も困窮したこの地域でなぜ開発が遅れているのか、その原因を理解する必要があると思うようになった。私が目にしたのは、予想以上に厳しい危機だったが、その原因は一般にいわれているものとは大きく異なっていた。アフリカで十年働くあいだに私は極度の貧困について多くを学んだ。グローバリゼーションのパワーと限界、逆境にあってもけっしてめげない人間の魂の驚くべき強さ。

アフリカで仕事を始めたころには、私も数年前とくらべて、もっと明確に事態を捉えられるようになっていた。一九八五年から一九九五年までの十年間、経済顧問として働いてきたおかげで、鑑別診断の手法にも少しは馴染んでいた。そんなわけで、アフリカの危機的状況が、歴史、地理、国内政策、地政学の相互作用によるものだと見抜くことはできた。これらの相互作用によって、アフリカは貧困の罠から逃れられないのだ。さらに悪いことに、一九九〇年代半ば、アフリカは人類史上最も恐ろしい疾病であるエイズの大流行という災厄に襲われた。

アフリカに苦境をもたらした責任は行政の不備にある？

世界は、アフリカの長期化する危機に対して即効性のある解答を出そうとした。しかし、何をやっても、もとの混乱と無秩序に戻るだけだった。ＩＭＦや世界銀行による対アフリカ諸国の無数の「ミッション」も含め、西欧社会の政府筋の見方は単純で、アフリカが態度を改め、市場経済をとりいれ、独裁者の横暴や政治の腐敗を排除すれば、事態はよくなるというものだった。アメリカのトーク番組の司会者ビル・オライリーのコメントは、そんな一般の見方を代表していた。[*31] アフリカは「腐敗した大陸であり、混沌のただなかにある。西欧社会のシステムを伝えようとしても、ほとんど根付かない。金を送っても盗まれる。政府も一貫した政策を実施できず、いたるところに贈収賄がはびこっている。そんな状況では、いったいどこから手をつけていいかわからない」

一九八〇年代と一九九〇年代、西欧諸国の政府はアフリカ諸国に厳格な予算切りつめ策を押しつけた。借金まみれのアフリカ諸国は経済政策の、ほとんどをＩＭＦと世界銀行まかせにし、それらのアドバイザーは公的予算の緊縮という処方を薦めた。これは経済用語では構造調整プログラムと呼ばれる。このプログラムは科学的にはほとんどメリットがなく、それ以上に効果もなかった。二十一世紀になっても、アフリカは一九六〇年代末よりもっと貧しかった。一九六〇年代末はＩＭＦと世界銀行が初めてアフリカに進出した時期だが、当時のアフリカは病気と人口増加と環境の劣化でコントロール不能の状態だった。

アフリカ諸国の統治を批判する前に、西欧諸国はもう少し慎重になるべきだ。西欧の大国はアフリカに対する長年の冷酷さと略奪の激しさという点で、けっして誉められたものではない。一五〇〇年から一八〇〇年代初期まで三世紀におよぶ奴隷貿易。そして、そのあとには力ずくの植民地支配。アフリカの経済成長を助けるどころか、植民地時代のアフリカは、高等教育を受けた市民やリーダー、基本的なインフラストラクチャー、公共衛生の設備などが欠落したまま放置された。ようやく独立を果たしたあとも、国境線はかつての帝国が勝手に引いた線をなぞっていたため、民族グループやエコシステム、分水界や埋蔵資源などが恣意的に分断されていた。

植民地時代が終わったとたん、アフリカは今度は冷戦の駒の一つにされた。反共産主義の闘士たち、それにCIA（アメリカ中央情報局）やヨーロッパの諜報機関の工作員は、アフリカのリーダーたちが愛国心を鼓吹し、援助を求めてソ連に近づいたり、アフリカの鉱山やエネルギー資源への西側の投資に対して条件の改善を要求したりするのが気に入らなかった。一九六〇年、アフリカの独立に対する西側の態度をはっきりさせる示威行動の一つとして、CIAとベルギーの工作員たちは、カリスマをもつ政治家でコンゴ民主共和国の初代首相に就任したパトリス・ルムンバを暗殺し、かわりに暴君のモブツ・セセ・セコを首相の座に据えた。一九八〇年代、アメリカはアンゴラで反政府運動をくりひろげていたジョナス・サヴィンビを支援した。その理由は、サヴィンビが反共産主義を唱えていたからだが、彼の素顔は暴力的で卑劣な悪漢でしかなかった。アメリカは長いあいだ南アフリカのアパルトヘイト政策を支持し、アパルトヘイト政権が隣国モザンビークの反政府ゲリラ運動レナモに武器を与えることも黙認した。CIAは一九六六年にガーナのクワメ・エンクルマ大統領を失脚させるのにも手をかした。それどころか、昔からずっとアフリカで起こるほとんどの——スーダン、ソマリアなど、多くの国々での——政治危機は、数ある理由のなかに必ずといっていいほど、西洋からの干渉があったのだ。

一方、西洋がやってこなかったのは、アフリカの長期的な経済開発のための投資だった。アフリカ無視の姿勢がうちだされたのは一九六〇年代、アメリカの政策決定者が、アフリカに対してマーシャル・プランと同じタイプの援助をしないと決めたのがきっかけだった。長期的な成長の基礎となるインフラストラクチャーを築くには、まさにそのような援助こそ必要だったのに。アメリカの官僚が拒否したわけではなく——彼らはそれが必要だと知っていた——政府の指導者たちが金を出そうとしなかったのだ。

一九六五年四月、CIA長官は「サハラ以南のアフリカにおける問題点と展望」というNIE（国家情報評価報告書）を提出した。[*32] この報告書はアフリカの成長の見込みについて次のように結論している。

ほとんどの地域で、経済成長はきわめて遅いと予測される。それどころか後退もありうる。ほとんどあらゆる分野で、テクノロジーおよび経営に関するスキルが決定的に不足している。のみならず、経済開発に必要とされる基本的なインフラストラクチャーと人員が不十分または皆無である。さらに、アフリカ諸国の大半は、持続的な経済開発が可能になるだけの規模をもった海外援助や投資を、まず受けられそうにない。

一九六五年六月、国家安全保障会議から、リンドン・ジョンソン大統領の国家安全保障問題特別顧問のマクジョージ・バンディに送られた状況説明によれば、大統領は国務省に「アメリカの対アフリカ海外援助支出の金額が増えないように注意しろ」と指示を出したという。[*33]

アフリカの貧困が絶えないことのもっと深い理由

アフリカ政府の無能さを批判する人も、西洋社会の暴力や干渉を批判する人も、間違っている。結局のところ、アフリカの長期的な経済危機については、政治だけでは説明ができないのだ。アフリカの腐敗こそが問題の原因だという主張は、現地での体験やまじめな精査によってくつがえされるだろう。私はこの十年間、アフリカでもかなり立派な政策を実施してきた政府——ガーナ、マラウイ、マリ、セネガル——が経済的に繁栄できず、その一方で腐敗が横行しているといわれるアジアの地域——バングラデシュ、インド、インドネシア、パキスタンなど——が急速な経済成長をとげている実態を見てきた。表1は、アジアとアフリカの国々を対象にしたトランスペアレンシー・インターナショナルによる「汚染認知」ラン

表1　腐敗と経済成長

		汚染認知ランク*	1人あたり平均年間GDPの成長率、1980-2000年
サハラ以南のアフリカ	ガーナ	70	0.3
	セネガル	76	0.5
	マリ	78	-0.5
	マラウイ	83	0.2
東アジア	インド	83	3.5
	パキスタン	92	2.4
	インドネシア	122	3.5
	バングラデシュ	133	2.0

＊注・トランスペアレンシー・インターナショナル、「グローバル・コラプション・リポート 2004 年」(London:Pluto Press,2004) より。ランクが高いほど、汚職抑制への意識が高い。

クと、それらの国の経済成長率を比較したものだ。これによれば、アジアの国々にくらべてアフリカ諸国は汚染認知ランクが低いのに、経済成長では後れをとっている。公式の統計指数によれば、アフリカの一人あたりの経済成長率は年に三パーセント前後であり、汚染度の高いその他の開発途上国とくらべてもかなり低い。[*34]

　同時に、植民地時代の苦しみの後遺症やポスト植民地時代にこうむった西欧からの深刻な悪影響こそが長期的な経済危機の理由だとする説明もなりたたない。今日、急速な経済成長をとげつつある国のなかにも何十年、ときには何世紀にもわたって植民地支配を受け、ポスト植民地時代の干渉に悩まされた例がある。ヴェトナムがそのよい例だ。ヴェトナムは独立を求めて何十年も戦ったが、その厳しい経験をのりこえて、急速な経済成長を達成している。

　したがって、サハラ以南のアフリカにいますぐ必要なのは適切な鑑別診断である。立場が右であろうと左であろうと、政治的な常識に縛られた言説は陳腐で偏見に満ちており、経済開発について納得のゆく説明にはならない。私はよりよいアプローチを探そうとした。アフリカでの私の仕事は、知的な作業であると同時に、一人の人間の冒険だった。その努力は、アフリカの苦境の根底にある深い理由をさぐりだし、その解決策を見つける手助けをすることで十分に報われた。

最初の出会い

ジンバブエからザンビアへ車で初めて国境を越えたとき以来、数えきれないほどの訪問を通じて最も印象が強かったのは、他に類のないアフリカの自然環境であり、それが近年のアフリカの経済史をどのように形作ってきたかという問題だった。偉大な生物学者E・O・ウィルソンによれば、およそ十五万年前にアフリカのサバンナで種として誕生した人類は、生まれ故郷であるサバンナに特別な共鳴（バイオフィリア）を感じるよう「運命づけられている」という。*35 まさにそのとおりだと思う。しかし、いかに魅力的でも、経済開発を妨げるサバンナ特有の障害は無視できない。三つだけあげるとすれば、病気、旱魃、世界市場からの距離の遠さである。先に見たように、アダム・スミスは早くも一七七六年刊の『国富論』でこの三つを指摘している。彼は、アフリカが大昔から貧しかったのは航行できる河川と自然の入り江がないために、低コストですむ海洋貿易の恩恵を受けられなかったからだといっている。

ザンビア南部の、人もまばらな農村地帯に車を走らせ、日干しレンガの小屋をいくつも通りすぎながら、この田舎の家々が経済的にひどく孤立していることに気づき、私は強い印象を受けた。私たちの車が走る舗装道路から見えるところでさえ、そうなのだ。集落は普通、空き地を円形にとりかこんだ数軒の小屋からなり、空き地では鶏が飼われ、薪にする木が植わっている。集落には電気も電話もなく、自動車などの輸送手段はまったく見当たらず、動物の引く荷車さえない。人口密度が低いのは、農家の収穫高が低く、食糧生産が少ないために少数の人間しか支えられないことを示唆している（しかも、この地域はどちらかといえば安定した降雨に恵まれ、土壌もそれほど劣化していない。私が続いて訪れたアフリカの他の地域ではもっとひどい状態だった）。やがてわかったのだが、それらの耕地は栄養が不足し、農家は組織だった市場からあまりにも遠いので、作物を売ったり、肥料を買ったりすることができなかった。とはいえ、私がそういった問題について知るまでには数年もかかった。さらに、その知識を与えてくれたのは、経済学の解説書ではなかった。

やがて、そのような孤立と基本的なインフラストラクチャーの不備が、アフリカの農村地帯のほとんどに共通する問題だとわかってきた。そして、アフリカ人のほとんどは農村地帯に住んでいるのだ。最初からその事実に気づくべきだったかもしれない。人口密度や道路、自動車、電気や電話へのアクセスといった関連データは、たしかに印刷物として手に入った。だが、アフリカの農村を実際に訪ねる機会がなければ、私はデータから何を読みとるべきか、データが本当は何を意味しているかを知らずにいただろう。

アフリカへの初めての旅でルサカに近づくころ、私はここでは事情が違うと気づきはじめた。だが、それがどれほど違うかはまだ知るよしもなかった。アフリカを覆いつくす力――その後の十年、私を圧倒することになる――は、まだ姿を潜めていた。到着して二、三日後に、私はザンビア銀行にいた。すると、ハーヴァード出身の同僚が、財政改革プロジェクトを進めていたザンビア人の仲間がつい最近死んだという。「いくつだったの?」と私はたずねた。「ぼくたちと同じくらいだ」。「死因は?」「エイズだよ、ジェフ、エイズだ」

アフリカで初めてエイズに遭遇したのがそのときだった。ハーヴァードのチームは過去三年間、ひどい財政危機に見舞われたザンビアをなんとか自分の足で立てるように手助けしてきた。残念ながらザンビアの人びとは自分の足で立つことができなかった。大勢の人が病に倒れ、このプロジェクトに加わっていたインテリのザンビア人も例外ではなかった。このプロジェクトには「能力養成」の意味あいもあった。だが、ザンビアは能力を獲得するより先に、せっかく訓練をつんだ高い能力の持ち主を次々と失っていたのだ。

エイズは一九九〇年代半ばから早くも猛威をふるっていたが、それ以後はさらに惨状をきわめた。長期休職が相次ぎ、いくつもの葬儀があり、ひそひそ声での会話が広まった。死はすぐそこにあった。アフリカ社会に深刻な打撃を与えたのはエイズだけではなかった。やがて私はもう一つ、あまり目立たないけれども死に至る危険な病に気づかされた――マラリアである。最初のうちは、抗マラリア薬のメフロキンを週に一度服用するだけの病気としか思っていなかった。やがて、私は目の前で起こることに気づきはじめた。アフリカ人の同僚はすべて例外なく、一年に何日かは流感に似たマラリアの症状で仕事を休むのだ。アフリカ人の大学院生が故国へ短期間戻ったあと、深刻なマラリアの発作に襲われたという話もときどき耳に入ってきた。何人かは入院し、悪くすれば死にかけた。私が何よりも驚いたのは、子供たちを襲うマラリアの猛威だった。裕福でも貧しくても変わりはなく、あらゆる家の子供たちがマラリアにかかった。そして、合併症も深刻だった。

妻が医師ということもあり、私は病気についての議論にいつのまにか慣れていた。だが、私の経験や想像の範囲を超えて、このアフリカ訪問のあいだ、病気と死がつねにモチーフとしてつきまとった。ボリビアの高地でも病気ははびこっていたが、アフリカではそれ以上の病と死に直面させられたのだ。インドでもこれほど空気中に死の気配がただよってはいなかった。二十一世紀に入るころ、サハラ以南のアフリカの平均寿命は四十七歳だった。東アジア（六十七歳）より二十年短く、先進国（七十八歳）との差は三十一年にもなる。アフリカの平均寿命が二十歳も短い理由の一つは、エイズの蔓延である。地図8には世界の平均寿命を図示してあるが、これを見てもアフリカの特異な状況がわかるだろう。

私がまず心に抱いたのは、これほど病気と死が蔓延していることがアフリカの長期的な経済開発を妨げる大きな理由になっているのではないかという疑いだった。開発経済学者にとって不可解な謎は、アフリカが近代だけでなく、それ以前の何世紀ものあいだ、なぜ経済発展を果たせなかったのか、そしてなぜ、特定の地域だけでなく、熱帯アフリカのほとんど

（アフリカ北部の五カ国と南アフリカは除く）[36]が同じ状態なのか、ということである。産業革命の前でさえ、アフリカは世界のどこよりも都市化の進み具合が遅く、また近代経済成長の時代の前夜には、生活水準が世界で最も低かったと思われる。経済史家のアンガス・マディソンによれば、一八二〇年以後のどの時期をとっても、アフリカの成長率は世界でも底辺近くを低迷していたという。[37]これには一八八〇年代にアフリカがヨーロッパの植民地になる以前の長い時期、それに独立後の時期も含まれている。病気という特殊な重荷が大きな理由だったのだろうか？

私はアフリカがなぜ経済開発に後れをとったのかをテーマにして、リサーチ・プロジェクトおよび顧問の仕事を進めた。答えの一つはまちがいなく、アフリカ諸国が選んだ政策にあるといっていいだろう。私は何度かジンバブエを訪れ、ロバート・ムガベの略奪を自分の目で見た。ジンバブエは、悪政が国を崩壊させるという伝統的な説明にあてはまる例である（ジンバブエにはほかにも深刻な問題はあったが）。一九九七年、私はジンバブエのハラーレで開かれたナショナルフォーラムに招待されたが、講演者のなかで外国人は私一人だった。このとき、私はジンバブエの財政が破綻すれすれにあると警告した。その瞬間、まさにタイミングよく停電し、ホテルとコンベンション・センターの照明がいっせいに消えた。ろうそくの灯を頼りに十階分の階段を降りたとき、予備の発電機もついにダウンした。悲しいことに、ジンバブエの灯が消えるという辛い比喩は、その後の年月で現実のものとなった。

もう一つの答えが従来どおりの市場改革、とくに輸出振興策のなかにあるというのも真実だ。アジアが開発の梯子の一段目に足をかけられたのは、衣料品の輸出があればこそだった。私はなぜアフリカ諸国が同じことをしないのかと不思議だった。同じことをして成功した国が一つだけあった——インド洋の東アフリカ沖に浮かぶ島国のモーリシャスである。植民地時代、モーリシャスはイギリスの支配下におかれ、奴隷たちがサトウキビ生産にたずさわっていたが、独立後は衣料品の輸出を始めた。一九六八年の独立当時、この島に住んでいた中国系のある学者がたまたま台湾の兄弟のもとを訪ねた。その兄弟は、当時台湾を初めとしてアジア各地にできつつあった輸出加工区の責任者をしていた。学者はそのアイデアを故国にもち帰り、初代首相のシーウーサガー・ラングーラムに提出した。首相は一九七一年にモーリシャス自由貿易区《フリートレードゾーン》を設立した。その後はご承知のとおり。一九九六年、私はアメリカの財務相ロバート・ルービンに、アフリカの自由貿易区の数を増やすというアイデアを出し、そのためにアメリカがテキスタイル輸出市場へのアクセスを保障することにしたらどうかと提言した。この考えは、財務省が作成したアフリカ向けの新たな貿易改革案の初期の草稿にもりこまれ、二〇〇〇年末にはアフリカ成長機会法（AGOA）として成立した。このAGOAはいまではアフリカの数カ国において都市を基盤にした製造業の設立に貢献している。

だが、事態をよく見るにつれ、別のこともわかってきた。政府の略奪はたしかに経済開発を妨げるとはいえ、すぐれた統治や市場改革でさえ、その国が貧困の罠にとらわれているかぎり、成長を保証するのに十分ではないということだ。私はこれまで立派な政府のもとで仕事をしてきたが、そんな国々でさえ勝ち目のない闘いを強いられている。ボツワナ、エチオピア、ガーナ、マラウイ、モザンビーク、ナイジェリア（オルシェグン・オバサンジョ大統領のもと）、セネガル、タンザニア、ウガンダなどはそのごく一部だが、極度の貧困、識字率の低さ、資金の欠如、山積する債務、エイズ、マラリア、くりかえし襲う旱魃といった悪条件にしては、予想以上にすぐれた政策を実施している。これらのケースでは、とくに海のない内陸の国々（アフリカでは十五ヵ国という多さで、世界の大陸のなかでは最多である）においては、自由貿易区だけでは不十分であり、現実的なタイムテーブルで極度の貧困を解消する手段にはとてもならないだろう。

そんな地域では、貧困と病気への対策を講じることが、民営化や予算削減や貿易政策を決定するよりもずっと大事だ。どうすればいいのだろう？　その危機を理解する――そして克服する――には、極度の貧困、病気の蔓延、不安定で厳しい気候条件、高い輸送コスト、長期にわたる飢餓、食糧生産の不足などのもつれを解きほぐさなければいけない。こうした悪条件の複雑な混交を前に、私がまず手をつけたのは病気――おもにエイズとマラリア――だった。私は一九九七年から詳細な研究にとりかかった。また近年は、とくに国連のミレニアム・プロジェクトの一環として、インフラストラクチャーと食糧増産についても目を向けるようになっている。

マラリア・ミステリ

病気と公衆衛生については多くのことを学ばなければならなかった。事態がどれほど悲惨になっているかを理解するには、しばらく時間がかかった。最初のころは、こんな質問をしていた。「医者へ行かないってどういう意味ですか？　エイズにかかっているのに、医者に診てもらっていないんですか？　子供たちはマラリアが原因の貧血になっているのに治療を受けていない？　どうして？」「エイズとマラリアの治療法はわかっているんですよ」と、私は食ってかかるようにいった。「薬がないって、どういうことですか？　治療プログラムもないって？　USAID（アメリカ国際開発庁）が何もしていない？　世界銀行は何年も前からこの国でエイズやマラリア・プログラムを実施していないんですって？」こんな基本的な問いでさえ、私はアフリカへ来るまで一度も口にしたことがなかった。奇妙なことに、IMFや世界銀行のアフリカ担当のエコノミストも含めて、ほかのエコノミストもみな同じだった。

私がまず学びはじめたのはマラリアについてだった。マラリアは蚊の一種であるハマダラカによって媒介されるマラリア原虫が原因の感染症である。マラリアの治療法は確立されている。[*38] それなのに、なんと年間三百万人の命が奪われ、とくに幼い子供たちに犠牲者が多く、患者の九〇パーセントはアフリカの住民である。残りはアメリカおよびアジアの熱帯地方に住んでいる。人間がかかるマラリアには四種類ある。熱帯熱マラリア原虫（*Plasmodium falciparum*）によるマラリアが最も危険なタイプで、アフリカのマラリアのほとんどがこれである。三日熱マラリア原虫（*P. vivax*）によるマラリアはアフリカ以外の熱帯および亜熱帯地方に広く見られるが、それほど危険ではない。もう一度、肝心なことをいっておこう。

マラリアは完全に治療が可能である。それなのに、年間およそ三百万人がマラリアで死んでいる。死者のほとんどはアフリカ人である。コストの安い治療法があるのに、貧しい人びとのもとにはそれが届かない。私はこの数字を見て愕然とした。さらに、マラリアを原因とする病気が年間五十億件にもおよぶという最新のデータを見たときもショックを受けた。熱帯アフリカに住む人びとのほぼ全員が、年に一度はマラリアの症状に襲われる。ある地域では、住民全員が一年中マラリア原虫を体内にもって暮らしているという（症状が出るまでに潜伏期間がある）。

私は二枚の地図を重ねてみた。一つは一人あたりのGDP（国内総生産）が低い国、もう一つは三通りの時期——一九四六年、一九六六年、一九九四年——におけるマラリア伝播の状態を示したものである（この五十年間にマラリアを撲滅した地域を見ることができる）。地図9と10でわかるとおり、貧困国はマラリアのはびこる地域とほぼ重なっている。ここから四つの疑問が導きだされる。一、マラリアが貧困の原因なのか、それとも貧しいからマラリアが蔓延するのか、あるいはその両方なのか。二、アフリカでとくにマラリアが猛威をふるっているのはなぜか。三、マラリアと貧困の連鎖を断つにはどうしたらいいのか。四、いうまでもなく、マラリアと貧困をなくすために、さらに何ができるのか。これらの問いにとりくむことで、私は一九九〇年代半ばには想像もできなかったさまざまな問題に目が開かれた。これがきっかけで、私はマラリアからエイズへ、それから公衆衛生へ、やがてミレニアム開発目標へと進んでいったのだ。

最初の課題は、マラリアと貧困が結びついているのは、貧しい国がマラリア撃退の方法をもたないからなのか、それともマラリアのせいで極度の貧困に陥っているからなのか、という問いだった。調査の結果、因果関係は双方向のようだった。貧困のせいでマラリアが悪化することはたしかである。貧しい家庭は適切な治療ができず、財源のない政府はマラリア撲滅の対策がとれない。裕福な家庭や政府は、殺虫剤を家に撒くことができ、これはたいていの場合、きわめて効果的だ。蚊を家のなかに入れないように、戸口や窓に網戸をつけることもできる。防虫効果のある蚊帳をベッドのまわりに吊ることで、マラリアの伝染をほとんどなくすことができる。それでも病気にかかったら、病院にも行けるし、効果的な薬もある。

一方で、マラリアが貧困の原因になることもある。マラリアのせいで職場や学校を長期欠席せざるをえないという事実はたしかにある。パナマ運河の建設がマラリアと黄熱病のせいでひどく遅れたことを思いだそう。フランスの偉大な技師フェルディナン・ド・レセップスが率いた第一期の工事では、蚊が媒介するこの二つの病気のせいで労働者がばたばたと倒れた。アメリカが多額の資金を投じ、軍医のウィリアム・C・ゴーガス大佐の指揮のもと、蚊を退治したあとで、やっと運河は完成したのだった。今日では新しい鉱山、農村地帯、観光地など、どこでも十分な資金を投じて対策を講じれば、マラリアは完全に防げる。

マラリアはまた人的資源への投資という点でも、きわめて大きなマイナスである。何度も発作をくりかえした子供たちは、長期的な貧血などさまざまな後遺症のために一生苦しむ。再発することも多く、出席不足や成績不良のために学校を中退する者も多い。だが、貧困の原因として、それほど直接的ではないが、もっと深刻なことがある。マラリアが流行している地域では、この病気のせいで人口移動が停滞し、人的資源への投資が不足するのである。子供の死亡率が高いとき、両親は万一のためを考えて、子供をたくさん作ろうとする。これが悪い結果につながる。子供たち全員に教育を授ける余裕がないため、一人——ふつうは長男——しか学校へ通わせられない。マラリアの蔓延する地域で、子供たちが生き延びて大人になっても、成功するのに必要な教育を受けていないことになる。

それはさておき、他の地域にくらべて、とくにアフリカでマラリアが猛威をふるっているのはなぜだろう。一九四〇年代までマラリアが存在したアメリカ（地図10参照）ではすでにこの病気が撲滅されているのに、アフリカではいまだにマラリアがはびこっているのはなぜか、とよく質問される。病気の生態学についての基本を学ぶのに時間はかかったが、いったん理解すれば、答えは明らかだった。アメリカをはじめとして、アフリカを除く世界のさまざまな地域にあったのは、制御しやすいタイプのマラリアだった。アフリカのマラリアが最悪なのは、政府の対応が悪いからでも、公衆衛生が不備だからでもなく、固有の疾病環境のせいなのだ。アフリカでは、マラリアと人類は共進化してきた。その結果、アフリカのマラリアは世界中のどの地域でも例を見ないほど強い伝染力をもつようになったのだ。

マラリアはハマダラカの雌が、すでにマラリアを罹患している人の血を吸うことによって伝染する。蚊の体内に入ったマラリア原虫は、蚊の消化管に棲みつく。原虫はそこで変態と増殖をくりかえし、ふたたび蚊の唾液腺へと戻り、そこからまた別の犠牲者に注入される。

だが、ここに罠がある。マラリア原虫の変態と増殖——スポロゴニーという——には約二週間かかり、蚊自体の寿命とほぼ一致する。スポロゴニーが完了する前に蚊が死ねば、この蚊は伝染力をもたないのだ。生態学の面で重要なのは、気温が高いほど、スポロゴニーが速くなることである——さらに、蚊が伝染力をもつまで長生きする確率も高くなる。マラリアはおもに熱帯の病気であり、暖かい気候が不可欠となれば、アフリカこそ最適なのだ！

もう一つの重要な点は、ある種の蚊が人間の血を吸うのに対して、別の種類はおもに家畜の血を吸うという違いが見られることだ。マラリアを伝播するには人間の血を二回吸わなければいけない。最初は、マラリア原虫をとりこむためで、二度目はおよそ二週間後に、それを別の人間に移すためである。蚊が人間よりも家畜の血をよく吸うようなら、人が血を吸われる確率は少なくとも二分の一になる。たとえばインドでよく見られるハマダラカは三度に一度しか人間の血を吸わず、あとはたいてい動物の血を吸う。ところが、不幸なことに、アフリカに生息するハマダラカはほぼ一〇〇パーセント、人間の血を吸うのである。計算すると、インドの蚊が続けて二度、人間の血を吸う確率は九分の一だが、それに対してアフリカでは百発百中なのだ。したがって、アフリカにおけるマラリアの伝染力は、蚊の種類が違うために、インドの九倍にもなる。

アフリカはマラリアに関してめぐりあわせが悪いとしかいいようがない。気温の高さ、繁殖地の多さ、そして動物より人間の血を好む蚊。これらの要素を数学的な公式にあてはめたとき、地図11ができあがる。アフリカの濃い色はマラリアの多さを示しているが、それは環境の条件によるものなのだ。アフリカの危機は世界に類がない。[*39] ただ、同じような環境をもつアジアの数カ所（パプアニューギニアなど）にも同じく濃い色が見られる。

世界中でアフリカだけがマラリアの重荷を負っている理由が解明されたわけだが、この状況は絶望的というわけではない。むしろ、希望はある。殺虫剤の撒布、防虫剤入りの蚊帳、抗マラリア薬などは、世界の他の地域と同様、アフリカでも効果がある。これらの対策で、ヨーロッパやアメリカと同じようにマラリアが撲滅できるわけではないが、少なくともマラリアを予防でき、多くの命を救えるだろう。子供たちは死なずにすむ。マラリアの予防と治療の近代的なツールが手に入れば、誰も死なないはずだ！　それでもマラリアの罠は巧妙だ。マラリアによって国は貧困に陥り、貧しさゆえに、その予防と治療のための費用が出せない。その結果、マラリアはなくならず、貧困はさらに深まるという最悪のサイクルに陥る。

これらの知識を得て、私は最後の問いに行きついた。何をすべきか？　正直にいって、解決策を模索しはじめたとき、どこに行き着くかなど、まったく予想できなかった。当時の私はマクロエコノミストで、専門分野といえば貿易、予算削減、インフレーション、為替レートなどだった。市場改革とグローバリゼーションについてはかなり理解しているつもりだった。これらがとても大事だと信じていた。にもかかわらず、私はマラリアこそ緊急の課題であり、まさしく生死に関わる問題だと思った。マラリアと闘うためにできるかぎりの努力がすでになされているはずだと期待してもいた。毎年、何百万人もの子供たちが死んでいくのを、国際社会がただ手をこまねいて見ているはずはないと思った。ところが、同僚のアミール・アッタランとともに、マラリア対策のドナー援助がどの程度なのかを知ろうとして数字を調べはじめると、ほとんど何も出てこなかった。豊かな国がアフリカのマラリア対策のために費やす援助金は雀の涙ほどだったのである。年間二十億ドルから三十億ドルが必要なのに、一千万ドルしか計上されていない。[*40]

ショックだった。世界銀行やUSAIDのウェブサイトとプロジェクト概要を探しまわった。アフリカの疾病対策を援助する大きなプロジェクトがどこかにあるはずだ。見逃しているにちがいない。だが、どこにもなかった。マラリアは政治のレーダー網から外れていた。IMFと世界銀行は、予算の削減と製糖工場の民営化の問題を論じあうのに忙しくて、マラリア対策に費やす時間はないらしかった。

アフリカを襲うエイズ

これらの教訓から、エイズまではほんの一歩だった。エイズにも、マラリアと同じ三つの質問をしてみた。経済成長および貧困とエイズの関係は？　アフリカ特有の環境との関連は？　何をなすべきか？　答えは同じようなものだったが、一つだけ大きな違いがあった。現在のところ、世界の他の地域とくらべてアフリカでとくにエイズが大流行した理由について、明快な説明ができないのだ。

いちばん簡単な——一般に信じられている——答えは、アフリカでは長期的な安定した関係以外の性的交渉が多いというものである。しかし、広く信じられているこの仮説は、データからも疑われることが多い。たしかにアフリカでは性的な関係のあり方が異なるかもしれない（たとえば、年輩の男性と若い女性の結びつきが多く、同時発生の関係――生涯にわたるパートナーにはならないにしても――がしばしば見られる）。だが、アフリカでエイズが伝染しやすいのは、ほかの病気（マラリア、その他の性病など）をもっていて治療しないままの人が多いからかもしれないし、割礼を受ける男性が多いことやカジュアルセックスであまりコンドームが使われないことなども理由になりうる。あるいは、アフリカのHIVはサブタイプ（クレード）が違うのだろうか。真実は誰にもわからない。ただ、たしかなのは、HIVがまさしく悲劇であり、アフリカ全体――とくに猛威をふるったアフリカ東部と南部――の経済発展にとって大きな災厄だということである。

病気の経済面でのマイナスに関していえば、エイズはマラリアに匹敵するか、あるいはそれ以上だろう。アフリカにとって大事な教師や医師、公務員や農民、母親や父親がいなくなる。すでに一千万人以上の孤児がいる。ビジネスにおける損失も莫大になった。従業員のための医療費の高騰、休職者の急増、次々と死んでいく労働者のせいで混乱に陥ったからだ。海外の投資家も、エイズの泥沼のようなアフリカには二の足を踏む。一家の長が病気に倒れた家庭は何百万世帯にもおよび、家族にとっての心痛はいうまでもなく、家族の時間や家計におびただしい損害を与えた。

マラリアと同様、エイズに関しても私は、何がなされているか、何ができるかを探した。一九九〇年代末、裕福な国ではエイズの治療が進み、かなりうまくいくようになった。三種の薬を組みあわせた抗レトロウイルス薬を用いるもので、高活性抗レトロウイルス療法（HAART）または単純に抗レトロウイルス療法（ARV）と呼ばれている。この療法のおかげで、先進国でのエイズ事情は変わって、HIV感染者は希望をもてるようになった。感染を疑う人たちは進んで検査を受けるようになっている。投薬治療の見込みができたこと、その結果、カウンセリングと検査に進んで応じる人が増えたことから、エイズ予防と治療プログラムは補いあう形で効果をあげるようになったのだ。

同じことが低所得国でも起こるにちがいない、と私は思った。エイズは全世界の注目を集めていたし、誰もが気を揉み、意見を表明していたから、ドナー諸国はこの恐ろしい病気と闘っている貧しい国々にも進んで援助の手をさしのべるだろう。だが、ここでも私の予想はまちがっていた。アッタランと私はドナーの数字を調べはじめたが、その結果には目を疑った。エイズと闘うアフリカ全体に世界がたった七千万ドルしか出していないなんて、本当だろうか？　そんなことがありうるのだろうか。表2のようなデータを何度も見直したが、ドナー国からは訂正も注釈もいっさいなかった。驚いたことに、これらの数字は正しかったのだ。その直後、アッタランと私は、イギリスの一流医学雑誌〈ランセット〉にこのデータを発表した。

エイズとマラリアに直面させられたときの国際社会の対応についていえば、政府の見解と現実の大きな食い違いをいやというほど見せられた。たとえば、あるときIMFの幹部が〈フィナンシャル・タイムズ〉に投書して、貧困国対象のIMFプログラムが健康および教

表2　サハラ以南のアフリカにおける性行為による伝染病（HIV／エイズを含む）抑制のための海外開発予算（1990－1998年）

年	予算総額	助成金				世界銀行からの貸与総額
		合計	条件付き	条件なし	技術協力	
1990	28.9	28.9	10.8	18.1	9.9	0.0
1991	38.4	38.4	18.8	9.3	10.3	0.0
1992	53.7	53.7	14.8	22.6	2.6	0.0
1993	39.1	39.1	28.1	3.4	3.1	0.0
1994	162.5	86.2	46.4	28.3	28.1	76.3
1995	139.3	99.3	25.7	43.1	28.2	40.0
1996	43.7	43.7	25.6	10.5	8.9	0.0
1997	88.3	88.3	49.0	22.3	18.1	0.0
1998	73.9	73.9	24.7	20.6	17.2	0.0

単位・100万ドル。
出典：アッタランとサックス（2001年）による。

育関連に投じる経費は一九八五年から一九九六年までで二・八パーセント、上昇したといっている。[*41] この数字は理論的には正しいのかもしれないが、実際にIMFのプログラムがアフリカ諸国に費やしている医療費は微々たるもので、お粗末としかいえなかった。ほとんどの場合、一九九六年の公衆衛生費は一人あたり十ドル以下で、これが二・八パーセント増えたとしても、ほとんどゼロにゼロを掛けたようなものである。私は最初、IMFがそんな計算で世間の目をごまかすつもりかとびっくりした。しかし、やがてわかったのだが、IMFはそんな数字を一顧だにしていないのだった。IMFの経営陣やスタッフは公衆衛生についてほとんど知識がない。そして、そもそも彼らは、加盟国が医療費にいくら使おうと――一人あたり十ドル、百ドル、千ドル、またそれ以上でも――まったく関心がないのだ（IMFの委員のほとんどは先進国の出身者で占められている)。

同じころ、私はある講演で、世界銀行は一九九五年から二〇〇〇年までアフリカのエイズ対策のために援助金も貸付金も出していないと指摘した。すると、ある銀行の代表に激しく非難された。「何もわかっていないくせに。われわれはすでに数カ国でエイズ・プログラムを進めている」。私はいいかえした。「ありえない。ちゃんと調べたが、貸付金の一件さえ見つからなかった」。ここでも、彼らは理論的には正しかったが、それは真実をひどく捻じ曲げていた。たぶん、医療部門の貸付金の条件にエイズという単語を含んだ文章が一つか二つ添えられた例は、たぶん数十カ国にのぼったのだろう。エイズ部門への援助金はふつう少額で、数年にわたって数百万ドルという規模だった。二〇〇〇年まで、こんなけちな援助では、エイズ治療のための抗レトロウイルス薬の導入などとても考えられなかった。

一九九〇年代末、私は一九九七年から一九九八年のアジア財政危機にまずい対応をしたIMFを公の場で批判したことがあったが、[*42] その経験から、エイズとマラリアをめぐって国際的な金融業界とのあいだにひと悶着ありそうだと覚悟をしていた。そして、アフリカを荒廃させている病気について国際社会は見て見ぬふりをしているが、もうそんなことはやめようと呼びかけた。IMFと世界銀行はアフリカに十年以上かかわっているのに、この地域の基本的な現実がまだわかっていない。そのために人びとと経済の苦境はさらにつのっている。

そのころ私は、ナイジェリアのオルシェグン・オバサンジョ大統領と協力して、二〇〇〇年四月にナイジェリアのアブジャで開かれるアフリカ・マラリア・サミットの準備にとりかかっていた。仲間には世界的に有名なハーヴァード大学のマラリア研究家――アンディ・スピールマン、アワッシュ・テゥクルハイマノット（世界保健機関から）、アンソニー・キシェフスキー――もおり、私は彼らと共同で、サミットの基調報告書をまとめた。アフリカの経済開発を妨げるマラリアの重荷[*43]について説明する一方で、この病気の制御はけっして不可能ではないということを強調した。

世界保健機関（WHO）の事務局長に就任したばかりのグロ・ハルレム・ブルントラント博士から電話があったのは、ちょうどこの時期だった。元ノルウェイ首相の彼女は、まちがいなく世界でも有数のベテラン政治家である。一九八〇年代半ば、彼女は有名なブルントラント委員会を主宰し、そこから持続可能な開発という考え方が生まれた。彼女は電話口でこういった。「アフリカの健康危機に人びとの注目を集めたかったら、『金を見せる《ショウ・ゼム・ザ・マネー》』ことね。世界に蔓延するこの病気が、経済にどんな損失を与えているか、わかりやすく説明するのよ。それから、病気を予防すれば経済効果にもプラスだということも。なにより、経済的なプラス・マイナスを――あくまで厳密に――強調したうえで、実際的な解決策を提案するといいわ」

ブルントラントは、私が長となってマクロ経済と公衆衛生の専門家による委員会を作ったらどうかと勧めてくれた。こうしてWHOの「マクロ経済と健康に関する委員会（CMH）」が誕生した。私は創立時の二〇〇〇年初めから二〇〇一年の末まで、まる二年間、委員長を務めた。二〇〇一年十二月、この委員会は「経済開発のための健康への投資」と題した報告書を発表した。十八人の委員による労作である。委員のなかには、ノーベル賞受賞者で、元アメリカ国立衛生研究所（ＮＩＨ）所長のハロルド・ヴァーマス、のちに世界貿易機関の事務局長になるスパチャイ・パニチャパック、ノーベル賞受賞者でシカゴ大学所属の経済史家ロバート・フォーゲル、インドの元財務相で、将来の首相マンモハン・シンなどがいた。この綺羅星のような顔ぶれに加え、世界中から来た百人以上の専門家による六部門の対策本部が作られた。この委員会と対策本部には、ＩＭＦ、世界銀行、数種のドナー団体から派遣された代表も加わった。

この委員会は、私がかねてから提唱している集合的な論理という仮説を試す格好の機会となった。つまり、対立する意見をもった人びとを一つの部屋に入れ、データや基本資料をもとに時間の制限なしにじっくり討論させると、最初はとうてい越えがたいと思われたメンバー間の意見の相違がやがて妥協点を見つけて合意に達するという仮説である。私はこのプロセスを分析的協議と呼ぶようになった。これはうまくいく。委員会は最初、アフリカの悲惨なエイズ危機が「誰のせいか」をめぐって意見が大きく分かれた。へたな対応をしたアフリカ人が悪い。貪欲な製薬会社が悪い。見て見ぬふりをしていた先進諸国が悪い。アフリカにはもっと援助が必要か。それとも、いまある資金だけでなんとかすべきか。抗エイズ薬治療をアフリカに適用すべきか。このほか、さまざまな問題をめぐって、その後二年におよぶ委員会の一日目のやりとりは――控えめにいっても――喧嘩腰だった。だが、報告書が作成された最後の日には、十八人の委員と対策本部のおよそ百人の専門家だけでなく、製薬会社や

NGO団体のおもな代表も含めて、全員が合意に達していた。私たちは熱心に、また辛抱強くとりくんで根拠を明らかにし、合意に達しようとした。基本的な問題は三つあった。

一、エイズが貧困の原因なのか、それとも貧困の結果なのか、あるいはその両方か。委員会の結論は、因果関係は双方向に強く働いているというものだった。健康が不完全だと貧困に陥りやすく、貧しいと健康が損なわれやすい。

二、貧しい国の平均寿命が先進国より大幅に短いのはなぜか。とくにアフリカの平均寿命は二〇〇〇年に四十七歳で、先進国の七十八歳にくらべて三十歳も短い。委員会は、病気の蔓延する地域で平均寿命を下げている八つの原因をわりだした。エイズ、マラリア、結核、下痢性疾患、急性呼吸器感染症、ワクチン予防可能疾患（麻疹、痘瘡、ポリオなど）、栄養失調、出生時の死亡である。

三、豊かな国は、健康に資金を投入しようとしている貧困国をどの程度援助すべきか。委員会は、ドナー援助を年間六十億ドルから二百七十億ドルまで増やすべきだ（二〇〇七年までに）と計算した。ドナー国のGNP（国民総生産）を合計すると二〇〇一年にはおよそ二十五兆ドルだから、委員会の計算によれば、豊かな国は一年の収入の約千分の一を出すだけでいい。委員会は、信頼できる疫病学のデータをもとに、それだけの資金があれば年に八百万人の命が救えると報告した。

「マクロ経済と健康に関する委員会」の報告書はかなり注目された。普通、報告書というのは、発表されては消えていくものだ。だが、これはそう簡単には消えなかった。この報告書は、私たちが――一つの世代として――この世界をよくするためにドラマチックな貢献ができるといっていた。この報告書がよく読まれたのは、一つには、意外なほど広いコンセンサスにもとづいていたからだった。そして、その内容にふさわしい溌剌たる精神に後押しされて世に出された。支持者にはブルントラントをはじめ、イギリスの国際開発担当国務大臣クレア・ショート、メルク社の最高経営責任者（CEO）レイ・ギルマーティン、それに熱心に応援してくれたボノなどがいた。

委員会が発足したころ、私はエイズとマラリアの撲滅を目的とした「世界基金」のアイデアを形にしはじめていた。二〇〇〇年七月にダーバンで開かれた国際エイズ会議で、私はグローバル基金の必要性を訴えるスピーチをした。このスピーチが広まり、新しいグローバル基金のアイデアが定着した。私は国連事務総長コフィ・アナン――彼こそ世界一の政治家だと思う――と会い、基金の実務と構想について話しあった。アナン事務総長は関心をもってくれて、その計画を練るため、今後の数カ月は彼のスタッフと連携して作業を進めてくれないかといった。

もう一つ、パズルのピースが必要だった。二〇〇一年の初めにドナー諸国はまだ、低所得国に住む大勢のエイズ末期患者の治療に抗エイズ薬を使うことに乗り気ではなかった。ドナー諸国によれば、抗エイズ薬はとても高価なのに、技術的には実効性がないというのだ。要するに、割に合わない、と。アフリカで抗エイズ薬を使えるようグローバルな援助を求める道にはまだ大きな試練が立ちふさがっていた。どっちにしても抗エイズ治療はうまくいかないと主張する人も多かった。貧しくて文字も読めない患者たちは複雑な投薬計画をきちんとこなせないというのである。

私の同僚のポール・ファーマーはその議論に決着をつけてくれた。そのやり方は、私だけでなく、世間も納得させるものだった。ハーヴァードの医学部教授で、世界の健康の守護聖人ともいうべきポールは一九八五年以来、ハイチの貧しい中央高原地帯でクリニックを運営している。処方計画が変更された（それによって、もう使わなくなった薬が手元に残った）HIV感染患者の自発的な協力と薬剤の寄付によって、ポールは自分のクリニックのエイズ患者に抗エイズ薬の治療を導入しはじめた。すると臨床的にきわめて良好な結果が出た。二〇〇一年一月、彼はその結果を見せるため、私たち夫婦をクリニックに招待してくれた。私たちはそこへ行って大勢の患者に会った。母であり父である彼らは、危うく死のとば口まで行ったが、回復して子供たちとともに自力でしっかり立っていた。どこへ行っても、私たちはあたたかく迎えられた。毎日わずか数粒の薬を飲まなければ、きっと死んでいたはずの人びとである。

世界エイズ・結核・マラリア対策基金（世界基金）の誕生

世界の最も貧しい地域——とくに緊急を要するのはアフリカだが——にも抗エイズ治療の恩恵をもたらす時期だった。対エイズ戦略の二人の同志——ハーヴァード医学校のブルース・ウォーカーとハーヴァード公衆衛生校のマックス・エセックス——とともに、ポール・ファーマーと私は、エイズの末期患者にも治療が可能であり、数年のうちに数百万の命が救えるはずだと訴える文書を作成することにした。やがて、私たち四人はハーヴァード大学教授団の合意声明をとりつけた。百二十八人からなる教授団は、貧困諸国で大がかりな抗エイズ薬治療を展開するうえでの具体的な計画を記した文書に署名した。

私たちが強調したキーポイントの一つは、貧しい国で実施する薬剤治療のコストが、豊かな国で考えるよりもずっと安くつくということだった。特許制度のもとで、抗レトロウイルス薬は製造価格よりはるかに高い売値がつく。この特許のために市場はほとんど独占状態になるので、製薬会社は高値をつけられるのだ。経済理論からいえば、特許権で守られた商品が高値で売れることは、他の会社が同種の製品を研究開発しようという意欲を高める動機となる。それでも、抗ウイルス治療薬の実際の製造コストは一年分が五百ドル以下ですみ（一方、アメリカの市場価格では一年分が一万ドルである）、ドナー国の援助があれば貧しい人びとも使えるようになるはずだった。ただし、製薬会社は低所得国の市場向けに、専売価格ではなく、原価で薬を供給しなければならない。やがて、これが実現した。特許権の保有者が低所得国の市場で価格を下げることに同意し、その一方で、特許の適用されない国や、特別な手続きで特許の範囲外にあった地域では、同じ効果があってもずっと値段の安いジェネリック薬が製造されるようになったのである。

こうして合意声明は、年に数十億ドルの援助さえあれば、貧困国の患者を毎年数百万人単位で治療できるはずだという事実を明らかにした。この声明はすぐさま世界中に伝わった。

アメリカ国立衛生研究所（NIH）のアンソニー・フォーシ、ホワイトハウス、「マクロ経済と健康に関する委員会」、世界保健機関、各基金、アフリカ諸国の大統領、そしてもちろん国連事務総長のコフィ・アナンにも。

私は二〇〇一年四月にアブジャで開かれたエイズ・サミットに向けて、コフィ・アナンやそのスタッフと数週間、ともに仕事を進めた。新しいグローバル基金のコンセプトを練りあげ、その基金の根拠となる経済についても検討した。アナン事務総長はこのサミットの席上、歴史的な名演説をおこなって、世界エイズ・結核・マラリア対策基金（GFATM）計画への支持を表明した。翌月、アナン事務総長はオバサンジョ大統領と並んでホワイトハウスのローズガーデンに立ち、ブッシュ大統領がアメリカもこの基金に醵金すると発表する場に立ちあった。六月、この基金は国連総会で承認され、続く七月にはG8（主要先進八カ国）のリーダーたちも受け入れた。二〇〇一年末には、基金がスタートした。

例によって、このような闘いには完全な勝利がなく、ただ陣地を押し広げるだけだった。基金がスタートしてからも、長期的に安定した財源を確保するための闘いは続き、ただでさえ難問を抱えた低所得国がそのプランを受け入れ、実行できるよう助けていかなければならない。それでも、完全に見放されていた年月のあとで、エイズ、マラリア、結核との闘いに、ようやく援軍が来たのだった。

ここから学んだこと

十年間、アフリカでの仕事に集中したあげく、私は世間の偏見や誤解と闘う決意をさらに固めた。そんな偏見や誤解のために、数百万人の貧しい人びとはいわれのない苦悩を強いられているのだ。アフリカは「堕落した大陸」という悪評を受けている。もともと差別的なつもりはなかったとしても、そんな意見がいつまでも私たちの社会に残るのは、根強い差別意識があるからだろう。アフリカ諸国の多くは正しいことをしようと必死になって努力している。それでも、貧困、病気、生態系の危機、地政学上の無策など、さまざまな障害が立ちはだかっている。

マクロ経済と健康に関する報告書が出され、世界基金が発足したあと、アフリカに対する私の関心は公衆衛生にとどまらなくなった。アフリカには疾病コントロールだけでなく、長期的な飢餓、農村地帯の孤立、それにいまだに続く爆発的な人口増加による環境破壊への対策が必要だった。病気の場合と同じく、アフリカがこれらの分野でも大きな困難を抱えていることには特別な理由がある。経済だけでなく、地理的条件のせいで、アフリカは弱点が多いのだ。すでに述べたように、アフリカには海に注ぐ航行可能な河川が少ないため、輸送や貿易には困難がともなう。さらに、アフリカの人口の大半は沿岸部ではなく内陸部に住んでいる。それどころか、サハラ以南のアフリカで最も人口密度が高いのは、エチオピアやルワンダのような高地地帯なのだ。降雨が安定していて、内陸の低地や沿岸地方にくらべて土壌の質がやや良好だからである。しかし、これらの高地に住む人びとは世界の労働分野から孤立している。全体的にアフリカでは灌漑施設が不足していて、主食用穀物の九〇パーセントは降雨に頼っている。亜湿潤のサバンナとサハラ砂漠南端のサヘル（乾燥地帯）では降雨のパターンも一定しないことが多い。農家は、幹線道路から離れていて、市場は遠く、肥料も簡単には手に入らない。化学肥料や有機肥料を与えないまま何度も収穫をくりかえした結果、土地は滋養分が失われ、すっかり痩せている。輸送手段、遠距離通信、診療所、肥料の不足のために、飢えと病気と貧困の結合体は深まるばかりである。

アフリカの不利な地理的条件と極端な貧困が結びつくと、そこに世界最悪の貧困の罠が生まれる。それでもアフリカの状況は絶望的ではない。希望はある。マラリアを専門とする同僚たちは、蚊帳、殺虫剤の撒布、よく効く抗マラリア薬について教えてくれたし、同じく、エイズについてよく知っている同僚たちは、効果的な予防プログラムと抗エイズ薬を組みあわせることでエイズが減らせることを教えてくれた。さらに、熱帯農業、農村地帯の電化、道路建設、安全な飲料水と衛生設備についてくわしい同僚たちも、これらの重要な問題について何ができるかを教えてくれるようになった。

やがて私にもわかってきた。アフリカの抱える問題はじつに厄介だが、具体的かつ確実なテクノロジーをもってすれば解決できる。病気はコントロールでき、穀物の収穫量は大幅に増やせる。舗装道路や電気のような基本的なインフラストラクチャーを村まで拡大することもできる。その土地の必要と状況に合わせた投資をうまく組みあわせれば、アフリカ経済は貧困の罠から逃れられる。そのような人為的介入はシステマチックかつ綿密に、また連携して進めなければいけない。それぞれがたがいに補強しあうものだからだ。アフリカ諸国と国際コミュニティに目を向ければ、アフリカはやがて独自の緑の革命を成就できるかもしれない。やがては農村主導で成長が始まり、将来の世代はこれまでのような旱魃が原因の悲惨な飢餓をまぬがれることができるだろう。そんなアイデアを実行に移す新しい大きなチャンスは思ったよりも早くやってきた。

11　ミレニアム、9・11、そして国連

ニュー・ミレニアムは希望に満ちた雰囲気のなかで幕を開けた。世界は、危惧されていたコンピューターのY2K（二〇〇〇年危機）を何事もなく乗り越えた。世界各地の祝賀行事もとどこおりなくすんだ。アメリカ経済はいぜんとして好調だった。中国とインドの経済成長は続いており、そのうえロシア経済さえもついにグローバリゼーションの恩恵をこうむるかに見えた。ITブームはあいかわらず華々しかった。インターネット時代の目がくらみそうな進歩と、世界中を結びつける力には驚くしかなかった。世界各地で、新しい製品、新しい形のビジネス、人びとを結びつける新しい方法やこれまでにない製造システムが際限なく誕生しているように見えた。アフリカはまだ、あいかわらず危機から脱していなかったが、それでも民主主義は普及しつつあり、エイズやマラリアなどの病気と闘うために新しいテクノロジーを導入する可能性が希望をもたらしていた。

地政学の分野でこの希望を最も鮮やかに反映していたのが、二〇〇〇年九月に開かれた国連ミレニアム総会である。これは歴史上で最も大勢の世界のリーダーたちが一堂に会したことで、歴史の上でも前例のない会合となった。合計百四十七の国および政府のトップがニュ

ーヨークに集まり、大変な交通渋滞を引き起こしたが、成果はそれだけではなかった。この歴史的な国連総会で、世界のリーダーたちは、世界が一丸となって、二十世紀からもちこされた最も困難かつ試練の多い問題に終止符を打つつもりだという断固たる決意を表明したのだった。二十一世紀を迎えるにあたって、富と新たなテクノロジーとグローバルな意識の向上をもってすれば、極度の貧困、病気、環境の劣化をきっと軽減できるはずだという希望をうたいあげた。

このとき、コフィ・アナン国連事務総長は世界に向けてすばらしい文書を発表した。この「われら人民――二十一世紀の国連の役割」には、アナン事務総長の強い信念がこめられていた。国連は、百九十一の参加国だけでなく、権利と責任をもつ個人として世界中に生きている全人類の代表だという信念である。「われら人民」は、国際社会が直面する大きな試練の数々を的確にピックアップしていた。極度の貧困、世界的な流行病、環境破壊、戦争、内乱。さらに、これらの難問を概観したあとで、その原因についても力強い診断を下し、国際的な協調と行動によって、どのように解決すべきか、具体的な方法まで示唆していた。

この文書を基礎として大事な国際声明が起草され、出席したリーダーたちに受け入れられた。これがミレニアム宣言である。すべての人間にとって、この宣言はきわめて価値が高いものなので、ぜひ目を通してほしい。長い準備期間には苦労が多かったとはいえ、このミレニアム宣言はいまだに希望に満ちている。いまのように分断された複雑な世界でも、一つのチャレンジに向けて一致協力できるのだ。国連事務総長の報告書と同じく、この宣言は、戦

表1　ミレニアム開発目標

目標1：極度の貧困と飢餓の撲滅	・2015年までに1日1ドル未満で生活する人口比率を半減させる。 ・2015年までに飢餓に苦しむ人口の割合を半減させる。
目標2：普遍的初等教育の達成	・2015年までに、すべての子供が男女の区別なく初等教育の全課程を修了できるようにする。
目標3：ジェンダーの平等の推進と女性の地位向上	・初等・中等教育における男女格差の解消を2005年までには達成し、2015年までにすべての教育レベルにおける男女格差を解消する。
目標4：幼児死亡率の削減	・2015年までに5歳未満児の死亡率を3分の2減少させる。
目標5：妊産婦の健康の改善	・2015年までに妊産婦の死亡率を4分の3減少させる。
目標6：HIV／エイズ、マラリア、その他の疾病の蔓延防止	・HIV／エイズの蔓延を2015年までに阻止し、その後減少させる。 ・マラリア及びその他の主要な疾病の発生を2015年までに阻止し、その後発生率を下げる。
目標7：環境の持続可能性の確保	・持続可能な開発の原則を各国の政策や戦略に反映させ、環境資源の喪失を阻止し、回復を図る。 ・2015年までに、安全な飲料水と基礎的な衛生施設を継続的に利用できない人びとの割合を半減する。 ・2020年までに最低1億人のスラム居住者の生活を大幅に改善する。
目標8：開発のためのグローバル・パートナーシップの推進	・開放的で、ルールに基づいた、予測可能でかつ差別のない貿易及び金融システムのさらなる構築を推進する。（良い統治《グッド・ガバナンス》、開発及び貧困削減に対する国内及び国際的な公約を含む） ・後発開発途上国（LDC）の特別なニーズに取り組む。（[1]LDCからの輸入品に対する無関税・無枠、[2]重債務貧困国（HIPC）に対する債務救済及び二国間債務の帳消しのための拡大プログラム、[3]貧困削減に取り組む諸国に対するより寛大なODAの提供を含む） ・内陸国及び小島嶼開発途上国の特別なニーズに取り組む。（バルバドス・プログラム及び第22回国連総会の規定に基づき） ・国内及び国際的な措置を通じて、開発途上国の債務問題に包括的に取り組み、債務を長期的に持続可能なものとする。 ・開発途上国と協力し、適切で生産性のある仕事を若者に提供するための戦略を策定・実施する。 ・製薬会社と協力し、開発途上国において、人々が安価で必須医薬品を入手・利用できるようにする。 ・民間セクターと協力し、特に情報・通信分野の新技術による利益が得られるようにする。

争と平和、健康と病気、富と貧困について概観し、世界が一丸となって人間の環境をよくする仕事にとりくむよう促していた。とくに、極度の貧困と病気と環境劣化をなくすという目標に定量化した数字をあげ、時間的にも期限を区切ったのが画期的だった。ミレニアム宣言に含まれていたこれらの目標は、やがて抜粋されて八項目のミレニアム開発目標（MDGs）となった。

表1には、その八つの目標と十八の小項目がまとめてある。これは、世界の最も貧しい人びとにも持続可能な開発が達成できるようにするための大胆な試みだといえよう。七番目までの目標は、貧困、病気、環境劣化を防ぐためのものだ。八番目の目標は、グローバルなパートナーシップへの公約、つまり豊かな国と貧しい国が七番目までの目標を達成するために協力しあうという約束である。このミレニアム開発目標は賢明にも、極度の貧困には多くの側面があることを認識して、たんに低所得というだけでなく、病気への対策の不備や、教育の機会がないこと、長期的な飢餓と栄養不足、上下水道などの基本的な設備が利用できないこと、それに生命と生活を脅やかす森林伐採や土地の侵食といった環境破壊などにも注目している。

たしかに、ミレニアム開発目標は希望だけでなく、辛辣な態度も呼び起こした。ミレニアム開発目標では、国際社会の長期的なコミットメントが必要だと何度もくりかえしているが、それは過去にできなかったことである。つまるところ、二十世紀の大きな運動の一つは、一九七八年に国際社会が合意した「二〇〇〇年までに全人類を健康にする」という約束だった。

しかし、二〇〇〇年の世界にはエイズが蔓延し、結核とマラリアの流行はやまず、世界の何百万人という貧しい人びとはごく基本的な医療サービスさえ——または、いかなる医療をも——受けられないでいる。一九九〇年に中国で開かれた世界子供サミットでは、二〇〇〇年までに世界中の子供が初等教育を受けられるようにすると約束したが、二〇〇〇年になってもまだ一億三千万人以上の学齢期の子供たちが学校へ通えていなかった。先進国は国民総生産（GNP）の〇・七パーセントを政府開発援助（ODA）として貧困国への直接投資にまわすはずだったが、実際には増えるどころか、裕福な世界のGNP総額における財政援助金の割合は一九九〇年代のあいだに〇・三パーセントから〇・二パーセントへと減っているありさまだ。

それでも、世界のリーダーたちがミレニアム宣言と、そのなかのミレニアム開発目標を受け入れたからには、今度こそ——そう、今度こそ——約束が果たせそうだという明確な手ごたえがあった。このところの好調な経済状況、近代的なテクノロジーの新たなパワー、グローバルな相互関連性のユニークさからも、今度こそうまくいきそうだと世界は感じていた。

そんな楽観主義が、いかにもろく砕かれたことか。楽観的な見方をへこませる小さな事件、たとえばアメリカ大統領選挙をめぐるごたごた、好況だった株式市場の翳《かげ》り、次々と暴かれた大企業のスキャンダルなどはあったが、9・11のあとではどれもちっぽけなものにしか見えない。この日、世界は大きく変わった。一つには、アメリカ政府のまずい対応のためである。私たちはこれまで以上に、ミレニアム開発目標の理想と希望に立ち戻らなければいけない。

世界中のほとんどすべての人がそうだと思うが、私にとっても9・11は強烈な印象を残し、つい昨日のことのように思える。あの朝の経験で、私はこのグローバルな社会の本質について考えさせられ、そのインパクトはずっと続いている。あの日、私はハーヴァード大学の自分のオフィスで、南アフリカ向けのライブのビデオ会議に出席し、ダーバンの地域社会のリーダーや経営者のグループを相手にエイズについての講演をしていた。話の途中で、南アフリカの演壇の上に並んだ人たちが耳打ちしはじめた。驚いたことに、そのうちの一人がビデオカメラのほうを見て、私にこういった。「サックス教授、申しあげにくいのですが、あなたの国が攻撃されているそうです。この会議はここで打ち切らせてください」。その言葉を最後に、送信は途絶えた。部屋の外へ出てみると、十人ほどの同僚たちがショックを受け、呆然としたようすで廊下を行き来していた。中央ロビーの巨大なテレビの前に人が集まっていた。数分後、私たちは身の毛がよだつ思いで、タワーが崩れ落ちるのを目にした。

私たち全員にとって、あれはけっして忘れられない事件である。だが、一連の事件の真意はまだわかっていない。数時間もしないうちに、アメリカではすべてが変わったという論調が出てきて、あの事件が歴史上のターニングポイントだといわれるようになった。アメリカの代表的なジャーナリストの一人であるトマス・フリードマンは即座に、九月十一日は第三次世界大戦勃発の日だといい、恐怖に震えたアメリカ国民のあいだにも共感を示す人が多かった。ブッシュ大統領自身も当時、そしてその後もくりかえし、こんな発言をしている。九月十一日がきっかけで、自分の職務やアメリカ合衆国そのものについて、またその弱点、世界におけるアメリカの位置づけなどについての見方が大きく変わった、と。実際のところ、九月十一日はブッシュ政権の自称「テロリズムとの戦い」の幕開きとなった。今後、大統領のすべての権限をもってテロ撲滅に邁進する、とブッシュは宣言した。

見識があるはずの人びとがあまりにも簡単に第三次世界大戦といった言葉を口にするので、私は愕然とした。それは火をもてあそぶようなものだ。悪くすれば、予想もしない大火になって、この世界を破壊しつくすかもしれない。百年前、グローバリゼーションのとば口にあった世界が、第一次世界大戦によってどれほど荒廃したかを忘れてしまったのだろうか？　あのときも、識者たちはこんな小競り合いには一カ月で勝利するはずだとたかをくくって、兵隊が列をなして戦場に出ていくのを嬉々として見送った。だが、あの戦争で解き放たれたデーモンは、二十世紀が終わるまでこの地球上をさまよいつづけ、大恐慌、第二次世界大戦、ロシア革命などに触手を伸ばしつづけたのである。

私にとって、9・11の攻撃は悲惨な事件ではあったが、すべてを変えるものではなかった――少なくとも、アメリカが無謀な対応に出なければ。いずれにせよ、アメリカ国民がテロの攻撃を受けたのはこれが初めてではなく、最後でもない。中東一帯、それにケニアやタンザニアでもテロ事件は何度も起こった。それにアメリカ本土でも一九九三年の世界貿易センター、一九九五年のオクラホマシティがある。テロリズムは悩みの種であり、対処すべきものではあるが、この世から完全にとりのぞくことはできない。伝染病をこの地上から完全になくすことができないのと同じだ。ブッシュ大統領も二〇〇四年の大統領選挙ではそういっていた。「それ（テロとの戦い）に完全な勝利はないと思うが、テロを道具にしようとする連中を世界の一部に近づけないような環境を作ることはできるはずだ」[*44]。しかし、そういったそばから、まったく逆の態度をとるようになった。

世界が直面している脅威はテロリズムだけではない。私たちのエネルギーと努力と資源と生命のすべてをテロとの戦いに投入し、もっと広範な、そしてより重要な問題を棚上げにするのは大きなまちがいだろう。九月十一日、世界貿易センターではおよそ三千人がいわれのない悲劇的な死を迎えた。アフリカでは毎日——そして九月十一日以降もひきつづき毎日——一万人ずつ、エイズと結核とマラリアのためにいわれのない悲劇的な死を迎えている。私たちは九月十一日を大局的に見なければいけない。とくに、毎日死んでいく一万人の命は、私たちが救おうと思えば救えるのだから。

さらに、テロの理由は複雑なうえに一様ではないから、軍事力だけで解決するのは無理である。テロと戦うためには、同時に貧困や窮乏と闘わなければいけない。テロに対して軍事的アプローチだけで挑めば、失敗は目に見えている。病気と闘う医師は薬を処方するだけでなく、十分な栄養と生活習慣の改善を通して患者の免疫システムを高めようとする。同じように、テロとの戦いでも、テロの温床となる社会の弱点を改善しなければいけない。極度の貧困、働き口がなく収入がないこと、人間としての誇りを奪われた惨めさ、生活環境を悪化させる政治経済の不安定——これらをまずなんとかすべきなのだ。ソマリア、アフガニスタン、西パキスタンのような社会がより健全になれば、テロリストがつけいる隙はなくなるだろう。

したがって、9・11への適切な対応は、たった一つではなく、二つあった。文明国は攻撃をしかけたテロリズム網を弱体化させる努力をすべきだった。アルカイダへの資金流入の抑制と直接軍事行動は必要な対応だったとはいえ、それだけでは足りない。世界的な繁栄に関与できない社会に発生したテロリズムの深い根っこをとりのぞかなければいけない。これらの社会は、世界経済から排除され、希望を奪われ、豊かな国々から搾取され、粗略に扱われている——中東の産油国がそうだった。アメリカを初めとする豊かな国々は、軍事戦略よりも、経済開発により多くの努力を注ぐべきなのだ。

第二次世界大戦時にファシズムと戦った連合国の偉大なリーダーは、軍事面で勝利を得るには、世界の信用と信頼をかちえることが大事だということを、よく理解していた。アメリカのフランクリン・デラノ・ローズヴェルト大統領が第二次世界大戦への参戦を決めたのは、四つの自由を守るためだった。有名な「恐怖からの自由」のほかに、弁論の自由、信仰の自由、欠乏からの自由である。大統領の印象的なスピーチは現代にも強く共鳴する。[*45]

来るべき将来には、人間の基本的な四つの自由にもとづいた世界になるよう期待しましょう。一つ目は、弁論と表現の自由です——世界中において。

二つ目は、すべての人が自分のあがめる神を信仰する自由です——世界中どこでも。

三つ目は、欠乏からの自由です。わかりやすくいえば、経済的な協調関係です。これによって、あらゆる国家は国民の健全で平和な暮らしを保障できます——これも全世界で。

四つ目は、恐怖からの自由です。わかりやすくいえば、世界中の武器を大幅に削減し、これによっていかなる国家も隣人に対して物理的な攻撃をしかけられないようにすることです——この世界のあらゆる地域で。

ローズヴェルト大統領とイギリスのウィンストン・チャーチル首相が大西洋憲章、すなわちアメリカとイギリスの戦後世界の政治についての原則を述べた共同声明を発したとき、究極の目標としてあげていたのは繁栄をわかちあう世界という希望だった。

これらの原則は、空疎なレトリック以上のものだった。これらはまた、戦後の平和な世界を築くための基盤となった。一九四五年、世界の協調を果たすための枠組みとして、国連が創立された。マーシャル・プランは欠乏からの自由を達成するためにアメリカがなした大きな貢献であり、この伝統はアジアやラテンアメリカ諸国の開発計画のなかに引き継がれた。だが、アメリカの援助は、マーシャル・プランの最盛期には国民総生産（GNP）の二パーセントを占めていたというのに、今日ではGNPの〇・二パーセントまで落ちこんでいる。

9・11の直後、私はそんな論点を述べた「大量救済兵器」という記事を英〈エコノミスト〉誌に発表した。*46 その論旨は、大量破壊兵器と戦うには軍事的な手段だけではだめだというものだった。私のいう「大量救済兵器」とは抗エイズ薬、マラリア予防の蚊帳、安全な飲料水のための井戸掘削などだが、これらは何百万という人命を救うだけでなく、世界の安全を守る防波堤にもなる。

その秋、ブッシュ政権は軍事的な戦略以外の方法をとりそうな気配だった。二〇〇一年十一月、カタールのドーハで世界貿易機関の閣僚会議が開かれ、新ラウンド（新作業計画）の開始が宣言された。このドーハ宣言は、貧困国の要求を満たすような貿易システムの改良に重点が置かれていた。もっと重要なイベントは翌二〇〇二年三月にメキシコのモンテレーで開かれた国連開発資金国際会議だった。この会議そのものが経済成長のための資金供給をテーマにしていた。会議で採択されたモンテレー合意は、個人投資と政府の開発援助の両方に力を入れている点で有益だった。

モンテレー合意は、発展途上国が国内の基本的なインフラストラクチャーや人的資源を欠いたまま、海外投資や国内の個人投資家にさえ魅力のない状態で多額の個人資本が流れこむことを期待しているとしたら大まちがいだといっていた。その一方で、経済開発がかなり進んだ国々――エマージング・マーケット――に対しては、援助の役割は小さくなり、個人資本が開発を進める原動力になるだろうという。モンテレー合意にはこう書かれている。[*47]

政府開発援助（ＯＤＡ）は、あくまでもその他の開発資金の不足を補うものであり、とくに対外直接投資の可能性が最も少ない国々を対象とする……アフリカ諸国の多く、後発開発途上国、小島嶼開発途上国、内陸開発途上国などにとって、ODAはいまだに外部資金調達のおもな財源であり、ミレニアム宣言の開発目標やその他の開発ターゲットを達成するのに欠かせない。

アメリカをはじめとする参加国はこのとき、さらに画期的な決断を下すことにしたが、その内容はモンテレー合意の一節に書かれている。「先進国はGNP（国民総生産）の〇・七パーセントをODA（政府開発援助）に費やすことを目標として具体的な努力をする」。二〇〇二年を見ると、援助額は五百三十億ドルで、先進国のGNP総額の〇・二パーセントにすぎない。豊かな国々がこの目標を達成したら、つまり二〇〇二年の先進国のGNP総額二十五兆ドルの〇・七パーセントを支出することになったら、援助額は年に千七百五十億ドルになる。アメリカの場合、対外援助は二〇〇四年の百五十億ドル（GNPの〇・一四パーセント）から、およそ七百五十億ドル（アメリカのGNPの〇・七パーセント）に増えるはずだ。これこそ大きな飛躍である。

ブッシュ大統領みずからモンテレーに来て、アメリカがミレニアム・チャレンジ・アカウント（MCA）という新プロジェクトで海外援助を増やすという予想外の、だが歓迎すべき発表をした。大統領は、増額した援助を有効に使う意思と能力を示した国にはアメリカからの援助を増やすと約束したのである。来る会計年度の三年間にわたって、一年ごとに十六億ドル、三十二億ドル、五十億ドルにわけて、全部で百億ドルを増額するという。このプログララムの話が会議参加者のあいだに広まると、アメリカ国連大使のジョン・ネグロポンテは私のところへ来て、背中を叩きながら耳打ちした。「きみの願いがやっとかないそうだな」

ほんの一瞬とはいえ、私は希望をもった。アメリカが約束した対外援助の増額はアメリカ経済の規模にくらべたらしごく微々たるもので、ミレニアム・チャレンジ・アカウントの三年が過ぎたあとでさえ、アメリカのGNPの〇・二パーセント以上にはならないはずだった。しかし、GNPの〇・七パーセントをめざして地道な努力を続ける一方で、ブッシュ政権が九月十一日の悲劇をきっかけに世界と新たな関係を築く必要性に気づきさえすれば、アメリカは極度の貧困をなくす闘いで、もう一度ヒーローになれるかもしれない。私はそう信じた。チャレンジ・アカウントの数字は最初は小さくても、やがてはアメリカも賛成した〇・七パーセントという目標に達したかもしれない。

悲しいかな、そんな期待はほんの数カ月ですっかりしぼんでいた。世界のリーダーたちが再び国際会議の場に集まった。南アフリカのヨハネスブルクで開かれた持続可能な開発に関する世界首脳会議である。このサミットは、リオの地球サミットから十周年を記念していた。地球サミットでは、増大しつづける人的被害から地球環境を守るための重要な決議がなされた。なかでも重要なのは、国連気候変動枠組条約（UNFCCC）で、各国政府は地球温暖化など害のある気候変動の原因になる温室効果ガスの放出を抑えるため、対策を講じることを約束した。温室効果ガス規制をうたった京都議定書条約も、この気候変動枠組条約が基礎になっている。

リオの地球サミットからの十年間は厳しい道だった。京都議定書は批准されないままだし、ブッシュ政権は発足わずか数カ月で京都合意から離脱した。初代のブッシュ大統領がUNFCCCに署名したのだから、皮肉な話である。それでも、ヨハネスブルクの会議では、モンテレーのときと同じく、明るい雰囲気があった。世界各国とアメリカが一丸となって環境問題にコミットすれば、きっと正しい道に立ち戻れる、と。

だが、そうはいかなかった。ブッシュ政権が環境問題を軽んじ、全般的な開発についても関心がないことは一目瞭然だったが、ヨハネスブルクでもそんな態度は皮肉な形で示された。まず、ブッシュ大統領は会議に出席しなかった。もっと具体的にいえば、世界の国々が地球の環境を守るために集まったのに、アメリカはこの場を対イラク戦の正当性をアピールするために利用したのだ。

ヨハネスブルクのプレスルームで立ったままテレビのスクリーンを見ていると、一万マイルもの距離をおいて、第百三回海外派兵退役軍人大会でスピーチをするディック・チェイニー副大統領の姿が映った。これはのちに有名なスピーチになったが、このなかでチェイニー副大統領は、こういっていた。[*48]「サダム・フセインが大量破壊兵器を保有していることはいまや確実だ。集めたそれらの兵器をわれわれの友人や仲間、そしてわれわれ自身に向けて使おうとしていることも疑問の余地がない」。こんなふうにアメリカが派手に打ち鳴らす戦争の太鼓のせいで、ヨハネスブルクへの関心はそらされ、テロとの戦いに二つの道があることは完全に忘れられてしまった。それ以来、アメリカはほとんどすべての力点、政治的なエネルギー、資金を軍事政策のために費やすようになった。

ヨハネスブルク会議の翌月から、ブッシュ大統領とその上級顧問たちは、イラクに関する演説やインタビューやプレゼンテーションを文字通り何百回もおこなった。だが、極度の貧困の撲滅、モンテレーのメッセージ、それに新しいミレニアム・チャレンジ・アカウントについての言葉はほとんど、あるいはまったくといっていいほど聞かれなかった。態度は急変したが、唯一の例外は二〇〇三年一月におこなった大統領一般教書演説だった。ここでは、アメリカがアフリカのエイズ撲滅のためにより多く貢献し、重要かつ貴重なイニシアティブをとるとの決意を表明した。五年間で百五十億ドル――一年につき三十億ドル――という数字を聞いて、私は喜んだ。[*49] 二〇〇一年初めに、私がホワイトハウスに出した数字そのままだったからだ（当時は、途方もない数字だとして受け入れられなかった）。それを除けば、ワシントンは一丸となって戦争に立ち向かっており、開発や環境など、地球上の人類にとって大事な問題は棚上げにされていた。

戦争が目前に迫ったころ、私は機会あるごとに、アメリカの政策が大きく道を外れていると語り、また書いていた。イラク戦争は長期的な価値など何も生まず、ただ損害をもたらすだけだと訴えたのだ。以下は戦争前夜に〈ニューリパブリック〉に寄せた文章である。[*50]

従来的な地上部隊で現地の暴動やゲリラ戦を制圧しようとするなら、大量の流血と紛争の長期化は避けられないだろう。イギリスが北アイルランドのＩＲＡ（アイルランド共和軍）にどれほど手を焼いてきたことか。イスラエルは強大な軍隊をもってしても、パレスティナの暴動を止められなかった。ロシアは一九八〇年代にアフガニスタンのムジャヒディン（聖戦士）を抑えられず、一九九〇年代のチェチェン紛争も同様だった。アメリカはレバノンとソマリアへの軍事介入で犠牲者を出して早々に撤退したという経験があり、現在でもアフガニスタンのカブールにおける支配権を握るために汲々としている。そんな苦しい状況にあって、アメリカはさらに長期化が予想されるイラクの泥沼のような内紛に首を突っこもうとしている。イラクの何万もの怒れる若者たちは、占領軍を排除しようと躍起になるだろう。わが国のスマート爆弾は三万五千フィートの上空では有効かもしれないが、地上レベルではそれほど役に立たない。

私はまた、自己資金による戦争という幻想についても警告した。

ブッシュ政権と多くのアメリカ人は、イラクの石油が戦後の占領および再建の財源になると期待しているようだ——新たな再建契約の入札、発展のための新たな蓄え、世界的な石油価格の低下を見こんでいる。しかし、たとえそうなっても、イラクの新しい油田を改修、拡大するまでには何年もかかり、しかもその背景となる政治や社会はとても安定しているとはいえない。イラクは現在、総額一千五百億ドル以上の借金を抱えている。それらの債権者は間違いなく、借金取り立ての列に並ぼうとするだろう。

そして、テロへの戦いには別の道もあると再度訴えた。

したがって、私たちは軍事力だけでなく、経済的な資金やテクノロジーの能力を別のパワーに投じるべきである。国際社会が協調するための組織を構築すること。そのような組織があってこそ、私たちの暮らしはなりたち、長期的な繁栄も約束される。国連はまさにそのための組織である。国連はそしられることが多く、現在ではアメリカのユニラテラリズム（一方的外交）によって脅威にさらされているが、それでも二十一世紀に私たちの望む世界を作りあげるための唯一の希望である。国連とその専門機関――世界保健機関（WHO）、ユニセフ、食糧農業機関（FAO）――を通じて、私たちは貧困撲滅や気候変動対策や伝染病予防のために経済力を使うことができる。動乱や混乱やテロリズムの温床となる貧困を世界からなくすために手を貸すことができる。むしろ、ゆっくり時間をかけて国際親善を深め、価値観を共有し、アメリカに対する憤り――そのためにアメリカ人の命や経済の繁栄が脅やかされる――を減らすべきなのだ。

イラク戦争は二〇〇三年三月二十日に始まった。ナッシュヴィルでのチェイニーのスピーチから七カ月後である。この戦争の損失は計り知れなかった――開戦から十八カ月間の直接軍事費だけで少なくとも一千三百億ドルを費し、アメリカの戦死者は一千人以上（さらに増えつつある）、イラクでは何千人もの民間人が死に、世界におけるアメリカの威信は地に堕ちた。これらの損失は、アメリカの外交政策が二つ目の道をとらなかったために、驚くほどの規模で拡大した。世界中で、この戦争はいわれのない攻撃と見なされた。とくに、サダムが世界にとって差し迫った脅威であり、イラクには大量破壊兵器が多数集められているという過熱した報道が誤りだったとわかってからはなおさらである。損失は増えつづけ、月にざっと五十億ドルになった。二〇〇五年の一年分のミレニアム・チャレンジ・アカウントの金額十億ドルと比較してほしい。

9・11以来、私はなにがあろうと、国際協調の精神を維持するためにいっそうの努力をしようと心に決めた。「マクロ経済と健康に関する委員会」はあと二カ月でプロジェクトが終了するため、委員長の任期も終わろうとしていた。その件もあって、私はコフィ・アナン国連事務総長と話しあう機会が増えた。二〇〇一年の暮れ、二十一世紀に向けてよりよい世界を築くのに手を貸すという国連の仕事は、さらに困難を増し、複雑になっていた。そこで、何か私が手伝えることはあるかとアナン事務総長に尋ねた。すると、ミレニアム開発目標の特別顧問になってくれという返事だった。これらの目標を達成するにはどうすればいいか、事務総長と国連組織に助言をする役目である。とくに、国連事務総長のすべきことだけでなく、国連全体や加盟諸国や民間団体がこれらの大きな目標に到達するための有効な行動計画の作成にも協力してほしいという。地球が大きな危機に直面しているときにそんな提案をされて、私はとても名誉に思い、興奮した。そして、二つ返事で特別顧問になることを承諾し界的なプランを立てはじめた。

事務総長は興味をもって結果を見守った。国連組織の果たす役割としては、これらの目標を実際に達成するよりも、むしろ世界に対して明確に示すほうが大事だということを、彼ははっきり認識していたと思う。彼は、小さな枠にとらわれて考えないようにと私に求めた。そのために、私は「マクロ経済と健康に関する委員会」の経験を活かしたが、今回は目標を設定する範囲がさらに広くなっていた。しかも相互関係はより複雑になり、財政面でも、国際的な協調という点でも、より大きな領域がかかわりあっていた。

国連ミレニアム・プロジェクトの基盤になったのは、分析的協議だった。これはさまざまな視点を分かちあい、問題の難しさを理解することによって全員の合意をとりつけ、その結果、複雑な問題に対して協調できる方法論を見出そうとするプロセスである。「マクロ経済と健康に関する委員会」では、異なる視点をもった各界のリーダーや専門家を一堂に集め、話しあいと論争、明快なデータおよびリサーチの詳細なプロセスを通して、全員の合意を得るようにしていた。国連ミレニアム・プロジェクトでも同じやり方をとり、おもだった政策立案者や貧困撲滅のための運動に実際にかかわっている人びとを同じテーブルにつかせ、詳細な調査結果やデータをもとに、一種の合意を導きだすようにした。ただし、この場合は一つのテーブルでまとめるには問題の数もスケールも大きすぎたため、対策本部を十に分けることにした。これで、ミレニアム開発目標で掲げた広範な問題もカバーできそうだった。

各対策本部は、おもな理論家、活動家、政策専門家、投資家が集まり、熱心に議論をかわしながら協力して問題にとりくんだ。各対策本部のメンバーは約二十五人だったので、この画期的なプロセスは全部で二百五十人あまりのメンバーを中心とする国際的なネットワークによって推進されることになった。だが、それだけではない。このプロジェクトの課題はあまりにも大きく、またあまりにも複雑な相互関係があったので、国連の組織全体がかかわらなければならなかった。そこで、国連の主要機関――世界保健機関（WHO）、食糧農業機関（FAO）、ユニセフ、国連環境計画など――の代表からなる専門家グループもメンバーに加わった。この国連の専門家グループは、私たちの進める議論と、世界中で実践されている国連の具体的な活動の橋渡しになってくれた。

その一方で、援助を受ける発展途上国のいくつかに国連の現地事務所を設立することも進めた。ほとんど全世界の発展途上国で、国連の組織から派遣された専門家が、健康、飲料水、下水、環境マネジメント、農産物の生産性といった問題について、的確な助言を与えられるようにする。国連の専門家は現地事務所のメンバーと協力して仕事を進めるが、この現地事務所はレジデント・コーディネーター（常駐調整官）が指揮をとる。このレジデント・コーディネーターはニューヨークを本拠にした活動と、発展途上国で具体的に進められる地道な活動の連絡係も兼ねている。

要するに、国連事務総長は私たちに大きな視野で考えろといっていたのだ――私たちはそのとおりにした。地球規模での作業を構築することによって初めて、これほど巨大なスケールと複雑さをもった問題と集合的にとりくむことが可能になる。このプロセスを通じて、ミレニアム開発目標（十五章で述べる）を達成するための分析ができ、ビジネス・プランの作成もできたのだった。

国連の特別顧問に就任してすぐ、ニューヨークからまた別の話があった。今度はコロンビア大学からだった。コロンビア大学の学長ジョージ・ラップとその同僚は、この国連の計画について聞き、私がそれと並行してコロンビア大学の地球研究所の所長になる気はないかと打診してきたのだ。地球研究所は、持続可能な開発をいかにして可能にするかを考える総合的な研究組織である。ラップとの会見で、私はコロンビア大学の大胆かつ画期的な考え方をより深く知ることになった。大学の主要な科学部門が従来の枠組みを超えて、気候、環境マネジメント、環境保護、公衆衛生、経済開発などの問題を学際的に研究するというのだ。

二時間の有益な話しあいの結果、私はコロンビア大学のオファーを受け入れ、地球研究所の所長として就任することに決めた。後任の学長リー・ボリンジャーとの話しあいは後日になった。のちに面会したボリンジャーは、コロンビア大学がこれによってアメリカをリードし、真の意味でグローバルな大学になるだろうという持論を述べ、私も賛成した。こうして私は、学生として学んだときから教授として教える立場にいたるまで三十二年間をすごしたハーヴァードでの生活に別れをつげた。その後は、コロンビア大学と国連での新しい刺激的な責任を負って、ニューヨークにおける新たな章が始まった。ハーヴァードを愛する気持ちに変わりはないが、これら二つの活動を組みあわせ、新しい道に踏みだせるのは信じがたいほどの幸運だった。

国連ミレニアム・プロジェクトの仕事のすべては、地球研究所に多くを負っていた。[*51] もともとミレニアム開発目標は、病気、食糧生産、栄養不良、分水界マネジメントなど、相互に関連しあう基本的な問題について科学的に理解することが必須だった。それには、専門家の知識や技術が欠かせない。近代科学によってテクノロジーの介入ができるようになった。こうした問題にとりくむのに、マラリア予防の蚊帳や抗レトロウイルス薬のような専門技術が役立つのだ。地球研究所の仕事をごく一部だけあげてみよう。

- エチオピアの農村地帯をGIS（地理情報システム）によってモニターし、マラリアの流行をいちはやく察知するという世界初の試み。
- ルワンダの辺鄙な農村地帯の健康に関するリアルタイムのデータを、特別にプログラムされた携帯電話を使って健康大臣に伝える。
- 農林業の新しい技術を導入して、アフリカの窒素不足の土壌における食糧生産量を三倍にする。
- 効率のよい低コストの電池を開発することによって、近い将来に電線を引く見込みのない辺鄙な貧しい村でも電球が使えるようにする。
- 貧しい国々でも、エルニーニョ現象による気候変動を予測できるハイテク予想技術が使えるよう普及活動をする。これによって、農産物の植え付けや収穫の時期を割りだせるし、これは貯水や漁業などにも利用できる。

・水文学、地球科学、公衆衛生の最先端の情報を動員して、バングラデシュにおける飲料水の砒素汚染を解決する手段を探る。

地球研究所は、持続可能な開発に関する具体的な問題を解決するのに必要とされる学際的な科学知識の集積を目的としたユニークな研究機関である。地球研究所は五つの分科会からなる――地球科学、エコロジーと環境保護、環境エンジニアリング、公衆衛生、経済と公共政策である。これらの研究分野を一つ屋根の下に集めることで、地球研究所は科学と公共政策をよりよく結びつけることができ、田舎の村のトラブルからグローバルな国連協定までどんなスケールの問題にも具体的な解決策を見つけることができる。そして、これら五つの分科会が協力すれば、ミレニアム開発目標の課題について、より厳密に考えられるようになる。そんな機会はめったにないことだ。ユニークなこの研究所の代表を務めるうえで特筆すべきこと、また励みになることは、極度の貧困をなくすための闘いに結集した科学者が見せてくれる熱意である。この地球上の最も弱い人びとが直面する大きな不幸をとりのぞくために最前線の科学知識を役立てようとする彼らの情熱は人の心を打つ。

12　貧困をなくすための地に足のついた解決策

貧困を終わらせるには、グローバルな協力関係のネットワークが必要になるだろう。これまで顔を合わせたことがない人びとでも、またかならずしも信頼しあっていない間柄でもかまわない。この難問の一部はどちらかといえば容易に解ける。この世界のほとんどの人は、ちょっとしたヒントさえあれば、学校や診療所、道路、電気、港湾、土壌の栄養、安全な飲料水などが、人間らしい健全な生活のためだけでなく、経済生産性にも欠かせない条件であることが理解できるはずだ。さらに、それらの基本的な必要を満たすために、貧しい人びとが助けを必要としていることもわかるだろう。だが、世界が有効な援助を与えられるかどうかという点では疑わしく思うかもしれない。

人が貧困に陥る原因が怠惰だったり、腐敗した政府だったりしたら、世界がいくら協力してもいったいどんな助けになるだろう。幸いにも、そのような陳腐な考え方はまちがっている。かりにそれらが貧困の原因だったとしても、それはごく小さな一部でしかない。私が何度もいってきたように、世界中のどこでも、貧しい人びとは構造的な苦難に直面しており、そのために開発の梯子のいちばん下の段にさえ足がかからないのだ。良い港湾をもち、豊かな世界との距離が近く、気候が温暖で、ほどほどのエネルギー資源に恵まれ、伝染病が蔓延しない社会は、たいていの場合、貧困に陥らずにすんでいる。この世界にまだ残る苦難を解決するには、怠惰や腐敗を目の敵《かたき》にするのではなく、むしろ地理的な孤立、病気、気候によるショックへの耐性のなさなどを問題にすべきであり、同時にそれらを乗り越える責任をもった新しい政治システムを導入することが大事だろう。

続く各章では、二〇二五年までに極度の貧困を終わらせるための戦略について述べる。この戦略の中心になるのは、いくつかの重要な投資――人への投資、インフラストラクチャーへの投資――である。適切な投資によって、農村地帯と都会とを問わず、世界中の貧しい地域に、持続可能な開発のための道具を与えられる。私たちに必要なのは、計画（プラン）と組織（システム）、そして相互責任（ミューチュアル・アカウンタビリティ）、資金調達（ファイナンシング・メカニズム）である。しかし、それらの装置――あるいは経済的な「配管工事」――を用意する前に、何よりもまず、助けを求める十億人以上の人びとにとって、それらの戦略がどんな意味をもつか、もっと具体的に理解しておく必要がある。人びとが貧困に陥り、力を奪われながらも、自分自身や子供たちに対してどれほど勇敢か。そんな人びとが不屈の精神を保ち、現実を見据え、責任感をもって挑んでいる姿――それを知れば、希望がわく。そして、私たちの時代に極度の貧困を根絶したいという決意も新たになるだろう。

農村地帯の貧困について考える――ケニアのサウリ

二〇〇四年七月、国連ミレニアム・プロジェクトと地球研究所の同僚とともに、私はケニアの八つの村が集まったサウリ小区域で数日を過ごした。ケニア西部、キスムから約四十四キロのニャンザ州シアヤ地区の一部である。私たちはサウリとその周辺の農場、診療所、地区の病院、学校などを訪ねた。この地域で活動する国際組織とも連絡をとった。たとえば、ICRAF（国際アグロフォレストリー研究センター）、国連開発計画、アメリカ疾病対策予防センターなどである。この訪問では、極度の貧困がなぜ農村地帯にいつまでも残存するのか、そしてその貧困をどうすればなくせるかが明確になった。

この地域には、飢えとエイズとマラリアがはびこっていた。報告書で読むよりも、事態はさらに悲惨だった。そんな状況でも救う手立てはある。だが、それには国際社会が、貧困の厳しさと歴史を理解しなければいけない。そして、サウリのようなアフリカの農村地帯の村が教えるとしたら、その解決法についても十分に知っておく必要がある。

状況を理解するには、その苦しみを実感しているサウリの住民の声を聞くのがいちばんだろう。ある日の午後、私たち視察団の招待を受けて二百人ほどの村民が集まってくれた（写真2）。腹を空かし、痩せて、病気にもかかわらず、彼らは三時間半も私たちにつきあってくれた。そして、自分たちの苦境について、雄弁かつ明晰に、また高潔さを失わずに話をした。貧しいとはいえ、彼らは有能で頭もよかった。いまを生き抜くために必死で闘いながらも、彼らは不幸にめげず、なんとか状況を好転させたいとがんばっていた。どうすれば事態をよくできるか、その方法も承知していたのだ。

この集会は、バー・サウリ小学校の教室で開かれた。並み外れて有能なアン・マーセリン・オモロ校長は、飢えと貧困に苦しむ数百人の児童——親を亡くした子も多い——を庇護し、基礎的な勉強と日々の仕事を通じて教育を授けている。病気や親の死や飢えにもくじけず、去年は三十三人の八年生全員がケニアの全国的な中学進級試験に合格した。七月のある日曜日、私たちはその実態を自分の目で見た。学校は「休み」なのに、今年の八年生は教室に集まって、朝六時半から午後六時まで机に向かい、十一月に実施される進級試験に備えて何カ月も前から受験勉強に励んでいる。不幸なことに、児童のほとんどはたとえ試験に合格しても中学には進学できない。授業料や制服代や備品のための費用が出せないからだ。それでも、受験の年を迎えた八年生を応援するため、村人たちは昼の給食を届けるようにしており、児童たちは家から薪と水を運んでくる（写真3と4）。しかし、村では八年生に給食を配るだけが精一杯なので、もっと下の学年の子供たちは自分でなんとかしなければならない。ほとんどの児童は、授業のあいだ空きっ腹で過ごすことが多い。

私たちの集会は月曜の午後に開かれた。村の人びとは数キロの距離を歩いてきてくれた。私は同僚を紹介し、村人たちにミレニアム・プロジェクトのことを説明した。国連のコフィ・アナン事務総長から任命された私たちの務めは、サウリのような村の状況を理解し、状況改善の方法を村民とともに探ることであり、最終的には極度の貧困と飢餓と病気の撲滅、安全な飲料水と衛生設備の確保をめざすミレニアム開発目標を世界中で達成することである。

さらに、私はアメリカのレンフェスト基金に対して多額の寄付への感謝を述べ、コロンビア大学地球研究所がサウリでの活動に関して有益なアイデアを出してくれること、またアフリカやその他の地域における村落の苦境を救うために国際社会はサウリでの経験から多くを学ぶにちがいないと話した。午後五時半までの数時間、熱のこもった話しあいが続いた。その中身は痛ましい半面、励みにもなり、また私たちの仕事に非常なやりがいを感じさせてくれた——これは、とりわけ豊かな社会にとっては大きな挑戦である。

公式のデータにサウリのような農村の収入が「停滞」と書いてあっても、それは婉曲語法にすぎず、「停滞」の実態は衰弱と早すぎる死にほかならない。一人あたりの食糧生産量は減っている。マラリアは深く浸透し、さらに増えている。エイズは村ばかりか地域全体に広がって、成人の罹患率はおよそ三〇パーセントに届こうとしている。家庭では古くから利用されてきた泉から水を汲んで使っているが、その水は汚染されていることが多く、とくに午前中にたくさん汲まれたあとでは汚染度が高まる。イギリスのNGOの援助で保護設備をほどこした水汲み場ができたが、数が少なすぎてすべての家庭の必要は満たせず、いっぺんに汲みすぎると、水がちょろちょろとしか流れないこともあり、そうなると水さしを一杯にするのに数分もかかるのだった。これまでの人口急増のせいで農地は分割され、狭くなっている。女性は生涯に平均六人の子供を産むが、村では家族計画やリプロダクティブ・ヘルス・サービス、近代的な避妊法などに接する手段がない。

私は村の物質的な状況について訊いてみたが、暗い現況について鋭い返答があった。集会に来てくれたおよそ二百人の農民のうち、いま現在、肥料を使っているのは二人だけだった。二五パーセントほどは、改良休閑地に空中窒素固定作用をもつ樹木を植えていた。これは、国際アグロフォレストリー研究センター（ＩＣＲＡＦ）がサウリに紹介して使われるようになった科学的な農法である。この新技法によれば、ある種の樹木は空気中の窒素――このままでは食糧作物の肥料として使えない――を窒素化合物に換える性質をもっており、その結果、肥料として使えるようになるのだという。マメ科の（窒素固定作用のある）樹木をトウモロコシなど食糧作物のそばに植えるだけでいい。植え付けのタイミングを選び、樹木と作物の組みあわせを正しくすれば、化学窒素肥料と同じ効果をもつ自然の代用品が得られるのだ。

いまのところ、サウリでこの新技法を使っているのは農民の四人に一人である。この方法をとりいれるには金がかかり、一回分の収穫シーズンを犠牲にしなければならない。窒素肥料のほかにも肥料、とくにカリウムは必須だが、カリウムも値段が高く、貧しい農民にはとても手が出ない。これらの補足的な問題を解決するのはどちらかといえば簡単で、ＩＣＲＡＦの技法を村中に普及するだけでいい。ただし、それにはＩＣＲＡＦと村がその計画を推し進めるための財源が必要だ。

その他の畑はごく小さいものばかりで、〇・一ヘクタール以下のことも多い。土壌は荒れて栄養不足になり、生物学的にいっても十分な量の穀物が収穫できるはずがなかった。土の養分や有機物が枯れはてているため、雨が十分に降っても、せいぜい一ヘクタールあたり一トンのトウモロコシがとれるだけなので、とても家族の飢えは満たせない。雨が降らないと、家族は深刻な栄養不足に陥り、免疫防御機能の低下で、悪くすれば死に至る。年齢のわりに背が伸びない発育阻害の症状も広く見られるが、これも子供の長期的な栄養不足の徴候である。

質問を続けると、さらにショッキングな事実が明らかになった。過去に一度でも肥料を使ったことがある人は？　部屋のすべての手があがった。肥料の値段が高くなって、いまではとても手が出ないこと、かつて使っていた肥料が貧しさのせいで使えなくなったことが口々に訴えられた。第二燐酸アンモニウム肥料（DAP）の五十キロ入りの袋が二千ケニア・シリング（USドルに換算すると約二十五ドル）で売られている。一トンが五百ドルというのは、世界市場の価格の少なくとも二倍である。適切な使い方をすれば、一ヘクタールあたり二袋から四袋が必要なので、ヘクタールあたり五十ドルから百ドルかかる。貧しい一家にはとても無理な金額だ。貧しい農家には、借金で肥料を買う手立てもなく、そもそも賢明なことではない。たった一回の不作やマラリアのときならぬ流行など、ちょっとした不運がきっかけで、一家は借金まみれになり、赤貧への道をまっしぐらということになるからだ。

会話が進むにつれ、私は頭のなかで計算を始めていた。農林業（アグロフォレストリー）と化学肥料の正しい組みあわせをさらに普及させるには数万ドルの資金がいる。もちろん、村人たちにはそんな金額は工面できっこないが、ドナー（寄付者）が名乗りでれば、サウリのような村では、一人あたりのコストはどちらかといえば低いはずだ。幸いにも、この場合、地球研究所が名乗りでてくれた。

この午後、話しあいが進むにつれて、村が陥っている窮状の悲惨さがしだいに明らかになっていった。エイズは村を荒廃させているが、まだ誰も抗レトロウイルス治療を受けていない。エイズのせいで親を亡くした子供を引き取っている家庭がどれくらいあるか、訊いてみた。ほぼ全員が手をあげた。ナイロビなど、都会に住んでいる家族から送金を受けている家庭は？　都会から送られてくるのは棺と孤児だけで、金は来ないという返事だった。

マラリア患者のいる家庭の数は？　およそ四分の三の手があがった。マラリア予防の蚊帳を使っている人は？　二百人中、二人が手をあげた。蚊帳のことを知っている人は？　全員が挙手。蚊帳を使いたい人は？　すべての手が挙がったままだ。女性たちは「蚊帳が買えれば問題はないのです」と口々にいう。蚊帳の値段は一つ数ドルだが、国際的なドナー組織から一部助成金（社会事業として）があってもまだ高すぎる。この村でマラリアの発作のために治療を受けたことがある人は？　二、三の手があがったが、ほとんどは手を下ろしたままだ。一人の女性がいうには、薬は高すぎて村人にはとても手が出ないのだった。

一年あまり前、サウリには小さな診療所があった（写真5）。だがその後、医師がいなくなり、診療所にはいま南京錠がかけられている。医師の給料が払えず、薬も買えなかったので、医師は去ってしまった。だからいまは医者も薬もなしでなんとかやっている。マラリアが悪化し、貧血性の心悸亢進（脈拍が速くなること）になると、酸素を運ぶ赤血球が不足するため、子供は小さなやつれた体でぜいぜいと喘ぎはじめる。いちばん近いヤラの村にある小区域病院まで運びこむために、母親は子供を背負うか手押し車に乗せて、数キロの泥道を急ぐ。私たちはここへ来る途中でヤラの小区域病院に寄ったが、そこでは廊下の簡易寝台に患者が寝かされているだけだった。水道もなく、常駐の医師もおらず（医師は週に二日、午後だけ来る）、完全にそろった外科治療用のセットさえない。

数年前まで、サウリの住民は周辺で集めた薪で料理をしていたが、樹木の数が減ったために十分な薪がとれなくなった。燃料になるのは、ICRAFの改良休閑地システムを導入した四分の一ほどの家庭が植えている豆科の樹木だけである。他の農家にはそれすらない。村人がいうには、いまはヤラかムハンダ（どちらも村から数キロの距離がある）で薪を買っている。七本の薪の束はおよそ二十五シリング（三十セント）だが、七本の薪では一回の食事を作るのがやっとだ。私はその値段を聞いてびっくりした。ほとんど現金収入のない村で、一回の食事に三十セントかかるとは。ある女性によれば、村人の多くは昔のように牛の糞を燃やして煮炊きをしたり、火を使わないで食べたりしているという。

この村は飢えとエイズとマラリアで死に瀕しているが、その孤立の深さは驚くばかりだ。サウリの村では乗用車やトラックをもっている人はいないし、借りた車さえない。どんな種類でも自動車と名のつくものに乗ったことがある人も数人しかいない。二百人のうち、たった三人か四人は毎月この地域の都市キスムへ行くといい、過去一年間にケニアの商業と政治の首都であるナイロビ――四百キロ離れている――へ一度でも行ったことがあるという人の数も同じくらいだった。村への送金はほとんどない。それどころか、この村にはどんな種類の現金収入もないのだ。畑ではごくわずかな作物しかとれないので、収穫はほとんど家族が食べる分しかなく、市場で売ることはできない。この村には現金がないので、肥料や薬、学校の授業料など、また村の外でしか買えないその他の生活必需品を手に入れることもできない。集会に来た人びとのほぼ半数は、これまで一度も電話をかけたことがない（皮肉なことに、あるいは前途有望というべきか、私たちの携帯電話はこの村でもつながった。ヤラにアンテナが立っているからだ。たとえば村で共有の携帯電話をもつなど、低コストの通信システムを導入すれば、インフラストラクチャーの問題はかたづく）。

村はこの年も雨不足に悩まされていた。これも最近増えている気候変動の一つであり、先進国が作りだしている長期的かつ人為的な気候変動の一例である。学校の屋根の上に作ったウォーター・ハーヴェスティング（雨水貯留）の貯水タンクは干上がっている。農民たちは翌月に控えた収穫が不作に終わるのではと危惧している。ケニア政府はすでに、いくつかの州——ニャンザ州も含む——に飢餓が迫っていることを知り、国際社会に援助を求めていた。

この村を救う手段はあるし、いずれはミレニアム開発目標を達成できるかもしれない。ただ自力ではできない。生きのびるには、いくつもの特殊な問題を乗り越えなければいけない。栄養の枯渇した土壌、気まぐれな降雨、マラリアの大流行、エイズの蔓延、適切な教育機会の不足、安全な飲料水や便所がないこと、基本的な輸送手段、電気、調理用の燃料、コミュニケーション手段への欲求が満たされないこと。これらはすべて、すでに知られ、証明され、頼りになることがわかっている適切なテクノロジーと他者の介入によって解決できる問題ばかりである。

サウリ小区画の抱える問題は簡単に、また率直にいえば、次のようになる。サウリの村、そしてこれとよく似た世界中の貧しい村は、救うことができ、開発への道を歩むことができる。それにかかるコストは、世界にとってわずかな額だが、当の村やケニア政府が自分でまかなうには多すぎる。

アフリカのサファリ・ガイドはサバンナでこれだけは見るべきだといって五種類の大型動物をあげる。それに準じて、国際開発コミュニティも、飢えと病気と死がつきまとう社会を健康で経済開発の可能な社会へと変えるための介入について、大きな五つの項目（ビッグ・ファイブ）を明らかにすべきだろう。サウリを救うのに必要な五つの大きな援助項目を以下にあげておく。これには村の人びとだけでなく、国連ミレニアム・プロジェクトも賛同した。[*53]

・**農業への投資。**肥料、改良休閑地（ＩＣＲＡＦによる効果的なテクノロジーとともに）、緑肥、被覆作物、ウォーター・ハーヴェスティング（雨水貯留）と小規模灌漑、改良された種苗の導入で、サウリの農家はヘクタールあたりの食糧の収穫量を三倍に増やすことができ、これによって長期的な飢餓はすぐに解消される。さらに、貯蔵施設を作ることで、村は穀物を一度に全部売らずにすみ、数カ月かけて売れるようになる。それによって、価格の調整もできる。収穫した穀物は、村の改良休閑地に植えられた豆科の樹木テフロシアの葉――防虫効果がある――で作った貯蔵容器に入れて保存できる。こうした改革は、これまでアフリカの農場と家庭で不当に重い労働を強いられてきた女性にとってはとくに恩恵である。

・**基本的な健康への投資**。村の住民五千人につき、医師と看護師一人ずつのいる診療所を作り、マラリア予防の蚊帳を無料で配給する。効果的な抗マラリア薬。HIV・エイズの「日和見感染」への治療（低コストで治療効果が高いバクトリムを含む）。エイズの末期患者への抗レトロウイルス治療。その他、熟練した助産師、性と生殖に関する健康サービスを含む、基本的な各種医療サービス。

・**教育への投資**。小学校の全児童が給食を受けられるようにすれば、子供の健康状態は改善され、教育成果や出席率もあがる。生徒への職業訓練を充実させれば、近代農法（たとえば、改良休閑地や肥料の活用について）、コンピューターの使い方、基本的なインフラストラクチャーのメンテナンス（電気の配線、ディーゼル発電機の使い方と修理、ウォーター・ハーヴェスティング、井戸掘りとその後の補修など）、大工仕事などを教えることができる。世帯数わずか一千戸のサウリでも月に一度、村のあちこちで成人向けの教室が開かれ、村人たちが衛生学、エイズ、マラリア予防について学び、またコンピューターや携帯電話の使い方など、とりあえず必要な知識や技術を身につけようとしている。村の人びとはさまざまな情報に接し、テクノロジーの知識を増やすにつれて、まちがいなく力を蓄えつつある。

・**電力、輸送、コミュニケーション・サービス**。電力は村に電線を引く（ヤラかニャンミニアから）か、あるいはディーゼル発電機でも得られる。この電力で明かりがつき、さらに学校でコンピューターが使えるようになるかもしれない。安全な井戸水を汲みあげるポンプ、穀物の製粉、他の食物の加工、冷蔵、大工仕事、家庭用の電池への充電（家庭用の照明に使われる）など、さまざまに利用できる。村の人びとによれば、生徒たちは日が落ちてからも勉強したがるが、電灯がないのでそれができないという。村に一台のトラックがあれば、肥料などのほか農作業に必要なものや調理用の燃料（アメリカではバーベキュー用のコンロとしておなじみの缶入りLPガス）が運べるし、収穫した作物を市場へ運んだり、傷みやすい食品やミルクを積んでいってキスムで売ったりできる。若者には農場以外の場所で働くチャンスができる。トラックがあれば、産気づいた妊婦を病院へ運ぶこともできる。一台か二台の携帯電話を村で共有できれば、緊急時の連絡や市場の情報収集に活用でき、もっと広い意味でもサウリと外の世界を結びつけることができる。

・**安全な飲料水と衛生設備**。村人全員が利用できるよう、安全で便利な場所に清潔な水場を必要な数だけ設置できれば、女性や子供たちが毎日何時間もかけて水汲みをしなくてすむ。水の確保は、保護設備のある泉、掘削井戸、雨水貯留など、基本的なテクノロジーを組みあわせる。数キロ離れた既存の大規模な貯水槽とポンプ基地から水道管を引くという手もある。

皮肉なのは、五千人のサウリ住民に対するこれらのサービスにかかるコストがとても安くすむということだ。ここに概算をあげておく。より正確な数値はいま地球研究所の同僚が計算しているところである。

耕作可能な土地およそ五百ヘクタール分の肥料と改良休閑地は、一ヘクタールあたり年間ざっと百ドル。コミュニティ全体だと年間五万ドル。

医師と看護師各一名の診療所を置き、マラリア予防と治療のほかに、基本的なサービス——抗レトロウイルス薬は別として——を無料で提供する場合、年間の経費はおよそ五万ドル。（抗レトロウイルス薬は、世界エイズ・結核・マラリア対策基金やアメリカ・エマージェンシー・プランなど、その他のプログラムによって供給されるはずだ）。学校給食は、肥料の導入によって穀物の生産が少しでも増えれば、地域住民の手で十分にまかなえる。

村所有のトラックは年間の維持費用も含め、数年で償却するとして、年に一万五千ドルもあれば十分だろう（または製造業者からのリースでもいい）。加えて、小区域全体の小中学校に通う生徒（およそ千人）のための現代的な調理用燃料に年間五千ドル、それに村共有の携帯電話数台と貯蔵用設備のために年間五千ドルで、合計して二万五千ドル。

保護設備のある（アクセスしやすい）泉、掘削井戸（ポンプ付）、大規模な貯水システムに連結した村営の水道の組みあわせによって、便利な十カ所に水汲み場が作れるが、このための経費が二万五千ドル。

電力は専用の発電機、またはヤラかニャンミニアから引いた電線で、学校、近隣の診療所、五カ所の水場に送ることができるが、この初期費用が三万五千ドル。各家庭に充電池と電球を配備し、村の発電機に接続した充電器によって、毎晩数時間だけ電灯が使えるようにするための初期費用が四万ドル、経常経費が一万ドル。年間にかかるコストは二万五千ドル。

その他の出費には、教育活動の向上、ローカル・マネジメント、農業普及官への技術顧問料など、関連した出張サービスにかかる費用が含まれる。

地球研究所の同僚たちと計算した結果、これらの投資にかかる費用はトータルで年間三十五万ドル、サウリの住民一人あたりにすれば年間ざっと七十ドルが、少なくともこの先数年間は必要だ。しかし、これによる恩恵はめざましいはずだ。マラリアはほぼ完全に制圧される（疾病予防センターがこの近隣で蚊帳を試したさいの最近の調査結果からして、マラリアの伝播は九〇パーセント防げるだろう）。ヘクタールあたりの食糧の生産量が倍または三倍になって、長期的な飢餓や栄養不足は大幅に減少する。学校の出席率は上がり、水が原因の病気が少なくなり、あまった穀物や換金作物を売ることで収入が増え、食品の加工や大工仕事、小規模の衣料製造業、園芸、魚などの養殖、畜産などを通じて現金収入が伸びるだろう。それ以外にも数えきれないほどのプラスがある。診療所のサービスに抗エイズ薬が加われば、エイズによる大量死は食い止められ、それと同時に、孤児になる子供の数も急激に減る。

これらの投資には、遠からず見返りがあるはずだ。人命が救われ、子供たちが教育を受けられ、コミュニティが存続するだけでなく、商業的な面でも直接的な見返りがある。肥料について考えてみよう。いまのところ肥料は使われていない。コミュニティには肥料を貯蔵したり、輸送したりする余裕がなく、借金もできず、たとえ借金ができたとしても、不作のときのリスクを軽減する財政的なクッションがないからだ。ヘクタールあたり（DAP肥料二百キロ分として）百ドルの費用をかけて肥料をやり、それに加えて（あるいはそれに代えて）改良休閑地を導入した場合、一ヘクタールあたりの穀物の収穫量は普通のシーズンで一トンから三トンに増え、この増加は市場価値にしてざっとヘクタールあたり二百ドルから四百ドルに相当する。その結果、輸送手段を講じることができるようになり、トウモロコシの値段は安定する。旱魃の年には、肥料と（または、その代わりの）改良休閑地があれば収穫量は少なくとも一トンだが、なければゼロになる。収穫がゼロになれば、飢餓とまではいかないにしても、厳しい飢えが待っている。最初の数年間、村の人びとには肥料と改良休閑地を無料で提供する。まず、彼ら自身の栄養と健康を回復させ、ささやかな財政上のクッションを用意する必要があるからだ。その後はコミュニティがコストを分担できるようになる。やがて――十年ほどしたら――肥料と改良休閑地を市場並みの値段で供給できるかもしれない。

国際ドナーとサウリのような村

国際ドナー・コミュニティはつねに一つの問いを考えつづけるべきだ。サウリのような農村地帯でビッグ・ファイブへの投資をスケールアップするにはどうしたらいいか。三千三百万人の人口——そのうち三分の二は農村地帯に住む——を抱えるケニアは、サウリのような貧しい村のために、年間ざっと十五億ドルの援助を求めてもいいだろう。ケニア政府はすでに金が出せる状態ではないのだから、ドナーにその不足分を埋めあわせてもらうしかない（より正確な費用を割りだすには、十四章で見るように、詳細な開発プランにもとづいて計算しなければならない）。ところが、実際にドナーがケニアに出している金額は一億ドルにすぎず、必要な額の十五分の一である。先進国に対するケニアの債務元利未払金は年間およそ六億ドルにのぼる。つまり、ケニアの国家予算は国際コミュニティによって支えられるどころか、まさにたったいまも金を引きだされているのだ。

ケニアがまだ民主主義の根付いていない新興の国であって、先進国から多額の援助を受けて当然だと思えば、この状況はいっそう目につく。皮肉なことに、ケニアは世界的なテロの犠牲にもなった。自らが引き起こしたのではない戦争に巻きこまれているのだ。近年、ケニアにあるアメリカとイスラエル関連の施設がターゲットにされてきた。そのせいでケニアの観光産業は下降スパイラルに陥り、数百人のケニア人が巻きぞえになって死に、土地や建物にも大きな被害を受けた。

国連ミレニアム・プロジェクトはケニア政府と共同で作業を進め、ケニアの思い切った貧困削減政策がミレニアム開発目標を達成するのに十分だと認めた。その戦略によれば、サウリの村だけでなく農村地帯の貧しい人びと全員のために、ケニア政府がこれらビッグ・ファイブ――農業、健康と教育、電力、輸送とコミュニケーション、安全な飲料水――へ十分な投資ができるようにするには、先進国からの開発援助を大幅に増やし、より大胆な債務帳消しを実施しなければならない。ところが、最近ケニア政府が、より多くの国民に基本的な医療サービスを供給するのにどうしても必要な健康保険基金を提案したところ、ドナーは即座に却下した。これが実現すればどれほど有益かを調べることさえしないで。

ケニア政府は汚職や贈収賄だらけだという噂がドナーとの関係に影を落としている。そんな腐敗のほとんどは二十年以上も前の初期政権に見られたが、それも例外的なことである。堕落した役人はいまでも皆無ではない。腐敗の一部は新しいが、これは完全に断ち切ることができる。しかし、それには、ケニアが公共行政の機能を高められるよう、ドナーはお説教や厳しい批判ではなく、助けの手をさしのべなければならない。コンピューター・システムや活字になった報告書の導入、職業倫理の教育と再教育、管理職の給料を引き上げて袖の下や副業に頼らなくてもすむようにすること、司法制度の充実をはかっている政府への後援を続けること、地方の村が公共サービスの実施状態を監督できるよう権力の分化を進めることが大事だ。そして、ドナーの側にもいくらかの謙虚さが求められる。ドナー国の政府の内部にも腐敗は見られる。それどころか、対外援助の部門にさえある（対外援助はたいていドナー国の内部で大きな政治的権益と結びついている）。政治的な腐敗は世界に広がっており、それらは組織的に、かつ巧妙に、つぶしていかなければならない。だが、形だけの道徳論は無用だ。

ドナーは政府のリーダーと肩を並べて、こう宣言すべきだ。「私たちの望みは、ケニアの村のためにビッグ・ファイブへの投資をスケールアップし、ケニア全土の貧しい人びとすべてが、農業に必要なものや健康、教育、電力、コミュニケーションと輸送、安全な飲料水と衛生設備を利用できるようにすることだ。協力して予算と運営システムを築き、きちんと監督でき、うまく管理ができて、計量化も可能な一連の介入計画をこの国に導入しようではないか。良好なガバナンスのもとでそのような歴史的なプロジェクトを進める準備ができたら、われわれは喜んで金を出す」。民間の国際コンサルティング会社に委託すれば、システムの構築が楽になり、その手段と成果にも信憑性が出るだろう。

さらに用心のために、ドナーと政府は、村ならではの生活の知恵をとりいれるとよい。サウリのような村では村人同士の助けあいのメカニズムが自然にできあがっているのがふつうだが、これが役に立つ。マイクロファイナンスのグループ融資が大成功した例を見てもわかるとおり、村落を中心としたコミュニティ組織に公共サービスの監督をゆだねれば効果は大きい。最近、インドでは伝統的なパンチャヤット（五人会議）をもとに村落経営の実験がなされているが、これもその一例である。各種委員会（学校運営、診療所、輸送と電力、農業）の設立を呼びかけられると、サウリの村人たちは熱意をもって参加した。これらの委員会は、実際の投資に向けて準備をし、意図したとおりに正しく実行されるよう支援するものである。オモロ校長は委員会の組織を監督すると同時に、村の女性たちが各委員会にきちんと加われるようにした。女性には女性ならではの要求があり、いまだ束縛も厳しく、法律上の差別さえ残っていたのである。

ドナー組織の代表が、ケニア政府と村民の話しあいの場に加わり、政府職員とともにブレーンストーミングをすれば、村にまちがいなく援助を届けるための実り多いアプローチの数々をきっと思いつくだろう。世界中の貧しい村で生きるために闘っている——負けることも多い——何百万という人びとの命を救うために、私たちはもっと大胆な発想をしなければいけない。ドナーとケニア政府は状況に合った勇敢な戦略に合意すべきであり、それは可能なはずだ。新しい民主主義のもと、ケニア国民は国政から村落レベルにいたるまで、国際社会からの援助を隠しだてせず有効に、また平等に、用いる覚悟ができている。そのために、私たちはメカニズムをきちんと動かし、情報収集と報告のためのテクノロジーに投資すべきなのだ。

都市部の貧困について考える——インド、ムンバイ

ケニアのサウリから数千マイル離れたインドのムンバイにも貧困に苦しむコミュニティがある。極度の貧困は都会のもう一つの顔なのだ。二〇〇四年六月、私は鉄道線路のすぐそば

に住んでいる人びとに引きあわされた。すぐそばとは、汽車が通りすぎるときに汽笛が聞こえる程度の近さではない。線路から三メートルほどのところに彼らの住処があるのだ。とても無理のように思えるが、ダンボールやトタン板、草などが手あたりしだいに線路の横に積みあげられている（写真6）。子供や老人は走りすぎる汽車からたった数十センチのところを歩きまわる。便所がないので、排便は線路の上ですませる。汽車に轢かれて死んだり、手足を失ったりする者も多い。

エネルギッシュでカリスマのあるソーシャル・ワーカーのシーラ・パテルは、大学のリサーチャーだったが、その職を捨てて、このようなコミュニティのために働くようになった。私を彼らに引きあわせたのはシーラだった。写真7や8のような極貧のスラムにできたコミュニティ組織も彼女が先鞭をつけたものである。彼女が設立したNGOの地域センター促進協会（SPARC）が集会の主催者だった。部屋に集まった五十人あまりのほとんどは三十代から四十代の女性だが、長期にわたる厳しい肉体労働と長年風雨にさらされてきたために、実際よりもずっと年上に見える。そこには南アフリカのダーバンから来たグループもいた。スラム住民やホームレスのコミュニティ組織について学ぶために来ているのだ。

話しあいの最も大切なテーマは便所や水道、あるいは汽車から身を守ることではなく、権利《エンパワーメント》の獲得についてだった。とくにグループの関心は、ほとんど何ももっていないスラム住民が声をあげ、市当局と交渉するにはどうしたらいいか、ということだった。過去数年間、このグループは地域センター促進協会の支援のもと、もっと安全な場所への移転を求めて交渉を続けていた。水道や便所、下水、道路など、基本的な設備のある居住地を求めているのだ。多くの人がすでに移転しているが、新しい居住地が見つかるのを待っている人はまだ大勢いる。

　この日、鉄道線路から一メートルほどのところに多人数のコミュニティがあると知っただけでも驚きだった。たしかに、それは極貧に陥った人びとの自暴自棄の行動といってもいい。農村地帯の貧困——ときには飢餓——から逃れて都会に出てきた人びとは、自分と子供たちがなんとか住める場所を必死に探しているのだ。しかし、もっと驚いたのは、ここにはコミュニティのメンバーがＳＰＡＲＣの助けを得て組織した鉄道スラム住民連合（ＲＳＤＦ）というものがあり、彼らの要求や利益について市当局やインド鉄道と交渉を重ねていることだった。ＳＰＡＲＣとＲＳＤＦに加え、この集会に出席していた第三のＮＧＯは、マヒラ・ミラン（「女性よ、いっしょに」の意）である。これはおもに女性の路上生活者の意見を代弁するグループだった。

　女性たちが発言しはじめると、都会における極貧の実態と解決までの距離はいよいよ明らかになる。女性の一人一人がグループ活動のパワーの証《あかし》なのだ。ふつうならわざとらしく見えるかもしれないが、そう思わせないのは誠実なほほえみ、控えめな物腰、ストレートで実直な態度のおかげだ。学校へは数年前に二、三年だけ、不定期に通ったことはあるが、家の事情で行けなくなった。読み書きはできないが、子供たちにはもっとよい教育を授けたいし、そうすべきだと思っている。ＳＰＡＲＣ、ＲＳＤＦ、マヒラ・ミランの共同イニシアティブのもとで結集する以前、彼女たちは劣悪な生活環境に甘んじ、つねに危険と騒音と腐敗と汚染にさらされていた。

だが、グループ活動を通じて、自分たちにもこの都会に住む権利があり、一致団結して運動すれば公共サービスさえ受けられるかもしれないと知った。市当局とインド鉄道のほうも、鉄道の敷地に住みついた人びとを移転させるのは願ってもないことだった。鉄道線路のすぐ脇にスラムがあると事故も起こりやすく、そのたびに列車が遅れて、コストもかかり、サービスの低下を招くからだ。市と鉄道会社には、個々の家族を強制的に立ち退かせようとすれば暴動になりかねないことがよくわかっていた。二〇〇一年二月、ハーバーライン沿いの二千戸の小屋が取り壊されたときには、鉄道スラム住民連合のメンバーが結集し、市の鉄道が止まる騒ぎになった。

サウリの村と同様、このコミュニティに必要なものは個人と基本的なインフラストラクチャーへの投資である。それによって人びとがより健康になり、よい教育を受け、労働における生産性を高めれば、人びとは発言権をもつ。貧窮した家族は基本的な生活の利便を欲している――鉄道線路から離れた安全な暮らし、飲料水や衛生設備、道路、電力へのアクセス。新しい居住地へ引っ越したら、政府が支給する食糧と調理用の灯油が受け取れるよう新しい配給カードが必要になる。子供たちが病院や学校へ行けるようにしてほしい。公共交通機関で行かれる職場があればいいし、歩いて行けるほど近ければもっと好ましい。みんな働き者で、メイドやコック、清掃係、守衛、洗濯係など、技術のいらない労働集約的な仕事でわずかな賃金を稼いでいる。グループのなかでも比較的若く、読み書きのできるメンバーは、基本的な知識を身につけ、またはは勉強しなおした結果、自分たちの意見を主張しはじめ、政治活動にも力を入れるようになった。読み書きができれば、いまの給料の二倍も三倍も稼げる仕事——たぶん衣料工場での——につくチャンスも増える。

インドのムンバイとプーナのスラムから送られた最近のレポートを読めば、基本的なインフラストラクチャー——この場合は安全な飲料水——の欠如のせいで、女性たちがどれほど人間としての尊厳を傷つけられ、肉体的に虐げられているかがよくわかる。[*54]

公共の貯水塔から水を汲んでくるのは、普通は女性の仕事である。長い行列に並んでじっと待たなければならず、水汲みのために朝は早く起き、夜は遅くなってから出かけなければいけない。遠い道と滑りやすい斜面を越えて重い水の容器を運んでいくのはたいてい女性である。わずかな水で家を掃除し、食べ物を調理し、食器を洗い、洗濯をし、子供たちに湯浴みさせるのは、普通は女性の役目である。ふだん使っている水源が枯渇したとき、水を買ったり、せびったりして手に入れるのも、たいていは女性の仕事だ。水にまつわる苦労のこの側面を軽んじてはいけない。健康に関する統計とくらべても、水不足に起因した労働の重荷を納得できる形で記録した国際的な統計はほとんどない。公共の水や他人の水源に頼る必要に迫られたことがない人には、これがどれほど屈辱的なことか、また、疲れ、ストレスが多く、不便であるかは、とうてい理解しがたいだろう。トイレがないこと、あるいは汚いトイレを使うために行列をしなければいけないことは、健康に悪いだけでなく、不安のもとにもなる。

ホームレスへの食糧配給や救済のための投資は、多くの点で、サウリの村の困窮を救うよりも容易にできる。水は市水道の本管から分けることもできる。電気も個別の発電機を使うのではなく、市の電線網から引けばいい。都市では人口密度が高いので、学校や診療所へのアクセスもどちらかといえば楽だ。医学教育を受けた人がほとんどいないケニアの農村地帯とくらべると、ムンバイには医師や看護師がはるかに大勢いる。都市部の問題は、エンパワーメントと財政をめぐって動いている。土地をもたない貧しいホームレスのコミュニティは、どうしたら集団としての声を獲得し、その声をあげるための安全性を確保できるだろう。どうすれば、市当局とスラムの住民が現実的な方法で財政問題を論じあうことができるだろう。

SPARCのイニシアティブのもとで可決された新しいスラム・リハビリテーション法によって、コミュニティはまた一つ力をつけた。スラム居住者の組織は、特定の地域のスラム住民の代表として少なくとも七〇パーセント以上の住民の支持を得れば、いまや土地開発業者として活動することとさえ合法的に認められるようになった。土地開発業者としてのスラム住民組織は、市の特別プログラムを利用して不動産業者と連携することができ、不動産業者とともにコミュニティの移転を計画し、またはその土地で商業開発を進め、それによって得た金を移転の費用にまわすこともある。SPARCはさらにコルカタ市当局とも交渉して、コルカタのスラムにトイレを設置するための援助をとりつけた。それによれば、建設費は市とスラム住民が共同で分担し、維持費はスラム居住者の組織が責任をもつことになっている。シーラ・パテルがいうように、組織されたスラム住民の声をテーブルにつけることで、これまで夢にも思われなかった将来への展望が開けるだろう。*55 最近、世界銀行は思いきった発想でこの会議のテーブルにつき、ムンバイの都市交通の一部を改善するための資金援助をすることになった。この交通機関は、NGOが主導するスラム住民の移転プログラムの計画と手段に重要な役割を演じている。NGOのほうは、コミュニティのメンバーがこのプロセスをなるべく推進できるよう組織化を手伝い、記録を残すという形で協力する。シーラ・パテルとその仲間がいうように、これらのプログラムは「都市の貧困層が市民権を獲得するための旅路の第一歩」であり、「支援してくれる政策環境と草の根デモクラシー活動に恵まれたため、権利を現実のものへと転換することができた」のだった。

規模の問題

貧困の終焉は、サウリのような村とムンバイのスラム、そしてそれらとよく似た無数の場所からスタートしなければならない。貧困を終わらせるための鍵は、世界的な連結のネットワークを築くことだ。このネットワークによって、貧困に陥ったコミュニティと、世界的なパワーと富の中心が相互に関連づけられる。サウリの状況を見た私たちは、一人あたりわずか七十ドルでどれほど大きな変化を起こせるかを知った――これは慈善の施しではなく、持続的な経済成長への投資である。ムンバイの状況を見た私たちは、コミュニティが健康で安全な環境にあれば、そこに属する家庭はなんとか都市経済への足がかり――それはすでに国際市場と結びついている――を得られることがわかった。同じことは、サウリにもいえる。サウリにとっても、その足がかりを得ることは十分可能なのだ。

そんな連鎖反応のスタート地点は貧しい人びと自身である。個人として、また集団として、彼らはいまにも動きだそうとしている。これまでも厳しい労働に耐えてきたから、生きのびるための闘いには慣れている。自分たちの置かれた状況やその改善策については現実的な見方をしていて、受けられる援助はなんでも受け入れる覚悟で、それをグループ全体の恩恵のために使おうとしている。それを権力者の懐に入れるなど、とんでもない話だ。とはいえ、あまりにも貧しいために、問題を自分たちだけで解決することはできない。彼らの政府も同じである。財政の不足分をいつでも供給できるこの豊かな世界は、潤沢な資金を緊急食糧の分配――それも際限なしの――に費やすのではなく、むしろどうすれば資金が確実に貧しい人びとのもとに届くのか、そして貧困を終わらせるための投資に使うにはどうしたらいいのかを考えるべきだろう。この問いへの答えはたぶん、財政のネットワークと相互責任のネットワークを構築できるかどうかにかかっている。

つまり、私たちに必要なのは、貧困撲滅への投資をスケールアップするための戦略だ。そこには、貧しい人びとに発言権を与えると同時に責任も負わせるガバナンスのシステムも含まれる。世界の低所得国にとっては、いまこそ、この目標に沿った貧困撲滅戦略を立てるときである。

13　貧困をなくすために必要な投資

最も基本的なレベルで、極度の貧困をなくすための鍵は、最も貧しい人びとが開発の梯子のいちばん下の段に足をかけられるようにすることである。開発の梯子が高いところにあって手が届かなければ、貧しい人びとはずっとその下にいるしかない。足場をしっかりしたものにするための最小限の資金さえないからだ。したがって、いちばん下の段までは手を貸し、押しあげてやる必要がある。極度の貧困に陥った人びとには、六種類の大きな資本が欠けている。

- 人的資本――健康、栄養、個々人が経済的な生産性を発揮するのに必要なスキル。
- ビジネス資本――機械、設備、農業・工業・サービス業における自動車輸送。
- インフラストラクチャー――道路、電力、水と衛生設備、空港と海港、長距離通信システム。これらはビジネスの生産性に大きく役立つ。
- 自然資本――耕作可能な土地、健康な土壌、生物多様性、うまく機能しているエコシステム（人間社会に必要な環境サービスを提供する）。

- 公共制度資本——民法、司法制度、政府のサービス、警察。これらは労働部門の平和と繁栄を支えるものだ。
- 知的資本——科学およびテクノロジーのノウハウ。ビジネス関連の製品の生産性を高め、物的資本と自然資本を増進させる。

貧困の罠から逃れるプロセスはどうか？　まず、貧しい人びとは一人あたりの資本がとても低いレベルからスタートする。やがて世代が移るにつれて、一人あたりの資本の割合がますます減るため、いつのまにか貧困の罠に陥っている。資本が蓄積される速さよりも、人口増加の進み方のほうが速いときに、一人あたりの資本は減少する。資本の蓄積は、プラスとマイナスの二つの力によって決まる。プラスの力は、世帯が所得の一部を貯蓄にまわすこと、または所得の一部を税金として支払い、政府による投資の財源にすることである。貯金は、ビジネスへ貸与したり（普通は銀行などの金融仲介業者を経由することが多い）、じかに家族の商売や市場の株式へ投資したりする。資本はときとしてマイナスの力によって量が減り、あるいは価値が損なわれる。時間の経過にしたがって、消耗したり、分割されたりするからだ。また、熟練した労働者が、たとえばエイズで死んだりすることもある。貯蓄の量が減少する量よりも多ければ、正味資本の額は順当に増えてゆく。貯蓄が減少に追いつかないと、資本のストックはどんどん減ってゆく。たとえ正味資本の蓄積が増えていても、一人あたりの所得の成長に関しては、正味資本の増え方が人口増加に追いつくかどうかによって決まる。

図1　資本蓄積の基本的なメカニズム

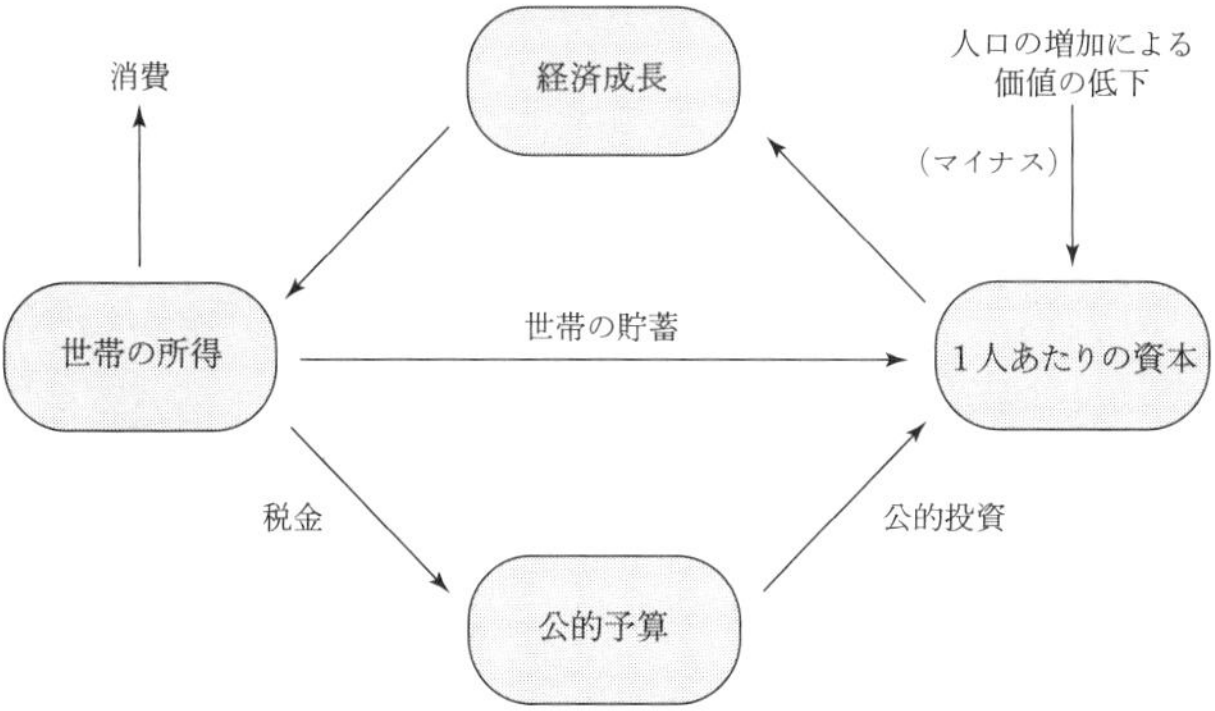

貧困の罠の仕組みと対外援助の役割

図1は、貯蓄、資本の蓄積、それに成長のメカニズム、図2は貧困の罠の仕組みを図示したものである。図1では、まず左側の典型的な世帯から見ていく。この世帯の所得は、消費と税金と貯蓄に分けられる。政府は、税収の使い道を経常支出と政府投資に分ける。この経済の場合、資本蓄積は世帯の貯蓄と政府投資によって増やせる。資本蓄積の額が上昇していくと経済成長につながり、経済成長によって世帯の所得が増える。経済成長の恩恵が所得増という形でフィードバックされるからだ。この図では、資本蓄積へのマイナス効果として、人口増加と資産の目減りがあげられている。「正常」な経済では、順当に所得が増えてゆくプロセスをたどり、世帯の貯蓄と政府投資は人口の増加や資産の目減りの先を行くのがふつうだ。

図2　貧困の罠

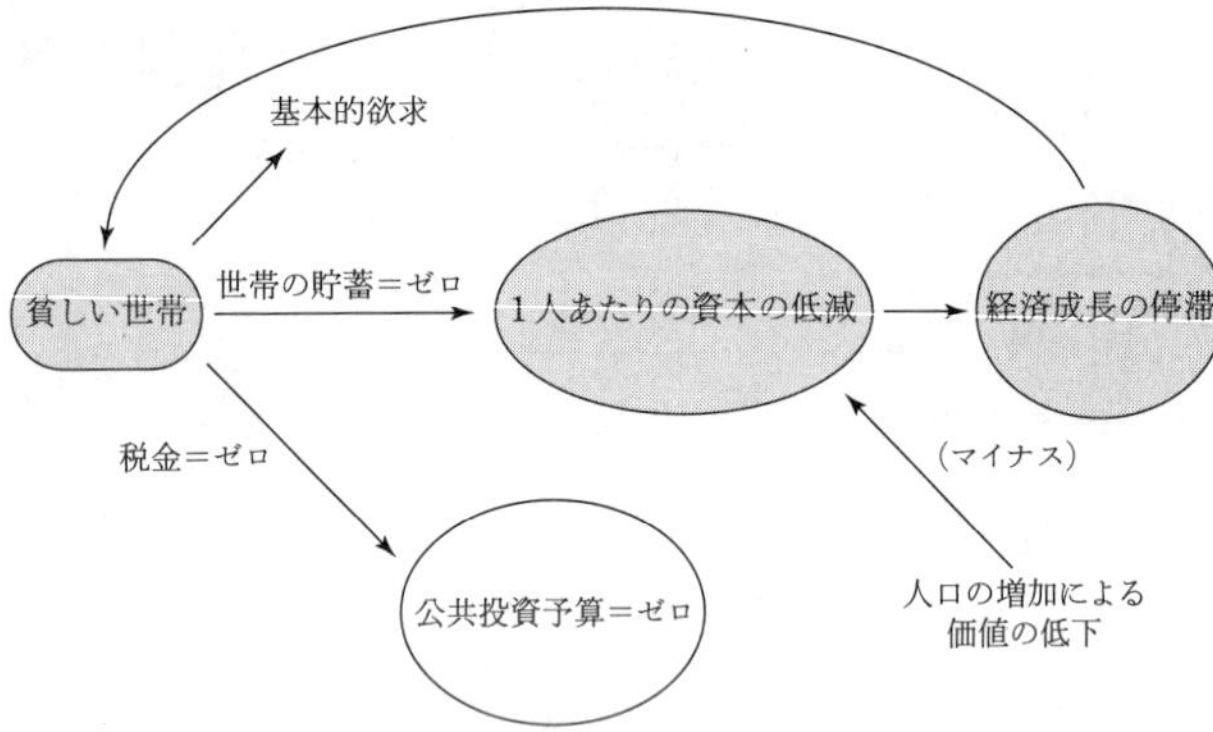

図2では、このプロセスがうまくいかず、貧困の罠に陥る。ここでも左側から見ていこう。だが、この世帯は貧しい。所得はすべて生きるための消費に使われる。税金は払えず、貯蓄もできない。それでも資産の目減りと人口増加は容赦なく続く。その結果、一人あたりの資本は減り、一人あたりの所得もマイナス成長になる。これが続けば、世帯はますます貧しくなる。この図では、所得が落ちこみ、貯蓄と公共投資にまわす金がなくなり、結果として、一人あたりの資本が激減するという好ましくないサイクルが示されている。

解決策は図3にある。ここでは、対外援助がODA（政府開発援助）という形で介入し、資本の蓄積、経済成長、世帯の所得増というプロセスの後押しをしている。対外援助はおもに三つの経路で与えられる。各世帯に直接届けられるものも少しはある。たとえば旱魃のときに送られる食糧のような人道的緊急事態の援助である。援助の大半は公共投資の財源

図3　貧困の罠から脱けだすためにODAが果たす役割

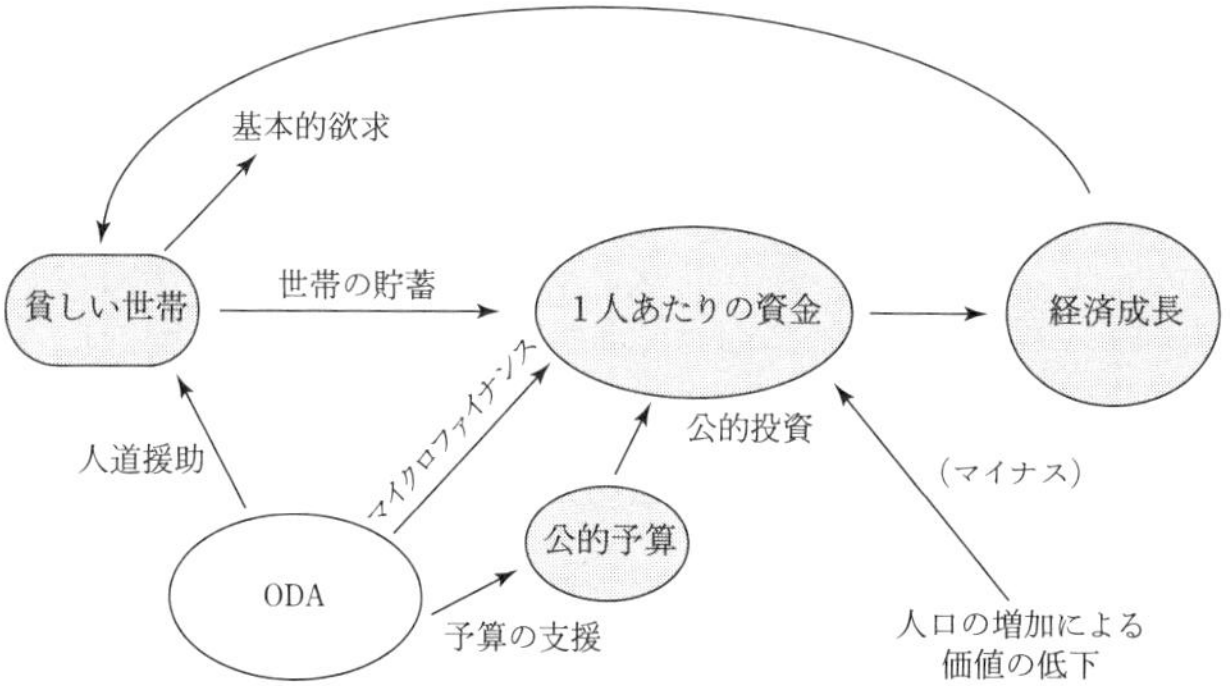

として直接、政府の予算に送られる場合もたまにはある。民間のビジネス（農業など）に直接送られる場合もたまにはある。たとえば、マイクロファイナンス・プログラムなどの計画では、外部からの援助が中小企業や農場の改良のために直接投下されることもある。対外援助の額が十分で、援助の期間も長ければ、資本は蓄積されて豊かになり、世帯はただ生きるのに精一杯という状態から脱けでられる。このとき、貧困の罠は壊れ、図1のプロセスがおのずと始まる。世帯の貯蓄と納税で支えられた公共投資によって、経済成長は自然に達成できるのだ。その意味で、対外援助は慈善の施しではなく、貧困の罠を壊すために一度だけ必要な投資なのである。

数字による検証

エコノミストは数値モデルを使うのが好きだ。特定の目標――この場合は、貧困の罠を壊すこと――を達成するのにどれくらいのコストがかかるか、具体的に示せるからである。ここでは、貧困の罠の仕組みを数字で検証してみよう。数字の羅列は退屈かもしれないが、貧困の撲滅のためにODA（政府開発援助）が総額でどれくらい必要かを割りだすのに、財政計画ではこんな方法がよく用いられる。問題を簡略にするため、この分析では世帯の貯蓄と投資に限定し、税金と公共投資については除外した。

この経済では、年間の生産一ドルにつき三ドルの資本が必要だと考えてみよう。さらに、資本のストックは年に二パーセントの割合で減じていくものとする。百万ドルの資本があるとして、年に二パーセントの目減りを重ねて、十年後にはおよそ八十三万五千ドルになるわけだ。この経済は現在、百万人の貧窮者でなりたっていると想定し、それぞれが九百ドルの資本をもっているとする。ここから計算して、年間の所得は一人あたり三百ドルになる（九百ドルを三で割る）。GNP（国民総生産）の総額は三億ドルである（一人あたりの所得三百ドル×人口の百万）。人口は年二パーセントの割合で増えていて、十年後には百二十万人になっているはずだ。

さて、この社会は貧しすぎて貯蓄ができない。毎年、人びとは食べるのがやっとで、できた農作物はすべて自分たちの食糧として消費される。三百ドルの収入は、基本的な要求を満たすだけで消えてしまう。十年後には、資本の蓄積の一部は完全に尽きてしまう。九億ドルあった資本が、たった七億五千万ドルになっている。一方、人口は百万から百二十万に増える。一人あたり九百ドルだった資本が、いまや一人あたり六百二十五ドルしかない（七億五千万ドルの資本を人口百二十万で割る）。一人あたりの所得はかつて三百ドルだったのに、いまでは二百九ドルである（六百二十五ドルを三で割る）。基本的な要求を満たす収入が得られなくなり、世帯は極度の貧困に陥る。

もう一つの図式では、同じ人口だが、資本の蓄積が倍、つまり十八億ドルあると想定する。一人あたりの所得も倍で、六百ドルである。前の例と同じく、一人あたりの基本的な欲求を満たすには年に三百ドルが必要で、三百ドル以下の所得では貯蓄ができない。所得が三百ドル以上の人はすべて、収入の三〇パーセントを貯蓄すると仮定する。一人あたり六百ドルの所得のある家庭は、三百ドル（六百ドルから、基本的な出費の三百ドルを引いた額）の三〇パーセントを貯蓄にまわすことになる。つまり、年に九十ドルが貯蓄できるわけだ。したがって、経済全体での貯蓄額は九千万ドルになる。

この年、資本蓄積の総額は十八億ドル、一人あたりにすると千八百ドルである。翌年はどうなるか。資本蓄積は年に二パーセント、金額にして三千六百万ドル減少する。だが、新たな貯蓄が九千万ドルある。だから、翌年の資本蓄積は五千四百万ドル増えることになる（九千万ドルから三千六百万ドルを引く）。したがって、翌年の資本蓄積は全部で十八億五千四百万ドルになる（十八億プラス五千四百万ドル）。ここから計算して、国民総生産（GNP）は六億一千八百万ドルになる（十八億五千四百万ドル割る三）。人口は同じく年二パーセントの割合で増加するので、翌年の人口は百二万人。一人あたりの所得は六百六ドルである（六億一千八百万ドル割る百二万）。一人あたりの所得はおよそ一パーセント増であり（六百ドルとくらべて）、今後の十年間もこの成長は続くはずだ。実際のところ、世帯の所得の額が上がり、最低限の生活を保障する三百ドルのラインとの差が大きくなるにつれて、成長率は時間とともにゆっくり上昇し、十年後には年二パーセント近くになるはずだ。この一年後の計算を十年分くりかえせば、十年後の一人あたりGNPは六百八十七ドルになり、十年間で一五パーセントの伸び率である。

というわけだ。同じ経済構造をもちながら、資本の蓄積が二倍あれば、経済は下降ではなく成長に向かう。一人あたり六百ドルの所得があれば、将来のために貯蓄するゆとりができるからだ。一人三百ドルではそれができない。要するに、一人あたり六百ドルから始めれば、経済はおのずと持続的な成長の道をたどれるが、スタート地点で一人三百ドルしかなければ経済は下降の一途をたどるしかないのである。

それだけではない。一人あたり六百ドルの所得基盤から資本が蓄積され、一人あたりの資本の率が増すと、たんに経済が成長するばかりか、資本のスケールが大きくなり、それにつれて見返りも多くなることから、さらに急な発展へとつながるのだ。二倍の資本貯蓄（一人あたり）をもつ経済では、雨が降るたびに消えてしまう道路ではなく、一年中使える道路がある。気まぐれに使えたり使えなかったりする電気ではなく、毎日二十四時間使える電気がある。病気で長く休んでばかりいる労働者ではなく、健康で毎日働きに出られる労働者がいる。同じように、人的資本と物的資本が二倍なら、資本貯蓄はそれどころか、所得レベルを――少なくとも、一人あたりの所得がとくに低いレベルにあるならば――二倍以上に引きあげるだろう。

資本の見返りが増えた場合の効果は、ケニアのモンバサ港とウガンダやルワンダやブルンジなど内陸の国を結ぶ道路にたとえられる。道路の状態がひどく悪いため、この経路を使うときの輸送コストはとても高くつく。雨のために橋が流されたり、道路が崩れたりして、完全に遮断されることも多い。この道路の半分を舗装して使えるようにし、残りは未舗装のまま使えない状態にしておくことを考えてみよう。道路をすべて修理するには倍の費用がかかるが、それによって道路全体が使えるようになり、その経済効果は倍以上である。ある限界を超えて初めて効果があらわれることを「しきい効果」というが、これがその例である。資本蓄積は最低の基準を超えたときにやっと有効に使えるようになる。

したがって、ドナーの支援による的確な投資こそが、貧困の罠を打破する最大の武器となる。ドナーによる投資は一人あたりの資本レベルを上げるものでなければいけない。一人あたりの資本貯蓄が十分に高ければ、その経済は基本的な要求を満たせるだけの生産力をもつ。そうなると各世帯は将来のために貯蓄することができ、その経済は持続的な成長への道を歩む。先の図式では、対外援助（数年にわたる）のおかげで一人あたり九百ドルだった資本貯蓄が千八百ドルに増やされ、それによってこの社会は貧困の罠から脱却し、おのずと経済成長への道を歩む。同時に、資本の見返りが増えることからも恩恵を受けるだろう。

残念ながら、ドナーの資金援助がなければ、必要な投資への財源が不足する。政府がどれほど――税金、利用者の支払い、民営化などで――努力しても、一人あたり三百ドルの所得しかない貧しい世帯には、基本的な欲求を満たしながら資本を蓄積することなどまず無理で

図4　個人および公的な資本投下

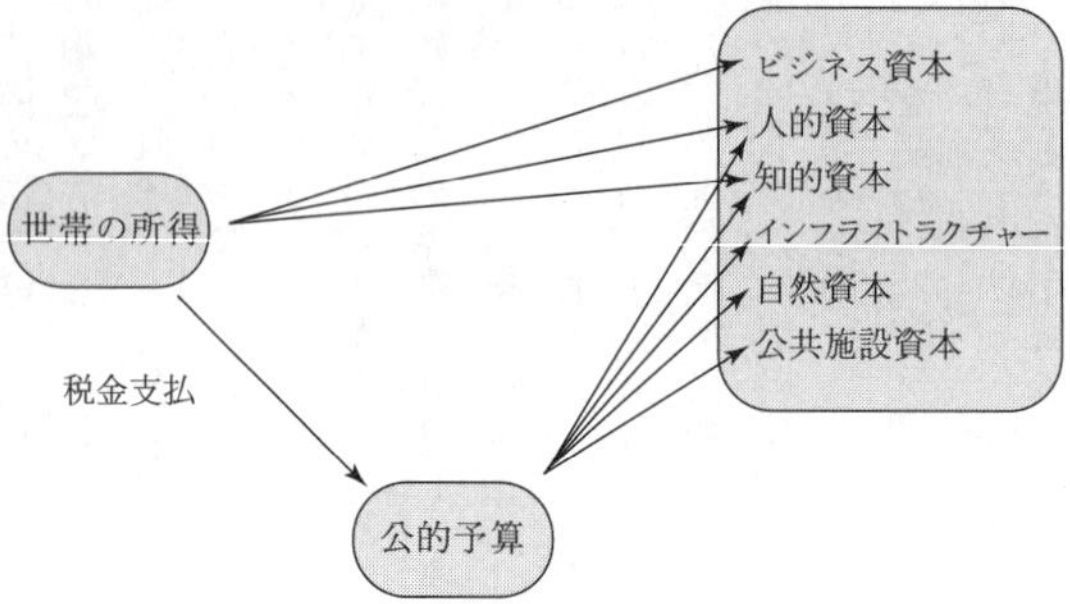

ある。最低の衣食住をまかなうのに三百ドルはどうしても必要なのだ。

鑑別診断と資本の蓄積

簡略な図式――エコノミストはモデルという――では、資本を一つの品物のように扱い、それを二倍にしたり半分にしたりするのも簡単だ。しかし、実際の経済戦略はもっと複雑である。資本はさまざまな形で存在し、その変化はほとんど無限といってもいい。十億ドルの対外援助をうまく確保したとする。その金を使って、道路を造るべきか、それとも学校、発電所、診療所にすべきか。給料を払うべきは医師か教師か、それとも農業普及官か。ほとんどの場合、答えはそのすべて、どれでもいい、ということになる。効果的な投資戦略の要《かなめ》は、厳密な鑑別診断にある。図4のように、公共および民間セクターそれぞれの適切な労働部門をもとに鑑別診断を下さなければいけない。

公共セクターはおもに五部門の投資に集中すべきで

ある。人的資本（健康、教育、栄養）、インフラストラクチャー（道路、電力、水と衛生設備、環境保護）、自然資本（生物多様性とエコシステムの保護）、公共施設資本（公共行政の健全な運営、司法制度、警察）、そして知的資本の一部（健康、エネルギー、農業、気候、エコロジーなどの科学的リサーチ）。

民間セクター（資金源はおもに個人の貯蓄）は主としてビジネス——農業、工業、サービス業、それに知的資本（科学の進歩から生まれた新製品やテクノロジー）など——に投資する一方で、家族のために、人的資本のうち、公共投資では足りない分、たとえば健康、教育、栄養などへの投資を引き受けるべきだ。ときには、公共セクターが民間セクターの活動に直接投資をしたがることもある。新しいテクノロジーを導入しようとする農家を援助する、僻地に住む貧しい家族が小規模なビジネスを始めるのを後援する、農場に必要な資本財を購入する、都市の新たな産業のスタートを支援するなどがその例である。しかし、これまでの成功例の教訓によれば、政府の投資はなるべく総合的なジャンル——学校、診療所、道路、基礎研究など——に限定し、個々のビジネスへの投資は民間セクターにゆだねたほうがよい。

学校や診療所や道路への投資を民間にまかせないで、政府が投資すべきだというが、その理由は？　ここには五つの答えがあるが、どれも正しい文脈においては非常に納得がいく。その一、この分野にはさまざまなインフラストラクチャーが含まれ、とくに電力や道路などの交通施設——空港や海港——のようなネットワークは、見返りが大きいことが特徴である。これを民間市場にゆだねると、独占が生じやすい。このような状態を自然独占という。そのような投資を民間セクターにまかせておくと、これを独占した私企業は使用料を高くしすぎる傾向があり、それではせっかくの投資が活かされない。使いたくても使えない人びとが生じてしまうのだ。したがって、インフラストラクチャーのネットワークは公共の手にゆだねるほうがいい。そうすれば、料金は民間の独占企業が設定するよりも安くなり、利用しやすくなる。

公共セクターが提供すべき資本財の二番目は非競合財である。この場合、誰かがこの資本を使っても、他の人がそれを使うことの妨げにはならない。非競合財の古典的な例は、科学界の発見である。DNAの構造が発見されたあと、誰かがこの卓越した知識を社会のために用いたとしても、他の誰かが同じ知識を使うことはまったく制限されない。経済的な効率性からいっても、その知識が社会にもたらす恩恵を最大にするためには、すべての人に利用可能なほうがいい。DNAの構造という科学知識を利用したいという科学者、ビジネス、家庭、リサーチャーなどから、使用料を徴収するべきではないのだ！　だが、使用料がないとしたら、最初の発見に必要な資金は誰がまかなうのか？　いちばんいいのは、アメリカ国立衛生研究所（NIH）のような公的機関を通じて、公共の資金を受け取ることである。自由市場のアメリカでさえ、NIH経由で、知的資本に二百七十億ドルの公的資金を投じている。

社会セクターが扱うべき三番目の分野は、外部への波及効果（溢出効果）が強い物品やサービスである。私はあなたにマラリア予防の蚊帳を使ってもらいたい。そうすれば、あなたは蚊に刺されずにすみ、したがって私にも病気が伝染しないからだ！　同じように、こういうこともいえる。私はあなたに教育を受けてもらいたい。なぜなら教育があればデマゴーグに踊らされずにすむ。デマゴーグはあなたばかりか、私にとっても害を及ぼすのだ。民間の市場はそのような波及効果のある物品やサービスに対して十分な資本投下をしないことが多い。アダム・スミスが公教育の必要性を説いたのは、この理由からだった。[*56]「教育を受けて高い教養をもった人びと……は、なんでも調査したがり、党派や煽動家の私心のある訴えを見抜く目をもっている……」。だからこそ、社会の一部が十分な教育を受けていないと、社会全体がリスクにさらされるのだ、とスミスはいう。自然資本も波及効果の大きいエリアである。汚染、森林伐採、漁業の乱獲などをもたらす個人の活動は、種の絶滅や森林破壊といった環境劣化につながり、社会全体、ひいては地球全体に大きな不利をもたらす。したがって、政府は自然資本の保護に決定的な役割を負っている。

四番目に、世界のどの社会でも、権利と公正の点からして、すべての人が基本財およびサービス（医療、教育、安全な飲料水）を必要最低限のレベルで得られるようにしたいと考えている。健康で幸福な暮らしに欠かせず、だからこそ、すべての人に供給すべき物品のことを価値財と呼ぶ。それらの価値財を手に入れる権利の保障は、世界各国の政府にとって改めていうまでもない仕事だが、それればかりか、国際法にもはっきりと記されている。なかでも重要なのは、世界人権宣言である。[*57]

・すべて人は、衣食住、医療及び必要な社会的施設等により、自己及び家族の健康及び福祉に十分な生活水準を保持する権利並びに失業、疾病、心身障害、配偶者の死亡、老齢その他不可抗力による生活不能の場合は、保障を受ける権利を有する。

・すべて人は、教育を受ける権利を有する。教育は、少なくとも初等の及び基礎的の段階においては、無償でなければならない。初等教育は、義務的でなければならない。技術教育及び職業教育は、一般に利用できるものでなければならず、また、高等教育は、能力に応じ、すべての者にひとしく開放されていなければならない。

さらに、人権宣言の二十八条には「すべて人は、この宣言に掲げる権利及び自由が完全に実現される社会的及び国際的秩序に対する権利を有する」とある。ミレニアム開発目標の達成は、まさにこの条項の実践にほかならない。

五番目に、政府は極度の貧困に陥った人びとを助けるために、インフラストラクチャーや社会投資だけでなく、個人のビジネスにも資本を提供する。たとえば、貧しい世帯が市場ベースの商業活動を始めようとしているときなどである。政府は、生きていくのがやっとというう農民たちに肥料を買う助成金を出し、食べるのに十分な農産物が収穫できるようにする。あるいは農村地帯の女性たちにマイクロクレジットのチャンスを与え、マイクロビジネスに着手できるようにする。彼らの所得が生存レベルぎりぎりから少しでも上昇すれば、そして貯蓄ができるようになれば、政府は少しずつ援助を減らしていく。

その一方で、極度の貧困に陥った世帯は別として、政府は一般に、個人のビジネスに資本を投じるべきではない。経験からいえば、ビジネスを運営するのは個人の起業家のほうが、政府よりもうまいようだ。政府がビジネスを運営すると、経済的な動機よりも政治的な思惑が強くなりやすい。国営企業は往々にして人数を過剰に配備したがる。政治家にとって仕事は票につながり、レイオフは次の選挙でマイナスとなるからだ。国立の銀行は、見返りが期待できるからというより、政治的な理由でローンを組む傾向がある。工場は、本来なら大勢の人にとって最も便利な場所に作るべきだが、有力な政治家の地盤に建てられることも珍しくない。しかも、政府の内部には複雑なテクノロジーを扱う専門技術者はめったにいないし、またそれを期待すべきでもない。ただし、防衛やインフラストラクチャー、健康と教育など、政府の役割が主体となるセクターは別だ。

公共投資の包括的なチェックリストを確認するのと、特殊な状況にチェックリストを応用するのは、まったく別の事柄として扱わなければいけない。ケニアのサウリや、またサウリに似た多くの村では、優先事項のなかにビッグ・ファイブ――農業、健康、教育、インフラストラクチャー（電力、輸送、コミュニケーション）、水と衛生設備――が含まれる。自然資本、とくに土地の開拓、汚染対策、漁業の乱獲の防止、森林伐採など全般的な森林破壊への対策にも支えが必要だ。援助は、政府による直接的なサービス供給と、小作農へのマイクロファイナンスと重要な農業資本財の提供などによる民間資本への公共支援の二本立てにすべきである。

都市部には、また別の公共投資の組みあわせが必要だ。都市部では人口密度の高さから、上下水道、電力などのインフラストラクチャー網を経由して、各家庭に投資を行きわたらせることが可能であり、とくに公共衛生と経済的な理由からもそれが望まれる。一方で、都市部でならそのようなインフラストラクチャーによるサービスも市場価格で購入できるはずだという人もいる。しかし、そんな意見は、都市住民の大半を占める低所得世帯には生活必需品を市場価格で買うだけの余裕がないこと、したがって多額の援助が必要になることを忘れている。市場ベースのサービスと援助の組みあわせで成功した例もある。たとえば、ライフライン割引価格などがそうだ。すべての世帯（または、その算定が簡単にできる場合、すべての困窮世帯）は、規定の一定量までインフラストラクチャーのサービスを無料で受けられる。たとえば南アフリカのプログラムでは、一世帯あたり月に六千リットルの水が無料になる。その一定量を超えた分はメーターごとに世帯が料金を支払うのだ。

都市部はまた、環境のダメージにも弱いが、その影響の受け方は農村地帯とはかなり異なる。都会の環境がこうむる危険は、大気汚染（とくに化石燃料の燃焼によるもの）、工場から排出される有毒化学物質、地下水の過剰な汲みあげ、ゴミ問題、海岸浸食、都会の中心部に近い海洋生態系の破壊、都会のスラムの過密な住環境における空気感染症（結核など）の流行などである。このような環境は、目的を明確にした環境への投資によって改善しなければいけない。しかし、財政的に窮乏した都市は、そのような投資を自力でおこなうだけの資金をもたないことが多い。

よい投資はなぜパッケージになっているのか

開発を考えるときの弱点の一つは、つい「魔法の銃弾」、つまり何にでも効く万能薬を探してしまうことである。すべてを一気に解決する決定的な投資を期待してしまうのだ。残念ながら、そんなものはない。経済をうまく機能させるには、六種類の投資のそれぞれが必要だ。どれも貧困の罠を逃れるのに欠かせない。さらにいえば、健康でも教育でも、また農業生産でも、一つのジャンルで成功するには、全体を視野に入れたうえで広範囲な投資ができるかどうかにかかっている。

子供の生存率を例にとってみよう。子供の生存率を高めるには、もちろん健康部門がとても重要ではあるが、それだけでは足りない。子供の健康増進と死亡率を下げるのに役立つ六種類の資本をあげてみよう（これでもごく一部だが）。

- ビジネス資本。農村地帯や都会の世帯あたりの所得が増せば、安全のための装置（蚊を家に入れないようにする網戸など）、水道料金、現代的な調理用燃料の代金が払えるようになり、医者にもかかれるし、食生活も改善される。
- 人的資本。この分野の投資のなかでとくに大事なのは、栄養（微量栄養素と主要栄養素の補充）、医療（予防接種、定期健診、緊急治療、予防治療）、家族計画（出産の間隔をあけること、少子化)、母親の識字率、公衆衛生への意識の高まりである。

・インフラストラクチャー。安全な飲料水と衛生設備、安全な調理のための電力供給、患者の緊急搬送、一般医療および緊急医療を支える情報・通信テクノロジーなど。

・自然資本。エルニーニョによる旱魃のような自然災害からの保護、病原媒介物や害虫の駆除、穀物の生産を支えるための生態系の保護、空中および水中への有害廃棄物の垂れ流し防止など。

・知的資本。ここでは子供の健康増進につながる分野での組織的な研究を支援する。たとえば、伝染病の予防、新しい薬剤や免疫法の開発、食物の収穫をあげるための改良種苗の開発と普及、各家庭での食品の調理と貯蔵を容易にする低コストのエネルギー源など。

・公共施設資本。これらの投資は、公衆衛生サービスや栄養改善プログラムの運営と拡大につながり、公衆衛生に対するコミュニティの関与を促す。

同じようなアプローチはミレニアム開発目標の各項目にも応用される。飢え、病気、教育の不足、環境劣化、都市のスラム化などと闘うには、これらの敵をさまざまな角度から攻撃する投資のパッケージが必要なのだ。

テクノロジーの可能性に投資する

農村地帯と都会の別なく、投資が増えれば、一人あたりの資本の量が増えるだけでなく、その資本に関連したテクノロジーの質も高まる。携帯電話、パーソナルコンピューター、高収量の種苗といった最先端科学が貧しい人びとの恩恵になっている。しかし、新しいテクノロジーを利用するには、専門の訓練と能力がいる。最貧困層でさえ、いまや小学校教育だけでは足りなくなっている。学齢期の子供は全員が最低でも九年間の教育を受けるべきだし、大部分はさらに高等教育を受けるほうがいい。社会は一丸となって、若者の一部が大学で専門的な訓練を受けられるよう支援すべきである。彼らは地元の役に立つテクノロジーを学んで、いずれ教師、軍医官、農業普及官、エンジニアになるだろう。

実際に、急速な経済開発を促すには、底辺からトップにいたるまで、社会全体にテクニカルな能力を行きわたらせる必要がある。しかし、識字率が低く、成人のほとんどが公教育をたった数年しか受けていないような社会で、そんなことが可能だろうか。解決策はある。村落レベルで大勢の人を訓練することである。特定の分野について明確な目標を定め、工夫しながら教えるのだ。たとえば、村ごとに村民による専門家グループを作るのも一案だ。中国の「はだしの医師」のように、基本的なトレーニングだけ受けて、とりあえず村落レベルの専門技術に対応できるようにするのである。

読み書きのできるコミュニティ・ヘルス・ワーカー――訓練は一年間でよい――がいれば、抗マラリア薬を処方し、患者が毎日抗エイズ薬をきちんと飲むかどうか監督し、マラリア予防の蚊帳を配布して使い方を教え、子供に虫下しを飲ませ（寄生虫退治のため）、予防接種をし、村の子供たちの身体検査をしてその記録をつけ、経口補水療法のやり方を説明し、さらに同僚とともに、これらすべての経過を見守ることができる。このコミュニティ・ヘルス・ワーカーは、村の住民のなかから選ばれて、とくにこのために訓練を受けた人間であればより好ましい。そうすれば外部から招いた場合にありがちなトラブルも避けられる――そのうえ、医師や看護師の頭脳流出という問題も起こらない。一年間のトレーニングでは、村の外で活動できる資格は取れないからだ。

同じように、村ごとにコミュニティ・ベースの農業普及ワーカーを導入するという案もある。従来の公式なトレーニングを積んだ農業普及官とはちがって、コミュニティ・ベースの農業普及ワーカーは、土壌化学の基本（土に含まれる窒素、燐、カリウム、土壌のペーハー、地質構造など）と、それに関連した地質検査、農林学の基礎技術、種苗の選択、水の管理など、村の事情をよく知っている。高校卒業後に一年間の訓練を積むだけで十分だろう。また、コミュニティ・ベースのエンジニアも養成して、ディーゼル発電機、配電、ハンドポンプなどの操作、道路の補修、それに村共有のトラックの運転を身につけて、日常のメンテナンスもまかせられるといい。

住民が数百から数千単位の村はさらに利点がある。村の緑地に集まって村の問題が話しあえるのだ。世界中、どんな村でも、身近にある重要な問題、たとえばエイズの罹患と伝播について、マラリアの予防法、食事を用意するときに清潔がいかに大切か、肥料の使い方などについて成人教育のためのプランが立てられる。うまく伝えさえすれば、人里はなれた社会にさえ、有意義な知識が大量に集まるはずだ。村の集会で教育的なCDやDVDを使うようにすれば、ほとんどコストがかからない媒体なので、情報伝達の手段としてはうってつけである。

専門技師のトレーニングと村民の教育に加え、政府は並行して科学的なリサーチ活動も推進すべきだ。一般に、リサーチは豊かな国にまかせ、貧しい国は基礎教育と識字率の向上に専念すべきだと思われている。一九五〇年代から一九六〇年代にかけてインド工科大学ができたとき、開発の専門家はこれほど貧しい国で、こんなに先進的かつ高度な教育プログラムが運営できるのだろうかと疑った。それが数十年後には、この科学リサーチ部門への投資が実らせたすばらしい成果を見ることになった。インド工科大学はいまやインドのITブームの原動力となったITエンジニアの新世代を生みだしただけでなく、インド特有のニーズに応じられる専門知識を身につけた一群の科学者も世に送りだした。たとえば、チェンナイにあるインド工科大学教授のアショク・ジュンジュンワラ博士はワイヤレス・ローカルループを開発し、インドの何百万という村民にオンラインとつながるチャンスを与えた。同じように、発展途上国のすべてで、自国生まれのテクノロジーを地球規模のプロセスから地元のニーズへ転換することが必要になる。その範囲は、エネルギー生産と消費、建設、自然災害の緩和、疾病対策、農産物の生産など、すべてにわたっている。

テクノロジーの画期的な進歩のおかげで、インドと中国は、ハイテク製品の主要な輸入国から、いまや主要な輸出国へと変貌をとげつつある。国内のハイテクノロジー分野の発展に押されて、これらの国々は今後も成長を続けるだろう。サハラ以南のアフリカやその他の低所得地域でも、科学的な能力を育てるための努力が必要だ。いまの状況では、頭脳流出という流れに逆らうことになるだけに、なおさら難しい。アフリカで訓練を受けた科学者は、設備のととのった研究所、同僚や補助金の支えなどを求めて海外へ出てゆく。ほかのインフラストラクチャーと同様、潤沢な資金をもつ大学、研究所、かなり多額の研究資金と大学の支えといった科学のためのインフラストラクチャーを築くことが肝要だが、それには先進国のドナーによる後ろ盾が必要だ。初等教育と並行して高等教育への投資がとても重要だということを、豊かな国々も理解すべきである。

貧困撲滅に役立つプロジェクトの実例

いま、世界では実験プロジェクトが花盛りで、さまざまな投資が成功するという実例をいくつも示している。アフリカの農村地帯ではマラリア予防の蚊帳が患者の命を救っており、低所得地域でも抗エイズ薬が投与されるようになり、劣悪な条件の――ときには紛争中の――地域にまで免疫法が普及されつつある。現在のおもな課題は、一つの村や地域で何ができるかだけでなく――村や地域での経験は、新しい方法を試みるときなどにはとても重要だが――国全体や、ときには世界全体にまで有効なものへと作戦をスケールアップすることだ。

スケールアップしたことで、めざましい成功を達成した重要なプログラムの実例をいくつかあげてみよう。以下は、劇的な成果をあげた十例だが、これによっても懐疑的な発言をした人びとのまちがいがわかる。

アジアにおける「緑の革命」

「緑の革命」は目標を定めた科学の勝利の実例として、二十世紀でもとくに重要なものである。世界人口の急増による大量飢餓の発生を危惧したロックフェラー財団のイニシアティブで、主要作物の高収量品種（HYV）の開発と普及が進められ、まずメキシコ、次にアジア、それからもっと広い範囲で試された。一九四四年に着手されたとき、ロックフェラー財団はメキシコのために、ノーマン・ボーローグ博士の指揮のもと、HYV小麦開発のための研究所を設立した。第二次世界大戦後に日本からもたらされた交配種を用いて、科学的な品種改良を進めた結果、大躍進があった。メキシコは一九四四年から一九六四年までに、主要な穀物輸入国から、主要な輸出国へと転換した。次にボーローグは、南アジアにおける同じような交配種の実験に投資するようドナーを説得し、それと同時に、地元の穀物育種家にもそのテクノロジーを紹介するように働きかけ、その結果、南アジアでも新品種の開発に成功した。この「緑の革命」の結果、インドでは小麦の生産量が一九六〇年には千百万トンだったのが、一九七〇年には二千四百万トン、一九八〇年には三千六百万トン、一九九〇年には五千五百万トンになり、人口増加のペースをはるかに上回った。高収量品種は小麦以外の穀物やその他の地域でも開発に成功した。この分野ではフィリピンの国際稲研究所、ペルーの国際ジャガイモ研究所のような国際的な組織のネットワークが重要な役割を果たした。

天然痘の撲滅

大昔からおびただしい数の人命を奪ってきた天然痘が撲滅されたのも、国際社会の協力があればこそだった。一七九六年、エドワード・ジェンナーは天然痘の予防に牛痘ワクチンが効くことを発表した。この大発見を技術的な基盤として、ついに天然痘は撲滅された。一九五〇年代には、天然痘は先進国のほとんどで見られなくなっていたが、貧しい国々ではワクチンの普及が遅れたため、まだ猛威をふるっていた。比較的最近の一九六七年でさえ、毎年およそ一千五百万人が天然痘にかかり、百五十万から二百万人が命を落としていた。その年、世界保健機関（WHO）は天然痘撲滅ユニットを設立し、世界的な規模の種痘キャンペーンをくりひろげるとともに、病気の監視と封じ込めにとりくんだ。一九八〇年、世界保健機関は世界における天然痘の撲滅を宣言した。キャンペーンは、アジアやアフリカの僻地、紛争のさなかにある地域も含めて、世界の隅々まで行きわたったのだ。

子供の生存キャンペーン

一九八二年、ユニセフのジェームズ・グラント事務局長は「子供の生存のための投資パッケージ」と呼ばれるキャンペーン」をスタートさせた。このキャンペーンはGOBIという略称で呼ばれる投資パッケージを宣伝するのが目的だった。ここには子供の成長記録、下痢のときの経口補水療法、赤ん坊の栄養と免疫を高める母乳栄養、子供の命を脅やかす六つの病気（結核、ジフテリア、百日咳、破傷風、ポリオ、麻疹）の予防接種が含まれた。天然痘撲滅のときと同じく、このキャンペーンも標準的なテクノロジーをスケールアップして低所得国でも利用できるようにするものだった。その後十年のあいだ、とくにその後半期には、十カ国以上の貧しい国々が総力をあげてキャンペーンにとりくみ、これらのパッケージの導入に励んだ。とくに予防接種のパッケージは少なくとも八〇パーセントの普及率を達成したが、その成果はめざましかった。アフリカを含む低所得地域で、子供の死亡率は急落した。アフリカの幼児死亡率はそれまで世界最高だった（現在もそうである）。十年間の終わりに、キャンペーンで救われた子供の数はおよそ一千二百万人にのぼった。

ワクチンと予防接種のための世界同盟

一九九〇年代末まで、乳幼児期の予防接種のためのキャンペーンは、二つの面で道を切り開く必要があった。その一つは、先進国では多くの予防接種が開発、導入されていたが、貧しい国々では資金と訓練と設備の不足のためにまだ十分に普及していなかったこと。二つ目は、一九九〇年代初めに達していた普及率が、しだいに落ちていたことである。これはサハラ以南のアフリカやその他の地域が経済危機に陥り、貧困の度合いを増していたせいだった。ここでビル・ゲイツが名乗りをあげ、普及率を上げるためにビル・アンド・メリンダ・ゲイツ財団から七億五千万ドルという多額の寄付を提供してくれた。こうして、二〇〇〇年に「ワクチンと予防接種のための世界同盟」が設立された。一年目には貧しい国々に十一億ドル分が投じられ、続々と結果が出はじめた。二〇〇四年の同盟の報告によれば、B型肝炎の予防接種を受けた子供は四千百六十万人、ヘモフィルス・インフルエンザb型菌（Hib）は五百六十万人、黄熱病は三百二十万人、その他、基本的なワクチン接種を受けた子供は九百六十万人だった。ここでも、標準的なテクノロジーを広範囲に普及させるという戦略が用いられた。ただし、このケースでは、受け入れ国の開発と提案をもとに進められた。

マラリア対策キャンペーン

一九五〇年代と一九六〇年代、世界保健機関（WHO）はマラリア撲滅のための一連の活動に着手した。マラリアはまだ撲滅されていないので、ときとしてこの運動は失敗だったといわれることもあるが、一部の地域では驚くべき成功をおさめた。これらの地域では、マラリアは劇的に減少し、予防ができるようになったのだ。一九四〇年代にマラリア流行地域に住んでいた人びとの半数以上が、WHOの熱心な活動のおかげで、マラリアの感染とそれによる死をまぬがれた。とくにマラリア予防対策が有効に働いた地域では、成功も大きかった。残念ながら、アフリカは当時もプログラムの対象にはならず、今日までキャンペーンの恩恵に浴していない。地域的に――全世界とはいえないが――成功をおさめた標準的なテクニックは二つあった。マラリアの伝染を予防するDDTなどの殺虫剤の使用。それと、罹患した場合に、クロロキニーネなどの新しい抗マラリア薬を投与したことである（もっと新しいテクノロジー、とくにマラリア予防の蚊帳とアルテミシニン薬併用治療と、場合によってDDTを組みあわせた予防策のおかげで、アフリカのマラリアは大幅に減ったが、それでもまだ撲滅には至っていない）。

オンコセルカ症対策プログラム

オンコセルカ症対策プログラム（OCP）がスタートしたのは一九七四年、世界保健機関（WHO）、世界銀行、製薬会社のメルク、食糧農業機関（FAO）、国連開発計画（UNDP）の共同作業だった。このプログラムは、ブユの一種によって媒介されるアフリカの河川盲目症（オンコセルカ症）の伝染を減らすことが目的だった。被害の多い西アフリカの十一カ国が、多方面にわたるスケールアップした戦略に共同でとりくんだが、その基盤になったのは予防対策（ブユの発生を抑えるための殺虫剤の空中撒布を含む）と治療の組みあわせだった。一九八〇年代、メルク社とWHOの科学者は、獣医の使うメルク社の薬イベルメクチン（商標名はメクチザン）がこの病気に効くことを発見した。メルク社はオンコセルカ症撲滅のために、イベルメクチンを寄付することに同意した。OCPの報告によれば、現在では以下のような成果があがっている。推計六十万件のオンコセルカ症が予防され、二千五百万ヘクタールの土地が安全になって居住および耕作可能になり、およそ四千万人が伝染をまぬがれた。経済効果は計り知れない。

ポリオの撲滅

天然痘と同様、予防接種によってポリオの撲滅も可能である。天然痘とポリオには技術面での違いがあるため、ポリオ対策のほうがやや困難である。それでも、ポリオ撲滅は不可能ではなく、先は見えているといってもいい。一九八八年の世界保健総会（世界保健機関の最高意思決定機関）では、世界ポリオ撲滅イニシアティブの開始が決まった。当時、ポリオは世界の百二十五カ国以上で見られた。それが今日では、WHO、ユニセフ、アメリカ疾病対策予防センターといった公的機関の努力に加え、貧困国みずからの活動や、国際ロータリーのたゆまぬ尽力のおかげで、ポリオはわずか六カ国（ナイジェリア、インド、パキスタン、ニジェール、アフガニスタン、エジプト）に残っているだけで、しかも封じ込めには成功しつつある。二〇〇三年に世界中で報告されたポリオは七百八十四例である。一九八八年の三十五万件という数字とくらべてみてほしい。一九八八年以来、二十億人の子供が予防接種を受けており、協力するボランティアの数は二千万人、国際基金はざっと三十億ドルにも達している。

家族計画の普及

　近代的な避妊法のおかげで、合計特殊出生率は劇的に低下し、一九五〇年から一九五五年には世界平均が五人だったのに、一九九五年から二〇〇〇年には二・八人まで減少している。家族計画プログラムは、アドバイスや情報の提供で重要な役割を果たし、女性の権利の獲得を訴え、活動を後押しし、近代的な避妊法の普及に努めたが、その他の多くの要素（女性の識字率向上、農村以外の職場に女性が参入したこと、幼児死亡率の低下、都市化）も大きかった。国連人口基金（UNFPA）は、家族計画プログラムの遂行を目的として一九六九年に設立され、現在では百四十カ国で活動がなされている。そのおかげで、開発途上国のカップルのあいだで近代的な避妊法が急速に広まり、一九七〇年の利用率は推計でカップルの一〇から一五パーセントだったのが、二〇〇〇年にはおよそ六〇パーセントになった。このプログラムはスケールアップが大成功した例だが、それでもまだ積み残しは山ほどある。生きていくのがやっとという貧困国では、避妊具を買う金などまったくなかったのだ。

東アジアの輸出加工区

　第二次世界大戦後の東アジアにおける初期の産業化が驚くほどのスピードで進み、めざましい成果をあげたのは、ひとえに新しい組織テクノロジー――輸出加工区（EPZ）または自由貿易区《フリートレードゾーン》――のおかげだった。自由貿易区は一種の産業特区（地域または国全体のこともある）で、そこでは特別な税制、行政、インフラストラクチャーが適用され、外国企業が輸出用の製造工場を建設しやすいようになっている。一般に、重要なのは、この地区では物理的な安全が保障され、製造工場のための土地と安定した水や電力の供給があり、海港や空港に低コストでアクセスでき、利益に対しては免税期間が設けられ、製品や資本財の輸入や製品の輸出には無税という点だった。東アジアが衣料、フットウェア、玩具、自動車部品、エレクトロニクス、半導体など、グローバルな製造業の分野で飛躍的な成果が見られたのは、自由貿易区があればこそだった。ほとんどのケースで、東アジア諸国は、低スキルの労働集約的な仕事（電子機器のマザーボードの部品組み立てや既製服のために布を裁断・縫製する）からスタートし、やがて価値連鎖の上でより高度のテクノロジー部門——プロダクト・デザインを含む——へと進歩した。その結果が、国をあげての、それどころか世界的なスケールでの輸出ブームである。〈アジアウィーク〉誌は自由貿易区を「即席産業《インスタント・インダストリー》」と評したことがあった。[*58] 東アジアからの輸出品は、一九七八年から二〇〇〇年までの年複利増加率が一二パーセントという驚くべき上昇を示し、金額にすると三百七十億ドルから七千二百三十億ドルに達した（一九九五年ドル換算）。

バングラデシュの携帯電話革命

バングラデシュのグラミン銀行は、マイクロファイナンス貸付ですでに有名だったが、世界最貧国に近代的なテレコミュニケーション・テクノロジーを導入したことでも世界の目を開かせた。グラミンテレコムは一九九七年に携帯電話ビジネスに参入し、二〇〇三年には加入者数が五十万件（地上電話の加入者数とほぼ同じ）に達した。グラミンテレコムは、おもに都会ベースで使われてきた携帯電話を村共有で使うという運動を進めた。村の女性が資金を借りて一台の携帯電話を入手し、一回いくらという安い料金で村民全員が使えるようにするのである。集めた使用料でローンを少しずつ返す。グラミンの計算によると、一台の電話を平均二千五百人の村民が使うという。二〇〇四年初めには九千四百の村落が携帯電話を使っていたから、全部でざっと二千三百万人の村民がこれで通話したことになる。いまでは、他の十数カ国でも、このやり方が広くとりいれられている。

以上のケースから、共通のテーマが浮かびあがる。第一に、最も大事なのは、スケールアップを成功させるには、広く定着した適切なテクノロジー、組織的なリーダーシップ、十分な資金という支えが必要だということである。多くのケース——天然痘やポリオ撲滅など——では、テクノロジーは昔からあったが、極度の貧困に陥った地域に適用することができなかった。また別のケース——緑の革命の核心となった主要穀物の高収量品種など——では、適切なテクノロジーをまず開発し、それから目標にあわせて普及しなければならなかった。ほとんどすべてのケースで、テクノロジーは現地の状況に合わせて応用すべきである（たとえば、ワクチンは使うまで冷蔵しておかなければいけないので、熱帯地方では「コールドチェーン」の問題を解決する必要があり、また穀物の品種改良ではその土地の土壌や気候や労働力に応じて修正することが必須だ）。

ミレニアム開発目標の場合も、使えそうなテクノロジーはある。だが、いまのところスケールアップはできていない。一つだけ例をあげれば、マラリア流行地域に住むアフリカ人のうち、マラリア予防の蚊帳を使っているのは一パーセント以下なのだ。いまこそ、これを変えよう。次の章では、この仕事を達成するための組織的な方法について述べる。

14　貧困をなくすためのグローバルな協約

二〇二五年までに世界の貧困をなくすには、豊かな国と貧しい国が協力しあうことが必須であり、そのスタート地点として、貧富を問わず、世界中の国々が「グローバルな協約」を結ぶことが大事だ。貧しい国は国内の貧困の撲滅という目標を達成すべく真剣に努力し、国の資源を戦争、内紛、腐敗、政争などではなく、貧困を削減するために費やさなければいけない。豊かな国は、口先だけで貧しい国への援助をうたうのではなく、過去に何度も約束してきた援助の増額を実現すべきだ。これは不可能ではない。それどころか、思ったよりずっと容易かもしれない。だが、それには枠組みがいる。国連ミレニアム・プロジェクトが作成した計画案がまさにそれだった。二〇一五年までの達成を見越したその計画が「ミレニアム開発目標にもとづく貧困削減戦略」である。

見せかけだけの世界

今日の状況は、ソ連の労働者のあいだに広まった古いジョークを思わせる。「われわれは働くふりをし、連中は給料を払うふりをする！」現在、貧しい国の多くは改革するふりをし、先進国のほうも貧しい国を援助するふりだけしている。そんな状況だから、不信感はますますつのる。低所得国の多くでは、改革の動きはただの形式ばかりで、ほとんど実効はなく、期待もされていない。一方、援助する側は、国家的なスケールどころか、象徴的な意味でしか援助計画をとらえておらず、新聞の見出しになればそれでいいと考えているようだ。二〇〇二年、アメリカ国際開発庁（USAID）は西アフリカ水イニシアティブを誇らしげに喧伝し、「安全な飲料水に加えて、適切な衛生設備と保健衛生の確保こそ、水に起因する病気や死を撲滅するために最重要である」とうたいあげた。[*59] まさにそのとおり。だが、アメリカ国際開発庁は実際にどれくらいの援助をしたのだろう。なんと、三年間でわずか四百四十万ドルだ。西アフリカの人口がざっと二億五千万人だとすると、三年間に四百四十万ドルでは、年間一人あたり一セントにも満たない。紙コップが一つ買えるかもしれないが、そのコップに水を満たすことはできないのだ！

長期にわたって援助金が不足すると、貧しい国は貧困と闘う気力をなくしてしまう。二〇〇三年、エチオピアの首都アディスアベバで、メレス・ゼナウィ首相との共同主催による会議をもち、世界最貧国の一つであるエチオピアの人間開発報告書を作成することになった。その会議の席上、首相は洞察力に満ちた力強いスピーチをし、エチオピアでも食糧増産の可能性はあり、蔓延する飢餓もそれで克服できるだろうと語った。すると会場から質問があった。「首相、たしかに農業は大切ですが、保健医療の問題はどうなんですか」。驚いたことに、首相はこう答えた。「残念ながら、それはもう少し先の話になるでしょう。保健医療の拡充は、もっと豊かな国になってからのことです」。首相の執務室に戻るやいなや、私は異論を唱えた。「エチオピアはいますぐにでも保健医療の拡充が必要です」。首相は沈んだ面持ちで、それはわかっているといった。しかし、つい最近、IMFの担当者から「保健医療にまわす資金はない」といわれたばかりなのだという。

国連ミレニアム・プロジェクトにもとづく計算によれば、エチオピアが開発援助として必要とする金額は、年間一人あたり約七十ドル（人口七千万人の国としての総額は五十億ドル）である。ところが実態は、年間一人あたり十四ドル（国としての総額は十億ドル）しか受けとっていない。援助総額のおよそ半分は公衆衛生の拡充にあてられる。残りはインフラストラクチャーと、農村地帯――おもに食品部門――の生産性向上のために使われる。

アディスアベバからニューヨークに戻った私は、すぐIMFの責任者に電話した。「やあ、ジェフ、今度はいったいどんな難癖をつけるつもりかね？」と相手は陽気に答えた。私はエチオピアの話をして、この国には現代的な保健医療がほとんどなく、平均寿命は四十二歳、乳幼児死亡率が出生児千人あたり百七十人で、六十五歳まで生きられる人間は全体のおよそ三分の一、医者の数は三万人に一人の割合にすぎず、保健医療のための公共支出が年間一人あたり二ドルしかないといった。「それで、私にどうしろというんだ？」「IMFには、エチオピアの公衆衛生費への援助を大幅にアップしてほしいんです」。「しかし、そんな金はないいんだよ」。「先進国には金がうなるほどあるじゃないですか」と私はいい返した。「いや、ドナー国がエチオピアに出せる金はこれが限度だ」。「それでは、エチオピアはミレニアム開発目標が達成できなくなる」。「そうだね。目標は達成できない」。私はいらだってきた。「それなら、少なくとも公の場でそういってくださいね――ドナーにもっと金を出してもらわないと、エチオピアはミレニアム開発目標が達成できないということをね。ぜひ世界に聞いてもらわなければ。そうしたら、ドナーの気が変わるかもしれない」

私たちは見せかけだけの世界にいる。IMFは、公の場では、エチオピアの改革は順調に進んでいるといい、内輪では援助額が少なすぎてミレニアム開発目標（MDGs）が達成できないことを認めている。二〇〇四年三月の「エチオピアの貧困削減戦略に関するIMF・世界銀行共同スタッフ評価」（IMFのサイトに掲載された）を読んでも、ミレニアム開発目標を達成するには援助額の増加が必須だという指摘はまったくない。さらに嘆かわしいのは――いつものことだが――エチオピアの公共医療対策が緊急を要するという事実について、この文書にはデータが何一つ添えられていないことだ。IMFと世界銀行のお偉方は、エチオピアの計画――そもそも自分たちが承認したのではなかったか――が約束した目標を達成できないことをどうやって知ったのか？

IMFの責任者がいったことはまちがっている。エチオピアへの援助金はもっとあるはずだ。しかし、くだらない言い訳や陳腐な決まり文句が吹き荒れるなかをかいくぐってからでないと、金は手に入らない。しかも、そんな決まり文句は当のIMFが広めている。エチオピアへの援助はいまの額で十分だという陳腐な説明は理路整然としている――エチオピアはうまくいっている（とIMF・世界銀行共同スタッフ評価はいう）。必要なだけの援助は受けていて、これ以上は使いきれない。援助を増しても、汚職や不正を招くだけだ、と。耳にたこができるほど聞き飽きたこの言い訳は、現状を正当化するためのものだ。だが、実際に開発にかかわる人びとのあいだでは、エチオピアの資金不足は周知の事実である。どうやら、アメリカやヨーロッパの政界の指導者にとって、そんな事実を明かすのは体裁が悪いことらしい。しかし、それはまちがいだ。豊かな国の納税者に、もっと援助が必要なこと、そしてそれが有意義に使われることを率直に、また根気よく説明すれば、資金は集まるかもしれないのだ。

二者間の協約

誤解を避けるため、あらかじめ断わっておこう。どんな契約もそうだが、グローバルな協約は少なくとも二者のあいだで結ばれるものであり、したがって責任も双方にある。貧しい国は、努力なしで受けられるわけではないし、先進国からの開発援助を無条件で受けられるわけでもない。その権利を得るためには、健全な統治という責任を果たさなければならない。援助の増額を求める前に、まず真摯な行動計画を立て、それを公明正大に実行するという断固たる決意を示さなければいけない。すべての政府がこんな態度をとろうとするわけではないし、できるともかぎらない。その場合は、援助を受けるに値しない。私たちの協約、私たちのコミットメントにおいて、先進国の援助を受けるべき開発途上国は、国民が一致団結してこの試みにとりくむという決意を表明した信頼できるパートナーでなければならない。独裁君主や腐敗した政権に支配される国——結果として国民が苦しめられている国——では、先進国にできることも限界がある。そのような状況で、先進国がとれる最善の行動は、そのような国に近接した地域で、統治の良好な国を支援することだろう。国民が団結して自助努力をした国には援助があることを証明するためだ。今日の最大の問題は、統治のよくない国が支援を受けすぎていることではなく、統治の良好な国があまりにもわずかな支援しか受けていないことにある。

成功のための計画

一見地味な作業ではあるが、統治の良好な国に効果的な支援をするためには、まず国際開発援助の「配管工事」をしなければいけない。援助はいくつかのパイプ——二国間ドナー、世界銀行、地域開発銀行（アフリカ開発銀行など）——を流れるが、このパイプが詰まったり、またはもともと細すぎたりすると、十分な援助が流れない。先進国の納税者が援助の増額に合意してくれても、私たちはまず、先進国の援助がつつがなくパイプを流れて、それを最も必要としている貧しい国、その村落、スラム、港湾、その他の目標地点まできちんと流れていることを示さなければいけない。そんな配管工事の手順を説明しよう。まず、ミレニアム開発目標が達成されるはずの二〇一五年までを視野において考える。それから、同じ原則を二〇一五年以降、二〇二五年までの十年間にも適用する。

国連の諸機関とブレトン・ウッズ機関（これも国連ファミリーに含まれる）を監督する国連事務総長が活動全体を監督すべきである。国連事務総長は、国連システムの経済開発部門である国連開発計画（UNDP）をよく吟味したうえで、国連加盟国の代表として、このグローバルな協約を実行に移させるべきだ。実際のとりくみは個々の国レベルで進められ、それぞれの国の財源と増額された援助をもとにプランを立て、投資を実行する。

この国家レベルのとりくみを組織するには、低所得国のそれぞれがミレニアム開発目標の達成をめざして特別に策定された貧困削減戦略（PRS）を採択しなければならない。今日、貧しい国の大半はなんらかの貧困削減戦略をすでにもっている。これらは一般に貧困削減戦略書ないし計画と呼ばれ、IMFや世界銀行が協力して策定したものだ。世界銀行による現行の貧困削減戦略計画には、貧困削減をめざす国ごとの目標やターゲット、政策や戦略が明示されている。各国間の貧困撲滅運動の一貫性をはかり、対外債務救済の枠組みを提供することを目的として、数年前から導入された現行のプランは、それほど厳密でも野心的でもなく、これでは貧困国がミレニアム開発目標を達成するのはむずかしい。

これらの貧困削減戦略書は、IMFと世界銀行のウェブサイトで公開されているので、それぞれの国が立案した貧困削減のための計画書を誰でも読むことができる。それぞれ工夫はされているが、どの国も慢性的な資金不足で、ミレニアム開発目標の達成に必要な資金にはとても足りない。結果として、公共投資（公衆衛生のための費用など）を全般的に切り詰めざるをえない。アフリカ諸国の最近の貧困削減戦略計画のなかで、とくに質の高いものをあげておく。

・ガーナの貧困削減戦略（GPRS）
・エチオピアの持続可能な開発と貧困削減プログラム（SDPRP）
・ケニアの富と雇用創出のための経済再生戦略（ERS）
・セネガルの貧困削減戦略書（PRSP）
・ウガンダの貧困撲滅行動計画（PEAP）

今日のシステムはなぜ一貫性を欠くのか

残念ながら、あいかわらず国際社会の行動は一貫性を欠いている。一方では、ミレニアム開発目標のように大胆な計画を発表し、目標を達成する方法まで示してくれる。たとえばモンテレー合意では援助の増額が約束された。しかし、現実に目を向ければ、道は険しいとしかいえない。貧困削減計画では、ミレニアム開発目標は漠然たる希望であって、明快な作戦目標ではない。貧しい国々は、ミレニアム開発目標を達成する見込みがないまま、努力だけはしろといわれているのだ。IMFと世界銀行はこの点、二重人格である。公のスピーチではミレニアム開発目標を支持し、その目標が達成できないことを知りながらミレニアム開発計画を賞賛する。そのくせ仲間内では、目標が達成できないことを平然と認めるのだ！

援助が実際にどのようにして配管を流れていくのかを説明しよう。メレス・ゼナウィ首相が――またはその他の、アフリカ、アジア、ラテンアメリカのトップの誰でも――その国の貧困削減プランを作ろうとするとき、「現実的になれ」といわれる。つまり、ドナーの財政も苦しくて、出せる金には限界があることを考慮せよというのだ。

実際の動きとしては、ＩＭＦと世界銀行のスタッフが「二国間」ドナー、すなわち先進国の援助機関まわりをして、まずお伺いを立てる。援助機関に連絡して、次年度に出してもらえそうなだいたいの援助額を教えてもらうのだ。それらを集計したものが被援助国に伝えられる。たとえば、エチオピアはこういわれる。「来年は十億ドルになりそうです。これをどう使うつもりか、計画を教えてください」

予想される援助の額を知らされた被援助国は、貧困削減プラン策定のための広範囲な公開協議にとりかかり、そこで援助の使い道が決められる。国際社会はこうした計画の策定に大勢の国民が積極的にかかわることを強く推奨している。それによって四つの大きな目標が達成できるからである。（一）投資計画によりよい優先順位付けをする、（二）貧困削減プランへの国民の意識を向上させる、（三）貧困撲滅に向けてＮＧＯや地域団体を動員する、（四）腐敗に抵抗する政治的な「抗体」を養う。

まことにけっこう。なるほど、これなら国民の参加を促すこともできるだろう。ただ、このプロセスには一つだけ欠けているものがある。ミレニアム開発目標と貧困削減プランの具体的なつながりが見えてこないのだ。現在のやり方では、決定事項が伝えられるだけだ――「これがあなたの国の援助額です」と。本当はその逆でなければいけない。まず知るべきことは、その国が対外援助をどれくらい必要としているか、である。そのあとで、IMFと世界銀行はドナーから必要な額を調達してくるべきなのだ！

この方法がいかに単純明快かを示すために、最近の例をもう一つあげてみよう。ガーナの貧困削減プランである。アフリカ諸国のなかでも、とくに良好な統治と管理がなされているガーナは、安定した多党制民主主義の国で、識字率がわりに高く（十五歳から二十四歳の若年層で九二パーセント）、同程度の所得水準の国と比較して腐敗も少ない。ガーナは国内にかなりの極貧世帯を抱えている。他のアフリカ諸国と同様、ガーナは輸出基盤の多様性に欠け、おもにカカオ豆を中心とした狭い範囲の特定一次産品しかもたない。国内資源も不足しているため、医療、教育、道路、電力といった基本的なインフラストラクチャーに費やす財源もない。一九八〇年代初めに、ガーナは巨額な債務を負って財政危機に陥った。それ以後、政府は月々の支払いに追われて、さらに公共投資を拡大するのはむずかしくなった。

二〇〇二年、ガーナ政府は自国の状況にあわせた貧困削減プランを策定し、ガーナ貧困削減戦略（GPRS）として公表したが、このとき、やはり同じ結論に達した。ミレニアム開発目標を真剣に受けとめたガーナは、この目標を達成するのに必要な投資金額をもとにして戦略を立てた。そのプランでは、社会部門とインフラストラクチャーへの公共投資の大幅な拡充が必要とされ、ドナーからの援助は五年間で約八十億ドル、国民一人あたりにすれば年七十五ドルを五年分という数字になった。ガーナの戦略はよくできていて、十分な討議の結果だったが、ドナーは難色を示した。最初の草案は拒否された。ガーナ政府は目標を引き下げ、援助の要求を五年間で六十億ドルまで削減した。ドナーはまたもや難色を示した。プランはさらに切り詰められた。このうんざりするようなプロセスをへて、貧困削減プランの資金は五年間でおよそ二十億ドルに減らされていた。

つい先日、私がガーナの首都アクラにいたとき、欧州委員会の代表がさばさばした口ぶりでこういった。「だって、サックス教授、オリジナルの案はまるで現実的ではなかったでしょう？」「現実的って、どういう意味で？　計画自体がよくなかったということ？　それとも、あれではドナーが金を出してくれないということ？」「もちろん、あとのほうですよ。戦略はよくできていましたが、八十億ドルなんて要求は無茶というものです」。どうやら現実とは見る人によって違うようだ。私にとっては、世界が認めた目標そのものをまじめに達成しようとしたオリジナルの案のほうが現実的だった。最終案ではミレニアム開発目標が達成できないのだから、そのほうがずっと非現実的だ。明らかに、ドナーはこの言葉を別の意味で使っている。ドナーにとって、現実的とは、好都合を意味する。さらにいえば、ガーナが必要とする援助額をぎりぎりまで値切って、お粗末な支援パッケージですませることにほかならない。

ミレニアム開発目標にもとづく貧困削減戦略

それでも、私は絶望していない。ガーナはいずれミレニアム開発目標にもとづく戦略をもつだろう。世界銀行、国連機関、二国間ドナーの画期的なとりくみのおかげで、「配管システム」を通じてより多くの資金が流れるようになったからだ。ドナーはすでに、ガーナの立てた戦略にもとづいて、作戦に協調（または「調和」）することに同意している。さらに援助手続きの簡略化や、プランを支援するための資金をプールすることまで合意ができているのだ。

ガーナのための新しいドナー・プログラムは、多国間ドナー財政支援（ＭＤＢＳ）政策と呼ばれている。この新しい取り決めのもとで、ドナーはガーナの国家予算に資金を直接供与することに合意した。このおかげで、ガーナ政府は貧困削減の最優先事項にあげていた公共投資を実行できるようになる。ガーナの例では、実行可能な開発プラン（ガーナ貧困削減戦略）と、それを支える資金の配管システムはようやく準備がととのった。あとは十分な現金を流しこむだけだ。

ミレニアム開発目標にもとづく貧困削減戦略は五つの部分からなる。

- 鑑別診断　ミレニアム開発目標の達成に向けて、それぞれの国が必要とする政策と投資を見きわめる。
- 投資計画　必要とされる投資の規模、時期、費用を明確にする。

・資金計画　投資計画のための資金確保。ドナーが埋めなければならない資金需要部分、すなわち「ミレニアム開発目標資金不足」の見積もりを含む。
・援助計画　「ミレニアム開発目標資金不足」を埋めるために長期的な援助を約束する。
・公営計画　拡大された公共投資戦略の実行を助ける管理と公共行政のメカニズムを概観する。

この五つを組みあわせれば、最貧困国の援助に消極的なドナーが逃げ道にしたがる口実――「援助吸収能力の不足」――が使えなくなるだろう。医療に必要な医師や看護師や診療所のない国で、どうすれば医療部門を拡充できるのか、とドナーは訊く。こんな質問は、支援の本来の目的を見誤っている。たしかに、いまは医師や看護師が不足している。だが、四年、六年、十年後は、どうだろう。援助額を増やせば、医師も看護師も診療所も増える。そこへ至るまでには地道な計画が大事であって、派手なスタンドプレイは必要ない。

たとえば、二年の準備期間があれば、医師の俸給を上げることによって――その一部を援助でまかなう――海外に出てしまった医師を故国に呼び戻せるだろう。二、三年あれば、地域の保健ワーカーを何万人も育成できる。その訓練費用にも援助金を使う。五年かければ、いまある医学校の卒業生を増やすことができる――学費の一部を援助金でカバーすればいい。さらに十年あれば、国内に新しい医学校を建設することもできる。新設校の費用も援助金でまかなう。援助吸収能力の不足は、援助に反対する理由にはならない。むしろ、だからこそ援助が必要なのだ！　成功の秘訣は、十年以上の長い時間をかけて援助を続けることにある。そうすれば、必ずといっていいほど、援助吸収能力は着実に高まる。

前章では、鑑別診断と投資計画の中身、とくに貧困の罠から脱出するためのインフラストラクチャーおよび社会サービスへの投資の重要性について論じた。そこで、次はミレニアム開発目標にもとづく貧困削減戦略の残り三つを見てみよう。資金計画、援助計画、公営計画である。

資金計画とミレニアム開発目標資金不足

適切な資金計画は、主要な投資の対象となる個々の項目、たとえば教師、教室、キロワット時の電力、診療所、距離単位の道路建設費などの経費の見積もりから始め、それから、こうした介入を必要とする住民（増加が想定される）について調査する。拡充にかかるコストはかなり詳細に割りだせるが、このとき、プロジェクトの資本費用だけでなく、維持管理費も計算に入れておくべきである。過去には、ドナーが診療所の建設費を援助しておきながら、そこで働く医師や看護師の給料の支払いは拒否するという例が多かった。その結果は予想どおり、空っぽの入れ物だけができてしまい、医療施設としては役に立たなかった。ドナーは物的なインフラストラクチャーだけでなく、公共部門で働く人の給与も出す覚悟でいなければいけない。

一九八〇年代と一九九〇年代の構造調整時代に、ＩＭＦ、世界銀行、ドナー・コミュニティは何度も、医療と教育の分野にもっと財政援助が必要だということを認めてきた。だが、その不足分は貧しい人びとが自己負担すべきだといいつづけた。同じような論調は現在、水と衛生設備の民営化に関してよく聞かれる。「水と衛生設備に新規の投資を動員することには賛成だ。でも、運営は民間部門にまかせよう。貧しい人びとも、料金さえ払えば進んだサービスが受けられるのだから」。ドナーがソーシャル・マーケティングという妥協案を採用することもある。貧しい人びとは料金の全額ではなく一部を負担し、残りをドナーが負担するというやり方だ。ソーシャル・マーケティングは、たとえばマラリア予防の蚊帳や避妊具などに適用されてきた。しかし、これらの提案は何度試みてもうまくいかなかった。貧しい人びとが現実にどれくらいの金が出せるのか、まったくわかっていないのだ。ごくわずか、またはゼロである。極度の貧困に陥った人は食べるのもやっとなのだ。それなのに、電気、水、蚊帳、避妊具などに金が出せるわけがない。貧しい人に料金の負担を課すやり方は、長いあいだ、貧しい人びとを基本的なサービスから締めだすだけだった。

したがって、資金計画は、貧しい人びとが実際にどれだけ金が出せて、どれだけ出せないかを見きわめなければいけない。国連ミレニアム・プロジェクトは、世界保健機関（WHO）の下部組織である「マクロ経済と健康に関する委員会」の提言にしたがって、貧困国においては最低限の医療サービスと初等教育にかかる費用を無料にすべきだと主張する。そして、水、衛生設備、電力に関してはライフライン料金制の利用を強く勧めている。先に述べたとおり、この料金システムでは、どの家庭も一定量の電気と安全な水を使うことができ、それを超えた分だけ、メーターに応じて料金を支払う。

資金計画はまた、ミレニアム開発目標にあてられる資金の対GDP比も算定することになる。ここでも現実的であることが重要だ。貧しい国では税収にも限りがある。貧しい人びとから税金がとれないのは、料金を徴収できないのと同じだ。無理に増税しようとすれば、脱税が横行し、経済の歪みが深刻な事態になるだろう。「マクロ経済と健康に関する委員会」がこの問題をとりあげたとき、IMFの代表委員は、低所得国が二〇〇七年までに税収のなかからGDPの一パーセントにあたる金額を医療部門にまわし、さらに二〇一五年までにはそれをGDPの二パーセントまで増やすことを提案した。国連ミレニアム・プロジェクトはそれと同じ考え方で、二〇一五年までに低所得国がGDPの四パーセントをミレニアム開発目標関連のあらゆる投資のために追加することを求めた。

こうした前提のもとに、ミレニアム開発目標の資金不足を割りだした。つまり、低所得国が立てた投資計画を実現するのに必要な資金のうち、国際ドナー・コミュニティがいくら不足分を出さなければいけないかの算定である。実際の計算については次の章でくわしく述べる。ここでは一つだけ強調しておきたい。援助は数年では終わらず、二〇二五年までのほとんど（またはすべて）の期間にわたって必要とされるだろう。資金調達プランでは、貧しい国々が、拡大したプロジェクトの費用をわずか数年後のある日、すべてをまとめて清算するというような甘い期待はもたないほうがいい。投資計画を破綻させずに続けるためには、大規模な財政支援を少なくとも十年、たいていは二十年もの長きにわたって根気強く持続することが大事なのだ。

援助計画

ドナーは往々にして、援助を受ける国々にガバナンスを改善せよと強く求めるが、ドナー側にも改善の余地があることについては、ほとんど問題にされないことが多い。ミレニアム開発目標にもとづく貧困削減戦略の一環として、ドナーの約束がきちんと果たされるかどうか、公明正大に評価するためのドナー計画も必要だろう。援助計画が重点的に見るのは、資金の流れに関する次の四つの側面である。

- 規模　援助は十分な金額であること。受給国が自国の投資計画のための投資を十分まかなえる金額でなければいけない。
- 期間　援助は長期にわたること。受給国が十カ年計画を遂行できるくらいの期間、持続しなければいけない。
- 予測可能性　援助は予想可能であること。援助の流れが気まぐれだと、受給国の投資計画やマクロ経済の安定性が脅やかされてしまう。
- 調和　援助はミレニアム開発目標にもとづく貧困削減戦略、とくに投資計画を支援するものであること。援助機関の得意とするプロジェクトに偏ってはならない。

予測可能であることが援助の総額と同じくらい重要だということを強調しておきたい。貧困をなくすには、年間一人あたり約六十ドルの援助が最も貧しい国々に流れなければならない。しかし、援助金額がそれくらいになると、一人あたりの国民所得が年間二、三百ドル程度の国の場合、国内総生産（GDP）のおよそ二〇パーセントから三〇パーセントを占めることになる。GDPに占める援助金の比率がそこまで大きくなると、予期せぬ変動があったとき、経済に大きな打撃を与えかねない。ドナーがある年にGDPの三〇パーセントを与えておきながら、翌年には一五パーセントしか出さないとなったら、大量のレイオフ、政府機関の閉鎖、巨額の財政赤字、インフレーションといった事態を招くかもしれない。そんな危険を避けるため、ドナーによる援助は少なくとも数年先まで確実に予測できるようにしておくべきだ。

援助の調和という問題も重要である。タンザニア援助をテーマにした二〇〇〇年の会議では、「開発資金の供与に関連した機関が三十、プロジェクトは一千種類、援助活動は年に二千五百件あり、しかもそれぞれに別個の会計、財政、報告システム」があるといわれた。[*60]世界銀行グループの前総裁ジェームズ・ウォルフェンソンは、こうコメントした。[*61]「われわれをはじめとして、二国間ドナーのような善意の人びとがしじゅう訪問し、四半期ごとに山のような報告書が送られ、しかも仕事の手順まで、まったく一貫性に欠けるという現状が、受給国にとってどれほど荷厄介になっていることか。ここには改良の余地がある。先進国がこれまでのやり方を少しだけ変えて、調和をはかり、手順を改善すればいいのだ」

援助の調和をはかるには、さまざまな援助組織が率直に仕事の内容を比較して本当の優先順位をつけ、それにしたがって活動するべきだ。公共投資プログラムの拡充を助けるための大規模な援助の場合、資金は世界銀行や地域の開発銀行など、多国間ドナーを通じて供与したほうがよい。ガーナはただ公共投資を拡充するために財政支援を求めているだけなのに、なぜ二十三もの二国間ドナーと交渉しなければならないのか。この二十三の二国間ドナーは、世界銀行かアフリカ開発銀行に資金をプールしておき、それらの仲介組織からガーナへ一括して援助金が送れるよう、あらかじめ合意しておくべきだろう。二国間ドナーはむしろ個別の小規模な事業計画を必要とするもの、たとえば特定の技術支援（エイズ患者の治療や太陽熱発電の利用など）、ささやかな規模の実験、人材交流事業などに向いている。

公営計画の戦略

資金の供給は必要だが、それだけでは援助は成功しない。被援助国の政府が投資計画を予定通り実施できなければ、金はむだに費やされるか、銀行口座で眠ったままになるだろう。もちろん、計画の実施には、プラン、建設、トレーニング、適切な評価などに時間をかけなければいけない。しかし、これらに時間をかけるだけでなく、健全な公営計画には次のような六つの項目も含まれる。

・分権化　投資は、何十万もの村、何千もの都市で必要とされている。投資の細部についでは、各国の首都やワシントンではなく、現場の村や都市レベルで決定すべきである。したがって、公共投資の分権的管理は、援助の拡充にどうしても欠かせない。

・**トレーニング**　全国、地方、村など、あらゆるレベルの公共部門は、援助のスケールアップの過程を監督できる資質に欠けている。これは公共部門の追及を逃れるのではなく――やろうとしても、うまくはいかないだろうが――公共部門の能力を構築するのが目的なのだ。訓練プログラム（または能力の強化）は全体的な戦略の一部であるべきだ。

・**情報テクノロジー**　援助の「パイプ」に、これまでよりはるかに大量の資金が毎年流れるようになったら、もっとよい「水道計」が必要になるだろう。つまり、情報テクノロジー（IT）――コンピューター、eメール、携帯電話――の活用によって、公共部門に流れこむ情報の量がどっと増える。この情報は、どんな人にも入手可能になる。

・**計量化できる基準**　支出の規模が大きくなるにつれて、達成目標はより明確にしなければいけない。ミレニアム開発目標にもとづく貧困削減戦略は、その国の状況、ニーズ、データが入手できるかどうかによって、計量化できる基準を設けるべきである。

・**監査**　当たり前のことだが、援助金は当然受けるべき相手のもとに渡らなければいけない。金の流れが監査できないなら、被援助国は多額の資金を受けとるべきではない。

・**モニタリングと評価**　ミレニアム開発目標にもとづく貧困削減戦略では、最初から投資の状況をモニターし、評価できるよう準備しておくべきである。モニタリングと評価のための予算と仕組みはこの戦略にとって欠かせない。

広域インフラストラクチャー

重要な投資はもともと地域全体にかかわるものが多く、一度に数ヵ国が関係していることも少なくない。先に述べたように、ケニアの港湾都市モンバサと、このモンバサ港に依存するケニア、ウガンダ、ルワンダ、ブルンジの四ヵ国を結ぶ道路について考えてみよう。部分的に舗装されている二車線のこの道路の利用者は一億人以上にのぼる。整備状態は悪く、沿岸からの貨物輸送の往来にはきわめて高いコストがかかる。ところどころ陥没している箇所もある。四ヵ国がそれぞれ別々に断片的な補修をするより、共同で改修工事を進めたほうがずっといい。問題は、世界銀行などのドナーがこれまでの癖で一度に一ヵ国の問題しか考えられず、多国間事業の運営があまり得意ではないことだ。いま、世界中にさまざまな地域経済団体が続々と誕生しており、アフリカでも例外ではない。このような団体が、隣りあった国同士の投資の調整役を務めてくれるだろう。多国間の投資は道路や鉄道だけでなく、港湾業務、通信、金融市場の規制、生物多様性の保護（河川の分水界や森林など）、大気と水の汚染対策、エネルギー開発（水力発電、地熱、送電を含む）などでも一般的になりつつある。

地域団体にはまた別の重要な役目もある。管理について共同責任をもつことだ。国家は周囲の圧力に弱い。アフリカ連合はその立場を利用して、アフリカ諸国間の「相互審査機構」（APRM）という政策を打ちだした。[*62] この機構に加わった国々は対等の立場にあり、系統だったガバナンス審査を自発的に受け入れるのだ。アフリカ連合によれば、この相互審査機構のおもな目的は次のようなものである。

経験の共有と、成功した最良の活動の強化を通じて、政治の安定、高度経済成長、持続可能な開発、準地域および大陸における加速しつつある経済統合に向けた政策、規範、慣行の採用を促すこと。これには不十分な点の確認や能力強化の必要性の評価も含まれる。

マーシャル・プランから欧州連合（EU）まで、数多くの地域的なとりくみは、期待すること自体に大きなメリットがあることを示している。外部団体からの圧力は、政府の改革路線を維持するのに役立つだろう。ポーランドが一時的にも不穏当かつ巨大な圧力やポピュリズムの誘惑に屈することなく、あくまで経済改革政策を守りつづけることができたのも、EUへの加盟という「期待」があったからなのだ。

貧困削減のためのグローバルな政策

貧しい国々の抱える深刻なニーズは、国家ないし地域規模の投資や国内政策の改革では解決できない場合もある。これらはグローバルな規模でとりくまなければならない。なかでも次の四つが最も重要だ。

・債務危機
・グローバルな貿易政策
・開発のための科学
・環境への責務

債務危機

この問題は何年も前に解決されていて当然だった。重債務貧困国（HIPC）が債務を返済できないこと、または債務返済と並行してミレニアム開発目標を達成できないことは、少なくとも二十年前からわかっていた。債務をただ帳消しにすればよかったのに、債権者はあまりにも長いこと最貧困国に債務の返済を要求しつづけた。債務返済額は、国の医療や教育への支出を上回ることさえ多かった。さらにいえば、先進国は最貧困国に資金を融資するのではなく、補助金として与えるべきだった。そうしていれば、貧しい国々は最初から借金など抱えずにすんでいたはずだ。

この数十年の債権国の態度は、マーシャル・プランの策定にあたってアメリカ合衆国がとった誠実な行動とは大ちがいだ。かつてのアメリカは、融資ではなく補助金でヨーロッパの復興を支援することにした。第二次世界大戦後の復興計画の立案者たちは、第一次世界大戦後が引き起こした悲惨な経験から学んでいた。ケインズが予告したとおり、第一次世界大戦後に連合軍が敗戦国に対して莫大な戦債と賠償金を要求したことが原因となって、債権国と債務国の両方が長期にわたる政治・金融危機に巻きこまれ、やがて世界大恐慌を引き起こす原因となり、さらに間接的とはいえ、ファシズムの台頭を招いたのである。第二次世界大戦後、アメリカの戦略家は別の路線を選び、戦債がヨーロッパの脆弱な民主主義の重荷にならないようにした。私たちは今日、彼らの賢明な選択を見習うべきだろう。重債務貧困国の債務を、ミレニアム開発目標にもとづく貧困削減戦略の財政支援策の一環として、無条件で帳消しにする時期がそろそろ到来している。

グローバルな貿易政策

経済の持続的な成長のためには、貧しい国が豊かな国への輸出を増やし、それによって得た外貨で豊かな国から資本財を買うことが必須になる。しかし、豊かな国の貿易障壁が輸出の伸びを阻んでいる。二〇〇一年十一月にスタートした現行のドーハ貿易ラウンドは、貧しい国が市場に参入しやすくなるよう努力している――少なくとも理論の上では。このとりくみは衣料品の製造など、とくに熟練を必要としない労働集約的な部門ではきわめて重要だった。とはいえ、二つの点で注意が必要だ。

その一、貿易はたしかに重要ではあるが「援助より貿易」というスローガンはまちがっている。貧しい国々は「援助も貿易も」必要なのだ。貿易の改革だけでは、貧しい国々が極度の貧困から抜けだすことはとうていできない。「援助より貿易を」のロビー活動は、自由貿易の価値を誰もが信じて疑わないのをいいことに、それを利用して援助を妨害しようとするものだ。たとえ貿易の改革によって貧しい国の所得が年間何十億ドルの単位で増えたとしても、貧困の罠から逃れるのに不可欠な公共投資の財源として利用できるのは、そのうちのごくわずかでしかない。貿易改革で莫大な利益（何千億ドル）があがった場合、見落としてはいけないことがある――その利益の大部分は、貧しい国ではなく、最先進国や中所得の国々が手にするということだ。いわんやアフリカの最貧困国の懐にはまったく入らない。アフリカの孤立した村の基本的な欲求を、貿易だけでどのようにして満たせというのだろうか。

その二、農産物の貿易自由化をもちあげすぎる傾向には注意しなければいけない。農産物の貿易自由化はたしかによいことだ。一例をあげると、ヨーロッパは高コスト農家に支給する補助金として巨額を浪費している。だが、それよりはるかに少ない額で、他の目標（環境保護など）が達成できる。一方、アフリカを初めとする世界中の後発開発途上国のすべてで農産物への補助金の廃止がプラスに働くと思うのはまちがいだ。ヨーロッパが主要作物（小麦やトウモロコシ）への補助金を削減すれば、アフリカにとってマイナスにこそなれ、プラスにはならない。アフリカは純食糧輸入地域なので、農家が利益をあげる一方で、消費者は値上がりした食品を買わされることになるからだ。貧困への効果はプラスとマイナスの両方が考えられるが、プラスにしてもそれほど大きいとは思えない。熱帯の産物（綿花、砂糖、バナナなど）の貿易が自由化されれば、もちろんアフリカは利益を受けるだろうが、熱帯産物への補助金の額はじつはとても少ない。先進国の農家が三千億ドルもの支援を受けていることは広く報道されたが、それにくらべたら雀の涙ほどである。要するに、農産物の貿易自由は歓迎すべきだが、それを万能薬と思ってはいけない。大きな利益をあげるのはアメリカ合衆国、カナダ、アルゼンチン、ブラジル、オーストラリアなど巨大な食糧輸出国なのだから。

開発のための科学

長期的な経済開発の突破口となるのは、たいていの場合、新しい技術だった。たとえば食糧生産における緑の革命、ワクチンと予防接種、マラリア予防の蚊帳、経口補水療法、土壌の栄養を補給するための農林学、抗レトロウイルス薬などである。そのほとんどは、まず先進国の市場用に開発されたものか、ドナー主導の特別なプロセスをへて貧しい国に提供されたものだった。残念ながら、貧しい国に特有の課題（熱帯の食物や熱帯病など）に対応した技術が民間部門で開発されることはめったにない。民間部門主導の研究開発の場合、最貧困層が相手では、市場へのインセンティブが働かないからだ。

したがって、貧しい人びとは、よほど努力を重ねないかぎり、国際的な科学界から無視されがちである。それを前提として、貧困国に関連した科学研究のうちの何を最優先すべきかを把握し、それから、その研究開発を促進するのに必要なドナーを見つけるべきだろう。各種学術団体による最近の研究のうち、貧困の問題に関連してとくに重要だと思われるものを以下にあげておく。

・貧しさからくる病気　熱帯病をはじめとする低所得国に特有の疾病の予防、診断、治療への新しい対策。
・熱帯農業　種苗の品種改良、水の管理技術、土壌の管理技術。
・辺鄙な農村地帯のエネルギー・システム　電力網以外の電力技術。たとえば、再生可能なエネルギー源（光電池）、発電機、改良型電池、ワット数の低い照明など。
・気候予測と適応　気候変動の予測と同時に、適応を目的とする季節別および年ごとの気候変動、さらに長期的な気候変動の計測を向上させること。
・水の管理　ウォーター・ハーヴェスト、海水の淡水化、小規模灌漑技術の向上、また過剰利用が原因で枯渇しつつある帯水層の管理を向上させること。人口密度と気候変動の相互作用による深刻な水ストレス下におかれた地域が増えるにつれ、水の重要性は増すだろう。
・生態系の持続可能な管理　世界中に見られる脆弱な生態系（サンゴ礁、マングローブ湿地、漁場、熱帯雨林など）は、人為的な力に屈服しつつあり、その結果は悲惨である。ほとんどの貧しい社会は、変化を監視したり、持続可能の適切な方法で対応したりする技術力をもたない。

国連ミレニアム・プロジェクトは、最貧困国へのグローバルな支援は年間ざっと七十億ドルが望ましいとしているが、その優先順位は、医療、農業、エネルギー、気候、水、生物多様性のための研究開発である。これまでも、目標を定めた科学研究は大きな恩恵をもたらしている。ロックフェラー財団による資金提供のおかげで、一九二八年には黄熱病のワクチンが開発され、品種改良の研究は緑の革命のきっかけとなった。近年は、ビル・アンド・メリンダ・ゲイツ財団が、貧しい人びとを苦しめるエイズ、結核、マラリアなど、さまざまな病気のために研究資金を提供している。ゲイツ財団と共同で研究を進めてきたグラクソ・スミスクラインの最近の発表によると、マラリア・ワクチン開発の成功に一歩近づいたとのこと。ただし、実効性のあるワクチンがアフリカで使えるようになるのは、まだずっと先の話だろう。新しいワクチンを作るのに必要なリサーチや臨床実験を促進するため、ハーヴァード大学の経済学者マイケル・クレーマーと私は、世界エイズ・結核・マラリア対策基金やドナー機関にこんな提案をした。ワクチンが開発される前に、あらかじめ大量の購入予約をしておくことだ。そうすれば、できあがったワクチンをすぐアフリカで配布できるし、一方で、ワクチン研究開発には金銭的な動機づけができる。

環境への責務

グローバルな気候変動が地域にどんな影響をおよぼすか、その予測はきわめて困難だ。しかし、最も貧しい地域が国外からもたらされる気候変動によって大きな被害を受ける恐れは現実にある。長期温暖化による海面の上昇は、バングラデシュのような貧困国や小島嶼開発途上国の経済に大打撃を与えるだろう。降雨パターンの変化、たとえばアフリカのサヘル地域における旱魃や、長期温暖化の影響によるインド洋の気候変動のような現象は世界中に広がるはずだ。エルニーニョ現象が頻発し、しかも強力になっていけば、アジア、ラテンアメリカ、アフリカに住む何億もの人びとの生活が乱されるかもしれない。海洋成分の変化や、大気中の二酸化炭素濃度の増加によって、サンゴ礁が死滅する恐れもある。そうなれば、海辺の生態系や沿岸経済にも悲惨な影響をおよぼしかねない。

環境問題に関していえば、貧しい人びとのほとんどは一方的に被害をこうむる側である。長期的な気候変動のおもな原因、すなわち化石燃料の燃焼は、もっぱら先進国の活動が元凶になっているからだ。貧困削減をめざして世界が責任をもってとりくもうとするなら、次の三つの点に留意しなければいけない。一、世界の先進国、とくにアメリカは国連気候変動枠組条約のもとで、「大気中の温室効果ガスの濃度を下げ、人為的な影響によって気候システムを危険にさらさないレベルに保つ」という以前からの約束[*63]を果たさなければならない。二、先進国は貧しい国への財政援助を増やし、今後の気候変動に対して貧困国が適切な対策をとるか、少なくとも適応できるようにする。三、前述のとおり、先進国は気候科学への投資を増やし、気候変動が貧富の別なく人類すべてにどんな影響をおよぼすかを正確に理解すべきである。

誰が国際的なシステムを指揮するのか？

貧しい国々は、国連機関、二国間ドナー、ブレトン・ウッズ機関などを「開発パートナー」という婉曲表現で呼ぶ。うまくいけば、これらの組織と被援助国の関係は真のパートナーシップとなる。だが困るのは、ときとして援助どころか迷惑になる場合もあることだ。援助は少ないうえに予測がつかず、小規模な援助計画がごちゃごちゃと入り組んでいるために、それでなくても悩みの多い貧困国の政府はその対応だけで時間と気力を消尽してしまう。援助を一本化して、ミレニアム開発目標にもとづく貧困削減戦略だけを支援したほうがいい。

しかし、援助を一本化するには、パートナー同士がもっと良好な関係を築かなければいけない。いちばんいいのは、国連システムを最大限に活用することだ。ミレニアム開発目標に関与するさまざまな関係団体を調整するうえで、世界で最適の立場にあるのは国連事務総長である。また、国連機関は開発のあらゆる側面において、きわめて貴重な専門知識を提供してくれる。国連機関とその専門領域の一部を表1に示した。事務総長の指揮のもと、国連開発計画（UNDP）を通じて活動する。そうすれば、貧しい国も一致団結した有能な国連国別チームの恩恵が受けられる。この国別チームが、国連専門機関、IMF、世界銀行の仕事を統合する。各国の現場で国別チームを統括するのは一名の国連常駐調整官である。この常駐調整官は、国連開発計画総裁の指揮をあおぎ、総裁は国連事務総長の監督下におかれる。この国連国別チームこそ、国際的な協力と科学のエッセンスを貧しい国にもたらし、貧困の罠から脱して持続可能な開発をなしとげるのに不可欠の存在である。

表１　開発にかかわる国連機関（抜粋）

機関名	略語	専門領域
ブレトン・ウッズ機関		
国際通貨基金	IMF	財政や予算の問題を抱える開発途上国を援助し、国際収支の不均衡を是正するために一時的な融資をする。
世界銀行		貧困と闘っている低・中所得の国々に貸付金、補助金、政策アドバイス、技術支援などを提供する。
食糧農業機関	FAO	飢えとの闘いの先頭に立ち、政策アドバイスや技術支援を提供する。
国際農業開発基金	IFAD	食糧の増産と栄養の向上をめざして、農業開発に資金を提供する。
国連開発計画	UNDP	国連のグローバル開発ネットワークとして活動。同時に、開発途上国における民主的な政府の推進、貧困との闘い、健康と教育の促進、環境保護、危機回避などを目標とする。
国連環境計画	UNEP	環境保護に努める国々を各種プロジェクトおよび技術・科学的支援によって援助する。
国連ハビタット（国連人間居住計画）	UNHABITAT	すべての人びとに適切な住居をという目標のもとに、社会的、環境的に持続可能なまちや都市づくりを促進する。
国連人口基金	UNFPA	人口および性と生殖に関する健康プログラムを促進できるよう、さまざまな国の政策を支援する。
国連児童基金	UNICEF	子供たちの生存と健やかな発達を守るため、保健、栄養、水と衛生、教育などの支援事業をおこなう。
世界食糧計画	WFP	世界の飢えと第一線で闘っている機関。2003年には81カ国、1億人以上に食糧援助をした。そのなかには、世界各地の難民や家をなくした人びとが含まれる。
世界保健機関	WHO	保健・医療に関して、国々に必要な技術的援助を提供する。

そんな内情について長々と書いたのは、現行の制度が驚くほど機能していないからだ。本来、協力関係にあるべきなのに、IMFと世界銀行は国連機関と交流するどころか、口もきかない場面さえあった。過去二十年、先進国は国連機関よりも、むしろIMFと世界銀行のほうに特権的な立場を与えてきた。私に電話してきて、IMFが現地でどんな活動をしているかを訊いてくる機関さえある。直接、相手に訊くことができないのだ。

IMFと世界銀行が特権を得たわけは簡単に理解できる。「金をたどれ」という言葉どおりだ。先進国が影響力をふるえるのは、国連機関よりもIMFと世界銀行が相手のときである。国連総会や国連専門機関の理事会ではたいてい「一国一票」だが、IMFと世界銀行では「一ドル一票」なのだ。IMFと世界銀行のメンバー国は加盟にあたって割当額を配分される。この割当額に応じて、国の票数と出資の規模が決定される。このようにして、先進国は多数派を維持してきた。この票の多さこそ、とくにアメリカがIMFと世界銀行を頼みにするようになった理由なのだ。アメリカはIMFと世界銀行に対しては影響力をふるえるが、国連機関にはほとんど手が出せない。

問題は、IMFと世界銀行の業務が、国連機関との緊密な協力関係なしでは進まないということだ。組織としてのIMFと世界銀行はゼネラリストである。IMFはマクロ経済（予算、財政、為替レート）、世界銀行は開発問題を扱う。一方、国連の専門機関はスペシャリストである。たとえば、ユニセフは子供の健康と教育について豊富な知識をもつ。国連人口基金（UNFPA）は、家族計画の専門知識に関しては並ぶものがない。食糧農業機関（F

AO）はすぐれた農業専門集団であり、世界保健機関（WHO）は公衆衛生と病害対策に独自の能力を発揮する。国連開発計画（UNDP）は能力の構築《キャパシティー・ビルディング》とガバナンスでは右に出るものがない。その一方で、こうした専門機関は、IMFと世界銀行が得意とするマクロ経済の視点をもつことがむずかしい。IMFと世界銀行と国連専門機関が信頼できる協力関係を築かなければ、どの機関も業務をまっとうすることができないだろう。

次の段階

極度の貧困は罠である。だが、その罠からは逃れることができる。それには目標を定めた投資が必要だ。その投資はまず検証し、それから投資計画を豊かな国と貧しい国のグローバルな協約の一環として組み入れる。さらにミレニアム開発目標にもとづく貧困削減戦略を中心として実行に移さなければいけない。計画はすばらしい。だが、私たちにこれだけのことをする余裕があるだろうか？　貧しい国を救ったら、豊かな国は破産してしまわないか？　こうした根本的な問いかけについては、次の章でくわしく説明する。

15　豊かな社会は貧しい人びとを助けることができるか？

最も貧しい人びとを貧困の罠から救う責任を、豊かな社会に負わせるのは、とても軽率なことに思えるかもしれない。割にあわず、際限のない仕事だし、銀行を破綻させかねない——と、連想は続く。豊かな国だって、みずからの社会福祉プログラムを手に余らせているではないか？　先進国は、いまでさえ難題が山積し、深刻な財政困難に陥っている。そんな先進国がいったいどうして、国境の外の何十億もの人びと、しかも急速に人口が増えつつある国々の責任を負わなければいけないのか？　納得のゆく疑問である。幸い、これらの疑問に対しても納得のゆく答えがある。考えれば考えるほど、それがわかってくる。問題は、豊かな社会が貧しい人びとを助けられるかではなく、助けずにいられるか、なのだ。

はっきりいって、コストは思ったほど高くない。所得、税金、先送りにしたときの損失や実行したときの利益に比較しても、ずっと低いコストですむのだ。何よりも重要なのは、先進国がすでに約束した範囲内で収まるということだ——必要なのは、高所得世界のＧＮＰの〇・七パーセント、国民所得十ドルにつきわずか七セントである。開発支援に関して、豊かな社会が貧しい人びとを助けるのに十分努力をしているかどうかはたびたび議論になるが、そもそも先進国にとっては国民所得の一パーセント未満の問題なのだ。先進国に要求される努力はそれほど小さい。それをさらに減らすとしたら、世界の大部分の人びとに厚かましくもこう宣言するようなものだ。「あなたたちに価値はない」。先進国がそこまで非情だとしたら、やがて報いを受けても当然ではないだろうか。

要求される努力水準がこれほど控え目ですむのには、五つの理由がある。第一に、世界の人口比において極貧層の人びとの数が減っていること。世界銀行の推定によれば今日、約十一億人が極貧の生活を強いられている。*64 これは世界人口のほぼ六分の一に相当する。一世代前はおよそ三分の一だった。二世代前は半数に近かった。いまだに貧困から抜けだせずにいる世界人口の割合は、相対的にいって対処可能なのである。

第二に、私たちの目標は極度の貧困をなくすことであり、すべての貧困をなくすことではない。もちろん世界の人びとの所得を均等にすることや貧富の差を縮めることではない。いつかそうなるかもしれないが、だとしても貧しい人びとは自分の努力でそうならなければいけない。豊かな社会ができる最大の支援は、貧困の罠に陥った人びとが自分の力でそこから脱出するために手を貸すことなのだ。

第三に、貧困の罠を壊すのは見た目よりずっとやさしい。これまで、あまりにも長く、あまりにも多くの労力が誤った方向に注がれてきた。貧しい国々を教科書どおりに、良好なガバナンス、効率的な市場経済のモデルにあてはめようとするのはまちがいだ。その一方で、これまで足りなかったのは、生活水準の向上と経済成長を促す低コストで有効な方法を見つけようとする努力である。もっと現実に目を向けて、特定の分野――道路、電力、輸送、土壌、飲料水と衛生設備、疾病対策――への投資に限れば、重荷はずっと軽くなる。

第四に、今日の先進諸国はとほうもない富をもっている。一世代か二世代前には、極度の貧困をなくすことなど夢にも考えられなかったのに、いまではそれが十分手の届く目標になった。それに必要な費用は、大きく伸びた先進国の所得に比してごくわずかにすぎないからだ。とくにアメリカの場合、世界の貧困を撲滅するという誉れ高い約束を果たすには、一つの案として、極端な金持ちに責任を負ってもらうという解決策がある。一般の納税者ではなく、高額納税者番付に載るようなトップクラスの富豪なら、それくらいの金は出せるはずだ。富裕層にはそれなりの増税を課し、あるいは巨額の財産に見合った大規模な慈善事業を展開してもらえば、目標達成のための費用のほとんどはまかなえる。

第五に、利用できるツールがかつてないほど強力になっている。携帯電話やインターネットのおかげで、アジアやアフリカの情報飢餓は解消しつつある。ロジスティクス（物流管理）・システムの発達によって、グローバル企業は世界中どこでも利益をあげられるようになった。種苗の品種改良、農業バイオテクノロジー、土壌養分の科学的管理といった現代の作物栽培学の成果によって、長いあいだ荒れ放題だった土地に手が入れられ、不毛な土地は開墾された。病気の対策や予防法も発見され、医療の現場は飛躍的に進歩するだろう。だが、これらの投資はまだ貧しい国のごく一部にしか届いていない。貧困削減の要《かなめ》は、基本的なインフラストラクチャー、医療、教育といった重要なジャンルへの投資の拡充である。テクノロジーの急速な進歩のおかげで、こうした投資の効率は大幅にアップしている。目標を達成するのに必要なコストの算定結果と、誰がその費用を負担すべきかを以下に述べる。

最も単純な算定方法

最初の切り口――単純だが、めざましい成果が得られる――は、基本的なニーズを満たせるレベルまで世界の最貧窮層の所得を上げるのに、先進国から貧困国へどれくらい所得を移行すればよいかを計算することだ。世界銀行の貧困削減チームのメンバーであるマーティン・ラヴァリオンとその同僚たちは、収集したデータをもとに計算し、およその数字を割りだした。[*65] 世界銀行の推計によれば、基本的なニーズを満たすのに一人あたり一日一・〇八ドルが必要だった（一九九三年の購買力平価による）。ラヴァリオンのチームは国勢調査をもとに、その水準未満で生活している世界の貧窮世帯の数と平均所得を算定した。

世界銀行の推計によれば、二〇〇一年には一日一・〇八ドル未満で生活する人は世界で十一億人、一人あたりの平均収入は一日〇・七七ドル、年にして二百八十一ドルだった。重要な点は、基本的なニーズを満たすのに、一日〇・三一ドル（一・〇八ドル引く〇・七七ドル）、年にして百十三ドルの不足があったことだ。したがって世界規模では、二〇〇一年の所得の不足分は、一人あたりの年間百十三ドルの十一億人分、つまり一千二百四十億ドルとなった。

同じ計算単位（一九九三年のドル換算での購買力平価）にもとづく計算では、開発援助委員会（DAC）のメンバーであるドナー二十二カ国の二〇〇一年の所得は合計で二十兆二千億ドルだった。したがって、理論的にいえば、ドナーの総所得の〇・六パーセント（一千二百四十億ドル）で、全世界十一億人にのぼる極貧層を基本的なニーズが満たせるレベルまで引きあげることができる。ドナー諸国が目標として掲げた国民総生産（GNP）の〇・七パーセント以内でこの移行が達成できるのだ。一九八一年には、これは不可能だった。極度の貧困の数がいまより多く（十五億人）、先進国の所得もいまよりかなり少なかったからだ。一九八〇年の総所得格差は約二千八十億ドル（一九九三年の購買力平価）で、ドナー諸国のGNP合計は十三兆二千億ドルである。当時なら、基本的なニーズが満たせるレベルまで極貧層を引きあげるのに、ドナーの所得の一・六パーセントが必要だったのだ。

ニーズ評価型のアプローチ

人道上の緊急事態を除いて、被援助国に直接現金を渡すのは、政府開発援助（ODA）の供与の方法としてはあまり感心できない。現金の移行によって、貧しい人びとは絶望的な所得水準から引きあげられるが、たんに消費格差を埋めただけでは貧困の罠を壊すことにはならない。貧困の罠を壊すには、前述したように、直接対外援助がインフラストラクチャーと人的資源への投資に使われなければいけない（医療、栄養、教育などの公共サービスを通じて）。これによって、貧しい人びとは力を蓄え、自分の責任で生産力をつけ、貧しい国を持続的な成長の過程へと押しあげられる。

極度の貧困をなくすための投資にかかるコストの算定は、次の六段階を参考にするとよい。これは世界保健機関（WHO）の「マクロ経済と健康に関する委員会」および国連ミレニアム・プロジェクトでも証明ずみだ。肝心なのは、基本的なニーズを満たし、貧困の罠を壊すために欠かせない一連の公共インフラストラクチャーと社会投資を特定することである。これには道路、電力、飲料水と衛生設備、医療、教育などへの投資が含まれる。

以下はその六段階である。

- 一連の基本的なニーズを特定する。
- 各国のまだ満たされていないニーズを特定する。
- それらのニーズを満たすのに必要な投資の金額を、将来人口の増加を見込んで算定する。
- 国が自力で資金をまかなえる投資の分野を算定する。
- ドナーが負担するミレニアム開発目標（MDGs）の資金不足額を算定する。
- ドナーの所得に比例した貢献度を評価する。

これらを算定すれば、世界から極度の貧困をなくすためにかかるコストが割りだせる。だからといって、これだけの金を先進国から徴収して、そのまま貧しい人びとに渡せばいいわけではない。くりかえし強調してきたように、資金の実際の引き渡しには注意深い監視と慎重な評価が必要だ。しかも、被援助国の良好なガバナンスを支えとし、オープンな協議によって策定される国ごとの厳密な計画にもとづいて実施しなければならない。そんなわけで、残念ながら実際に流れる資金は、ニーズ評価に見られるものよりずっと少ない。これでもまだ極貧の地域が残るとすれば、ドナー側の努力が足りないせいではなく、受け入れ側に支援を効率よく使う能力が欠けているせいだろう。

一連の基本的ニーズ

世界保健機関（WHO）の「マクロ経済と健康に関する委員会」は、四十九項目の必要不可欠な医療サービスをリストアップし、これをもとに基本的な医療援助パッケージを作った。国連ミレニアム・プロジェクトはその医療サービスのリストを拡大し、同じく重要な他の分野――食糧生産、栄養、教育、インフラストラクチャー――への援助を加えて、およそ百五十項目の援助、つまり公共サービスのリストを作成した。これらのサービスは基本的に、誰でも利用できるものでなければならない。いいかえれば、これらが利用できない人は極度の貧困にあるといっていい。たとえば、次のようなものである。

・子供はすべて初等教育が受けられ、生徒の数に比して適切な数の教師がいること。
・体の弱い人全員が受けられる栄養改善プログラム。
・マラリア感染地域で生活する全家庭にマラリア予防の蚊帳を配布する。
・誰もが安全な飲料水と衛生設備を利用できること。
・人口千人あたり五百メートルの舗装道路。
・近代的な調理用燃料と改良型コンロで室内の空気汚染を減らす。

高所得の国では、これらのニーズは比較的貧しい層でもすでに一〇〇パーセント満たされている。極度の貧困（基本的ニーズの欠如）と先進国での相対的な貧困（所得分布の最下位を占める層）とでは格段の差があることの証《あかし》である。また、中所得国でも、たとえ人口のすべてではないにせよ、ほとんどの人びとはこれらのニーズが満たされている。

すべての人にとってこれら基本的なニーズを満たせるようにするには、物的・人的資本に対する投資を十年以上持続することが必要だ。投資コスト算定の次の段階では、貧困国のニーズが満たされていない人口比を推定し、一定期間内に格差を埋めることができる投資案を提案する。国連ミレニアム・プロジェクトは、ミレニアム開発目標（ＭＤＧｓ）の達成に必要な二〇一五年までの投資案のコストを算定した。もちろん正確な数字を出すには、その国がみずから算定し、しかも国ごとに徹底的な調査をしなければならないが、国連ミレニアム
・プロジェクトと本書の目的のために、ここではおおまかな数字を出しておく。

国連ミレニアム・プロジェクトの算定によれば、発展途上の五カ国――バングラデシュ、カンボジア、ガーナ、タンザニア、ウガンダ――では、二〇一五年までにインフラストラクチャーと社会サービスを拡大するのに必要なコストが、二〇〇五年から二〇一五年までで年間一人あたり約百ドルになる（国連の調査はすべて二〇〇〇年不変ドル価格）。重要な援助のなかには、コスト・データが入手できないものもいくつかあったので[注]、実際のニーズは少なくとも百十ドルかそれ以上になるだろう[*66]。年間所得が一人あたり約二万七千ドル、政府の税収が年間一人あたり七千ドル以上もある先進国にとって、百十ドルは大した金額ではない。しかし極貧諸国にとって、一人あたり百十ドルは大金である。この金額はエチオピアの二〇〇一年度の一人あたりの年収に等しく、上記の発展途上五カ国の一人あたり平均年収の三分の一に相当する。さらに社会サービスのほとんどは政府によるものだ。ところが、低所得国の税収は一般に国民所得のおよそ一〇パーセントである。したがって、所得が一人あたり三百ドルだと、税収は一人あたり三十ドル程度にしかならない。これでは一連の基本的なインフラストラクチャーと社会サービスを提供するのに必要なコストの三分の一にも満たない。

この基本的な援助パッケージにかかるコストが確認できれば、次の段階で、誰が何に金を出すかを決めることになる。基本的なニーズにかかるコストは、ほんの少しなら各家庭に負担してもらってもよい――たとえば民間企業の製品を購入する場合などだ。政府も税収のなかから出す金額を少しは増やせるかもしれない。残りが「資本不足」、すなわち海外のドナーの負担分である。年間百十ドルの分担比率を決めるために、国連ミレニアム・プロジェクトはこのように考えた。第一に、貧困の削減にあてる国の歳入は、ＧＤＰとの比較でかなり増やせるはずだ。具体的には二〇一五年では四パーセントである。第二に、医療や教育など特定の部門に関しては家庭への負担をなくし、すべてのコストを公共部門がもつ（税収または援助金により）ことにした。第三に、各家庭で消費するエネルギー、水道、下水道、農産物の収穫量を増やすための投資などにかかるコストの一部は、各戸で負担する。ただし、所得金額に応じた累進料金にして、極度の貧困家庭は全額補助のサービスを受けられる。その一段階上の階層には費用の一部を負担してもらい、高所得世帯には費用を全額負担してもらう。

投資コストの分担

国連ミレニアム・プロジェクトはこの手法を用いて、目標を達成するための総費用と、政府、家庭（自己負担）、ドナーそれぞれの分担額を割りだした。地域によってコストに差が出ることには二つの理由がある。まず、ニーズの中身が異なること、次にそのニーズを満たすためのコストが異なることの二つだ。貧しい国への投資案を実施するとき、実際には人件費が安いため、思ったより安上がりですむことが多い。

注：データのない援助には以下のものが含まれる——高等教育、水と燃料の貯蔵および配給インフラストラクチャー、灌漑システム、港湾と鉄道、情報通信技術、環境維持への特定の投資。

これらの想定のもとで、発展途上五ヵ国の調査結果は次のようになる。年間一人あたり百十ドルのうち、家庭が負担できるのは一人につき年間十ドル前後、政府は税収から年間一人あたり三十五ドルを出す。残りの年間一人あたり約六十五ドルが「資本不足」となり、ドナーの負担となる。

中所得の国に対して同様に費用を算定した場合、状況は一変する。ブラジル、チリ、メキシコなどの国では、自国の資力によって公共サービス一式がまかなえる。ドナーの支援がなくても、極度の貧困をなくすのに十分な資力をすでにもっているのだ。もちろん、それでもまだ大勢の極貧層は残るかもしれないが、今回の分析によると、それはおもに国の努力不足が原因とされている。中国もニーズの大半を自国の財源で処理できる状況にある。一方、インドは境界線上にある。まだ若干の支援――年間一人あたりおよそ四、五ドル――は必要だが、現在のような急速な経済成長が続けば、時間の経過とともに減っていくだろう。

概観したところ、中所得国は自力で自分たちのニーズをまかなえるが、低所得国が二〇一五年までに基本的なニーズを満たすためには、少なくとも何らかの対外援助が不可欠だ。グローバルな規模で正確なコストを割りだすには、国ごとに綿密な査定をすべきだが、ここでは詳細なデータのいくつかをもとに、おおまかな計算をしてみよう。概算ではあるが、二〇一五年までに必要とされるドナー援助は、サハラ以南のアフリカで約四百億ドル、途上国のすべてを合計すると、その二倍の八百億ドルである。同じ数字は、もっと簡単な方法でも出せる。約十一億人が極貧だとして、その一人ずつが年間およそ六十五ドルの援助を必要とす

表1　MDGs（ミレニアム開発目標）を達成するために ドナーに求められる年間予算支援の地域別内訳

（2003年のＵＳドル換算、単位・10億ドル）

	2006年	2015年
東アジアと太平洋地域	11.1	8.9
ヨーロッパと中央アジア	2.0	2.9
ラテンアメリカとカリブ海諸国	0.7	1.3
中東と北アフリカ	0.9	1.4
南アジア	22.4	36.8
サハラ以南のアフリカ	36.4	83.4
合計	**73.5**	**134.7**

出典：国連ミレニアム・プロジェクト（2005年）による。

ると、二〇一五年までのドナーの負担額は年間ざっと七百二十億ドルである。これに加えて、ワクチン開発などのグローバルな計画にかかるコストと大幅に増加した援助の管理費が必要だ。くりかえすが、実際の金額はたぶんこれより低くなる。立派な計画内容とガバナンスをもった国だけが援助の対象となるからだ。

表1はミレニアム開発目標の達成をめざしてドナーが資金援助を送りこむ地域の内訳である。この表から、アフリカとアジアがいまだに極度の貧困の二大中心地であることがわかる。これらの地域では、世界のどこよりも大規模なドナー援助を緊急に求めている。もちろんその他の地域にもドナーの支援を必要とする国がある。そのような場合は国ごとに算定しなければいけない。

表2は、投資計画に必要な海外からの資金提供の部門別内訳である。ここでは、サハラ以南のアフリカ三カ国を例にとって、詳細に算定している。この

表2　ガーナ、タンザニア、ウガンダにおける
MDGsのためのODAの部門別内訳（2003年のUSドル換算）

ガーナ

	2006−2015年			
必要とされる外国からの予算支援合計	年平均（100万ドル）	1人あたり（ドル）	GDPにおける割合（%）	必要とされる予算支援合計における割合（%）
飢え	74	3.0	0.9%	5.6%
教育	266	11.0	3.2%	20.2%
ジェンダーの平等	40	1.6	0.5%	3.0%
保健	375	15.4	4.5%	28.5%
飲料水の供給と衛生設備	33.1	1.4	0.4%	2.5%
スラム住民の生活の改善	16.0	0.7	0.2%	1.2%
エネルギー	115	4.7	1.4%	8.7%
道路	154	6.3	1.9%	11.7%
その他	243	10.0	2.9%	18.5%
合計＊	**1,317**	**54.1**	**15.9%**	**100.0%**

タンザニア

	2006−2015年			
必要とされる外国からの予算支援合計	年平均（100万ドル）	1人あたり（ドル）	GDPにおける割合（%）	必要とされる予算支援合計における割合（%）
飢え	163	3.8	1.1%	5.8%
教育	327	7.7	2.1%	11.7%
ジェンダーの平等	70	1.6	0.5%	2.5%
保健	920	21.7	5.9%	33.0%
飲料水の供給と衛生設備	52.5	1.2	0.3%	1.9%
スラム住民の生活の改善	44.3	1.0	0.3%	1.6%
エネルギー	201	4.7	1.3%	7.2%
道路	586	13.8	3.8%	21.0%
その他	424	10.0	2.7%	15.2%
合計＊	**2,788**	**65.5**	**18.0%**	**100.0%**

ウガンダ

	2006 − 2015年			
必要とされる外国からの予算支援合計	年平均（100万ドル）	1人あたり（ドル）	GDPにおける割合（%）	必要とされる予算支援合計における割合（%）
飢え	78	2.3	0.7%	4.2%
教育	222	6.6	2.0%	12.0%
ジェンダーの平等	50	1.5	0.4%	2.7%
保健	634	18.8	5.6%	34.2%
飲料水の供給と衛生設備	25.9	0.8	0.2%	1.4%
スラム住民の生活の改善	19.8	0.6	0.2%	1.1%
エネルギー	90	2.7	0.8%	4.8%
道路	394	11.7	3.5%	21.3%
その他	337	10.0	3.0%	18.2%
合計＊	1852	54.9	16.4%	100.0%

＊大規模インフラストラクチャー計画、高等教育、持続可能な環境のために1人あたり10ドルを含む。
出典：国連ミレニアム・プロジェクト（2004年）による。

表は、外国からの援助の投入先を決めるのに参考になるだろう。援助総額の約三五パーセントを医療部門、別の三五パーセントをエネルギーと道路のインフラストラクチャー、一五パーセントを教育、二パーセントを飲料水と衛生設備、残りを一連の重要な公共投資部門に投入する。

必要な政府開発援助（ODA）の総額はいくらか？

二〇〇六年までに貧困国では年間七、八百億ドルほどが必要になるということはわかった。それでも、先進国が貧困国に対する開発支援の総額を決定するのはなかなか厄介だ。問題を複雑にする三つの理由がある。その一、政府開発援助（ODA）のかなりの部分が開発以外に費やされている。たとえば緊急救援、難民の保護と居住地の提供、特定の政府の地政学的なサポート、極貧をほぼ根絶できている中所得国への支援などである。その二、開発に向けられる対外援助のうち、援助パッケージとして投入されるのはごく一部である。たとえば、ほとんどは技術支援に費やされるが、それらはミレニアム・プロジェクトのコストの算定には入らない。なかには、債務の帳消し——もともと返済は無理なのだが——のために使われる援助金もある。債務の帳消しは、国際金融市場への復帰を可能にし、また希望をとりもどす点でもきわめて重要だが、そのために援助金を使っても、新たな資金の流入にはつながらない。その三、世界規模での投資をサポートする直接的な援助が必要なこと。これは個々の貧困国の財政的なニーズをはるかに超えている。

最初の理由を説明するために、最近の政府開発援助（ODA）の内訳を見てみよう。二〇〇二年、世界中の途上国に対してドナーが出資した援助額の合計はざっと七百六十億ドルである（二〇〇三年米ドル換算）。そのうち六十億ドルは、現実の資金流入につながらない債務救済用の補助金だった。そのうえ、途上国は先進国へのローンの返済として百十億ドル近くを払ったので、最終的には五百九十億ドルだけが援助金として残った。そのうち、百六十億ドルは中所得国に供与された。低所得国に与えられた四百三十億ドルのうち、最大で百二十億ドルが政府への直接支援にあてられた。残りの大部分は緊急支援と技術協力である。技術協力の大半は地元の専門家ではなく、高給取りの外国人コンサルタントへの支払いにあてられた。

おおまかにいうと、四百三十億ドルのうち百二十億ドルだけが低所得国にわたったことになる。それだけが国庫への支援と見なされる形で供与され、基本的なニーズに対する援助パッケージに役立てられたわけだ。全途上国にとって、二〇〇二年の政府開発援助（ODA）の純流入額四百八十億ドルのうち、およそ百五十億ドルが基本的なニーズへの何らかの投資に費やされた。残りの三百三十億ドルは、これまで見てきた投資とはいえない雑多な報酬や出費に使われ、緊急支援や技術協力――能力強化の一部として資金を割かれた――にまわされた。その他の重要なニーズとしては、地域のインフラストラクチャーやグローバルな科学研究があり、これらに約四十億ドルが使われる。最後に、二国および多国間機関の運営などの費用に九十億ドルがあてられる。

国レベルでの基本的なニーズの拡充に七百三十億ドル（二〇一五年には年間千三百五十億ドルになる）。その他のニーズを満たす資金として、毎年四百八十億ドルから五百四十億ドルが必要になる。こうしたニーズには、支援機関の運営費、つまりドナーの国際的な支援システムの運営費も含まれる。国連ミレニアム・プロジェクトの推計によれば、さらに国際機関やドナー機関の専門的な支援能力を強化するための費用が年間二十億ドルから五十億ドル、二国間ドナーへの追加費用として十億ドルから三十億ドルが必要とされた。これらの追加費用は、国連の専門機関、IMF、世界銀行、地域開発銀行、二国間ドナーなどの運営責任が増えたことによる。また、世界的な視野で貧困層のニーズを研究する科学施設への投資もしなければならず、その費用は推計で二〇一五年までに年間七十億ドルである。

これらをひとまとめにし、劣悪なガバナンスが理由で援助を受ける資格をもてない国々や既存援助の供与先の変更に対して調整をすれば、世界全体で実施されている海外援助は表3のようになる。二〇〇六年度のODAの純流入額は年間一千三百四十億ドル（六百五十億ドルから増額）だが、一千九百五十億ドルに達する二〇一五年まで、段階的に増えてゆくことになっている。たしかにこの推定値は厳密とはいえない。ミレニアム開発目標の達成に必要なコストの正確な数字は、各国がミレニアム・プロジェクトの算定方法にならって自ら詳細な見積もりを出すまではっきりしないのだ。それでもこの表には納得できる点がある。二〇〇六年から二〇一五年までの総額が、一千三百五十億ドルから千九百五十億ドルに増えているが、これは先進国の今後十年の国民総生産（GNP）に対して〇・四四パーセントから〇・五四パーセント程度である。約束した〇・七パーセントの援助にくらべてもかなり低い。この約束を守っていたら、本当は年間で平均二千三百五十億ドルに達していなければいけない（二〇〇三年米ドル換算）。要するに、すでにドナー諸国が約束しているODAの範囲内でミレニアム開発目標の資金は足りるということだ。

高所得国が約束どおり援助の増加を実行すると仮定すれば、政府開発援助（ODA）の総額は二〇〇六年には約四百八十億ドル増えていなければならず、いまの水準以上の援助がなければ、ミレニアム開発目標は達成できない。ちなみにドナー諸国には約束の〇・七パーセントをぜひとも守ってもらいたい。表3の推計、政府開発援助（ODA）の純流入額一千九百五十億ドル（二〇一五年）には、多額の潜在的経費が含まれていない——さしせまった気候の長期変動（おもに先進国の責任である）に最貧国が適応できるようにするための資金である。気温と海面の上昇、降水パターンの変化、極端な気候現象の増加などの影響で、途上国のなかでもとくに人口密度の高い地域では、気候変動に備えるための支援が必要になるだろう。政府開発援助（ODA）への予想外の要求も高まるはずだ。

ほかの評価との比較

政府開発援助（ODA）の倍増が必要だといっているのは、国連ミレニアム・プロジェクトだけではない。近年、似たような数字の見積もりが増えているのだ。二〇〇一年、モンテレー会議に先立って、エルネスト・セディジョ前メキシコ大統領を議長とする官僚レベルの委員会は、当時の政府開発援助額のおよそ二倍、年間五百億ドルという数字を出した。同じ年、世界銀行もきわめて単純な方法で、必要とされる援助の増額を年間およそ五百億ドルと予測した。二〇〇三年九月、世界銀行は低所得国の当時の援助吸収能力（前章参照）にかんがみて、年間およそ三百億ドルの追加援助はすぐにでも吸収可能だとした。二〇〇四年、イギリスとフランスの首脳はミレニアム開発目標を達成するために対外援助の大幅な増額――先進国の政府開発援助（ODA）をGNPの〇・二五パーセントから〇・五パーセント程度に倍増――を呼びかけた。とくに、イギリスの大蔵大臣ゴードン・ブラウンはドナー国間の増額の調整方法を提案した。

表３　すべての国でMDGsを達成するためのコスト推計

（2003年のUSドル換算、単位・10億ドル）	2002	2006	2010	2015
1　低所得国に必要なMDGs資金				
・資金の差額	12	73	89	135
・MDGsを達成するための生産能力強化	5	7	7	7
・過重債務国への補助金	—	7	6	1
・貧しい国への債務取り消し	4	6	6	6
マイナス・譲許的借款の返済	-5	0	0	0
小計	15	94	108	149
2　中所得国に必要なMDGs資金				
・政府に直接提供されるODA	4	10	10	10
・MDGsを達成するための生産能力強化	5	5	5	5
マイナス・譲許的借款の返済	-6	-3	-4	-6
小計	3	12	11	9
3　国際レベルで必要なMDGs資金				
・地域協力およびインフラストラクチャー	2	3	7	11
・グローバル・リサーチのための基金	1	5	7	7
・リオ会議の条約を果たす	1	2	3	5
・国際機関による技術協力	5	5	7	8
小計	10	15	23	31
すべての国でMDGsを達成するために必要なコスト推計	28	121	143	189

MDGsを達成するために必要なODAの総計（2003年USドル換算、単位10億）	2002	2006	2010	2015
2002年時点でのMDGsのための基本ODA	27	27	27	27
＋必要なMDGs資本の増加		94	115	161
－無力な政府による不適格な国々の調整		-21	-23	-25
－現状のODAをプログラムしなおす		-6	-7	-9
＋危機管理と貧民救済	4	4	5	6
＋その他のODA＊	34	36	34	35
MDGsに必要なODAの推計総額＊＊	65	135	152	195
OECD－DAC（開発援助委員会）の国々のGNI（国民総所得）における割合（%）	0.23%	0.44%	0.46%	0.54%
最低開発途上国へのODA（OECD－DACの国々のGNIにおける割合）（%）	0.06%	0.12%	0.15%	0.22%
必要なODA総額の増加率（2002年と比較）		70	87	130
必要なODA総額と現状との差額		48	50	74

＊MDGsに直接関与しないODAとドナー・エージェンシーの経常歳出を含む。
＊＊この推計には、危機的状況に対応するさいの重要なODAは含まれていない。たとえば、アフガニスタンやイラクの紛争、気候変動の衝撃の緩和、生物多様性やグローバルな漁場の保全など。
出典：国連ミレニアム・プロジェクト（2005年）による。

どのドナーが負担するべきか

援助の増額がおよぼす影響を国別に見てみよう。すべての目的のための対外援助を二〇〇五年から二〇一五年までに、ドナー国の所得合計の〇・五パーセント増やすと仮定しよう。今日の国民総生産（GNP）にして年間およそ一千四百億ドルである。それが各ドナーにどんな影響をおよぼすかを見るために図1が役に立つ。図1は、現在の純援助額レベルからの推移を示しており、開発援助委員会の各ドナーが対GNP比〇・五パーセントを負担したと仮定している。すでにGNP〇・七パーセントを達成している国の場合は、援助額がかえって低くなる（けっして勧めはしないが！）。

その他の国にとっては、大幅な増額となる。ここで重要なのは、いくつかの大国が増額分の約九〇パーセントを負担するということだ。増額された総額およそ七百五十億ドルの対外支援（二〇〇三年ドル換算）のうち、五一パーセント（約三百八十億ドル）はアメリカの分担である。日本は一八パーセント（約百三十億ドル）、ドイツ、フランス、イタリア、イギリスは二〇パーセント（約百五十億ドル）。ミレニアム開発目標を達成するための資金で、最も大きく抜け落ちているのはアメリカの負担分なのだ。それは対外援助資金不足の合計のおよそ半分に等しい。

アメリカ政府は最近、民間企業や非営利部門（宗教団体、慈善団体、財団、NGO）によ

図1　GDPの0.5%を達成するのに必要なODA追加額

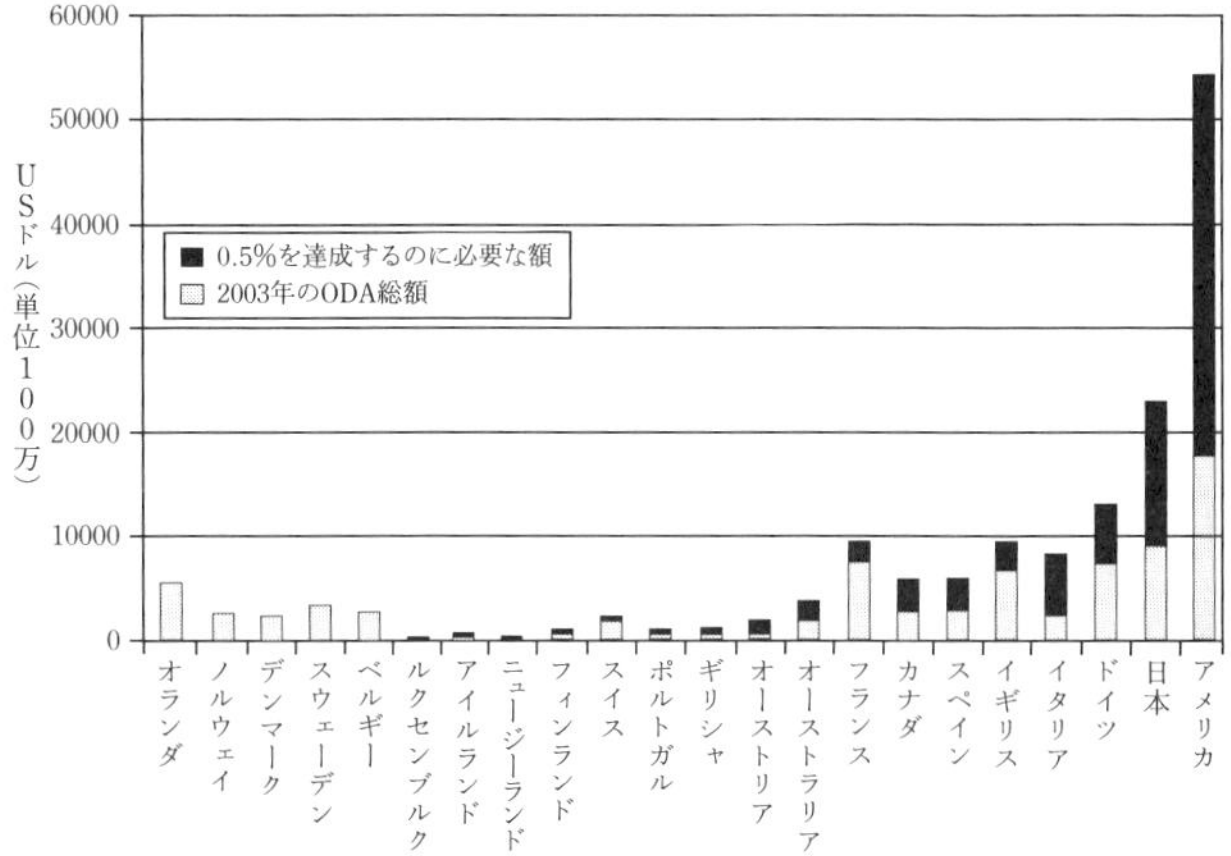

出典:経済協力開発機構のデータ(2004年)をもとに算出。

る開発援助が、公的援助の不足分の埋めあわせになっていると主張した。しかし、その証明となる手近な例が見つからない。経済協力開発機構（OECD）の開発援助委員会は、非政府開発援助（非ODA）に関する全国的なデータを集めた。それによれば、アメリカの非ODAは年間およそ三十億ドルと推定される。この金額はアメリカの開発援助総額をGNPの〇・一五パーセントから〇・一八パーセントに押しあげるだけであり、いぜんとしてアメリカはドナーの名簿の最下位にある。

さらにアメリカ政府は――信じがたいことに――外国人労働者がアメリカで働いて得た金を母国に送った場合、それをなんらかの援助として計算に入れてもいいはずだと主張した。とんでもないことだ。送った金は労働に対する正当な報酬である。アメリカがメキシコで得た利益を送金しても、メキシコからアメリカへの援助の一種にはならないのと同じく、外国人労働者の送金もけっして援助とは見なされない。

二〇一五年以降にかかる費用

前述の算定結果は、ミレニアム開発目標達成のために必要な政府開発援助（ODA）のうち、二〇一五年までの分である。二〇一五年以降、その金額は減っていく。たいていは大幅に減り、ドナーによる援助の金額はGNP比も確実に下がってゆくだろう。その理由は明快だ。二〇一五年以後の対外援助の金額は正確には出せないが、それでもそのときまでに発展途上世界は貧困の罠から解放され、持続的成長の道を歩みはじめているにちがいない。したがって、基本的なニーズを満たすための公共投資に必要だった政府開発援助（ODA）から「卒業」することになる。中国では極度の貧困はゼロになり、インドの極貧層は国民の二〇パーセント以下となる。サハラ以南のアフリカにおける極貧層は、現在は人口の約四〇パーセントだが、それも二〇パーセント以下に減っているだろう。

おもなインフラストラクチャー投資の多くは実を結び、道路、電力網、通信、海港、空港などが大きく改善されるだろう。残っている貧困をなくすのに必要な新たな投資の規模は、ミレニアム開発目標の時代（二〇一五年以前）とくらべてずっと縮小される。公共投資はまだ必要だが、インフラストラクチャー網を機能させるための最低条件はすでに整っているはずだ。

先進国がさらに豊かになり、世界人口における貧困層の割合が下がりつづけ、貧困国の所得が増え、より多くのニーズを自力で満たせるようになると、対外援助はしだいに不要になる。ミレニアム・プロジェクトの見積もりによれば、ミレニアム開発目標の達成に必要な二〇一五年度の政府開発援助（ODA）はGNPの〇・五パーセントになる。次の十年でさらに低下するため、二〇〇五年から二〇二五年までの期間中、〇・七パーセントの基準点を上回ることはない。

アメリカはGNPの〇・七パーセントを負担できるか

この問いはまったくばかげている。他のドナー五カ国がすでに達成し、さらに六カ国が達成予定を公表し、そしてすべてのドナー——アメリカを含めて——が達成するために「具体的なとりくみ」を約束した援助目標がアメリカには達成できないということがそんなはずはない。所得の一パーセントよりずっと低いのだ。考えてみてほしい。今日のドナー支援水準であるGNP〇・一五パーセントを〇・七パーセントまで増やすには、〇・五五パーセントを追加するだけでいい。アメリカの一人あたりのGNPは年間およそ一・九パーセント増えているのだから、追加分はGNPが一年間で増加した分の三分の一以下でしかない。したがって、たとえば二〇一〇年一月一日までに可処分所得が四万ドルになるところを、一年の三分の一だけあとにずらして、五月一日まで待てばいいのだ。消費力アップを四カ月遅らせるだけで、絶望と病気と衰退の下降スパイラルに陥った十億人に、希望と健康と経済の進歩が約束された未来を与えることができるのだ。

所得の〇・五五パーセントを余分に税金で取られても、国民にはほとんど負担にならない。しかし、圧倒的多数のアメリカ人にとって政府開発援助（ODA）の増額を本当に些細なものにするには、世界で最も裕福な人びとに、その富にふさわしい割合で、世界で最も貧しい人びとを救う資金を負担してもらえばいい。アメリカ人をはじめ、世界の大半の人びとは、大富豪と呼ばれる人びとがどれだけ蓄財したか、また過去二十年間の経済・税制の変更によってどれほど不公平に利益を得たかの認識に欠けている。私が大富豪の莫大な所得のことを痛感させられたのは二〇〇三年、ブッシュ大統領のアフリカ訪問を数カ月後に控えたときだった。

アフリカ歴訪の旅の数カ月前、米内国歳入庁（IRS）は二〇〇〇年度の高額納税者に関する特別報告書を公表した。それによれば、高額納税者リストの上位四百人の所得を合計すると六百九十億ドル、一人あたり一億七千四百万ドルだという。ブッシュ大統領がアフリカ歴訪の準備をしているあいだ、私はざっと計算してみた。その結果は表4に示した。私は二〇〇〇年度の上位四百人の所得を合計した金額が、ブッシュ大統領の「熱帯ツアー」の目的地であるアフリカ四カ国の国民総所得の合計よりも多いことを確認した。その差は驚くべきものだった――ボツワナ、ナイジェリア、セネガル、ウガンダの二〇〇〇年度の国民総所得

表4　アメリカの高額所得者とアフリカのGDP（国内総生産）

	2000年の収入 GDP（USドル換算、単位・10億ドル）	2000年の人口
ボツワナ	5	1,675,000
ナイジェリア	42	126,910,000
セネガル	4	9,530,000
ウガンダ	6	23,250,000
合計	57	161,365,000
アメリカの高額所得者上位400人	69	400

出典：米内国歳入庁（2003年）、世界銀行（2004年）による。

の合計は五百七十億ドルである。これは一億六千百万人の所得を合計したもので、一人あたりの年間平均所得は三百五十ドルだった。ところがアメリカでは、たった四百人が合計六百九十億ドルの富を得ているのだ。

米内国歳入庁の報告によれば、アメリカの高所得層は一九九〇年代に所得税の大幅減税という恩恵に浴したが、もっと重要なことがあった。ブッシュ政権は二〇〇一年、二〇〇二年、二〇〇三年の三回にわたって減税を実施し、その結果、累進課税制度が大きく崩れた。税制改革一括法案によって、相続遺産税の段階的廃止が予定に組みこまれ、それまでの最高税率区分がなくなり、配当所得税や資本利得税が引きさげられた。こうした税制変更のおかげで、年収二十万ドル以上の高所得層は、減税額の合計の三七パーセント、年間で平均一万九千ドルも税額を下げることができた。減税額の合計は年間およそ二千二百億ドルだったので、年収五十万ドル以上の世帯の節税額（減税額の合計の二二・七パーセント）は年間およそ五百億ドルに達した。これだけあれば、アメリカがミレ

表5　ブッシュ政権の減税政策による世帯ごとの税金の減額

	納税世帯（単位1000）	全世帯における割合（%）	1世帯あたりの減税額（ドル）	総所得における減税総額（10億ドル）	減税総額における割合（%）
下位80%					
年収7万5000ドル以下	114,151	79.5	533	60.87	28
上位20%	**28,799**	**20**	**5,610**	**156.66**	**72**
（その内訳）					
年収7万5000－100万ドル	11,395	7.9	2,224	25.34	11.6
年収100万－200万ドル	13,281	9.3	3,905	51.86	23.8
年収200万－500万ドル	3,339	2.3	9,012	30.09	13.8
年収500万－1000万ドル	527	0.4	27,150	14.31	6.6
年収1000万ドル以上	257	0.2	136,398	35.05	16.1
合計	**143,509**	**100**	**1,520**	**218.13**	**100**

出典：ゲール、ウィリアム・G、ピーター・オーザグ、アイザック・シャピロのデータをもとに換算。"Distributional Effects of the 2001 and 2003 Tax Cuts and Their Financing"、Tax Policy Center より。
http://www.taxpolicycenter.org/publications/template.cfm?PubID=8888 を参照。

ニアム開発目標の分担金を払ってもまだお釣りがくる！　減税の詳細は表5に示した。

ブッシュ大統領の減税に関して、なにより驚かされ、また政策としても意外だったのは、それ以前もすでに所得分配のシフトは高所得層にきわめて有利だったのに、さらに高所得層への優遇税制がまかりとおったことである。総所得における納税者上位一パーセントの所得の割合は一九八〇年には八・二パーセントだったのが、一九九八年には一四・六パーセントへとアップした（つまり上位一パーセントの所得は平均所得の十四・六倍だった）。なぜこれほどの偏りができたのか理由はわからないが、なにより驚いたのは、この国の為政者が高所得者に有利な減税によってその偏りをさらに拡大したという事実だ。本当なら、より効率的な累進課税と貧困層への所得移転によって、偏りを是正すべきなのに。

政府開発援助（ODA）のために、アメリカは余裕をもってGNPの〇・七パーセントを拠出できるはずだ。一方、歳出の面では、イラク戦争のたった二週間分の支援（約二十五億ドル）に、アフリカへの経済開発支援の一年分と同額を費やした。イラク戦争の最初の二年間には、年間およそ六百億ドルが消えた。これはGNP〇・七パーセントを達成するのに必要な増額分とほぼ同じである。ブッシュ大統領が就任した二〇〇一年度と二〇〇五年度をくらべると、軍事費の全体的な増加は年間およそ千五百億ドルに達する。これはGNPの一・五パーセントに等しい。

私は、ブッシュ政権にGNP〇・七パーセントを達成するための具体的な方法を提言してみたが、はかばかしい進展は見られなかった。そこで、大統領のアフリカ歴訪の機会を利用して、アメリカの大富豪に直接、個人的な寄付を要請することにした。〈ニューヨーク・タイムズ〉紙に記事を書いて、ここ何年かのあいだに節税した金を世界エイズ・結核・マラリア対策基金に寄付してほしいと訴えたのだ。[*67]「現世の富を十分に蓄えた人びとにとって、これほど有意義な金の使い道があるだろうか？」

上位四百人の高額納税者に、二〇〇〇年度の所得の一〇パーセントにあたる六十九億ドルを寄付してもらえないだろうかと提案した。これだけの金があれば、たとえばアフリカで大規模なマラリア予防対策を実施することができ、年間何百万もの人命が救える。上位〇・一パーセントの約十万人まで範囲を広げれば、減税分の寄付だけで、なんと年間ざっと三百億ドルになる。あとから新聞記事で知ったのだが、ビル・ゲイツはその責任を果たし、二百三十億ドル（その後、さらに増えている）という巨額の寄付をもとにビル・アンド・メリンダ・ゲイツ財団を設立した。ゲイツ財団は予算の約七〇パーセントを貧困諸国の疾病撲滅対策に費やし、歴史的な偉業を達成しようとしている。このほかにも、きわめて気前のいい慈善活動家――ジョージ・ソロス、ロブ・グレーザー、ゴードン・ムーア、エド・スコットなど――が同じように活動している。

すべりだしとしては大変立派である。しかし世論の高まりはまだ十分とはいえない。本当の解決のためには、慈善と課税のバランスが大事だ。具体的な提案は以下のとおり。

二十万ドルを超える所得に五パーセントの追加税を課し、その分は世界の貧困をなくすためのアメリカ政府の分担金にまわす。二〇〇四年には約四百億ドルである。その追加税は、アメリカ政府のこうしたとりくみを支援するための目的税として払ってもいいし、納税者が直接、国連公認のミレニアム開発目標支援計画をもつ正規の慈善団体などに寄付してもよい。[*68]

強い動機があればこそ、そのような活動に一歩踏みだせる。それは豊かな国の「啓発された利己心」に由来するものであり、また、個人レベルでの人間的な深い欲求からくるものでもある。そのような強い動機づけについては、以下の章で考察する。

16　まちがった神話、効かない万能薬

ここまではよい。お説ごもっとも……ただし、この点はどうなのだ？　ヒューマン・ファクター、つまり人間の資質の問題だ。アフリカを例にとろう。アフリカは年間三百億ドルの援助がなければ貧困から抜けだせない。しかし、実際にそれだけ与えたとしても、その金はいったいどこへいく？　過去の例を見るかぎり、金をどぶに捨てるようなものだ。こういってはなんだが、アフリカの教育水準はあまりにも低く、他の地域でうまくいっている計画もアフリカでは失敗している。アフリカは汚職まみれで、独裁がはびこっている。現代的な価値観も制度もないので、自由市場経済はとても運営できず、成功はとうてい無理である。それどころか、モラルの低下がはなはだしいので、これほどエイズが蔓延したのも不思議ではない。そうなると、いやでも暗い将来像が浮かんでくる。私たちの援助でアフリカの子供たちが命を永らえたとしよう。その先はどうなる？　人口爆発が起こり、腹をすかせた大人のアフリカ人が増えるだけだ。これでは何も解決しない。

ここまで読んでうなずきかけた人は、どうかこの先をじっくり読んでもらいたい。ここまでの文章は、アフリカに対する先進国の一般通念をくりかえしただけである。同じことは、

アフリカほどではないにせよ、他の貧困諸国についてもいえる。よくある考え方だが、まちがっている。だが、あまりにも長いあいだ公然と語られ、内輪でささやかれてきたがために、人びとのあいだでそれが本当のことだと思われてしまい、国際開発コミュニティまでも――とくにアフリカで働いたことのない人びと――がその考えに毒されている。アフリカを例に出したのは、アフリカへの偏見がとくにひどいからだが、同じような態度は世界の貧しい地域に対してかならず見られた。ところが、経済成長を成就したとたん、そんな文化的偏見はあっさりなくなるのだ。ナポレオンの言葉は有名だ。「歴史とは合意の上に成り立つ作り話である」。同じことは開発についてもいえるのではないだろうか。

金をどぶに捨てるようなもの

アメリカの元財務長官ポール・オニールは、アフリカの援助について不満をもらすことが多かったが、同じような言葉はよく聞かれる。「あれほど莫大な金を使ったのに成果はほとんどない」。オニールは対外援助にけっして反対ではなかった。むしろ制度を改革して、アメリカの援助増額を認めさせようと努力していた。だが、アフリカに送られた莫大な援助金が無駄だったというのは彼の誤解である。アフリカへの援助の成果がほとんど見られない？当然だ。アフリカへの援助など、ほとんどないのだから！

一般の認識とは逆に、実際のところ、アフリカ人一人あたりに送られる年間援助額はとても少ない。二〇〇二年、サハラ以南に住むアフリカ人に対して全世界から与えられた援助は一人につきたった三十ドルである。そのわずかな援助のうち、およそ五ドルがドナーのコンサルタントに、三ドル以上は食糧援助などの緊急援助に、四ドルはアフリカが抱える債務の利息の支払いに、五ドルが債務の救済活動にあてられた。残りの十二ドルがアフリカの取り分である。これでは援助の成果が見られないのも当然ではないか。目に見える成果が欲しいなら、成果を出せるだけの援助を与えるべきだろう。

「金をどぶに捨てるようなものだ」という声が最もよく聞かれるのはアメリカでのことなので、アメリカ一国の援助について同じ計算をしてみよう。二〇〇二年、アメリカはサハラ以南に住むアフリカ人に対して一人につき三ドルを供与している。アメリカ人のコンサルタント、食糧援助などの緊急援助、運営費や債務の救済にかかった費用をさしひくと、アフリカ人への援助は一人につき六セントにしかならない。これではオニール元財務長官がいうように「成果はまったくない」としても、当然ではないだろうか。

援助プログラムはアフリカでは必ず失敗する

アフリカ人には援助を活用する能力がない――そんな悲観論はいつまでも消えない。そこには驚くほど根の深い偏見の積み重ねがある。私自身、長年にわたってこんな偏見を聞かされてきたため、悲しいかな、いまでは何を聞いても驚かなくなった。それでも、二〇〇一年にアメリカ国際開発庁（USAID）の長官になったアンドリュー・ナチオスが就任わずか一カ月後にこんな発言をしたときはさすがに驚いた。ブッシュ政権が発足した数週間後、私は首都ワシントンへ出かけ、発展途上世界、とくにアフリカのエイズ撲滅対策を大幅に拡充するという考えを政府高官に説明した。低所得社会に抗レトロウイルス療法を導入するという案――当時まだ賛否両論あった――を提言したのだ。あるとき〈ボストン・グローブ〉の敏腕記者がこの件について長官に質問した。その答えに、私は啞然とした。

「アフリカ人は欧米式の時間を知らないんだ。抗エイズ薬は毎日、一定の時間をおいて飲まないと効かない。ところが、アフリカ人のほとんどは生まれてから一度も時計を見たことがない。だから、午後一時に飲みなさいといっても意味が通じない。朝はわかる、昼もわかる。夕方もわかる。夜が暗いこともわかる。こういってはなんだが、このてのものを推奨しているジェフリー・サックスのような人たちは、アフリカの農村、それどころか都市においてさえ、一度も医療にたずさわったことがないのだろう」[*69]

とんでもない言い草だ。月曜日の午後二時半からの討論会にきちんと遅れずに到着したケニアのサウリ村の人たちは、アメリカ政府高官のはなはだしい無知によってアフリカ人が侮辱されたことを知ったら、さぞかし腹を立てるだろう。彼らは時間を知っているだけでなく、自分たちの置かれた苦境の原因も知っている。抗エイズ薬、マラリア予防の蚊帳、化学肥料、携帯電話があればその苦境から抜けだせることも知っている。これほど軽率な言葉はめったにないとはいえ、アフリカや貧しい人びとを貶《おとし》める偏見はこの世にあふれている。私たちは日々それと闘っている。アフリカを助けることについての議論は、まずそのような頑強な偏見を切り崩してからでないと始められないのだ。

腐敗がはびこっている

これまで、アフリカが受けていた一方的な偏見は、あからさまな人種差別にもとづいていた。昨今、よく耳にするようになったのは、アフリカ社会には汚職や賄賂がはびこっているため――これをガバナンスの劣悪さという――経済が発展できないという説である。しかも、外国人だけでなく、アフリカ人自身までそんな自己批判を口にする。南アフリカ共和国の人権問題担当の政府高官まで――まったく悪気はないようだったが――そんな通説を信じこんでいた。「貧困は人為的なものです。人を貧しくするのも豊かにするのも政策しだいでしょう。人為的なものなら、いつかきっと撲滅できます*70」。アフリカの貧困を語るとき、かならずといっていいほど、こんな決まり文句から始まる――統治《ガバナンス》のまずさが大きな躓《つまず》きの石である、と。

アフリカのガバナンスの質はたしかに低い。財産権の保護がむずかしく、暴力と犯罪の発生率は高く、腐敗も広範囲におよんでいる。ガバナンスの改善を訴えるのは根拠のないことではないが、現状ではあまりにも腐敗とガバナンスを重視しすぎており、アフリカの低すぎる成長実績がすべてそのせいにされてしまう。むしろ肝心なのは、貧しい国のガバナンスおよび腐敗の指数を見ると、ほぼ例外なく、高所得国よりも低くなっていることである。一国のガバナンスの質は、国全体の所得が上がるにつれて改善されることが多い。良好なガバナンスが所得水準を押しあげるだけでなく、高い所得がガバナンスの向上につながるのだ。むしろそのほうが重要かもしれない。

国の所得が上がると、二つの理由からガバナンスも改善される。第一に、社会の識字率と豊かさが増すにつれ、政府の行動が監視できるようになり、腐敗の予防になる。新聞、テレビ、書籍、電話、輸送機関、そしていまではインターネット——どれも豊かな社会のほうが利用しやすい——が、この監視機能を強化し、市民社会に力を与える。第二に、豊かな社会ほど、質の高いガバナンスに投資する余裕がある。潤沢な税収に支えられた政府のもとでは、公務員はより高学歴になり、コンピューターの普及によって情報の流れがスムーズになり、行政は専門的に管理されるようになる。

アフリカのガバナンス実績が低いのは、所得が低いせいである。さらに、注目すべき事実が二つある。第一に、世界の別の地域にある同程度のガバナンス評価の国々とくらべて、アフリカ諸国は（標準的な指数からして）経済成長の速度が遅いことである。したがって、いくらガバナンスの質を改善しても、アフリカは他の地域の国のように急速な成長は期待できないだろう。原因はガバナンスだけではない——すでに述べたように、アフリカの低成長はおもに地理的条件と環境のせいである。第二に、同じ所得水準の他の国々とくらべて、アフリカのほうが腐敗が格段に多いというわけではない。貧困国の水準からして、アフリカのガバナンスがとくに劣悪だという根拠はないのだ。

この二点は簡単に証明できる。まず、所得水準を統計的に調整したうえで、アフリカのガバナンス指数を調べてみる。その結果、アフリカのいくつかの国では、ガバナンス指数が――所得を考慮したかぎりでは――予想以上によかった。それ以外のほとんどは平均で、劣悪な国も多少はあった。しかし全体としてアフリカのガバナンスは、所得が同じレベルの他の国とそれほど差はなく、むしろ典型といってもよかった。表1には各国の順位が示されている。これは、私が共同で発表した調査結果の一部である。表からもわかるように、よいガバナンスを実現しているアフリカ諸国（所得水準に比してガバナンス評価が高い）はベナン、ブルキナファソ、ガーナ、マダガスカル、マラウイ、マリ、モーリタニア、セネガル。ガバナンス評価が低かったのは、アンゴラ、ブルンジ、コンゴ民主共和国、スーダン、ジンバブエである。

成長率とガバナンスの質を比較したところ、一般に、ガバナンスが良好な国のほうが成長率も高い。とはいえ、この相関関係はそれほど強くない。ガバナンス評価の低い国は高い国よりも成長率が低めになる傾向はあるが、ガバナンスの良し悪しに関係なく、国によって成長率の差は大きい。ここで問題になるのは、所得の水準もガバナンスの質も同じくらいという条件のもとで、地球上の他の地域にある発展途上国よりも、アフリカ諸国の成長率のほうが低いということだ。私はこの仮説を検証するため、途上国に関する大量のサンプルを用いて、一九八〇年から二〇〇〇年までの経済成長とガバナンスの質の相関関係を推計することにした。この統計的検証では、一九八〇年の各国の当初所得も考慮に入れた。狙いは、ガバ

表1　サハラ以南のアフリカ諸国のガバナンス状況の評価

国	世界銀行ガバナンス・インディケーターにもとづく評価 2002年＊	トランスペアレンシー・インターナショナル指数にもとづく評価 2003年＊	フリーダムハウスによる自由度の評価 2003年	1人あたりの家計最終消費支出 2000年（1980年を100とする）
ベナン	良	データなし	自由	98.9
ブルキナファソ	良	データなし	部分的に自由	111
ガーナ	良	平均	自由	92.8
マダガスカル	良	良	部分的に自由	64
マラウイ	良	良	部分的に自由	111.2
マリ	良	良	自由	95.3
モーリタニア	良	良	部分的に自由	104.8
セネガル	良	良	自由	99.6
カメルーン	平均	平均	不自由	102.5
中央アフリカ共和国	平均	データなし	部分的に自由	データなし
チャド	平均	データなし	不自由	データなし
コンゴ共和国	平均	平均	データなし	80.5
コートジボワール	平均	平均	不自由	78.2
エリトリア	平均	データなし	不自由	データなし
エチオピア	平均	良	部分的に自由	データなし
ギニア	平均	データなし	不自由	データなし

ケニア	平均	平均	部分的に自由	100.7
モザンビーク	平均	良	部分的に自由	79.4
ニジェール	平均	データなし	部分的に自由	データなし
ナイジェリア	平均	平均	部分的に自由	データなし
ルワンダ	平均	データなし	不自由	83.9
シエラレオネ	平均	良	部分的に自由	43.9
タンザニア	平均	良	部分的に自由	データなし
トーゴ	平均	データなし	不自由	112.4
ウガンダ	平均	平均	部分的に自由	データなし
ザンビア	平均	良	部分的に自由	47
アンゴラ	不良	不良	不自由	データなし
ブルンジ	不良	データなし	不自由	65
コンゴ民主共和国	不良	データなし	不自由	45.1
スーダン	不良	平均	不自由	データなし
ジンバブエ	不良	平均	不自由	88.4
リベリア	データなし	データなし	不自由	データなし
ソマリア	データなし	データなし	不自由	データなし

＊各国のガバナンス・インディケーターの回帰分析の差または1人あたりの所得（購買力平価による）のスコアから推計。各国の標準偏差1以上を「良」、1以下を「不良」、1を「平均」とみなした。
出典：サックスその他(2004年)

ナンスの質と当初所得を考慮したときに、他の途上国とくらべてアフリカ諸国の成長率が高いか低いかを調べることにあった。結果は明快だった――ガバナンスと所得の水準が同じ場合、アフリカの国々は他の途上国よりも約三パーセントほどゆるやかなペースで成長していた。私の思うに、この低成長率はおもにアフリカの不利な地理的条件とインフラストラクチャーの不備が原因である。[*71]

民主主義の不在

アフリカを初めとする貧困地域に対するもう一つの非難は、民主主義が定着していないということである。腐敗の場合と同様、順を追って証拠を示していくしかない。世界中どこでも独立したばかりの貧困国ではよく見られるように、独立後のアフリカ諸国の多くが典型的な独裁制にはまりこんだ。アフリカ南部の南ア共和国やローデシアでは、少数の白人が独裁政権を樹立し、大多数のアフリカ系国民を抑えつけた。しかし、一九九〇年代の初めになると、少数のリーダーに率いられた民主革命がアフリカ大陸全体に広まった。独立以来の長期政権（腐敗だらけの無能な政府が多かった）は、やがて次々と多党制民主主義にかわっていった。アメリカの人権団体フリーダムハウスによる二〇〇三年の評価によると、アフリカ諸国のうち「自由」は十一カ国、「部分的に自由」は二十カ国、「不自由」は十六カ国である。「自由」と「部分的に自由」を足すとアフリカ諸国全体の六六パーセントになり、アフリカ以外の低所得国の平均五七パーセント（同じく二〇〇三年の評価による）を超えていた（アフリカ以外の低所得国は二十三カ国で、そのうちフリーダムハウスの評価を受けたのは十三カ国）。

残念ながら、民主化したからといって、すぐに経済が急成長しはじめるわけではない。民主主義はたしかに人権を守り、国家による大量殺戮や拷問などの虐待を防止してくれる。しかし、民主化と経済成長のあいだにそれほど強い相関関係はない。ここで重要なのは、民主化によってアフリカ経済も成長するだろうという期待が裏切られたことではない。むしろ、アフリカを非難する決まり文句だった「独裁的支配」という言葉がすでに時代遅れであることにこそ注目すべきなのだ。

近代的な価値観の欠如

ある社会の貧しさや豊かさが、そこに住む人びとの価値観を単純に反映した結果だと思いこんでいる人は多い。最近のある調査では、アフリカの貧困の原因は、仕事嫌い、個人主義への抑圧、非合理的な考え方にあるとされていた。[*72] 別の調査では、メキシコ系アメリカ人の上昇志向を妨げる要因として、「貧しい人びとの（貧困に対する）あきらめ」、「教育が優先順位の下にあること」、「運命論」、「家族以外の者への不信感」をあげている。価値観のちがいによって社会全体が貧困に陥るよう運命づけられているという考え方は昔からあるが、これはほとんど無意味である。

かつて、貧困国の人びとは怠惰で無気力だと——ほぼ例外なく——非難されたが、国が豊かになったとたん、その経済成長は勤勉によるものだと説明される。日本がよい例である。外国人が初めて日本を訪れるようになった一八七〇年代、日本社会はけっして貧困から逃れられないといわれていた。英字新聞の〈ジャパン・ガゼット〉などは、日本人のように怠惰ではけっして豊かな国になれないだろうとしていた。[*73]「それ（日本）が富を蓄えられるとはまず思えない。気候はともかく、自然に恵まれているうえ、人民が根っから怠け者で遊び好きなのだから、とても無理である」。そのうえ、日本社会は腐敗にまみれているから、経済改革をしても失敗するのが落ちだという。「日本の銀行制度は、西洋の発展を東洋の環境に移しかえることの空しさを示すもう一つの例でしかない。この東洋においては、世界ですでに確立され広く定着している西洋の原理原則が本来の美徳と活力を失い、結果として腐敗がはびこりやすい」

二十世紀初頭、マックス・ウェーバーの伝統を引きつぐ社会学理論は、北ヨーロッパとくらべて南ヨーロッパやアイルランドが低所得にとどまっている事実を説明するために、価値観の相違をもちだした。どちらかといえば固定的といわれるカトリックの考え方と、起業家精神に富んだプロテスタントの考え方を対比させたのである。しかし、二十世紀の半ば過ぎ、とくにマラリア対策が進んでから、カトリック諸国の経済は急成長しはじめた。現在では、カトリック国であるイタリアとアイルランドの一人あたりの所得は、プロテスタント国のイギリスよりも多い。同じくウェーバーとその追随者は、東アジアの国々――なかでもとくに中国――について、儒教的な価値観のために経済成長をとげるのはむずかしいだろうと予測した。のちに中国や東アジア諸国の経済が急成長しはじめたとき、その成功の理由を説明するのに、またしても「アジアの価値観」が引きあいに出された。その一方で、アジアが一時的な経済危機に見舞われた一九九七年、今度はアジアの価値観が犯人扱いされた。そして、数年後に景気が回復してくると、この説はたちまちどこかに消え失せた。インドの貧困はヒンドゥー教による厳格な社会階層と神秘主義のせいだといわれたが、もちろん一九九〇年代にインド経済が世界一の急成長を示したとたん、そんな説明は雲散霧消した。

9・11のあと、欧米の声のなかには、イスラム社会がもともと近代化に適合できないものだと決めつける意見が聞かれた。たしかにイスラム文化へのそんな批判には根拠もある。非合理的な考え方、イスラム原理主義、女性に対する極度の偏見、科学への反感などである。それでも、この十年間に最も急速な経済成長をとげたのはイスラム世界だった。一九九〇年から二〇〇一年まで、マレーシアの一人あたりの年間平均成長率は三・九パーセント、バングラデシュは三・一パーセント、チュニジアは三・一パーセント、インドネシアは二・三パーセントだった。これらの国では、教育と識字能力における男女平等政策でも長足の進歩をとげている。

文化を根拠に社会の変化を予測するのは、出産に対する選択など、文化の束縛を最も受けやすい人間行動に関してさえ不正確で、ときにはまったくあてにならない。イラン革命を例にあげよう。普通なら、女児および女性への差別が助長され、出生率の低下による人口増加の抑制が遅れるはずである。ところが、革命後のイランは、世界でもとくにめだって出生率を低下させ、合計特殊出生率は六・六人（一九八〇―八五年）から二・五人（一九九五―二〇〇〇年）へと下がった。この結果は、一つには女児の就学率と女性の識字率が驚異的に向上したせいでもあるだろう。一つの説明として、革命後には信心深い保守的な父親が、かえって安心して娘を学校へやるようになったからだともいわれる。教育の平等と人口動態の転換をなしとげたのはイランだけではない。イスラム圏のエジプト、ヨルダン、モロッコ、チュニジアなどでも、女児の就学率の向上と合計特殊出生率の低下が見られる。

文化に関する議論には、大きな問題が二つある。最も重要なのは、文化が経済史上の時期や状況とともに変わっていくということだ。労働市場、家族のなかでの出産の選択、子供たちの就学など、経済に関する重要な分野での女性の役割は、社会が村落から都会へ、農業から工業へ、非識字から識字へと移っていくとき、ドラマチックに変化する。変わるはずがないと思われた社会的な価値観さえ、経済の状況や機会によって、思いがけず大きく変化することがある。文化的な価値観のすべてがそう簡単に変わるものではないとはいえ、経済発展の邪魔になるような要素は、たいてい――すべてではないにしても――変わっていくものだ。

二つ目の大きな問題は、文化を根拠にした説明のほとんどが、計量化できる証拠ではなく、偏見にもとづいていることだ。議論はたいてい堂々めぐりになる。貧しいのは怠惰だからである。なぜ怠惰だと「きめつける」のか？　それは彼らが貧しいからである。このような説を広める人びとは、生産性の低さが怠惰や努力不足のせいではなく、資本の投入量が不足しているせいだという事実を理解していない。アフリカの農民に勤労意欲が足りないのではない。足りないのは、土壌の養分、トラクター、支線道路、灌漑地、貯蔵設備などである。アフリカ人は働かないからいつまでも貧しいのだというような固定観念は、アフリカの村で一日でも過ごせば、たちまち消えるだろう。アフリカの村では、男女の別なく、誰もが骨の折れる仕事に励んでいる。

社会科学者が、仕事、育児、教育に対する社会の態度を具体的に調査しようとするとき、ステレオタイプの思いこみは壊される。世界価値観調査（WVS）は、さまざまな文化や価値観をできるだけ正確に比較するため、世界中のさまざまな世帯に同じ質問を発した。その結果を見れば、目が開かれるだろう。二〇〇〇年に実施された調査では、子供たちに家庭で「勤勉」を学ばせることがとても重要かどうかという質問がある。*74 たとえば、それに対して、「はい」と答えたアメリカ人は六一パーセント、ナイジェリア人は八〇パーセント、南アフリカ人は七五パーセント、タンザニア人は八三パーセントだった。他の質問でも、アフリカなどの貧しい国々に怠惰をよしとする価値観があることは証明されなかった。

経済自由化の必要性

開発の問題にすぐ答えを出したがる人たちのスローガンが「良好なガバナンス」だとすれば、それに最も近いライバルは「経済の自由化」だろう。市場経済のほうが中央政府による計画経済よりも優れているという考え方は基本的には正しいかもしれないが、ここでもきちんとした分析のかわりに、行きすぎた解釈がなされている。共産主義体制が崩壊して、自由市場改革が東欧と旧ソ連と中国に広まったとき、国家的計画経済との長期戦で自由市場は勝者として歓迎された。ここまではよろしい。しかし、自由市場イデオロギーの信奉者は、証拠や妥当な経済的推論の裏付けがいっさいないまま極論に走った。第一に、彼らは経済の隅々まで市場が支配すべきだと主張した。農場や工場、サービス業の生産部門だけでなく、医療、教育、社会保障、基本的なインフラストラクチャー（水道、エネルギー輸送、道路、鉄道など）までも。さらに、あらゆる成長不足の原因は、自由経済の欠如だときめつけた。そして、援助など余計なことであり、それればかりか危険（市場改革を遅らせるから）でさえあるといった。必要なのはただ自由化と民営化への断固たる意志だ！　と。アメリカのシンクタンクであるヘリテージ財団と〈ウォール・ストリート・ジャーナル〉が共同で発表した「経済自由度指数調査」の報告書には次のように書かれている。[*75]

経済の自由化を達成する過程は、自動車の製造に似ている。自動車で最も重要な部品は何か――強力なエンジン、変速機、シート、ハンドル、ブレーキ、それともタイヤか？　答えるのはむずかしい。どれ一つ欠けても車は目的地に着けないだろう。同様に、経済の自由化を左右する十項目のうち、一つでも無視すれば、豊かな繁栄は得がたくなる。こうした理由から、「経済自由度指数調査」の十項目は、「依存をなくすための十段階計画」と呼ばれる。この十項目はいわば道路地図《ロードマップ》の役目を果たしている。この地図で太字になっている道路を進まなければ、国は経済の自由化も繁栄も自給自足も達成できない。

現に、経済の自由化をめざして地図どおりに走っている国は、高成長率を達成している。道路に沿って前進さえしていれば、成長率は他の国の平均成長率を上回る傾向にある。スピードが速いほど（得点が高いほど）、成長率もアップする。道端に停まったり、来た道を引きかえしたりしたら、成長率は急降下する。したがって、世界中の国々に向けた重要なメッセージはこうだ。困難を切りぬけたいなら、経済を自由化することだ。経済の自由化が進めば進むほど、より急速な成長を達成でき、またより長いあいだ成長を維持できる。さらに成長率の上昇は、繁栄の平均レベルが上がることをも意味する。

ここにも、人の心をとらえて離さない魅力的な考え方がある。経済開発は道路を走るようなものだ。めざす方向は一つしかなく、問題となるのはただ一つ、スピードだけである。経済自由度（十項目の指数によって評価される）が高くなればなるほど、スピードも速くなる。経済自由度（十項目の指数によって評価される）が高くなればなるほど、スピードも速くなる。狭いまっすぐの道路から少しでもそれれば、成長率は急落してしまう。

この処方箋の長所はとにかく単純なこと、そして哲学者カール・ポッパーの言葉をかりれば、「反証可能性」である。つまり、この説がまちがっていることは、簡単に証明できるのだ。その反証をあげてみよう。まず、ヘリテージ財団と〈ウォール・ストリート・ジャーナル〉による経済自由度指数で、この説が正しいかどうかを見る。この指数は国が経済成長し

図1　成長率とガバナンス

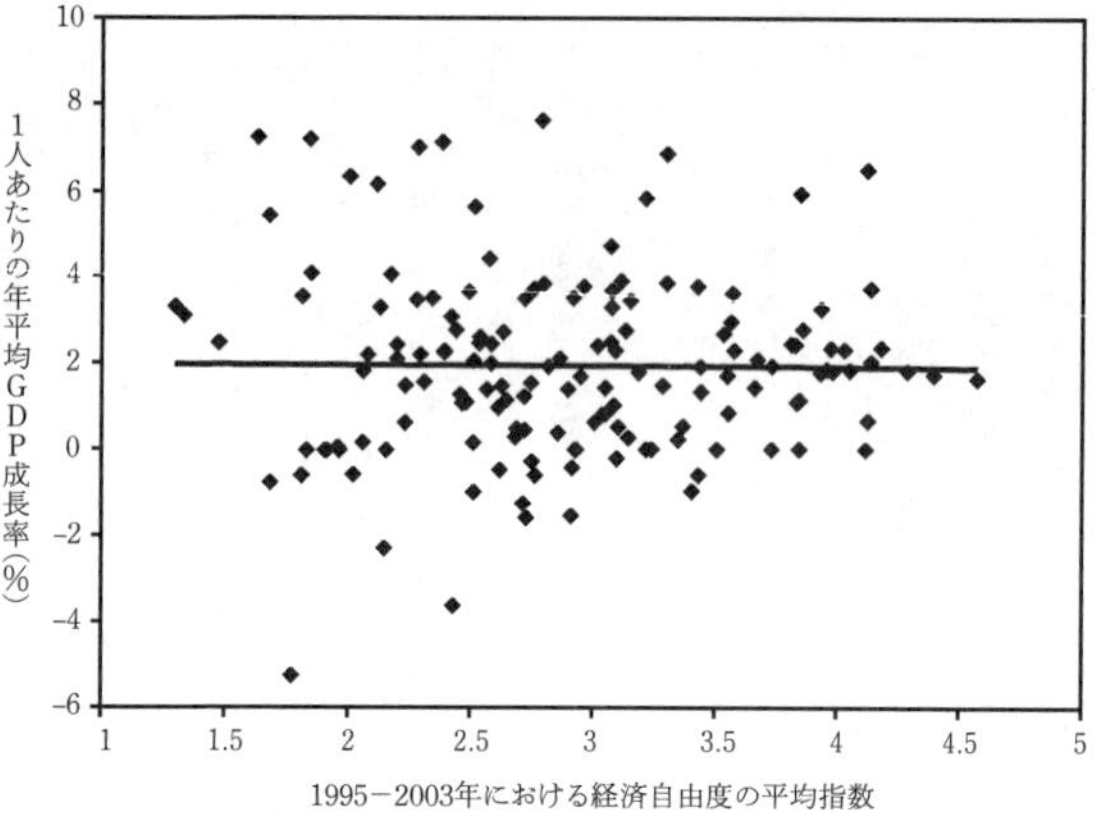

指数が高いほどガバナンスの良好さを示している。
出典：ヘリテージ財団／ウォール・ストリート・ジャーナル(2004年)、世界銀行(2004年)による計算。

た理由を明らかにしているだろうか？　たとえば、劣悪なガバナンスの国ほど成長率が低いという因果関係がはっきりしているだろうか。図1は、一九九五年から二〇〇三年の「経済自由度」平均指数を横軸に、同年の一人あたり年平均GDP成長率を縦軸に示した。図中のラインは指数と経済成長率の関係を示している。かりに良好なガバナンスが急成長率に直結しているなら、ラインは右上がりになるはずだ。しかし、この図では明らかにちがっている。それどころか、「経済自由度指数」がいくら高くても経済成長につながるとは限らず、また指数は経済成長率の差を説明するうえでも説得力がない。実際には、指数が低めでも、成長率が高めになることは珍しくない。中国がその典型である。その一方で、経済自由度の指数は高いのに経済成長率が低いスイスやウルグアイのようなケースもある。

アフリカに関しては、ガバナンスのときと同じような結果になった。アフリカは経済自由度の指数に比して経済成長率は低い。それも、めだって低いのだ。先の結果と同様、この検証でわかったのは、同水準の経済自由度をもつ他の地域の国とくらべて、アフリカ諸国の年成長率が約三パーセント低いことだった。ここでも、地理、疾病、インフラストラクチャーのレベルなどが原因だと思われる。これらの要因はどれも、繁栄への「十段階計画」では顧慮されていない。経済の自由化はたしかに経済発展にとってプラスだ。しかし、残念ながら、特効薬にはならないようだ。

「資本主義の謎」は一つか?

ペルーの経済学者エルナンド・デ・ソトは、経済の自由というテーマで新説を展開し、その主張はかなり広く受け入れられた。[*76] デ・ソトによれば、私有財産の保護——土地を担保に金を借りることを含む——こそ、本当の「資本主義の謎」だという。もちろん発展途上国に住む貧しい人びとも家や土地などの資産を所有している。

……だが、それは不完全な形である。家が建っている土地はきちんと登記されておらず、会社組織のない商売は責任の所在が明らかでなく、産業の様態も資本家や投資家にはよく見えない。財産に対する権利がはっきりと文書化されていないため、これらの資産はすぐに資本に転換できない。信頼できる知りあいばかりの狭い地元でしか資産の売買ができない。ローンの担保にもできない。投資の対象にもならない……。(貧しい人びとは)家をもっていても法的な権利はなく、作物はあっても証書はなく、商売はしても会社定款がない。これらの基本的な登録文書をもたないがゆえに、この国の人びとは——欧米の発明品ならペーパークリップから原子炉まですべて採用したというのに——国内の資本主義を機能させるのに十分な資本が築けなかったのだ。

なかなか興味深い視点である。デ・ソトの著作『資本主義の謎』と『もう一つの道』は、不法居住者の権利保護、未認可ビジネスの法人化、公共サービスの料金軽減に政府の目を向けさせるのに役立った。

しかし、デ・ソトの分析で問題なのは、開発の失敗を説明するのにたった一つの要因——所有権や証書がないこと——だけを主としてとりあげていることだ。『資本主義の謎』のサブタイトルは「資本主義がなぜ欧米で成功し、その他のすべての地域で失敗するのか」である。ここで異論を唱えるとすれば、資本主義はその他のすべての地域で失敗していないではないか。途上国の多くは急成長をとげ、その他の国は行き詰まっている。めざましい急成長をとげている国——中国やヴェトナム——でも、所有権や証書の問題は未解決のままだ！欧米以外で所得のレベルを高めた多くの国——日本や韓国や台湾——のように独自の法制度を発展させた例もある。*77

とくに重要なのは、たった一つの要因による説明は、科学的な検証がしにくいことである。

というのも開発の実態にはさまざまな側面があるからだ。近年の各種統計調査では、国によって経済成長率が異なる理由にいくつもの要因があげられている——当初所得、教育水準、出生率、気候、通商政策、疾病、市場への近さ、経済団体の質など、これでもごく一部にすぎない。*78 むずかしいのは、それぞれの環境において、これら無数の要因のうち、どれがどのようなトラブルを引き起こしているかを正確に探りだすことだ——これこそ、まさに鑑別診断ではないか！

モラルが低い？

エイズの蔓延は、世界中のどの地域にもまして、アフリカに大きな打撃を与えた。この悲劇はさらに、アフリカ人が性的に奔放で無責任だという根強い思いこみを世間に広めた。その結果、多くの人びとは、アフリカが抱える問題の中心に文化とモラルの危機があると考えるようになった。これほどひどく夫が妻を裏切り、家庭生活が完全に崩壊しているとしたら、どれほど援助を送ってもアフリカにどんな未来が待っているというのか？——公然とは口にしにくい意見だが、内輪ではよく聞かれる問いである。この問いには答える価値がある。エイズという疾病についてよく知るため、そしてよりよい対策をとるためだけであっても。

十章で述べたとおり、エイズがアフリカでとくに広まった理由は、まだよくわかっていないし、意見も分かれている。そう簡単に説明できる問題ではないのだ。一般の見方によれば、アフリカ人は性交渉の相手が多いため、感染のリスクが高いのだといわれる。しかし、イギリスの権威ある医学雑誌〈ランセット〉に載った、詳細にわたる疫学研究の最近の調査結果がある。[*79]

性文化は地域ごとに異なるが、その違いはあまり明確ではない。人口調査やその他の調査によれば、平均的なアフリカ人男性は、他の国の男性とくらべて性交渉の相手はそれほど多くないことがわかっている。たとえば、性行動の比較研究では、一年間に不特定な性交渉の相手が五人以上いたと回答した人数は、タイやリオデジャネイロの男性のほうがタンザニア、ケニア、レソト、またはザンビアの首都ルサカの男性よりも多かった。さらに、これらのアフリカ諸国で、一年間に性交渉の相手が五人以上いたと回答した女性はごくわずかだった。アフリカ人男女が一生のうちで性交渉をもつ相手の人数は、ほとんどの欧米諸国における異性愛者の回答とほぼ同数——少ないとはいわないが——である。

アフリカにエイズがこれほど蔓延した理由については多くの仮説があるが、まだ結論は出ていない。性的ネットワーク（複数の相手と性交渉をもつ時期や、長いあいだ家族と離れて暮らす大勢の男性出稼ぎ労働者の存在）について、さらにくわしいことがわかれば、説明がつくかもしれない。男子割礼のデータも役に立つかもしれない（割礼はエイズ感染を抑制する効果があるといわれる）。アフリカでは未治療の病気が多いため、エイズに感染しやすくなっているとも考えられる。アフリカのどこかに、他の地域とはちがう変種のＨＩＶウイルスがあるのかもしれない。考えられる要因はたくさんあり、どれが本筋で、どれが枝葉末節なのか、確実なことは何もわからない。わかるのは、アフリカ人のモラルが低いという漠然とした幼稚な非難にはまったく科学的な根拠がないということだ。

子供たちの命を救っても腹を空かした大人になるだけ？

アフリカを援助しても、結果として人口爆発が起き、かえって事態が悪くなるのでは、とこれまで何度問いかけられたことか。子供の死亡率が減っても、大人の飢えと苦しみがさらに増えるだけなのでは？　人びとは、たいていきまり悪そうに言い訳してから質問を切りだし、冷淡に聞こえるかもしれないが、ぜひ知りたいという。もっともな疑問である。なにしろ、『人口論』のトマス・マルサスがまったく同じことを二百年も前に問いかけているのだから。

私の答えはこうだ。アフリカの極度の貧困をなくすために一致団結して努力すれば、今日の人口爆発は確実に終止符を打たれるだろう――そのためには、たったいま自発的に行動を起こし、各世帯に力を蓄え、人類の向上につながる個々人の目標を達成できるようにしなければならない。貧困は、現在の急速な人口増加にとってまちがいなく最大のリスク要因となる。中東での二、三の例外を除いて、高い出生率――五・〇人以上――が続いているのは貧

図2　乳児死亡率（横軸）と合計特殊出生率（縦軸）の関係。
148カ国を対象にした1995年のデータによる（偏残差プロット）。
coef=.04065342　se=.00184397　t=22.05

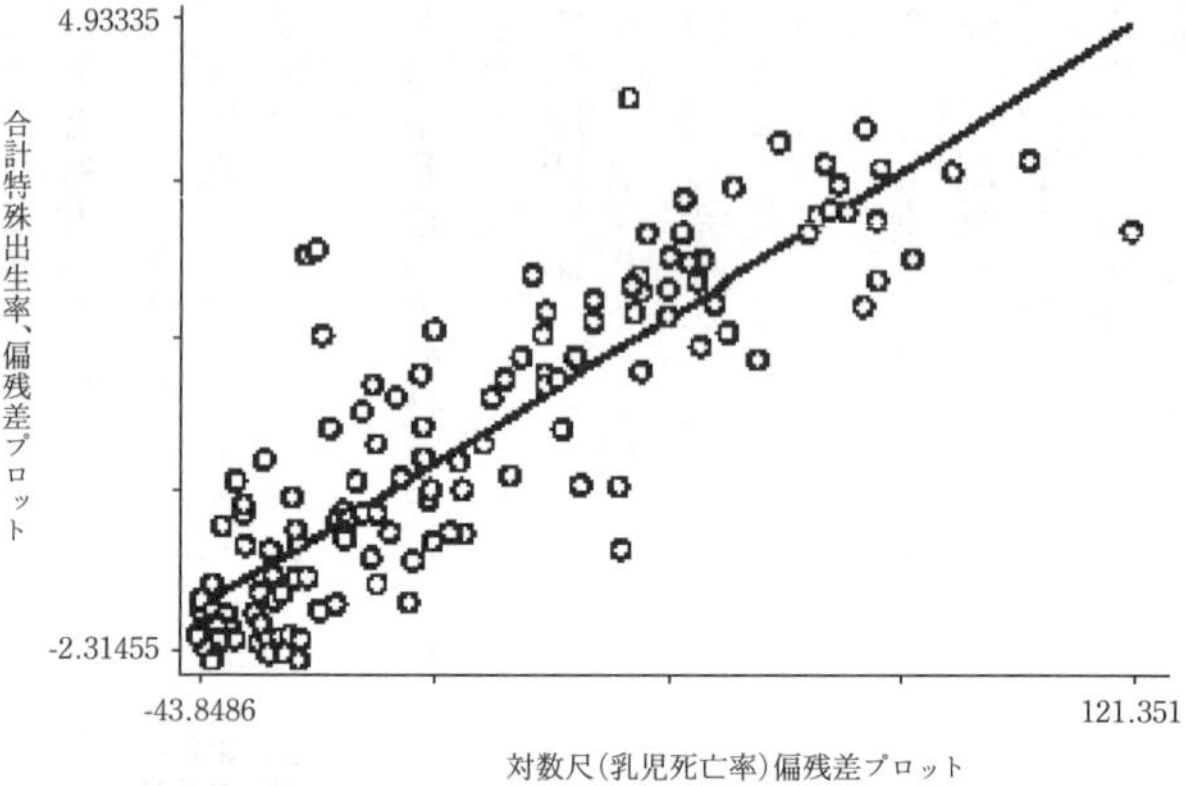

出典：マクロ経済と健康に関する委員会（2001年）による。

しい国で、とくに農村地帯である。出生率は世帯のおかれた環境に左右される。貧困をもたらす基本的な要因はすべて高い出生率につながりやすい。その一方で、出生率の高さは貧困の罠につながる要因にもなりやすい。

先に述べたとおり、出生率はいくつかの要因によって左右される。まず、子供の死亡率が高いと、損失を埋めあわせるために子供をたくさん産もうとする。親はリスクを回避しようとし、最低でも一人（少なくとも息子一人）が確実に生きられるようにしたい。統計学の用語でいえば「過剰補償」である。乳児死亡率がとくに高い地域では、出生率も極端に高くなる傾向がある（図2の分布図）。一九九五年の乳児死亡率を横軸、合計特殊出生率を縦軸として、百四十八カ国を点として座標上に示した。

図3　対数尺(乳児死亡率)と人口増加率の関係。
148カ国を対象にした1995年のデータによる(偏残差プロット)。
coef=.85216147　se=.06278833　t=13.57

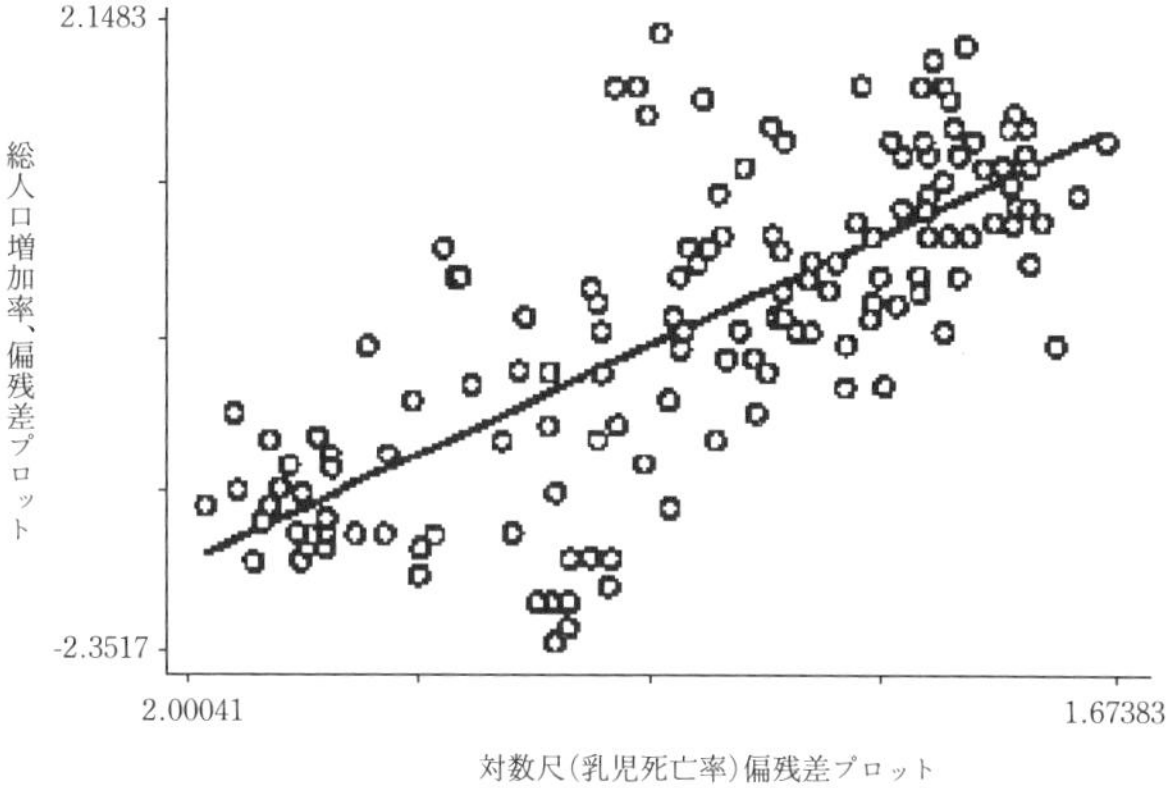

出典:マクロ経済と健康に関する委員会(2001年)

図の右上がりの直線は、乳児死亡率の高い社会では合計特殊出生率も高くなりやすいことを示している。

図3は補償を上回る合計特殊出生率を示している。この図では、乳児死亡率を横軸にとり、総人口増加率を縦軸にとって比較している。通説に反して、乳児死亡率が高いところでは、実際には総人口増加率も高いことがわかる。

経済開発が進むと、出生率は下がる。生きのびる子供の数が増えると、親は「リスク」を受け入れて子供の数を減らす。子供が死なないという自信をもっているからだ。家族は自給農業から商業農業へ、さらに都市生活へと移行するにつれて、少子化を選択するようになる。その理由の一つは、子供が農場労働者としてあまり役に立たなくなったからだ。水道、家のそばの井戸、薪ではなくガスボンベのコンロといった文明の利器が使えるようになると、子供たちは水汲みや薪集めをしなくてすむ。子供たちを学校へ通わせるようになると養育費もかかる。親は子供の数を減らし、一人一人への投資金額を増やそうとする。母親が家庭や農場の外で働くという経済的な機会を得ると、子育てにかかる時間あたりの費用も上昇する（賃金所得の喪失により）。そしてもちろん、産児制限や現代的な避妊具などの保健サービスが受けられれば、子供の数を計画的に減らせるようになる。

世界各地で出生率が大きく下がり、人口増加を急速に押しとどめた理由は、これらの要因すべてによる。この現象は、アフリカの農村地帯ではまだ起こっていない。それを可能にする条件——子供の死亡率の低下、女子教育の充実、女性の雇用機会、水と現代的な調理用燃料の入手、産児制限と避妊具の利用——がまだ整っていないからだ。アフリカ（その他の地域でも）における極度の貧困をなくすための投資は、出生率を短期間に大きく下げるための投資とぴったり重なるのだ。

上げ潮はすべての船を押しあげる

グローバル化の擁護者のあいだに広がっているもう一つの幻想は、いま未解決の極貧国の問題も、経済発展が世界の隅々にまで広まれば放っておいても解決されるという信念だ。「上げ潮はすべての船を押しあげる」というではないか。上げ潮にのっても船が上がらないときは、きっと船頭が悪いのだ。グローバル化の波はとても強力だから、じっとしていれば、いずれみんながその恩恵を共有できる、と。

現実の地理でいえば、グローバル化の上げ潮が押しあげたのは水際の経済圏だけである。こうした場所では、文字どおり、船が水の上にある。たとえば、アジアの工業化の初期段階で原動力になった自由貿易区はすべて沿岸地帯にあった。だが、上げ潮はアンデス山中の高地やアジア・アフリカの内陸部までは届かない。市場の力がどれほど強くても、限界はある。不利な地理的条件もそんな限界の一例だ。もっと悪いことに、経済発展の恩恵を受けられない国々では、人口の増加と資本の下落（土地などの自然資本の値下がりも含む）によって一人あたりの資本率が下がるため、経済状況はさらに悪化する恐れがある。

生存競争

ここでとりあげる最後の俗説は、社会ダーウィン説である。これは近代経済学者のあいだでも支持されることが多い。この説によれば、「現実社会」は競争と闘争――イギリスの詩人テニスンの表現によれば「牙と爪で血塗られた自然」――であり、したがって、軟弱な自由主義《リベラリズム》に警鐘を鳴らしている。社会ダーウィン説によれば、経済の発展は適者生存をかけたサバイバル競争にほかならない。優位に立つグループもいれば、後れをとる者もいる。つまるところ、人生は闘いであり、今日の世界はその闘いの結果を反映しているだけなのだ、と。

自由市場経済理論の多くはこの考え方を支持していたにもかかわらず、アダム・スミス以降の経済学者は、競争と闘争が経済活動の一面にすぎず、その反対側には、公共財の提供における信頼、協力、集合行為があることを認めてきた。国有化によって経済の場から競争を排除しようとした共産主義者は無残にも失敗したが、それと同じように、近代経済を市場力《マーケット・フォース》だけで運営しようと試みてもうまくいかないだろう。成功している経済はすべて混合経済である。経済開発には、公共部門と民間部門の両方が機能しなければいけない。これまで本書で長々と説明してきたように、市場と競争だけでは、インフラストラクチャー、知識、環境保護、商品への投資を効率的に進めることができない。これは国家レベルだけでなく、国際レベルにもいえることだ。国家経済の集合体である国際社会が、世界中の貧しい人びとに、国境を越えたインフラストラクチャー、知識、環境保護、価値財などを効率的に提供するには、協力が不可欠だ。

　国家レベルの公共財の必要性については幅広い合意が得られている。とはいえ公共活動と民間活動の境界線をどこに引くかについては白熱した議論がある。アメリカの最も頑固な保守派でさえ、教育、医学研究、各種医療への公共投資を支持している。アメリカ国内での公共投資は、地方・州・連邦レベルの支出を合計するとGDPの約三〇パーセントに達し、この割合がこれ以上減らされる可能性はまずない。ところが国際レベルの対外援助となると、GDPの〇・七パーセントでさえ途方もない重荷のように感じられ、論争が巻きおこる。国家レベルで優勢な議論――混合経済の推奨――は、遅かれ早かれ（なるべく早いことを願うが）国際関係においても優勢になるだろう。

　地球規模での貧困撲滅は、地球全体の責任であり、いずれ地球全体に恩恵をもたらすだろう。自力でこれを達成できる国はない。最もむずかしいのは、グローバルな視野に立つことだが、二十一世紀の国際社会は、まさにそれを必要としている。地球規模で開発・批准されたミレニアム開発協約の理念は、この国際的な共同作業の土台として役立つだろう。

行動を訴える

私は、貧困撲滅など無理にきまっているという悲観論者の泣き言に耳をかすつもりはない。本書ではこれまで、どんな分野に投資すべきかを説明してきた。その投資のための計画と実施の手段を見つけた。十分な資金があることも証明した。文化、価値観、個人の行動によって貧困が運命づけられているという根拠のない定説もくつがえした。さて、これで世界は行動するだろうか？　豊かな国にとって、それが何の得になるのだろう？　なぜ気にかけなければいけないのか？　それが正しいことだからという理由で世界が最後に行動したのはいつだったろうか？　これらが私の最後の問いかけである。

17　なぜ私たちがそれをすべきなのか

豊かな国は貧しい人を救うために立ちあがるだろうか？　皮肉屋はノーという。なぜ私たちが？　貧困は私たちの問題ではない。他人ごとだ。貧しい人びとが私たちに何をしてくれる？　何の役に立つ？　よその国のために喜んで犠牲を払った国がこれまで一つでもあったろうか？　テロと戦っているさなかに、貧困と闘う余裕などあるものか。ただでさえ税の負担を感じている国民に、アフリカ援助の増額を頼める政治家がいるだろうか？　私はふだんから、この種の問いかけをうんざりするほど聞かされている。

最近では、とくにアメリカ人から聞かされることが多い。アメリカ人の多くは、経済支援が国家の安全保障と強くかかわっていることを知らない。安全保障に関しては、軍にまかせきりなのだ。二〇〇四年、アメリカが軍事に費やした金は、対外支援の三十倍にのぼった。軍事費は四千五百億ドル、対外援助費は百五十億ドルである。図1を見ればわかるとおり、これほど軍事偏重の国は、ほかにはギリシャくらいしかない。図1は、入手可能なデータのうち最も新しい二〇〇二年の数字を用いている（その後、アメリカの軍事費はさらに増額された）。

図1　ODA（政府開発援助）に対する軍事予算の比（2002年）

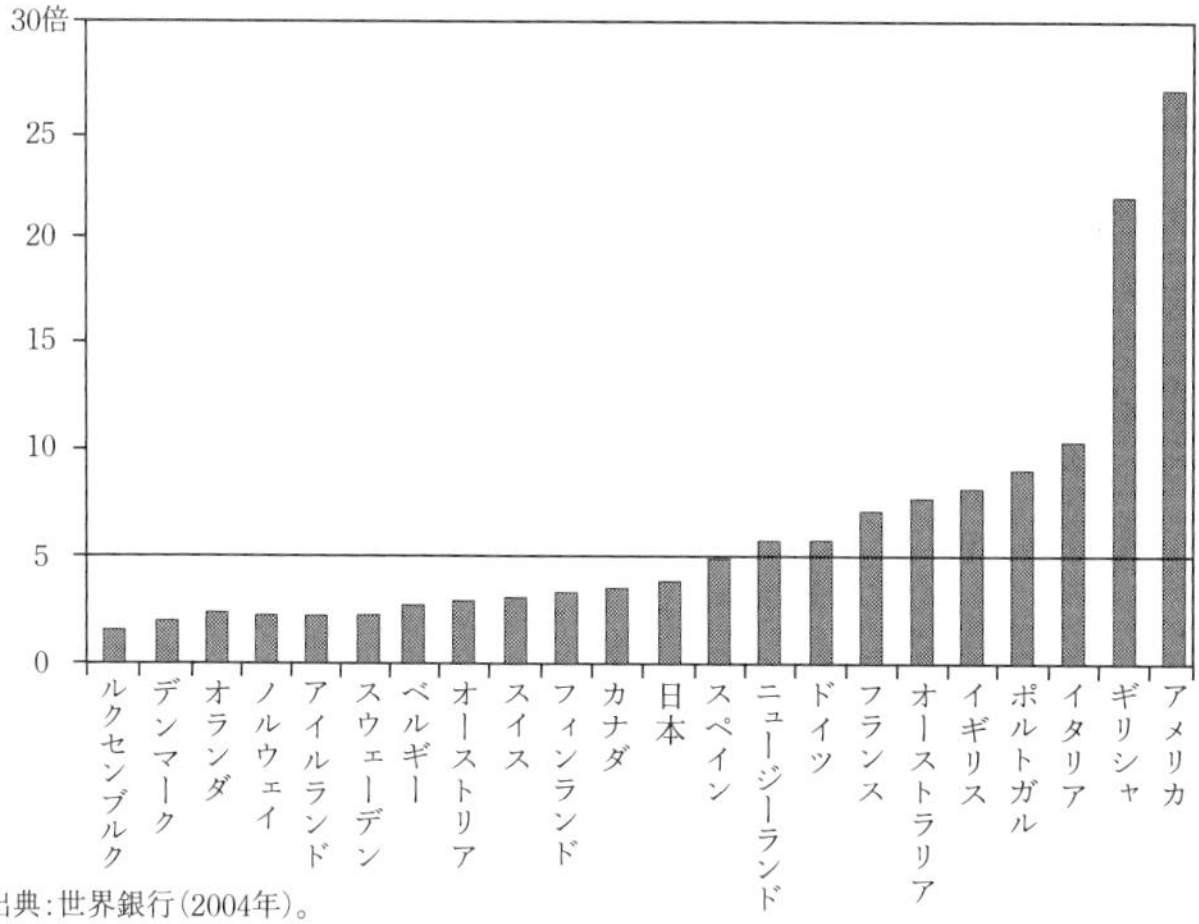

出典：世界銀行（2004年）。

アメリカの投資決定は、軍への支援を優先し、国際関係へのアプローチは二の次にしているが、その背景にはいくつかの誤解がある。まず第一に、私たちが貧しい人びとを救うために、これまで可能なかぎり努力してきたという思いこみ。これはまちがいだ。過去十年間に実施された世論調査では、アメリカ国民が国家予算のなかで対外援助の占める金額の割合を過大に評価していることが何度も証明された。二〇〇一年の調査――メリーランド大学の国際政策意識プログラム（PIPA）――によれば、アメリカ人は平均して、国家予算に占める対外援助資金の割合がおよそ二〇パーセントだと思っている。*[80] これは実際の約二十四倍である。一九九〇年代半ばに実施された国際政策意識プログラムの意識調査でも、ほとんど同じ結果が出た。*[81]

ブッシュ大統領も同じまちがいをおかしているようだ。二〇〇四年四月の記者会見で、彼はこういった。「世界一の大国たるわが国には、世界に自由を広める責任がある。飢えをなくす責任がある」。だが、どうやってその責任を果たすのだろう。貧困国の食糧増産を助けるためにアメリカが出す農業援助金は年に十億ドル以下である。世界の自給農家に分ければ一人につき一ドルにしかならないだろう。ちなみに、十億ドルという金額は、アメリカの国民所得の百ドルにつき一セントに等しい。アメリカは緊急援助として八億ドル分の食糧の現物支給もしている。だが、農業の不安定さと農産物不足を解消するための抜本的な解決という点では、ほとんど何もしていないに等しい。

二つ目の誤解も広く行きわたっている。きっとアメリカ軍が国の安全を守ってくれるだろうから、世界が不安定でもかまわないという考えだ。そんな勘違いから、アメリカ国民はアメリカ軍がバグダッドで解放者として歓迎され、サダム・フセインが捕まったらすぐにイラク人の暴力が止み、アルカイダをもう一度攻撃しさえすればテロがなくなると信じるようになった。テロリスト本人が裕福か貧しいか、または中流かにかかわりなく、彼らの集結地――作戦基地――は不安定な社会であり、そこには貧困、失業、人口の急増、飢え、失望があふれている。そんな不安定さを生みだした根本的な原因を解決しなければ、テロは抑止できない。

三つ目の誤解は「文明の衝突」である。世界が文明戦争に突入しているという考えだ。ほとんどのアメリカ人にとって、これは文字どおりの戦争、「ハルマゲドン」を意味する。膨大な数の——正確な数はともかく——アメリカ人が、聖書で預言されている「終わりの時」にいよいよ近づいていると信じている。千年の終わりに世界が滅びて新しくなるという千年至福説は、アメリカ史にときどき現われるが、アメリカが核を保有し、世界の超大国になってからは初めてのことだ。聖書の預言ではなく、合理性にもとづいてアメリカの外交政策を決定したいと思っている人間にとっては、背筋の寒くなる話である。

世界における極貧のあり方が国家の安全保障を脅やかすものになりうるという考え方は、はっきり立証されている。国外の貧困が国内の私たちを傷つける恐れは大いにある。そして、それは過去に何度も起こっている。この章の冒頭にあげた質問に対しては、こう答えることができる。「よその国のために喜んで犠牲を払った国はあ﹅っ﹅た﹅」。国家が他国の経済や社会といった基本的な問題を解決するのを助けた例はいくつもあった。それどころか、何世代にもわたって援助を続け、実績をあげてきたアメリカのマーシャル・プランという先例がある。外交政策の策定者は、ほかの人の幸せを考えた利他的な行為——奴隷貿易の廃止、帝国主義を廃して独立を支援すること、復興・開発支援、自然災害のときの人道救援——が、じつは「啓発された利己心」による行為でもあることに、昔から気づいていた。たとえ利己心からでも、援助という寛大な行為の価値は少しも損なわれない。つまるところ、モラルとは協力と助けあい——文明をなりたたせるもの——の基礎を築くための行動規範にすぎないのだから。

また、そんな援助活動を支持する政治家は有権者にそっぽを向かれるという考え方もまちがっている。世間の人びとがそのような活動を受け入れた例はいくつも見られる。とくに、とびきり裕福な人びとにそれ相応の負担を求めるとなれば、なおさらだ。問題は、アメリカ国民が対外援助の増額に反対しているかどうかではなく、政治家がリーダーシップに欠けているせいで、国民に援助の重要性を知らしめ、よりいっそうの協力を求めることさえできないという現状である。アメリカ人はもともと気前がよく、「困っている人がいたら、自分のもっている財産の少なくとも一部を分け与える」ことをいやがらない。この点からも、アメリカ国民が基本的に対外援助を支持することがわかる。国際政策意識プログラム（PIPA）の意識調査によれば、国民の五四パーセントは、対外援助が「あくまでも個人的な事柄であり、個人が民間組織を通じて寄付すべきだ」という考えを否定した。アメリカ人は、いま何をなすべきか、そしてそれがなぜ国家の義務なのかを理解している。ただ、アメリカが国家としていかにわずかな貢献しかしていないか、その実態を知らないだけなのだ。

アメリカの安全保障と地球上の貧困

一般論として、経済の破綻——経済が貧困の罠、金融危機、債務不履行、ハイパーインフレーションに陥ること——は、国家の破綻につながることが多い。破綻国家に関する最も包括的な研究は、一九九四年にCIA（アメリカ中央情報局）が設立した破綻国家タスクフォースによる調査だが、これによって国家破綻の原因は経済的な理由が大きいことが再認識された。タスクフォースが国家破綻と定義したのは、革命戦争、民族紛争、ジェノサイド（大量殺害）、ポリティサイド（政治的な大虐殺）、混乱を招く政権交代などである。国家が破綻すると、その国の内部ばかりか、国外にも問題を波及させることが多い。歴史を通じて、破綻国家は、暴力、テロリズム、国際犯罪、大量移民、難民移動、麻薬密売、疾病の温床になってきた。アメリカとヨーロッパ、そして日本などの高所得国が破綻国家への対応にかける時間を減らしたいなら、破綻経済の数を大きく減らせばいい。

アメリカ人は、貧困と破綻経済という世界の海のなかで、アメリカだけが唯一、安定と繁栄を誇る島でいられると信じたいだろう。だが、それが不可能なことは歴史が証明している。例をあげたらきりがない。一九一七年、戦争中の帝政ロシアが経済崩壊に見舞われたあと、ボリシェヴィキ革命が起こった。一九三三年、世界大恐慌のさなかにヒトラーが台頭した。ドイツにとって世界大恐慌の打撃がとくに大きかったのは、巨額の対外債務を抱えていたからだ。もっと最近では、ユーゴスラヴィアの地域紛争は民族間の対立だけが原因ではなく、一九八〇年代末の経済崩壊、そして旧連邦国家がハイパーインフレーションに見舞われたせいでもあった。スロボダン・ミロシェビッチはこの経済崩壊に便乗して権力の座についた。イラクでは、一九八〇年代のイラン・イラク戦争後の社会における経済の停滞や債務負担増が原因となって――少なくとも一因ではある――一九九〇年のサダム・フセインによるクウェート侵攻が引き起こされた。

政治上の失敗をすべて経済危機のせいにするほど、私は単純ではないし、そんな過ちをおかすつもりもない。現に、イランの国王《シャー》はオイルブームの好況のさなか、一九七九年に権力の座を追われている。レーニンやヒトラーが台頭した理由を経済だけで説明しようとするのはばかげている。また、9・11とアルカイダの存在も貧困だけが原因ではない。ただし、アフガニスタンの国家破綻、それに南アジアや中東の各地で起こった経済危機が一因になったことはたしかだ。実際の話、国外に起こった経済破綻がアメリカ国内にも深刻な影響をおよぼし、さまざまな分野に多大な損失を与えることも明らかな事実である。

CIAのタスクフォースによる調査結果は説得力がある。この調査は一九五七年から一九九四年まで、人口五十万人以上の国家のうち破綻国家と見なされる例をカウントし、百十三例の破綻国家について分析したものだ。破綻の原因となる要素（説明変数）のうち、とくに重要なのは次の三つである。

・乳児死亡率　一般に物質的な幸福度のレベルが低いときには国家破綻を招きやすい。
・経済の開放度　外国との経済的なつながりが強いほど、国家破綻の危険度は減る。
・民主主義　独裁国家にくらべて、民主主義国家のほうが国家破綻を招きにくい。

ただし、民主主義に関しては、経済との関連性も大きい。調査によれば、国家の民主化度合いは、一人あたりの所得水準の上昇に比例することが、統計的にも検証されているからだ。基礎調査の詳細なデータによれば、生きていくのがやっとという村の多いサハラ以南の

表1　国家破綻とその後のアメリカ軍による関与

（年号の1つ目はアメリカ軍が関与した年、2つ目は紛争の年、年代順に並べてある）
キューバ（1962年、1956−1961年）
タイ（1962年、1957年）
ラオス（1962−1975年、1960−1979年）
コンゴ（1964年、1960−1965年）
ヴェトナム（1964−1973年、1958−1975年）
ドミニカ共和国（1965年、1961−1966年）
コンゴ（1967年、1960−1965年）
カンボジア（1970年、1970−1979年）
キプロス（1974年、1963−1968年、1974年）
ヴェトナム（1975年、1958−1975年）
レバノン（1976年、1965−1992年）
韓国（1976年、データなし）
ザイール（1978年、1977−1979年）
イラン（1980年、1977年）
エルサルバドル（1981年、1977−1992年）
リビア（1981年、データなし）
レバノン（1982年、1965−1992年）
ホンデュラス（1983−1989年、1978−1990年：ニカラグアの国家破綻）
チャド（1983年、1965−1996年）
リベリア（1990年、1989−1997年）
ザイール（1991年、1991年）
シエラレオネ（1992年、1991年以降）
ソマリア（1992年、1998年以降）
ボスニア＝ヘルツェゴヴィナ（1993年、1992−1996年）
ソマリア（1993年、1988年以降）

出典：破綻国家についてはState Failure Task Forceのデータより。アメリカ軍の介入についてはEllen C. Collier, "Instances of Use of United States Forces Abroad, 1798-1993" (U.S. Congressional Research Service 1993年10月7日）より。http://www.history.navy.mil/wars/foabroad.htm 参照。

アフリカでは、一時的な景気後退（一人あたりのGDPの低下で算出）だけでも十分に国家破綻を招くファクターになることがわかった。また、部分的な民主主義（一般には独裁から完全な民主主義国家への移行期にあたる）が、とくに破綻しやすいこともわかった。アフリカの紛争に関する各種の調査でも同じような結論が出ており、貧困と景気低迷によって紛争が起こりやすくなることがわかっている。

世界各地の国家破綻がアメリカの安全保障にとって重要なのは、そのたびにアメリカの軍事介入が生じるからでもある。国家破綻のせいで、アメリカは何度も外国のごたごたに巻きこまれてきた。アメリカ軍の武力介入と国家破綻の時期を比較すると（表1）、一九六〇年以降の軍事介入のほとんどが、国家破綻を起こしたばかりの途上国で起きている（この表では、「軍事介入」とはアメリカ軍の海外派遣をいい、直接戦闘、平和維持、民間人退去、米国財産の保護などのすべてを含む）。これらの例で、経済崩壊から国家破綻へ、そして国家破綻からアメリカ軍の関与へという流れは一目瞭然である。

9・11以降

破綻した国家がアメリカとヨーロッパの安全保障を脅やかし、経済発展の支えが安全保障の支援にもなるという考え方は、過激な左翼思想ではない。これらは戦略分析の一般議題にさえなっている。問題は、貧困と安全保障に関連があるかどうかではなく、これを実行できるかどうかだ。ここ数十年のアメリカの開発政策――民主、共和の両政権下での――は、貧困問題に対して実際に供与された援助の量よりも、コメントの量で計ったほうがいいくらいだ。

口先だけの外交政策と、実行をともなった外交政策とが、いかにずれているかの実例を見てみよう。メキシコのモンテレーで開催された国連開発資金国際会議の前夜、ブッシュ大統領は米州開発銀行（ＩＤＢ）でのスピーチで次のように語った。[*82]

貧困がテロを生むのではありません。貧しいからといって殺人者にはなりません。９・１１テロの首謀者の多くは裕福な家庭に育ちました。それでも、根強い貧困と圧政はまちがいなく失意と絶望を生みます。そして、政府が国民の最も基本的な要求を満たせないとき、破綻国家はテロの温床になりやすいのです。

アフガニスタンでは、根強い貧困、戦争、無秩序のために、テロリスト国家の成立を許すような状況が生まれました。また世界中の他の国々でも、政府による国境の保全、領土の治安維持、法の執行を、貧困が妨げています。開発援助とは、希望と繁栄と安全保障のための投資です。

開発を成功させるには、国民が識字能力をもち、健康で、働く意欲にあふれていなければいけません。開発援助は、貧しい国が国民の教育と医療への欲求を満たせるよう手を貸すことでもあるのです。

ここまではたいへん結構だ。次に、大統領は新しい援助計画、ミレニアム・チャレンジ・アカウント（MCA）を発表した。これはアメリカの年間援助額を五十億ドル増額するというものだ。

アメリカは国連ミレニアム宣言の国際的な開発目標を支持し、先進国と途上国がともに責任を分かちあって、これらの目標を達成すべきだと信じています。これを進展させるため、たとえどれほど困難な道であろうと、各国の首脳たちに政治、法律、経済の改革を実行するよう奨励しなければなりません。これによって国民の全員が恩恵を受けます。

本日ここに、私はグローバルな開発のために新しい協約を提唱します。富める国も貧しい国も等しく新たな責任を負うものです。先進国のこれまで以上の貢献は、途上国のこれまで以上の責任と結びつかなければなりません。アメリカ合衆国がみずから先例を示します。今後の三年間にわたって、開発援助金を五十億ドル増額します。この新たな資金は現在の援助要請を超えた金額であり――また、私が議会に提出した経常予算のうち、現行の援助要請をはるかに超えています。

問題は、ここに完全な断絶があることだ。アメリカ主導の援助増額――三年間にわたって年間五十億ドル以上の増額――と、貧困諸国が必要とするもの（ミレニアム開発目標を達成するには、二〇〇六年から二〇一五年まで年間およそ一千億ドル）の差、それにGNPの〇・七パーセントを目標に「具体的なとりくみ」をするというアメリカの以前の約束はどうなったのか。五十億ドルという金額は、アメリカのGNPの〇・〇五パーセントにも満たない。さらに驚くべきは、二〇〇四年の末になっても、このミレニアム・チャレンジ・アカウント（MCA）からまだ一セントも支出されていないことだ。

その数カ月後、国外の貧困と国内の安全保障との関係は、アメリカ合衆国の新しい国家安全保障戦略報告書に書きこまれた。*83

豊かで快適な暮らしを享受する者がいる一方で、人類の半数が一日二ドル未満で生活していることの世界には、公正もなければ安定もない。拡大する開発の輪――そして機会――のなかに世界中の貧しい人びとを取りこむことは、道義的責任であると同時に、アメリカの安全保障戦略における最優先事項の一つである。

この報告書によれば、アメリカは開発推進のために以下のように行動するという。

- 内政改革の努力目標を達成した国々に対して資金援助する。
- 生活水準の向上をめざして、世界銀行やその他の開発銀行の実効性を改善する。

・測定可能な成果を出して、開発支援が世界の貧困層の生活改善に実効があることを証明する。
・開発援助を拡充し、なるべくローンではなく、補助金として供与する。
・貿易と投資は経済成長の大きな原動力になるので、地域社会が通商と投資に自由に参加できるようにする。
・医療の確保。
・教育の重視。
・農業の開発援助を継続する。

理解しがたいことに、アメリカ政府はこうしたじつにまっとうな提案をしていながら、それとは矛盾して、実際には大した財政援助をしていないのだ。たんに、当然もっと多額の援助がなされているはずだと――よくある勘違いだが――思いこんでいるだけなのかもしれない。たとえば、上記の戦略報告書は「十年以上におよぶ大規模な開発支援にもかかわらず、最貧困国の経済成長を促すことはできなかった」と、はっきり述べている。援助の流入が「大規模」でもなければ、「経済成長を促す」のに必要な金額でさえなかったことには、まったく気づいていないようだ。アメリカが供与したごくわずかな援助金のうち、かなりの部分がアメリカの専門家（技術支援）や緊急救援や食糧への支払いに費やされ、インフラストラクチャーや教育や医療への長期投資は後回しにされる。要するに、アメリカの援助はGN

P比でも極端に少なく、受給国の必要を満たすにも足りない。しかも、長期的な支援にはならないような部門に向けられているのだ。このパターンは現在のブッシュ政権に限ったことではなく、何十年も前から、アメリカの援助政策の特徴となっている。

約束したことは実行しよう

アメリカ政界のリーダーと国民の大多数は、アメリカ政府が国際援助の拡充を何度も公約していることをほとんど知らない。さらに、その公約を果たさないために、外交政策で大きな損失をこうむっていることにも気づいていない。二〇〇二年九月の国連総会で、ブッシュ大統領はこんなスピーチをした。[*84]

アメリカは国連の創設に一役買いました。私たちは、国連が効力を発揮し、尊敬をかちえ、成功することを願っています。世界で最も重要な多国間機関の決議が守られるように願っています。

だが、たとえばミレニアム宣言のような国連総会の決議や過去二十年におよぶ国連会議の一連の合意事項となると、アメリカはまるで傍観者のようにふるまう。これはとても責任ある政府の態度とは思えず、ましてや創立当時からのメンバーのとるべき態度ではない。〇・七パーセントの約束もその一例だ。これは三十五年も前の国連総会で採択されている。ところがアメリカ政府は、この約束がアメリカだけには適用されないと主張しつづけてきた。しかし、アメリカはアジェンダ21の加盟国である。一九九二年の持続可能な開発に関するリオ・サミットで採択されたこの文書の第三十三章十三節にはこう書かれている。

先進国は国連で承認された政府開発援助（ODA）のGNP〇・七パーセントへの増額という目標を達成するべく決意を新たにし、その目標が達成できていない場合は、援助計画を拡大することに同意して、できるだけ早くその目標を達成すること。それにより、アジェンダ21を迅速かつ効果的に実施することを約束する。

その十年後、アメリカとその他の参加国が採択したモンテレー合意（メキシコ、モンテレー）はこのように明記している。[*85]

……発展途上国へのODAをGNPの〇・七パーセントまで増額するという目標に向けて、具体的なとりくみをするよう先進国に要請する。

モンテレー合意の数カ月後、南アフリカのヨハネスブルクで開催された持続可能な開発に関する世界首脳会議（WSSD）でも、参加国は実施計画に合意した。[*86]

モンテレー国連開発資金会議において先進数ヵ国が提案した政府開発援助（ＯＤＡ）の増額をめざしていっそう努力する。これまで増額がなされていない先進国に対して、さらに具体的なとりくみを要請し、途上国に供与するＯＤＡをＧＮＰの〇・七パーセントまで引きあげることを目標とする。

ある日、アメリカ国務省の高官たちと円卓会議をしているとき、興味深い意見を耳にした。高官の一人は、私がまくしたてるＯＤＡ擁護論が気に入らなかったらしい。そして、こんなことをいいだした。アメリカは援助には乗り気でないが、もちろんモンテレー合意には基本的に賛成だ、と。私は首をひねり、モンテレー合意は、まだ〇・七パーセントの目標達成のために「具体的な努力」をしていないすべての先進国――アメリカも含まれる――に、その約束を果たすよう義務づけているんですが、といった。相手は口ごもりながら、いった。「でもですね、アメリカはその分を民間貿易と投資で補っていますよ！」もちろんばかげた意見だ。モンテレー合意は、アメリカの正式な代表団が参加し、討議したうえで決めたものなのだから。モンテレー合意では、民間部門が主導する経済成長についてもその貢献は大いに認めている。だが、民間の資本流入が公的資本流入よりずっと多い現状でも、なぜＯＤＡがまだ必要とされるのか、その理由を明快に説明している。*87

政府開発援助（ＯＤＡ）の重要な役目は、あくまでその他の開発資金の不足を補うことであり、とくに対外直接投資の可能性が最も少ない国々を対象とする。ODAは国が適切な期間内に国内資源を十分に動員しつつ、一方で人的資本の養成と生産・輸出能力の強化をはかれるよう手助けする。ODAは民間部門の活動の環境整備においても重要な役割を果たし、その結果として、活気ある成長への道が用意される。ODAはさらに、教育、医療、公共インフラストラクチャーなどの整備、農業と農村地帯の開発支援、食糧供給の安定を強化するにも不可欠だ。アフリカ諸国の多く、後発開発途上国、小島嶼開発途上国、内陸開発途上国などにとって、ODAはいまだに外部資金調達のおもな財源であり、ミレニアム宣言の開発目標やその他の開発ターゲットを達成するのに欠かせない。

ここで強調したいのは、モンテレー合意の中身――もちろん重要だが――ではなく、加盟国が会議で交わした約束を政府が実行に移すべきだということである。アメリカがモンテレー合意を実行しなくても、国内にかぎれば、政府が批判されることはない。合意の内容を知っているアメリカ国民などほとんどゼロに等しいのだから。しかし、国外への影響を軽視するわけにはいかない。援助を受ける国では、政府ばかりか、国民一人一人にとって、モンテレー合意の条項が守られるかどうかは生死にかかわる問題なのだ。気前のよさを吹聴するのもけっこうだが、貧しい国々は私たちがしていないことを十分すぎるくらい知っているのだ。

外交政策のバランスをとりもどす

対外援助に賛成票を投じることは、連邦議会議員にとって苦渋の選択になることが多い。外国に金をやることについて、有権者は理解してくれるだろうか？　このようなリスクは、ばかばかしいほど誇張されている。どんな先進国でも、政治家が貧困国援助に賛成票を投じるのは日常的なことであり、少しもリスクになっていない。それどころか、アメリカを除く西洋の民主主義国家は、一般に一人あたりの所得がアメリカよりずっと低いにもかかわらず、援助額のGNP比ではアメリカを上回っているのだ。だが、アメリカも捨てたものではない――対外援助がアメリカの外交政策にプラスだということを大統領が国民にきちんと説明すれば、かならず支持は得られる。

先に述べたように、アメリカ国民は自分の国の援助額をかなり過大に評価している。大統領がアメリカのしていること、していないことについて国民に説明したことが――記憶にあるかぎり――一度もないからだろう。国際政策意識プログラム（PIPA）の二〇〇一年の意識調査によれば、アメリカ人は援助を渋ってはいない。その援助が目的をきちんと達成できるという保証があれば、惜しみない援助をするというのだ。国民が失望しているのは対外援助そのものではなく、対外援助が無駄に使われ、独裁者の支援やスイス銀行の隠し口座に送られてしまうことだ。それでも、調査によれば、アメリカ人は世界の飢えをなくすことが政府の義務だと考え、喜んで協力するつもりだという。「貧しい国の人びとに食べ物と医療を与えるための」援助の場合、政府がそれをすべきだと回答したアメリカ人はなんと八七パーセントにものぼった。興味深いことに――また注目すべきことに――圧倒的多数が二国間ではなく多国間機関を通じた援助のほうが好ましいと答えた。

実際のところ、たとえ援助プログラムが議会を通過しても、大統領のリーダーシップがなければ国家的な協力体制は築けない。この協力体制には、さまざまな有権者のさまざまな関心事によって左右されやすい。援助プログラムを支える国民の思惑はそれぞれ異なる。国家の安全保障を求める人もいれば、長期的な経済的恩恵（貧困国が豊かになれば貿易相手として望ましい）を求める人もいる。また、正しいことをするためだったり、宗教上の教えを守るためだったりもする。歴史に残る大きな援助計画がどのように、またなぜ実行されたかを見てみよう。

マーシャル・プラン

マーシャル・プランは人道的な使命を帯びていただけでなく、第二次世界大戦後のヨーロッパ社会の経済安定と安全保障を確立するための包括的な経済開発計画でもあった。マーシャル・プランの立案者たちは、第一次世界大戦の教訓を生かそうとした。第一次世界大戦後、ドイツはヴェルサイユ条約によって過大な賠償金を負わされ――カルタゴの平和（ローマが敗戦国カルタゴに過重な犠牲を強いた）になぞらえられた――非常な苦しみをなめた。それが遠因となって、ヒトラーの台頭を許したともいわれる。第二次世界大戦後、トルーマン大統領を初めとする指導者たちはヨーロッパの復興に着手したが、ふたたび敗戦国を経済的に追いつめまいと心に決めていた。国際貿易市場が正常に機能していない状態で、ヨーロッパ大陸の東にソ連の脅威がのしかかってくるのでは、アメリカの経済発展と安全保障上の利益が損なわれると思ったのだ。

この復興計画が信頼に値するものであることをアメリカ国民に納得してもらうため、周到に練られたキャンペーンが展開された。[*88] それにはおもなものだけで四段階あった。（一）マサチューセッツ州下院議員のクリスチャン・ハーターが率いる超党派の委員会を設置。この委員会は、ヨーロッパで現地調査した結果を議会にもちかえるという重要な役目を果たした。（二）アヴェレル・ハリマンが率いる、財界人による特別委員会を設置。この委員会はマーシャル・プランの規模に合わせた資金の調達を約束した。（三）民主党が主導し、共和党が全面的に支援することで、マーシャル・プランが派閥中心の政治に縛られるのを防いだ。（四）チェコスロヴァキアにおける一九四八年二月のクーデターによる共産主義政権の成立など、厳しい現実をアメリカ市民に伝えた。現実をわからせることで、アメリカがヨーロッパを支援しなければ、共産主義者の反乱によって安全保障と経済的利益が損なわれるだろうという危機感を国民に植えつけた。

この四つの段階に加えて、トルーマン大統領の断固たる統率力とアメリカ国民に事実を知らせる広報活動のおかげで、一九四八年の経済協力法が成立し、それをもとにマーシャル・プランが実現した。マーシャル・プランの実施期間中（一九四八年から五二年）、アメリカは平均してGNPの一パーセントを上回る援助を西ヨーロッパの復興のために供与した。このGNP比は、現在の援助にくらべて、なんと十倍である。

ジュビリー2000

この債務帳消しキャンペーンは、どちらかといえば最近の活動で、世界の最貧困国が国際金融機関や二国間ドナーへの債務返済の重責に耐えかねているのを見かねて始められた。もともとはIMFと世界銀行の重債務貧困国（HIPC）イニシアティブ（一九九六年）に応えて、より大規模な運動を呼びかけたものである。この呼びかけ自体は、構造調整の時代に約束された経済開発と経済成長が世界の最貧困国には届かなかったという反省から生まれた。ジュビリー2000は、世界で最も貧しい数十カ国の債務を帳消しにしようとするものだった。

ジュビリー2000に対して、債務帳消しにそれほど切迫感をもっていなかったドナー諸国やブレトン・ウッズ機関は猛烈に抵抗した。しかし、この運動は最初にヨーロッパで注目され、とくにイギリスでは宗教団体やNGOグループを惹きつけた。そして、一九九〇年代の末には大衆運動へと発展した。一九九八年の主要国首脳会議（バーミンガム・サミット）では、ジュビリー2000の代表から要望書が提出された。先進諸国の首脳に貧困国の債務帳消しを呼びかけたこの要望書は、六十カ国で二千二百万人の署名を集めた。U2のボノやモハメド・アリなどの有名人もこの運動に参加していた。キリスト生誕二〇〇〇年祭と、ヨベル（ジュビリー）の年（自由と解放の年）にすべての借金が消えるというレビ記の記述を、ジュビリー2000運動と結びつけたヨハネ・パウロ二世は、この運動に広がりをもたせた。

ジュビリー2000の経済顧問を務めた私は、ボノとともに働きながら、政治的な協力関係ができあがっていくプロセスを目にし、最終的な勝利まで見届けることができた。債務の帳消しがアメリカ議会で可決することはまずない、と誰もがいっていた。クリントン政権をはじめ、財務省、共和党優勢の下院まで、最初から政界では見込みなしだといわれていたのだ。世知に通じた人びとでさえ、債務帳消しの提案が広範な層のアメリカ国民のあいだで強力な支持を得ていたことは理解できなかったのである。保守派は、最貧困国の返済能力に幻想を抱いていなかったので、帳消しは必須だと考えていた。リベラル派は、それが正しいことだから実行すべきだと考えた。国民のほとんどは、世界の貧しい人びとを救える画期的な手段を求めていた。そして、たぶん最も大きかったのは、対外援助に反対することの多い旧弊な人びとが宗教上の理由からこの運動に賛同してくれたことだった。

アメリカでこの運動がようやく勢いを増してきたとき、宗教系右派の指導者たち、なかでもスペンサー・バッカス（アラバマ州下院議員）がこの問題をとりあげた。このバッカスが債務救済法案の主要条項を書き、超党派の協力体制を構築するために尽力した。対外援助を支持する根っからのリベラル派と、債務の問題を宗教の問題としてとらえる宗教系右派の代表が手を組んだのだ。アメリカ議会は、この気前のいい債務救済案を――すべてではないにせよ――承認した。大方の例にもれず、この債務帳消し運動も本当に必要なものの三分の二しか達成できなかった。しかし、考えようによっては、見込みなしといわれた段階より、三分の二も多く達成できたともいえる。

エイズへの緊急対策

幅広い協力体制の三つ目の例は、五年間で百五十億ドルにのぼる大統領エイズ救済緊急計画（PEPFAR）である。その一部、世界の貧困層への抗エイズ薬治療の導入については、「マクロ経済と健康に関する委員会」のことも含めて、すでに説明したとおりである。幸い、私はここでも最前列にいて、協力体制ができるまでと、そこから生まれた総合的な援助計画――これも最初は非常識だといわれた――のすべてを見届けることができた。

私はブッシュ政権に年間三十億ドルの援助計画を勧めたことがある。政権が発足したばかりのころ、コンドリーザ・ライス国家安全保障担当補佐官に二度ほど説明する機会を得て、エイズ治療は大幅に拡大しなければならず、そこには大きな可能性があると話したのだ。生産コストが急落したために、よく効く薬が安く買えるようになり、エイズ治療は従来よりもずっと容易かつ安上がりになっていた。ホワイトハウスを初めて訪問したとき、元教え子でのちに同僚となり、そのころ大統領の経済顧問を務めていたラリー・リンジーとも会った。彼は私をあたたかく迎え、別れぎわには笑顔で助言してくれた。「ジェフ、本当に興味深くて重要な仕事だと思うよ。でも年間三十億ドルはちょっと無理なんじゃないかな」

エイズ緊急対策は、結果として債務帳消しと似たような勝利になった――リベラル派、宗教系右派、NGO、それにアメリカ国民の大半は、政界の指導者たちが思っていたよりも、ずっと協力的だった。ボノ――有名なエンターテイナーであると同時に、世代や分野を超えて人の心を魅了する類まれな人物――はこのときも、彼らしいやり方で協力関係を築くのに一役買ってくれた。ある日の午後、車で帰宅する途中、携帯電話が鳴った。ボノだった。「いまどこ？」「車で家へ帰る途中だというと、ちょっと車を停めてくれという。「何があったんだ？」「たったいま信じられないことが起きた。ジェシー・ヘルムス上院議員が、エイズの一件で俺たちを祝福してくれたよ」。ボノとヘルムス上院議員はともに聖書を読んだ仲であり、その縁から議員はホワイトハウスと議会でこのエイズ法案を通過させるよう協力すると約束してくれたのだ。宗教系右派の有力者の目をエイズの悲劇に向けさせることに、ボノはみごと成功した。ついにホワイトハウスも、エイズ法案が政治家をおとしいれる罠ではなく、大きなチャンスだと気づいたのだ。

やがてエイズの協力体制は、どんどん大規模になっていった。公衆衛生やバイオメディカルの専門家もいた。アメリカ国立衛生研究所のアンソニー・フォーシ所長は決定的な役割を果たした。有名人、宗教界の指導者、リベラル派、保守派が協力した。そして、やがては大統領まで動かされた。二〇〇三年の一般教書演説が発表される晩、コフィ・アナン国連事務総長から電話があった。「今日の演説ではとくにエイズについて言及する」との情報がいまさっき入ったのだという。あわててテレビをつけ、信じられない思いで、ブッシュ大統領の演説を聴いた。*89

わが国が世界の安全を守るために軍隊を派遣して同盟を築くとき、恵まれた国であるアメリカの使命は世界をよりよくすることにあるということを忘れてはなりません。

今日、アフリカ大陸では、三千万人近い人びとがエイズウイルスに感染しており、そのうち三百万人は十五歳未満の子供たちです。アフリカには、成人人口の三分の一以上がエイズに感染している国もいくつかあります。四百万以上の人びとがすぐにでも薬物治療を必要としています。しかし、アフリカ大陸全体で、必要な薬を投与されているエイズ患者はわずか五万人にすぎません。

エイズの診断は死の宣告だと考えられているため、治療を求めない患者が多いのです。そして、治療を求める人びとは、ほとんどが追い払われます。南アフリカの田舎のある医師は、挫折感を次のように語っています。「ここには薬がない。多くの病院では、こういって患者を追い返す。あなたはエイズにかかっているが、ここでは手のほどこしようがない。家に帰って死になさい、と」。医学が驚異的に進歩を遂げている時代に、誰もこのような言葉を聞かされるべきではありません。

エイズ発症は予防できます。抗レトロウイルス薬で、寿命を何年も延ばすことができるのです。しかも、こうした薬の値段は、年間一万二千ドルから三百ドル以下に下がっており、われわれに、すばらしい可能性をもたらしています。

皆さん、これほど多くの人びとにこれほど大きな貢献ができるのは、歴史上まれなことです。われわれは国内でエイズと闘っており、今後も闘いを続ける覚悟です。さらに海外における深刻かつ緊急な対応を要する危機にとりくむため、私は今夜、エイズ救援のための緊急計画を提案します。これは、アフリカの人びとを支援する現行のすべての国際活動を上回る救援活動です。

この包括的な計画は、七百万件にのぼる新たなエイズ感染発生を予防し、少なくとも二百万人に薬による延命治療をほどこし、何百万人ものエイズ患者やエイズで親を失った子供たちに人道的な援助をおこなうものです。私は、議会に対し、アフリカおよびカリブ海地域で最もエイズ禍に苦しんでいる国々のエイズ撲滅運動を支援するため、今後五年間で新規予算百億ドル近くを含む計百五十億ドルを割り当てることを求めます。

アメリカは、自然がもたらす疫病から罪のない人びとを守るうえで、世界のリーダーになることができます。

大統領が話しおえると、議員たちは全員起立して盛大な拍手を送った。対外援助を支持する政治家のリスク？　そんなものがどこにあるだろう！

私たちの世代にできること

先進民主主義国家の政界のリーダーは、現在の時点では不可能に見えることを実現するために、いずれ納税者と有権者の力をふたたび借りなければならないだろう。開発援助をGNPの〇・七パーセントまで増やすというプランに国民の支持を得て、しかもこの援助がさらに二十年間も続くということを説明しなければならない。国際社会の安全保障、国が約束した言葉の重さ、何百万もの貧しい子供たちの命、私たちの文明の意味と正義。このすべてが、これを実現できるかどうかにかかっているということ。賢明な政治家なら、〇・七パーセントの出費が、とくにアメリカではそれほどの負担ではないことを説明するだろう。思いきった改革を二つ実行すれば、負担はさらに軽くなる。一つは膨張した軍事予算の一部を、グローバルな安全保障政策に転換することである。もう一つは、世界で最も裕福な人びと——彼らの年収は、極貧層の何万倍にもなる——に、そのための特別な貢献をしてもらうことだ。

世界で最も裕福な人びとには、世界のために資産を役立てる余裕があるはずだ。そして、彼らの積極的な関与が私たちの世代だけに与えられたこのチャンス、すなわち世界の幸福を実現するという偉業を実現するために意義のある大きなデモンストレーションになることを、きっとわかってくれるにちがいない。

18　私たちの世代の挑戦

私たちの世代は二百五十年におよぶ経済発展の継承者である。私たちは極度の貧困が二〇二五年までになくなった世界を現実のこととして想像できる。なぜならば、技術の進歩によって、人類の基本的なニーズがグローバルな規模で満たされるだけでなく、基本的なニーズを満たしてなおあまりある余裕を——歴史上初めて——手にするからだ。技術の進歩は、基礎科学の分野におけるたゆまぬ革新によって支えられ、グローバルな市場の力と、健康、教育、インフラストラクチャーへの公共投資によってさらに発展してきた。トマス・マルサスの暗い予想に反して、私たちはこのすべてを成し遂げられる。しかも、世界の人口が一七五〇年当時の八倍になっている、いまこのときに。

現在の経済力は二百五十年におよぶ経済成長の賜物だが、経済・社会の発展という概念そのものは、産業革命とほぼ同時期に誕生した社会哲学から導きだされたものである。十八世紀のヨーロッパ、すなわち啓蒙時代には、社会の発展に関する新しい概念が次々と登場した。産業革命の到来以前、人類は、飢餓、流行病、極度の貧困との尽きることのない闘いに明け暮れ、戦争と独裁のたえまない反復によってさらに苦しめられた。しかし、新しい科学とテクノロジー時代の初期の輝きが世界を照らしはじめると、ヨーロッパおよび誕生して早々のアメリカでは、大胆かつ明敏な啓蒙思想家たちが、持続的な社会発展の可能性に思いをめぐらすようになった。科学とテクノロジーを道具にして、人間の生活を支える社会・政治・経済などの機構を持続的に改善することはできないだろうかと考えたのだ。より明るい未来をめざす私たちは全員、これらの尊敬すべき啓蒙思想家たちから知的な恩恵を受けている。彼らは、人間の意識的な社会活動が、地球規模での人類の幸福につながることを最初に見抜いた人びとだった。

啓蒙主義を代表する四つの思想は、今日の私たちにも示唆を与えてくれる。ジョン・ロックやデイヴィッド・ヒュームといったイギリス哲学者の思想を受け継いだトマス・ジェファソンをはじめとするアメリカ建国の父祖たちは、政治制度が人間の作りだしたものであることを明らかにした。したがって、政治はなによりもまず社会の要求を満たすことを目的として機能しなければならない。「生命、自由、幸福の追求の権利」を守る「ためにこそ、政府が組織され」たというジェファソンの言葉は、いまも鳴り響いている。[*90] アメリカ独立戦争やフランス革命のあと、王権神授説や神のお告げによる政体はもはや通用しなくなった。しだいに、政府の価値は統治能力で測られるようになった――人類の生活状況を改善できたかどうかが問われたのだ。ジェファソンはこう書いている。「いかなる政府であれ、この目的をそこなう場合は、政府を改変、廃止して、国民の安全と幸福とを最大限に達成できるような原理や仕組みにもとづいて新しい政府を樹立するのが、国民の権利である」

アダム・スミスも同じように、経済体制とは人間のニーズを満たすために作られたものだと信じていた。彼の考えた経済の仕組みは、ジェファソンの考えた政治の仕組みとよく似ていた。偶然にも『国富論』と「アメリカ独立宣言」はどちらも一七七六年に発表されている。アダム・スミスの名前はいまでは、市場の原理にまかせておけばおのずと分業化が進む――見えざる手――という卓越した考察で記憶されているが、実際のところ彼は自由放任主義《レッセフェール》を信奉していたわけではない。『国富論』の第五篇では、防衛、正義、インフラストラクチャー、教育などの分野における国家の重大な責任について長々と、また詳細に論じている。これらの分野では、集団的な活動が必須であり、それが民間の市場力の不足を補い、またはその代行をすべきだといっている。

イマヌエル・カントはドイツの啓蒙哲学者のなかでもとくに抜きんでた存在である。彼は、人類の進歩という近代概念を構築するのに欠かせない第三の要素を付け加えた。戦争という、人類にとっての長年の苦しみを終わらせるため、地球規模の統治システムを提唱したのである。一七九五年、カントはこう論じた[*91]。世界の「永久平和」は、君主国のかわりに、国際貿易を通じて結びついた自治共和国が誕生すれば、きっと達成できるにちがいない。君主国には戦争を起こす動機がある、とカントはいった。戦争になっても、君主は「食事、狩猟、離宮、宮廷の娯楽をいっさい犠牲にしなくていい。だから君主は、ごく些細なことから、遊び半分で戦争を始めることができる。正当な理由など知ったことではない。適当な理由をでっちあげるのは臣下の外交団まかせである。そのため、外交団はつねにおそばに控えている」。

それとは対照的に、共和国では「国民の同意がなければ、宣戦布告の決定ができない。国民自身が戦争のあらゆる災難を背負いこむことになるので、そのような割りに合わない賭け事を始めるときには、慎重の上にも慎重を期するのが当然のことである」。戦争の災難とは「戦場にかりだされ、自分の金で戦費をまかない、戦後の荒廃を苦労して復旧し、あげくのはてに返済不能の借金を抱えこむ……」ことなのだ。

カントは国際貿易が盛んになれば国家間の戦争が減るだろうと予測した。「商業精神は戦争とは相容れない。しかし、遅かれ早かれ、この商業精神は地球上のすべての地域で優勢になるだろう。国家がもつあらゆる力（手段）のなかで、おそらく最も頼りになるのは金の力であろうから、たとえ道徳心からではなくても、高貴な平和を促進するよう強いられ、戦争が勃発しそうになったときには、調停によって防止せざるをえないのである」[*92]。閉鎖された経済よりも、開放された経済のほうが国家の破綻を起こしにくいというCIAの破綻国家タスクフォースによる調査結果は、カントの洞察を裏付けている。

永久平和を実現するのに、カントが思い描いたのは「自由な国家同士の連合制度」だった。これはまさに国連のプロトタイプであり、実際の国連設立よりも百五十年先立つものだった。カントのいう連合——または「連盟」——の目的は、「国家権力をふるうことではなく、国家の自由および連合諸国の自由を維持し、保障すること」だった。将来、このような連合制度は「しだいにすべての国家の上に広がるだろう」と、カントは予言した。

重要な啓蒙思想のなかで四番目にあげるのは、ジェファソンの「人間の作りだした政治体制」、スミスの「合理的に設計された経済体制」、そしてカントの「永久平和のためのグローバルな体制」を合わせたものである――人間の理性によって支えられた科学技術は社会の進歩と人類の向上のための持続的な力になりうる。一六二〇年、科学が「自然のなかに灯りをともす」といったのは、近世最初の科学哲学者フランシス・ベーコンだった。ベーコンに続いて、啓蒙主義の巨人と呼ばれるフランスの哲学者コンドルセは、持続的な社会の向上のために科学技術が果たす役割を明快に予測した。一七九四年、彼は大作『人間精神進歩の歴史』を世に送りだした。フランス革命のさなか、ジャコバン党の過激派から逃れて身を隠していたときのことだった。しかし、まもなくジャコバン派に捕らえられ、一七九五年に獄中で早すぎる死をとげた。

コンドルセは、歴史上まれな、将来を見とおせる人物だった。彼は、科学上の発見が連鎖反応を生んでさらなる発見を生みだし、それによって「経験科学、実験科学、計量科学といった体系の基礎となる真理の蓄積が絶えず増えつづける」ことを正確に予測していた。[*93] さらに、「有用な技術」の進歩もまた「科学の進歩にしたがう。技術とはそもそも科学に依拠しているのだから、当然の理《ことわり》である。そして、この進歩にはそれ以外になんら限界がない」と主張した。たとえば、彼はこんな情景を心に思い描いた。「ごく小さな土地から、より有益で価値のある産物が大量にとれるようになり……それぞれの土地で、最大の需要を満たす作物を選び、そしてこれらの作物のなかから、人間を満足させ、なおかつ労働力と（資源の）消費量のより少ないものを選ぶことが可能になる」。そして、こう断言した。「医療の進歩、より健全な栄養と住居、体力作りを奨励する暮らし……は必然的に平均寿命を延ばし、いっそうの健康維持を保証してくれる……理性と社会秩序の発達によって予防医学はますます進歩し、そのおかげで遠い将来、風土や食物や職場環境に起因する一般的な病気だけでなく、遺伝性疾患や伝染病さえも、いずれ必ずや消滅するだろう」

これらの目標をすべて達成するために、コンドルセは同時代の他の啓蒙思想家と同じく、公教育をなによりも重視した。教育によって、人は自立するように導かれ、欺かれずにすみ、無益どころか有害にさえなる迷信を捨て、倫理観や人間らしい思いやり、「道徳的善良さ」が育まれる。社会や政治の原則も含めて、教育が広範におよべばおよぶほど、どんな社会もより平和で健全になり、進歩する。「こうして初等教育におけるこれらの学問（政治学）の役割が充実するにしたがって……人類の境遇は改善され、しかも、そのような改善は無限に続くと考えられる」。カントと同じく、コンドルセも戦争は理性によって減らせると考えていた。「啓蒙された人びとは、費やされた自らの血と財産の返還を求めながら、やがて戦争がきわめて悲惨な社会悪であり、また最大の犯罪であることを理解するようになる」

啓蒙運動の思想のなかで最も深く、また最も長く生きつづけたのは、社会の進歩が世界中に行きわたるべきだという考えだった。西ヨーロッパのような世界の片隅だけにとどめておいてはいけない。すぐれた啓蒙思想家は、人類がもともと平等だと信じ、世界中のどんな社会にも経済の発展を共有する力があると考えていた。アダム・スミスと同じく、彼らはみな、世界貿易（いわゆるグローバル化）がそのプロセスを早めると確信していた。スミスは開放経済を支持し、グローバル化の使徒でさえあったが、一方でその弱さや危険もよく承知していた。グローバル化によって、テクノロジーと分業の恩恵が世界中の人びとに自動的にもたらされるなどという幻想は抱いていなかったのだ。

スミスはヨーロッパと東インド（南・東南アジア）と西インド諸島（カリブ海）のあいだに海上交易が始まったあとも、非ヨーロッパ世界の住民には少しも恩恵がもたらされなかったことをくわしく説明している。[*94]「しかし、東西両インドの先住民にとっては、（二つの航路の発見から）得られるはずだった商業利益は、それに起因するひどい不運のなかに沈み、失われてしまった」。貿易自体に問題があったのではなく、南北アメリカとアジアの両方において、現地の社会に対するヨーロッパの軍事力が圧倒的な優位にあったことが問題だったとスミスはいう。「これら（航路）が発見された当時、ヨーロッパ側の軍事力があまりにも優勢だったため、それらの遠い国々でのあらゆる不正に対して罪を免れ」たのである。東インドと西インド諸島の住民がこうした略奪行為に抵抗できる力をつける日がいつか来ると、スミスは期待していた。また、その日が来るのをグローバル化が早めてくれるとも考えた。「だが、対等な軍事力を築くのに最も役立ちそうなものは、国から国への広範な交易によって自然に、むしろ必然的に運ばれてくる、さまざまな知識とあらゆる種類の進歩以上のものはなさそうに思える」

私たちの世代の出番

ジェファソン、スミス、カント、コンドルセ。彼らの啓蒙思想のビジョンをさらに前進させること――これは私たちにとってまたとないチャンスである。私たちの世代のなすべきことを啓蒙思想家の表現を借りて説明してみよう。

- 人民の同意のもとに、人類の幸福を推進できる政治体制の構築にとりくむ。
- 科学、テクノロジー、分業化の恩恵を世界中に広めるような経済体制の構築にとりくむ。
- 永久平和をかちえるために国際協力の促進にとりくむ。
- 人類の生活改善を目的とした、人間の理性にもとづいた科学技術の推進にとりくむ。

どれも壮大で大胆な目標であり、だからこそ過去二百年間、目標でありつづけた。しかし、いまや、あと少しですばらしい実を結びそうなものも増えている。啓蒙時代に解きはなたれた民主化革命は、いまや世界人口の半数以上におよんでいる。カントがもっていた独立国家連合のビジョンは、加盟百九十一ヵ国の国連によって実現した。コンドルセのいう、自動的に進歩へと向かう科学革命は着々と進行し、人類にとって最大かつ最長の苦しみをのりこえる手段として役立ちつつある。なかでも、「経済的な繁栄を広める」というスミスの考え方は、すぐにでも実現できそうだ――極度の貧困がこの世からなくなるまで、あとわずか二十年。

二十世紀を通じて、そして二十一世紀になっても、知識人のあいだでは、啓蒙運動を失敗と見なし、人類にとって脅威でさえあるという言説が流行した。人間は理性ある生き物ではなく、不合理な感情につき動かされる生き物なのだというのだ。批判的な立場の人びとによれば、啓蒙思想は人類の進歩を予測したのに、実際に起こったのは悲惨な戦争、ホロコースト、核兵器、環境破壊ではないか、と。今日の学者のなかには、「進歩は幻想である——人類の生活や歴史を、理性ではなく、感情を通して見たにすぎない」という人もいる。[*95] これはまちがいであり、私にいわせれば、危険な誤謬でさえある。経験に照らしても、これは誤りだといえる。人間のニーズを満たす科学やテクノロジーの大きな進歩は現実そのものであり、過去二世紀のあいだ連綿と続いてきたからだ。たしかに惨事はあり、未解決の課題が山積していることも事実ではある。しかし、たとえ国同士の戦争や極度の貧困がまだ残っていても、世界的な生活水準が向上したこと、世界人口に占める極貧層の割合が減ったことは誰にも否定できない。完璧にはほど遠いにせよ、進歩したことはたしかなのだ。

啓蒙思想の楽観論に惑わされて、別の道にさまよいこんだ思想家もいた。迷いは二つあった。一つは必然性についての勘違いである——人間の理性がかならず感情に勝つと思いこんだのだ。オーギュスト・コントのような十九世紀の実証主義者は、進歩の必然性を信じたため、人類が戦争や蛮行に逆戻りしたとき、啓蒙思想の遺産に疑問をもたざるをえなかった。もう一つの迷いは、暴力についてだった。集団的強迫観念によって、理性と進歩にもとづく社会がすみやかに構築できるという誤解である。レーニン、スターリン、毛沢東、ポル・ポトらは、社会の進歩という名目で残酷な暴力をふるった。彼らはおびただしい数の同胞を殺し、祖国の社会に混乱と貧困を招いた。

進歩を批判する人びとのいうことも、ある程度はわかる。進歩は可能だが、必然ではない。理性は、社会の幸福を促進するが、ときには破壊的な感情に負けることもある。だからこそ、人間社会は理性の光に照らして築かなければならない。それはまさに、人間行動の不合理な部分をコントロールし、縛るためなのだ。その意味で、啓蒙思想のいう理性とは、人間の内にある理性に反する部分を否定するのではなく、人間は不合理や感情にとらわれながら、それでも理性を制御することができ、それによって――科学、非暴力活動、歴史的な省察によって――社会制度の基本的な問題を解決し、人間の幸福を向上させることができるという信念にほかならない。

反グローバル化運動

二十一世紀に入ってすぐ、啓蒙思想にこめられた進歩への願いはミレニアム宣言を生みだし、ミレニアム開発目標（ＭＤＧｓ）は戦争、エイズ、未解決の極貧問題（アジア、ラテンアメリカ、アフリカの大部分）に真っ向から挑んだ。だが、言行不一致のつけからやがて軋轢が生まれ、反グローバル化運動となって燃え広がった。一九九九年十一月、シアトルの路上でのショッキングな衝突事件が人びとの目にさらされた。

私は反グローバル化運動にはその萌芽時代から関心をもっており、一九九九年の最初の街頭デモのときも、その場にいた。世界貿易機関（WTO）の閣僚会議と並行して開かれたゲイツ財団の会議――貧しい人びと向けの情報技術をテーマにしたもの――に参加するため、シアトルに来ていたのだ。抗議グループがシアトルに結集したのは、この世界貿易機関（WTO）の会議が目当てだった。シアトルの中心部は各種抗議グループ――反戦、反貿易、とくに反企業――でごったがえしていた。ゲイツ財団の会長ビル・ゲイツ・シニア――マイクロソフトの創始者ビル・ゲイツ・ジュニアの父――とつれだって歩いていた私は、デモ参加者に気づかれないでよかったですねとささやいた。もちろん、強烈な皮肉である！　ゲイツ財団は、貧困国の公衆衛生促進のために活動している世界でも有数の団体なのだ。ところが、反グローバル化をうたうグループにとって、マイクロソフトのような多国籍企業は抗議すべき相手であり、けっして救い主などではないのだ。

シアトル以降、主要な国際会議の場にはかならずといっていいほど抗議の街頭デモが見られるようになった。そのため、G8（主要先進八カ国）の首脳たち――たぶん世界で最も力のある人びと――は、なるべく抗議グループが近づきにくい人里離れた小さな島や山のてっぺんや森の中などで年次会議を開かざるをえなくなった。ブラジルのポルトアレグレで開かれる世界社会フォーラムとダヴォス世界経済フォーラムは、いまでは同じ時期に開催されるようになった。世界のビジネス界のリーダーたちは、民営化についての報道で少しでも有利になるよう、社会運動家と競いあっている。IMFと世界銀行は、これまで一週間ほどだった年次会議を二、三日程度に減らした。

反グローバル化運動は注目の的となった。私が思うに、この運動はよい結果をもたらした（たまに見られる、少数派による暴力的な抗議行動はいただけないが）。地球規模の統治《グローバル・ガバナンス》の偽善や目にあまる欠点をあばき、金と権力をもった人びとの自己満足の時代に終止符を打ったことには拍手を送りたい。シアトル以前、Ｇ８、ＩＭＦ、世界銀行の会議は、グローバル化を無条件に賛美し、銀行家や国際投資家が世界に繁栄を広めたと称して、自分たちの行動を自画自賛する場でしかなかった。延々と続くスピーチやカクテルパーティのあいだ、世界の貧困、エイズの蔓延、少数民族の難民、女性差別、人為的な環境劣化といった話題はほとんど出なかった。しかし、シアトル以後、極度の貧困の撲滅、人権の拡大、環境劣化への対処といった話題が出るようになり、国際メディアも——たまには——それらに注目するようになったのだ。

とはいっても、反グローバル化運動のリーダーたちがいうことのほとんどに、私は反対する。賛成できるのは、金持ちの自己満足をやっつける彼らの道義心くらいだ。反グローバル化運動は正当な道義的憤りで推進されたが、うわべだけを見てターゲットを攻撃しがちなところが欠点というのが私の意見である。この運動の核には、なにがなんでも企業が悪いという敵意がある。マイクロソフト、コカ・コーラ、マクドナルド、ファイザー、シェル・グループなど——これでもごく一部である——の多国籍企業が悪者であり、彼らが極貧と環境劣化を引き起こしているというのだ。グループの抗議文書を見ると、彼らは古典的な保護貿易政策を支持しているようだが、それは金持ち企業の搾取から貧しい国を守るという古臭い理由からである。彼らのおもな標的は、世界貿易機関（ＷＴＯ）である。抗議グループにいわせると、国際ビジネスを牛耳る大企業の手先だからだ。

反グローバル化運動の中心にある考えは、目新しいものではない。一九九四年にニューデリーで遭遇した態度もこれとよく似ていた。当時、インドの学者は一九九一年から開始された貿易と投資の自由化に懐疑的だった。だが、当時でさえ、そんな態度は過去のものになりつつあった。いまではなおさらそうだ。反グローバル化運動も、そろそろ気づくべきだ。ほかならぬグローバル化こそが、インドの極貧人口を二億人も減らしたのだ。一九九〇年以降の中国では三億人も減った。多国籍企業に搾取されるどころか、インドや中国、その他の貧困国は、海外直接投資（ＦＤＩ）と、それに続く輸出主導型の成長によって、かつてないほど急速な経済成長をとげてきたではないか。

私はこう思う。反グローバル化運動のリーダーたちは、熱い道義心や倫理観という点では正しいが、もっと根の深い問題となると、まちがった診断を下してしまう。図1は一九九二年から二〇〇二年まで、ラテンアメリカ、アフリカ、アジアに供与された海外直接投資の一人あたりの金額である。これを見れば、一人あたりの海外直接投資（ＦＤＩ）の水準が高い国ほど、一人あたりのＧＮＰも高いことがわかる。他の調査でも、海外直接投資（ＦＤＩ）の流れが多いほど経済が急成長しやすいという関連性が裏づけられている。[*96] アフリカが抱える問題は、何度もいったように、国際投資家による搾取ではなく、経済的な孤立が原因なの

図1　海外直接投資(FDI)と所得

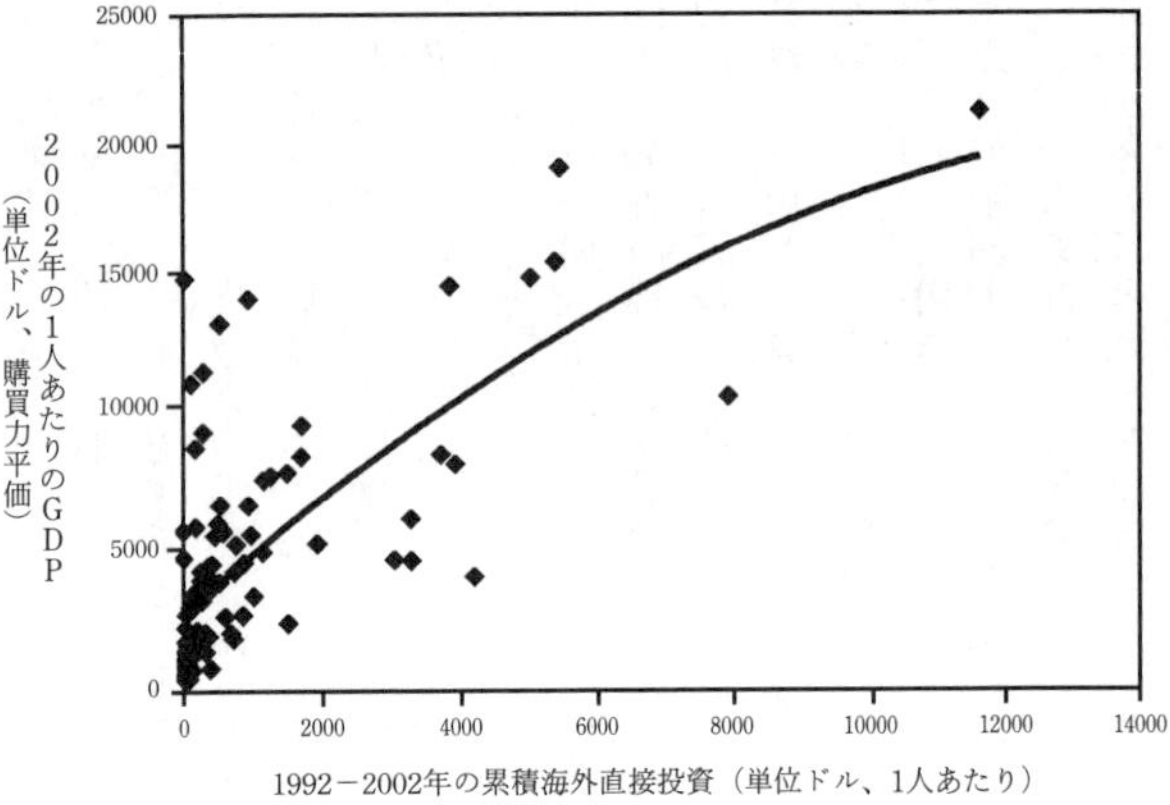

出典:世界銀行のデータ(2004年)による。

だ。アフリカはグローバル化の流れにとり残された大陸である。同じことは、図2に見られるごとく、貿易についてもいえる。自由貿易は、一般に保護貿易よりも急速に成長しており、ほとんどの国で、一人あたりの所得水準も、GDPにおける貿易(輸出入総額)割合に比例して上昇することが指摘されている。第二次世界大戦後、植民地支配から脱却した国のなかには、自由貿易政策を選んだ国もあったが、ほとんどの開発途上国は保護貿易政策を選んだ。その結果、開放経済を選んだ国は、閉鎖経済の国々とくらべてずっと優位に立つにいたった。一九九〇年代初めまでに、大半の途上国は自由貿易に切りかえ、数十年におよんだ高い関税や輸入数量制限などの貿易障壁を廃止した。保護貿易政策や多国籍企業の排除が、極度の貧困を減らすのに多少とも貢献した事実を証明するものは一つもない。

図2　開放経済8カ国および閉鎖経済40カ国の平均成長率

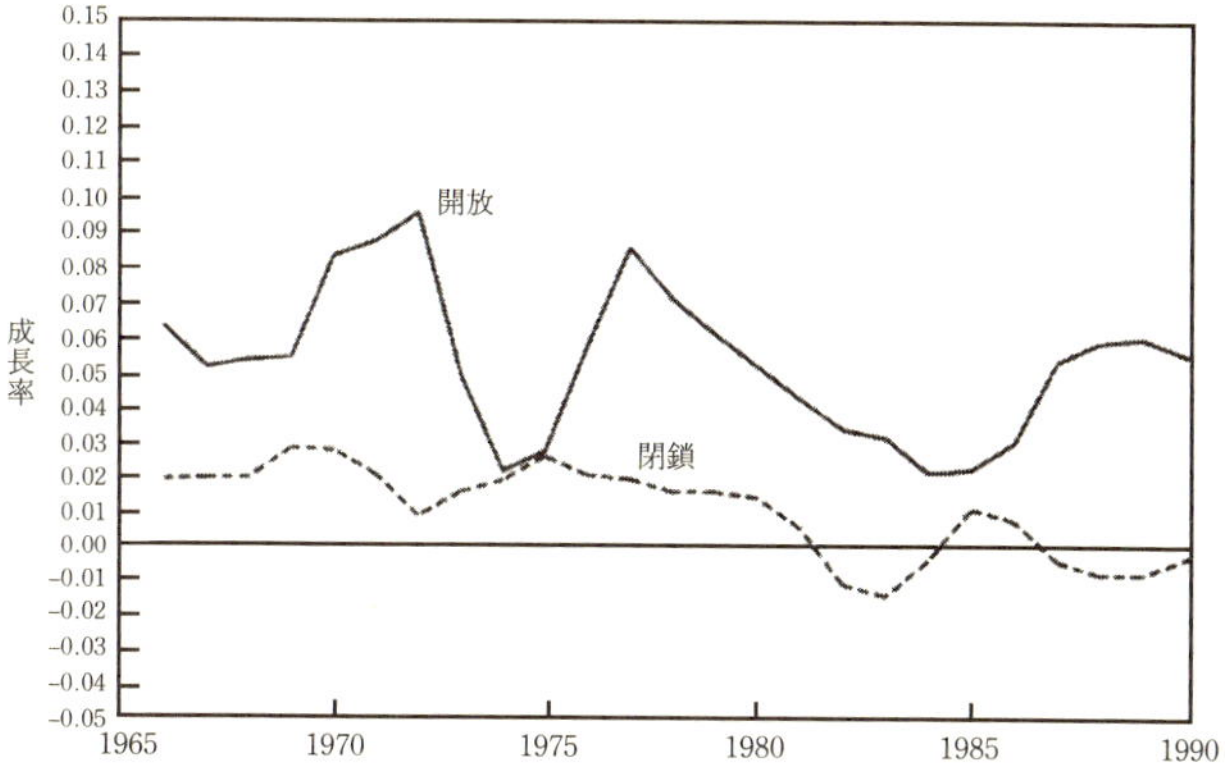

出典：サックスおよびワーナー（1995年）による。

それでは、反グローバル化運動はなぜ、貿易や企業を目の敵にするのか？　実際のところ、たいていの企業は、不道徳な行為と完全に無縁ではなかったからだ。抗議グループは、企業の悪習や腐敗をあばきだし、一掃することに成功した。低賃金の工場で衣料品を作らせていた欧米企業は、抗議行動のおかげで、労働者を大事にし、優遇するようになった。かつてアフリカの有力者に堂々と賄賂を贈っていた石油会社は、いまやその前によく考え、それをやめたこともある。抗議グループの動静を気にしているのだ。抗議グループの見たものが投資家の反感を呼び起こし、そこから会社の評価の下落にいたる道筋はよくわかっている。製薬会社の幹部は、これまで自社の特許薬には勝手な値段をつけて当然だといっていたのに、近頃では無料にしたり、原価で提供するようになった。これも反グローバル化運動のおかげだ。

しかし、反企業や反貿易といった姿勢は、資本主義に対する条件反射的な嫌悪感から生じることもあり、その場合はもっと根強い誤解があるようだ。抗議グループの人びとは気づいていないようだが、アダム・スミスでさえ彼らと同じような熱い道義心をもち、社会の向上のために具体的に行動を起こすべきだと考えていたし、貿易と投資を擁護する人びとのなかにも、必要ならば、政府主導で貧困層への援助と環境対策を推進すべきだと考えている人は大勢いる。抗議グループが知らないことはほかにもある。貿易と市場の力を信じると同時に、その限界を知ることは可能なのだ。反グローバル化運動は、資本主義の人間的側面について悲観的に考えすぎる。人間的な資本主義とは、貿易と投資の限界を知りつつ、そのめざましい力を活用し、人びとが心を通いあわせて協力することである。

もともと、グローバルな環境危機はBPやシェル・グループやエクソンモービルの責任ではなく、エイズの蔓延はファイザーやメルクの責任ではない。大手石油会社や製薬会社を血祭りにあげたところでなんの解決にもならない。これを解決するには、国家およびグローバルなレベルで、気候変動ガスの排出を抑え、エイズ薬の価格を貧しい人でも買えるくらいに下げることだ。ゲームのルールを民間企業に決めさせるとしたら、反グローバル化運動は方向を誤っている。政府が権威をもって正しいルールを作れば、国際企業はそれにしたがって、問題解決に大きな役割を果たすだろう。なんといっても、世界的な大企業は、最先端のテクノロジーと優秀な社内研究チームを擁し、ありきたりの公共組織にはおよびもつかない優れた組織と物流管理システムをもってるのだから。要するに、企業には仕事を成しとげるためのノウハウをもっている。あとは、正しいことをしたいという気持ちを植えつければいいだけだ。

反グローバル化運動の主張のなかで的を射ているものもある。多国籍企業の務めは本来、市場のルールの範囲内で株主の利益を最大限にすることなのに、往々にしてその境界線を逸脱し、多大な労力を注いで——ときには、秘密裏に——自分たちでルールを作ろうとするということだ。ゲームのルールをきちんと守っていれば、企業が市場ベースでどんな経済活動をしても正当と見なされる。しかし、ロビー活動、選挙運動の資金調達、政府の政策への干渉などによって、企業が勝手にルールを作ろうとしたら、それは正しい経済活動とはいえない。

啓発されたグローバリゼーションに向けて

こうして見てきたあげく、最後にいえるのは、反グローバル化運動がめざすべきは、熱心なとりくみと道義心のすべてをグローバル化推進運動に注ぎこむことではないだろうか。ただし、それは貧困層への援助、地球の環境問題、民主主義の普及を目的としたグローバル化でなければならない。それは啓蒙思想が支持したグローバル化、つまり民主主義、多国間協調主義、科学とテクノロジー、人間の欲求を満たす経済システムである。「啓発されたグローバリゼーション」といってもいい。

では、大衆運動が「啓発されたグローバリゼーション」をめざすとき、何をターゲットにしたらいいのだろうか？　まず、裕福な政府の行動、なかでも最もパワフルでわがままな政府——すなわちアメリカ合衆国である。アメリカを筆頭に、裕福な先進諸国に対して、貧しい人びとを救うための公約を守るよう要求する。同時に、人為的な気候変動と生物多様性の危機を含む環境保護についての公約も守るよう要求する。さらに、これまで同様、企業の責任についても目を光らせるが、多国籍企業による最貧困国への投資を減らすのではなく、増やすように要請する。貿易や投資を控えるのではなく、貧しい国が先進国の市場を利用できるよう、世界貿易機関（WTO）にドーハ・ラウンドの政治公約を守るよう要求する。

おそらく近い将来に最も必要になるのは、アメリカに方向転換を迫ることだろう。アメリカは、大国幻想と単独行動の癖を捨て、多国間協議に参加することによって国際社会の一員にならなければいけない。ネオコン（新保守主義者）のいうアメリカ帝国など幻想にすぎないが、それはきわめて危険な幻想でもある。ネオコンはこの世界の基本について、二つのことを誤解している。第一に、アメリカの人口は世界総人口の四・五パーセント、所得は購買力平価（PPP）で世界の所得合計の二〇パーセントにすぎない。二〇五〇年までに人口比はやや下がるだけだが、GNP比は急激に落ちこんで一〇パーセントになるといわれている。善し悪しは別として、アメリカには世界帝国を本気でめざせるだけの経済的な余裕はない。皮肉にも、イラクでの小規模な戦争は、アメリカ軍の人員と国家財政に大きな損失を与えた。さらに国民はこの戦争のための増税にはそっぽを向いたので、ブッシュ政権は財政赤字のさなかに軍事費の調達を余儀なくされた。

第二に、アメリカの軍事力は大きいとはいえ、その力が政治的な優位のために使われることはめったにない。イラク戦争でわかったとおり、征服はできても統治はできないのだ。外国人がアメリカの支配をおとなしく受け入れた時代は半世紀も前に終わった。そのことをネオコンはどうしても理解できないようだ。イラクに乗りこんだアメリカ軍は解放者として歓迎されるどころか、占領者と見なされた。この展開は十分に予測できたことで、これを意外に思ったのは、現実を見ようとしないネオコンだけだった。現代において突出したイデオロギーはナショナリズムと民族自決主義である。二十世紀が進むにつれ、このイデオロギーは、途上国でますます強力に育っていった。識字能力が上がるにつれて、植民地支配の専横さや不信の構図が痛いほどわかってきたからである。

ブッシュ政権の単独行動主義と軍国主義は、もう一つ強大な力によってもあおられた。先にもふれたように、アメリカ人の多くは外交政策への意見を、国益からではなく、聖書の預言解釈で決めている。アメリカがイラクとアフガニスタンへ侵攻したとき、何百万人にもおよぶキリスト教根本主義者（ファンダメンタリスト）のあいだで、テロの台頭と中東の紛争が「終わりの時」のしるしではないかという議論が起こった。キリスト教根本主義の終末預言にもとづく小説『レフトビハインド』シリーズは、未来のハルマゲドンをドラマチックに描きだし、何百万部も売れた。この教義を信じる人たちは、ブッシュ政権の強力な支持者層となっている。アメリカの外交政策が、単独行動主義や勘違いだらけのネオ帝国主義だけでなく、非科学的な聖書の預言にまで左右されるなら、世界の危険はさらに増大するだろう。

難題に立ちむかう

過去二世紀のあいだに世界は急速に繁栄した。その間、人類の幸福をどこまでも拡大するという課題に、それぞれの世代が挑戦しつづけた。なかには、二十世紀の共産主義やファシズムなど、全体主義の特徴ともいうべき集団ヒステリーや残虐行為に直面して、理性そのものを守るという辛い試練にさらされた世代もあった。その半面、戦火をまぬがれ、人間環境の改善に欠かせない強力な道具を手に入れた世代は、人間の自由と理性を拡大する機会に恵まれた。さて、私たちの世代はいま不安定ながら平和な世界に住んでいる。テロ行為とアメリカの軍国主義的な対応という不安を抱えてはいるが、現状が維持できるなら、これを土台にしてさらに平和を築けるはずだ。貧困の根絶は、私たちの時代に与えられた、またとないチャンスである。それは多くの人びとを苦しみから解放し、経済的な繁栄を約束すると同時に、民主主義、世界の安全保障、科学の進歩といった啓蒙思想の目的を世界に広める行為でもある。

私はよくこう聞かれる。アメリカやヨーロッパや日本のように、内側を向いた物質主義の国が、社会の改善という大胆な計画を受け入れるでしょうか？　ましてや世界の最貧困国のために？　目先のことしか見ない利己的な先進国は、他の国の要求など頭から無視するのではないか？　私はそうは思わない。過去にも人間の自由と幸福の拡大のために貢献した世代はあった。そんなチャレンジを可能にしたのは、努力、話しあい、忍耐、そして歴史の正道を歩んでいるという強い喜びである。過去の世代が成し遂げた三つの偉大なチャレンジが私の心に浮かぶ。それは貧しい人びとと弱者の権利を守るものだった。これらの先例は、私たちの時代に励ましを与え、水先案内ともなってくれる。

奴隷制の廃止

一七八九年、フランスの国民議会が人権宣言を採択し、「人は生まれながらにして自由・平等の権利を有する」という啓蒙思想のビジョンを宣言したとき、世界にはまだ奴隷制がはびこり、フランス、イギリス、オスマントルコなどの大国でこの慣習が続いていた。そのころ、イギリスのロンドンで、世間の目には非現実的としか思えない一つの運動が起ころうとしていた。奴隷貿易廃止委員会の結成である。創設者である二十七歳のトマス・クラークソンとその仲間はクエーカー教徒で、道徳および宗教上の理由から奴隷貿易に反対していた。歴史家のヒュー・トマスによれば「博愛精神にのっとった、史上初の大々的な市民運動」である。[*97] クラークソンはやがてウィリアム・ウィルバーフォースと知りあった。その後四半世紀にわたり、ウィルバーフォースはこの運動の強力な擁護者として議会で熱弁をふるった。

遺憾ながら、イギリスの商業上の利益とイギリスの奴隷制反対運動は真っ向から対立するものだった。斜陽化していたイギリス産業はこの反対運動で崩壊を速めるどころか、奴隷貿易や奴隷関連産業のおかげでますます繁栄した。それにつれて、奴隷制反対運動もさらに高まりを見せた。奴隷制に反対する根拠は、道徳、政治、倫理上の理由、それに社会のビジョンであり、狭量な利己主義とは無縁だった。例によって、奴隷貿易を容認する人びとは、廃止したら逆効果になるといった。今日の対外援助についても、誤った根拠に凝り固まって、効果より害のほうが大きいといいはる人がいるが、それと同じだ。ウィルバーフォースの政敵の一人はこんなことをいった。「アフリカ人は奴隷として売られなくても、どうせアフリカで殺されるか処刑されるのがおちだ」。また、奴隷貿易廃止運動が、理論としては立派でも、実現の見こみはないという人もいた。もう一人の政敵はこういった。「たとえ奴隷制廃止の法律ができても、よほどの間抜けでないかぎり、奴隷商人はフランスへ行くだろう。フランスなら歓迎されるはずだから」

ヒュー・トマスの皮肉めかした評言によれば、「政治には何よりも忍耐が必要だが、ウィルバーフォースのそれは英雄的なレベルだった……」。それから数十年間、紆余曲折と裏切りの数々をへたあげく、ついにヨーロッパの植民地で奴隷貿易と奴隷制そのものが廃止された。ナポレオン戦争のさなかの一八〇七年、大英帝国が奴隷貿易を廃止した。終戦を迎えた一八一五年のウィーン会議で、イギリス、フランス、スペイン、オーストリア、プロイセン、ロシア、ポルトガルの各政府は奴隷貿易の廃止を決定したが、施行日は未定のままだった。一八二〇年代、イギリス議会では、帝国内全域での奴隷制の廃止が盛んに論議された。奴隷制廃止論者は賢明にも道徳論と現実論を巧みに織りまぜた。たしかに、廃止によってイギリスは金銭的な損失をこうむるかもしれない。しかし、ライバルのフランスはもっと大きな痛手をこうむるだろう、と。こうして本国の政治改革を終えたあとの一八三三年、ついに大英帝国全域で奴隷制廃止法が施行されることになった。

植民地主義の終焉

奴隷制廃止からおよそ百年後、またしても非現実としか思われないことを始めた人物がいた。モハンダス・カラムチャンド・ガンディー（マハトマ・ガンディー）は、大英帝国の支配からインドの独立を勝ちとろうとした。ウィンストン・チャーチル首相を初めとする帝国のリーダーたちは、大英帝国の宝石と呼ばれたインドを「煽動的な托鉢僧」――チャーチルの痛烈な評――に譲る気はさらさらなかった。植民地中に無数の独立運動を起こすきっかけとなったガンディーのキャンペーンは、いまや普遍的な教えとなっている。非暴力の抵抗、自立可能なことを証明するための自給自足運動、最下層カーストの政治と社会における平等を求める呼びかけなどである。ガンディーは最下層カーストをハリジャン（神の子）と呼んだ。ガンディーの巧みな戦術によって、独立運動は政治、社会、経済、道徳といった広範な分野に根づいたのだった。

帝国支配の枷を壊して、五十以上の新しい独立国が誕生することにくらべたら、先進国のGNPのわずか〇・七パーセントを極度の貧困をなくすために差しだすことなど、まるで大した試練とは思えない。奴隷制の廃止と同じく、植民地支配の廃止も、最初のうちは成功の見込みがないといわれていたが、やがて大成功を収めた。植民地支配が急に廃止された理由の一つは、一九一四年から一九四五年にかけて、ヨーロッパの植民帝国同士が悲惨な戦争にまきこまれたことだった。この戦争で、植民帝国は文字どおり血を流し、経済的に疲弊して、道徳的な評判は地に堕ちた。それでも、独立はまちがいなく政治的な大衆行動の勝利であり、世界各地の人民が独立という理想にめざめた結果だった。帝国主義のあとには往々にして、痛ましい暴力、政治不信、行政の失敗、独裁が続いたが、そんな不幸にもめげず、これらの地域で「民意にもとづく政府」という啓蒙思想の理想が広く、また立派に定着したことは、驚嘆すべきである。

公民権運動と反アパルトヘイト

ガンディーが説いた非暴力による抵抗は、それに続く多くの闘争において、その正しさが証明された。ガンディーが証明したのは、たとえ弱者でも、大勢が団結してあきらめずに普遍的な価値観を訴えつづければ、強者の圧力もくつがえせるということだった。インドの独立を勝ちとるためのガンディーの政治闘争は、基本的にはインド人の尊厳と人権のための闘いだった。したがって、それは一世代のちのアメリカの公民権運動や、それに続く反アパルトヘイト闘争の踏み台ともなったのである。マーティン・ルーサー・キング牧師はまさにアメリカのガンディーである。ガンディーは非暴力による大衆運動の先駆者であり、圧制と向きあって「もうたくさんだ！」といった。一九五八年にキング牧師はこう書いている。[98]「ガンディーが訴えた愛と非暴力のなかに、私はそれまで探しもとめていた社会改革の方法を見出した」。翌年、キング牧師は非暴力による抵抗の道を学ぶため、インドを訪れた。その三十年後、今度はネルソン・マンデラが全世界を奮い立たせた。正しいと思うことを実行する勇気と政治的手腕によって、南アフリカにおける人種差別的支配を終わらせ、民主主義国家への移行を平和のうちに進められることを証明してみせたのだ。

有名な「私には夢がある」の演説で、キング牧師は啓蒙思想に立ちもどり、アメリカの独立宣言に思いをはせている。[*99]

この建国の父祖たちが憲法と独立宣言のみごとな言葉を書いたとき、彼らはすべてのアメリカ人を受取人として、約束手形に署名をした。この手形はすべての人びとに、生命、自由、幸福の追求という譲渡不能の権利が保証されるという約束だった。

黒人に関するかぎり、アメリカがこの約束手形の支払いを怠ったことは、今日、明らかだ。この神聖な支払い義務を果たすかわりに、アメリカは黒人に不正な小切手を与えた。その小切手は「残高不足」と書かれて戻された。しかし、私たちは正義の銀行が破産したなどとは絶対に信じない。私たちはアメリカの機会という大金庫にもう残高がないなどとは絶対に信じない。そして、いま、私たちはこの小切手——自由という富と正義という証券を保証してくれるもの——を換金するためにやってきた。

私たちも、四十年前のキング牧師のように声をあげるべきだ。国際的な正義の銀行は破産していない。世界の貧しい人びとは残高不足と書かれた不渡り小切手を受けとるわけにはいかない。とくに残高が十分にあること、しかも、それがアメリカの数百人の大富豪の口座にあることがはっきりしているのだから、なおさらだ。ましてアメリカの約四百万世帯の資産がそれぞれ百万ドル以上あること、全世界の約八百万世帯——ざっと十億人——が年間所得の合計が三十兆ドルもある高所得国の住民であることはいうまでもない。

奴隷制廃止運動、植民地の解体、人種差別反対運動には、共通した特徴が見られる。スタートしたときは無謀な試みといわれ、おそらく勝ち目はないと思われたことだ。世界で最も金持ちで、最も力のある存在に、最も貧しくて最も弱い存在に正義をもたらしてほしいと呼びかけたのだ。これらの運動を成功させるには、政治的なかけひき、現実的な交渉、大衆教育のすべてが必要だった。また、教義や倫理規範だけでなく、啓発された利己心にも訴えた。実現までに何十年もの歳月が流れたことからもわかるように、成功の秘訣は忍耐だった。人権や人間の可能性といった啓蒙思想の基本をなす価値観にも訴えた。そして最後に、大衆の態度が急転換した。その結果、不可能だと思えたことを、当たり前のことへと変えたのである。同じように、貧困の終焉は、急速な変化を見せて、ある日突然、果たされるだろう。先進国がGNPのわずか〇・七パーセントをODAにまわすという約束を三十五年間守らずにきたとしても落胆する必要はない。これをばねに、さらに大勢の人を動かせばいいのだ。

今後の課題

いよいよ、貧困を終わらせるときだが、前途は多難である。富があふれたこの世界にまだ極度の貧困が存続する理由は突きとめた。この貧困に対処し、克服する方法も段階を追って示した。行動にかかるコストが少なく、それどころか、何もしないでいるときのコストより少ないことも示した。二〇二五年までのタイムテーブルと、その中間点としての二〇一五年のミレニアム開発目標（ＭＤＧｓ）のことも説明した。主要な国際機関の今後なすべきことについても書いた。しかし、これらの目標を果たすべきこの時代は、世界中が無気力におおわれ、戦争の危険が迫り、偏見がまかりとおり、あの当時とは事情がちがうという懐疑主義――それも当然といえば当然だが――がはびこっている。

そう、今度こそ前とはちがう。前とはちがって成功するために、九つの段階をあげておこう。

貧困をなくすことを約束する

まず最初にすべきことは約束である。オックスファム（ＮＧＯ団体）やその他の市民団体の指導者は「貧困を過去のものにしよう」という目標を掲げている。今度は、世界全体がその目標を掲げるべきだ。私たちは二〇一五年までに貧困を半減することを約束した。次は、二〇二五年までに極度の貧困をなくすことを約束しよう。

実行計画をもつ

ミレニアム開発目標（MDGs）は貧困をなくすための手付け金である。これらの目標は具体的で、数値化もされており、すでに先進国と貧困国のあいだの国連グローバル協約で約束されている。国際社会はこれらの目標をふたたび約束するだけでなく、ミレニアム開発目標の達成に向けて、各国の首脳は世界規模の具体的な計画を示すべきだ。ミレニアム開発目標に関しては十五章で概要を述べたが、国連ミレニアム・プロジェクトによる詳細な説明も入手可能である。

貧しい人びとの声を届かせる

マハトマ・ガンディーとキング牧師は、金持ちや権力者が助けにきてくれるのをただ待ってはいなかった。彼らは正義に訴えつづけ、役人の傲慢さと怠慢をものともせずに抵抗した。貧しい人びとは、裕福な人びとが正義に気づくのを待ってなどいられない。貧しい人びと自身が黙っていたのでは、G8（主要先進八カ国）はけっして貧困をなくす闘いにのりだしてはくれないだろう。ブラジル、インド、ナイジェリア、セネガル、南アフリカなど数十カ国におよぶ貧困世界の民主主義勢力が結集して行動を呼びかけるときだ。貧しい人びとはG3（ブラジル、インド、南アフリカ）やG20（世界貿易機関内で交渉する貿易グループ）などを通して意見を主張できるようになったが、世界にもっと聞いてもらう必要がある。

世界のリーダーとしてのアメリカの役割を回復させる

世界で最も裕福で強力なアメリカは、長いあいだ民主主義の理想のもとで指導力を発揮し、人びとを感化してきた。しかし、この数年のうちに、世界で最も恐れられる矛盾だらけの国になってしまった。世界一の大国となって好きなことをしたいという欲求は悲惨な結果につながり、世界の安定を脅やかす大きな要因にさえなっている。多国間協議に参加してこなかったアメリカは、世界の安全をむしばみ、社会正義や環境保護への前進を妨げた。さらに、単独行動主義への転換によって自国の利益も損なった。啓蒙思想というるつぼのなかで鍛えられたアメリカは、啓発されたグローバリゼーションの闘士になれるはずだ。アメリカは国の内外における政治路線を変更して、世界の平和と正義につながる道へと立ち戻らなければならない。

IMFと世界銀行を救う

私たちの世界を率いる国際金融機関は、地球上の貧困をなくすのに決定的な役割を果たすだろう。そのために必要とされる経験と専門知識があるからだ。また、高いプロ意識をもつ職員には意欲がある。だが、使い方を失敗した。悪用されたといってもよい。これではまるで百八十二の加盟国政府を代表する国際機関というよりも、債権国が経営している銀行のようだ。債権国の家来としてではなく、経済における正義や啓発されたグローバリゼーションの闘士になれるよう、いまこそ、ＩＭＦと世界銀行の本来の役割を回復させるときである。

国連を強化する

近年の失敗について国連を責めても意味がない。国連はそもそもアメリカを初めとする世界の強国に望まれて設立された。国連機関はなぜきちんと機能していないのか？　国連にも官僚主義は存在するが、そのせいではない。国連を自由に操れなくなるのを恐れた強国が、国連により大きな権限を与えたがらないことが元凶である。国連の専門機関は正しく機能しさえすれば、貧困をなくすための活動において中心的な役割を果たせるはずだろう。国ごとに現地で、ユニセフ（国連児童基金）、世界保健機関（ＷＨＯ）、食糧農業機関（ＦＡＯ）などの国連機関に適切な働きができる場を与えよう。最も貧しい人びとが現代の科学技術を用いて貧困の罠から抜けだせるようにするのに国連ほど適任の機関はない。

科学をグローバルに活用する

科学は産業革命が始まったときから発展の鍵となり、知識をテクノロジーに変換することで社会を進歩させる原動力になった。コンドルセが予測したように、科学のおかげで、食糧生産、健康、環境保護、さらに生産の基本部門や人間の欲求の無数の分野でテクノロジーの進歩が果たされた。一方で、科学には市場の力を導くだけでなく、それに追随しようとする傾向がある。これまで何度も述べてきたように、金が金を生むという持続的なサイクルによって、金持ちはより金持ちになるのに、最貧困層はこの循環から排除されてきた。これまでは、たとえ、特定の病気、作物、生態学的環境の特徴など貧困層に必要なものがわかっても、グローバルな科学からは無視されてきた。したがって、今後の科学は、政府、学界、産業界が主導するグローバルな研究所を中心にして、地球上の貧しい人びとすべてのために、未解決の問題と重点的にとりくむ必要がある。公的資金、民間の慈善活動、非営利財団は、これらの研究を支え、市場力の不足分を補うことになる。

持続可能な開発を促進する

医療、教育、インフラストラクチャーに的を絞った投資をすることで人びとは極貧の罠から逃れるが、その一方で、地域、国家、地球規模での環境劣化が進むために、私たちの社会の長期的な持続が脅やかされる。極貧をなくせば、さまざまな面で環境にかかる負担を減らすことができる。貧困世帯が農地の生産力を向上させれば、新たな農地を求めて近隣の森林を伐採しないですむ。子供たちの生存率が上がれば、急速な人口増加というマイナス要因のある高い出生率を無理して維持する必要がなくなる。しかし、極貧をなくすと同時に、産業公害や化石燃料の大量利用から派生する長期的な気候変動と、それに起因する環境劣化への対策も必要になる。繁栄を損ねることなく、こうした環境問題に対処する方法はある（たとえば、放出炭酸ガスの回収・処理ができる高性能の発電所の建設や再生可能なエネルギー資源の活用など）。貧困撲滅だけでなく、地球の生態系を持続させるためにも引きつづき投資しなければならない。

一人一人が熱意をもってとりくむ

しかし、なんといっても最後は個人の問題である。一人一人が足並みをそろえてとりくむことで、社会は形成される。社会的な貢献は、個人の貢献で成りたっているのだ。大きな社会的勢力が個人の行動の積み重ねにすぎないことを、ロバート・ケネディは気づかせてくれた。今日、彼の言葉はこれまで以上に力強く響く。*100

けっして弱気になってはいけない。たった一人の力では、この地球上に蔓延する社会悪――みじめさと無知、不正と暴力――に対して何もできないという考えに、けっして屈してはいけない……歴史そのものを変えられるほど偉大な人間はそうはいない。だが、出来事のほんの一部なら、私たち一人一人の力でも変えることができる。そして、それらを合わせたものが、私たちの世代の歴史として記されるだろう……。

勇気と信念にもとづく無数の行為によって人類の歴史は作られる。人は理想のために立ちあがり、人類の幸福のために行動し、不正に対してこぶしを振りあげる。そのたびに、人は小さな希望のさざ波を送りだす。そのさざ波は、エネルギーと勇気にあふれた他の無数の中心から生まれたさざ波と交差する。そのとき、これらのさざ波は一つの流れとなり、圧制と妨害の巨大な壁を押しながすだろう。

私たちの世代が力強い希望の流れを送りだし、力を合わせてこの世界を癒した。未来の世代にそう語ってもらおうではないか。

訳者あとがき

版元から、翻訳の可否を検討してもらいたいということで渡された英語版原書の仮綴じ見本の裏表紙を読んでいたところ、たいへん興味深いことが書かれていた。著者について、〈ニューヨーク・タイムズ・マガジン〉は「おそらく世界で最も重要なエコノミスト」と紹介し、〈タイム〉は「世界で最もよく知られたエコノミスト」と書いているのである。さらに〈タイム〉は「最も影響力のある百人の指導者」の一人に、サックス教授を選んだこともあるそうだ。私はこれまで経済書を仕事のレパートリーの一部にしていたにもかかわらず、ジェフリー・サックスという名前にこのとき初めてお目にかかったのである。もちろん、欧米のエコノミストの名前を全部知っているなどと広言するつもりはないし、私が読んだ経済書の数もたかが知れている。

アメリカの権威ある定期刊行物がこのように紹介している人物についてまったく無知だったというのは、ひどく恥ずかしいことなのかもしれない。だが、サックス教授はこれまで論文の執筆に専心していて書籍をあまり刊行していなかったこと（その後インターネットで調べて、わが国でも彼の著書——共著——が一冊訳されていることを知った）、それに開発途上国の政府および国際機関の経済顧問という仕事を主にしていたことも、私の無知の原因の一つになっていたのかもしれない。

さて、サックス教授のことから書きはじめたわけだが、その経歴を以下に略述しよう。ジェフリー・サックスは一九五四年十一月、ミシガン州デトロイトに生まれ、現在五十一歳の働き盛りである。ハーヴァード大学で学び、一九八〇年に博士号を取得した後、助教授としてハーヴァードの教授団に加わり、一九八三年には二十八歳の若さで終身在職権を得ている。これは驚くべきスピード出世であり、なるほど優秀だと唸らされるが、〈タイム〉誌の高い評価はまた別の活動によるものだった。

もともとマクロ経済学を専門とし、とくに国際金融を研究していた教授のもとに、一本の電話がかかってきて、ボリビアの経済問題について助言してもらえないか、と意向を打診された。これが、サックス教授の新しい経歴のはじまりとなったわけだ。

貧困の実態を自分の目で見たことがきっかけで開発経済学に関心が移り、とりわけ臨床経済学という新たなアプローチを思いついて、それを提唱するようになった。貧困の罠に陥った国を患者と見なし、医師のかわりに経済顧問が「往診」する。そして、臨床医学の診断方法をかりて診断をくだし、適切な処方を考えるというものである。

こうして、サックス教授はラテンアメリカ、東欧（とくに民主化移行期のポーランド）、旧ソ連、アジア（インドと中国）、アフリカ諸国を訪れて、経済政策について助言をするようになった。

彼が現在、最も努力を傾注しているのは、国連のミレニアム・プロジェクトである。アナン国連事務総長の顧問として、またコロンビア大学の学際的な研究機関である地球研究所の所長として、サックス教授は世界の貧困をなくす運動の大きな推進力となっている。本書では、国連ミレニアム・プロジェクトが掲げるミレニアム開発目標について、具体的な援助の金額や手段、障害となっている問題や誤解など、その全容が仔細に説明されている。

ミレニアム開発目標の主眼は、二〇二五年までにこの地球上から極度の貧困をなくすことである。人類史上、けっして達成できなかったばかりか、想像することさえできなかった「貧困の終焉」――それが、いま、私たちの世代には可能だとサックス教授はいう。しかも、具体的な数字と手法を提示し、その気になりさえすれば、私たちの世代がこの偉業を成し遂げた世代として後世に記憶されるだろう、というのである。

また、「序文」を寄せているボノ――ロックミュージックに疎いので、彼の音楽にはなじみがないが――は貧困問題への熱心なとりくみが評価され、〈タイム〉誌が選ぶ二〇〇五年の「今年の人」に選ばれた。同時に選ばれたビル・ゲイツ夫妻も援助活動に力を入れていることで知られる。このような有名人の活動だけでなく、最近では若い人のあいだでもホワイトバンドが流行しているという。これも貧困撲滅キャンペーンの一環だが、これまでの活動と違うのは、ただ寄付をしてあとはそれっきりというのではなく、世界の貧困の実情を知ること、税金や公共資金の使い道について関心をもつことに重点が置かれ、ホワイトバンドを身につけることがミレニアム開発目標への賛同の意思表示にもなっているところだろう。こうした活動が、若者のあいだで「おしゃれ」になっていることには賛否両論あるだろうが、それによって貧困がなくなるなら歓迎すべき流行だと思う。

アメリカ史を中心に、イラク戦争やアメリカ経済に関連する本の翻訳をしてきた訳者としては、とくにブッシュ政権の二枚舌を舌鋒鋭く論難している部分に心の底から共感をおぼえたしだいである。

本書を読み終わったなら、私たちの世代が、戦争やテロに明け暮れたことではなく力を合わせて地球上から極度の貧困をなくした世代として後世に記憶されたいものだと誰もがきっと思うはずだ。

最後になったが、翻訳の機会を与えてくれた早川書房、編集校閲の作業をしてくれた小都一郎さんと三浦由香子さんをはじめとする編集部の皆さん、翻訳に協力してくれた友人の翻訳家、佐々木ナンシーさんに心からお礼を申しあげる。

二〇〇六年三月

訳者を代表して　鈴木主税

解説　人類のもつ潜在力を信じるサックスの挑戦

アジア経済研究所上席主任調査研究員
平野克己

　ここ三十年、開発経済学はサブサハラ・アフリカを論じることで発展してきたといって過言ではない。アフリカ経済の低成長を解明しようとして多くの研究者がアフリカ研究に参入したが、そのなかに、ひときわ輝く四つの巨星がある。アマルティア・セン、ジョセフ・スティグリッツ、ポール・コリアー、そして、本書の著者ジェフリー・サックスである。センはエチオピア飢饉を分析してケイパビリティ理論をつくりあげ、スティグリッツはケニア滞在時代に着想をえた「情報の非対称性理論」を構築して、それぞれノーベル経済学賞を受賞した。

　オックスフォード大学のコリアーと、当時ハーヴァード大学にいたサックスは、開発経済学の隆盛期をリードした理論家であると同時に、アフリカ経済研究の二つの頂点であり続けた。二〇一三年に横浜で開催された第五回アフリカ開発会議（TICAD5）でも、この二人は個人の資格で招聘され安倍首相と面談している。

サックスは二八歳でハーヴァード大学経済学部の教授になっている。経済学の標準教科書をつくり続けたポール・サミュエルソンの若き日の俊才ぶりはいまでも鳴り響いているが、彼がマサチューセッツ工科大学の教授になったのは三二歳のときだ。世界的な経営学者マイケル・ポーターがハーヴァードの教授になったのは三五歳だから（ただしポーターはその前に宇宙機械工学科を卒業している）、サックスの俊英ぶりはズバ抜けている。国際金融の専門家としてアカデミックキャリアを歩み始め、一時たいへん流行った大恐慌研究において先陣をきった。学者としては花道街道驀進といったところだが、サックスの名を世界に知らしめたのは、一九八九年からポーランドの経済改革に関与したことだろう。賛否半ばした「ショック療法」の提唱者として彼の名は轟きわたるのだが、本書によるとその政策論は、それ以前にボリビアの政府顧問となりハイパーインフレを収束させたとき、形成されたものらしい。彼はそこで「臨床経済学」という着想をえた。その国の経済を成り立たしめている地理的条件や歴史を把握し、それらを踏まえて〝体質〟に合った経済政策の処方箋を作成するという方法論である。ポーランドでの経験を買われてロシアでも仕事をしているが、一般には「ロシアはショック療法で失敗し、中国は漸進主義で成功した」といわれる。しかし中露の違いはもっと深いところにあって、この一般通念が正しくないことは本書でも知ることができる。その後サックスは一九九〇年代の中国やインドの経済政策にも助言し、貢献している。

知的好奇心が旺盛で、物怖じせず、困難な課題に次々と挑戦していくその姿勢には、抜群に頭脳明晰な人間によく見られる、無邪気とも映る果敢さが漲っている。そのチャレンジ精神は類希なキャリアに結晶し、サックスを世界的な人物に押し上げていくのである。そして、貧困の巣窟アフリカに出会うのだ。

ほかの社会科学とは違い経済学者の仕事は学術ジャーナルが主要舞台で、業績の中心は、長くても三十ページほどの論文である。一九八〇年代から二十年以上にわたって経済成長から見放され、長期的かつ大規模に貧困化が進行したサブサハラ・アフリカに関しては、「なぜアフリカだけが経済成長できないのか」という問いをめぐり世界中の大学や研究機関が大量の論文を生産してきた。先に触れたコリアーは、アフリカを、「極端な好不況、飢饉や人口移動に彩られた経済史をもつ、エコノミストたちにとっての金鉱」と喩えている。そこから掘り出されたもっとも眩しい金塊のひとつが、一九九七年に書かれたサックスとアンドリュー・ワーナーの共同論文「アフリカ経済低成長の原因」だろう（これも経済学の特徴だが、経済学論文には共同執筆のものが多い）。これは、アフリカ経済の低迷を非開放的な貿易政策に求めた議論であり（貿易開放度という）、その数式は、あまた存在した論文のなかで最高の説明力を示した。しかも、目配せの利いたエレガントな文章で綴られていて、作品としてじつに美しい。

アフリカ経済の著しい低成長を説明するため、これまでさまざまな仮説がつくられている。アフリカ人の社会は千を超える数の部族言語に分断されているのだが、これが効率的な経済運営を妨げているというもの（民族言語多様性という）。アフリカにはあまりに多くの国家が存在するため海に面していない内陸国が世界でもっとも多く、これが通商を不利にしているというもの（内陸国性という）。行政や経済の制度が未発達なこと、金融システムが歪んでいること、私的所有権が確立していないことなどである（統治に関する要因をガバナンスという）。私は、アフリカ同様二十年以上経済成長していない日本経済にも当て嵌まる仮説でなければ、それは特殊アフリカ的な説明にすぎないのであって、普遍的論理とはいえないと考えている。その観点からみると、サックスの貿易開放度だけはみごとに日本経済の低迷を説明できるのである。

二〇〇〇年の国連総会でミレニアム開発目標（ＭＤＧｓ）が採択されると、サックスはアナン国連事務総長に請われてＭＤＧｓ特別顧問に就任した。また、ハーヴァード大学からコロンビア大学地球研究所の所長に転籍している。ここからＯＤＡ（政府開発援助）増額論者としての活躍が始まる。サックスの運動方針は本書の後半に書かれてあるが、要旨はこうだ。

人類は極端な貧困を地上から無くすことができる。それだけの財力と手段をもっている。そのためには、かねてよりの国際合意通り先進諸国はＯＤＡをＧＤＰの〇・七％まで増額してほしい。絶対的貧困層は「貧困の罠」に陥っていて、これは民間の力では救えないのである。従来のような小額の援助を断続的に投入してもダメだ。貧困の罠から脱出するのに必要な複合的パッケージとしての支援を、貧困層コミュニティに直接、無償で、一定期間供与し続けなければならない。そうすれば貧困の罠が壊れて自立的な開発が動き出す。

同様の考え方は開発論のなかに昔から存在し、ビッグプッシュ論という。具体的な数字で見てみよう。サックスが指導する国連ミレニアム・プロジェクトが提唱しているのは、一日一・〇八ドル未満で生活している十一億人を対象に、一人当たりおよそ百ドルを、最低十年、継続して供与するというものだ。また、プロジェクトの乱立と事務的混乱を回避するため、多国間援助（国連機関や世界銀行を通じて行う援助）が望ましいという。必要額の合計は年間一二四〇億ドルと算定されている。

本書が参照しているODAの数字は二〇〇二年当時のもので、総額五三〇億ドルだった。その後MDGsを受けて二〇〇二年三月に国連開発資金国際会議が開かれ、それから英米を中心にODAが増額された。これを書いている時点で最新のODA統計は二〇一二年のものだが、それによると先進国のODA総額は一二六八億ドルで、GDP比率は〇・二九%である（ちなみに日本のODAはおよそ百億ドルで、GDP比率は〇・一七%）。そのうち半分以上は援助機関の人件費や経費に使われるので、サックス提案を実現するには、少なくともさらに倍増しなくてはならない。サックスは超富裕層への特別課税を示唆している。

サックスの想定は妥当なのだろうか。論文を書きまくる生活を送って壮年期がすぎると、経済学者は一般向けの単行本を書くようになる。二〇〇五年に本書が出版され、翌二〇〇六年には、世銀を退職したウィリアム・イースタリーが『傲慢な援助』を、二〇〇七年にはコリアーが『最底辺の10億人』を出版した。どれもたいへん話題になった本だ。イースタリーは開発援助の効果に関して非常に否定的で、したがってサックスをかなり辛辣に批判している。

イースタリーに限らず援助の開発促進効果について否定的な論者は多い。援助、とくに無償援助に付随する最大の弱点として彼らが指摘するのは、それが必然的に依存心をもたらして、開発に不可欠な自助の精神を蝕んでしまうことである。外国からの援助が経済成長を促して開発に役立つか否かは、じつは援助政策発祥以来戦われてきた永年の論点だ。本書は、その大論争に再び火をつけたのである。

サックスは、本書の第一三章でもとりあげられている援助事業の歴史的成功例に強く動機づけられている。代表的なものとしては「緑の革命」や天然痘撲滅がある。たとえば緑の革命には、一九七〇年代八〇年代に多くの批判者がいたが、アジア農業を一変させて飢饉を一掃し、その後のアジア経済の高成長を準備した。サックスは「人類のもつ潜在力を信じよう」と訴えているように思う。

二〇〇三年からの資源ブームでアフリカ経済は突如として急成長を始め、サブサハラ・アフリカの総生産は三倍になった。なかでも、とくに成長が著しい産油国の財政状況は格段によくなった。「援助より投資を」と主張するようになったアフリカ諸国が、成長の成果をどのように使うのか。開発政策と貧困削減は、だれより開発途上国自身の努力が重要である。私がお会いしたサックス教授は、とても社交的で陽気な印象の人だった。緑の革命を推進した故ボーローグ博士の下で働いたことがあるが、博士はつねに前向きで、陽気な気質の人であった。「人類は貧困を根絶できる」。あなたはどう考えますか？

二〇一四年三月

索引

数字

9・11（二〇〇一年九月十一日） 42, 360, 364-369, 372, 377, 517, 540, 542, 543

欧文

BPO（ビジネス・プロセス・アウトソーシング） 63, 318
BRAC（バングラデシュ農村向上委員会） 59, 60, 62, 137
CIA（アメリカ中央情報局） 328, 329, 538, 540, 564
EU（欧州連合） 204, 211, 214, 234, 235, 289, 291, 464
G7 238, 243, 251, 252, 254, 255, 260
GATT（関税及び貿易に関する一般協定） 110
GDP（国内総生産） 114, 116, 120, 124, 132, 138, 139, 143, 144, 159, 166, 180, 201, 215-217, 267, 297, 316, 340, 458, 460, 485, 522, 532, 542, 574
GNP（国民総生産） 42, 83, 117, 164, 217, 352, 364, 369, 371, 372, 416-418, 476, 480, 492, 493, 496-504, 545-549, 551, 553, 559, 573, 578, 583, 586
GWP（世界総生産） 81, 85
HIPC（重債務貧困国） 362, 465, 466, 554
ICRAF（国際アグロフォレストリー研究センター） 385, 388, 391, 393
IMF（国際通貨基金） 150, 151, 154, 158-161, 171, 187-190, 200, 207, 224, 225, 234, 250-252, 256, 258, 260, 327, 339, 345, 347-349, 351, 445-447, 449-452, 456, 458, 472-475, 491, 554, 571, 572, 589
IT 62, 64, 65, 68, 313, 314, 318, 321, 323, 324, 360, 431, 462
NGO（非政府機関） 50, 59, 62, 352, 387, 403, 404, 408, 451, 496, 554, 556, 587
ODA（政府開発援助） 364, 370, 371, 414-416, 480, 488-495, 497-500, 503, 535, 548-550, 586
SARS（重症急性呼吸器症候群） 292
UNDP（国連開発計画） 385, 437, 449, 472, 473, 475
UNFPA（国連人口基金） 439, 473, 474
USAID（アメリカ国際開発庁） 339, 345, 444, 508
WHO（世界保健機関） 53, 171, 350, 356, 376, 379, 434, 436-438, 457, 473, 475, 481, 482, 590
WTO（世界貿易機関） 110, 351, 370, 571, 573, 578, 588

ウ

エ

オ

ス

マ

ミ

ル

レ

ロ

ワ

ン

引用一覧

"Americans on Foreign Aid and World Hunger: A Study of US Public Attitudes." February 2, 2001, Findings. Program on International Policy Attitudes, University of Maryland.

Angell, Norman. *The Great Illusion: A Study of the Relation of Military Power to National Advantage*. London: W. Heinemann, 1910.

Aslund, Anders. *How Russia Became a Market Economy*. Washington, D.C.: Brookings Institution, 1995.

Attaran, Amir and Jeffrey D. Sachs, "Defining and Refining International Donor Support for Combating the AIDS Pandemic," *The Lancet*, Vol.357, January 6, 2001.

Bapat, Meera and Indu Agarwal, "Our Needs, Our Priorities; Women and Men from the Slums in Mumbai and Pune Talk About Their Needs for Water and Sanitation," *Environment & Urbanization*, Vol.15, No.2, October 2003.

Bredenkamp, Hugh. Letter to the Editor, *Financial Times*, June 29, 1999.

Bremen, Joel G., Martin S. Alilio, and Anne Mills, "Conquering the Intolerable Burden of Malaria: What's New, What's Needed: A Summary," *The American Journal of Tropical Medicine and Hygiene*, Vol.71, August 2003, No.2 Supplement.

Caritat, Marie-Jean-Antoine-Nicolas-de, Marquis de Condorcet. *Sketch for a Historical Picture of the Progress of the Human Mind*. Keith Michael Baker, tr., *Daedalus*, Summer 2004, 65-82.

Central Intelligence Agency, "National Intelligence Estimate 60/70-65, Washington, April 22, 1965." 出典：Central Intelligence Agency: Job 79-R01012A, ODDI Registry of NIE and SNIE Files. Secret; Controlled Dissem. 表紙には、この評価がCIA長官John A. McConeによって提出され、4月22日のアメリカ中央情報局評議会で認められたと注記されている。

Chen, Shaohua and Martin Ravallion, "How Have the World's Poorest Fared Since the Early 1980s?" World Bank Policy Research Working Paper 3341 , June 2004.

Cheney, Richard. Remarks by Vice President Dick Cheney to the Veterans of

Foreign Wars 103rd National Convention, August 26, 2002, Nashville, Tennessee.

Chidambaram, Palaniappan. Budget Speech, July 8, 2004.

Commission on Macroeconomics and Health (CMH), *Macroeconomics and Health: Investing in Health for Economic Development*. Geneva: World Health Organization, 2001.

Davis, Mike. *Late Victorian Holocausts: El Niño Famines and the Making of the Third World*. London and New York: Verso, 2001.

Declaration of Independence, Action of the Second Continental Congress, July 4, 1776.

Donnelly, John, "Prevention Urged in AIDS Fight—Natsios Says Fund Should Spend Less on HIV Treatment," *Boston Globe*, June 7, 2001.

Eder, George. *Inflatioh and Development in Latin America—a Case of Inflation and Stabilization in Bolivia*. Ann Atbor: Program in International Business, Graduate School of Business Administration, University of Michigan, 1968.

Gray, John, "An Illusion with a Future," *Daedalus*, Summer 2004, p.11.

Halperin, Daniel T., and Helen Epstein, "Concurrent Sexual Partnership Help to Explain Africa's High HIV Prevalence: Implications for Prevention," *The Lancet*, Vol. 364, July 3, 2004, p.4.

Haynes, Ulric. "Memorandum from Ulric Haynes of the National Security Council Staff to the President's Special Assistant for National Security Affairs (Bundy), Washington, June 5, 1965." 出展 : Johnson Library, National Security File, Country File, Africa, General, Vol. Ⅱ, Memos & Miscellaneous, 7/64-6/65.

Hu Jintao, Speech to Federal Parliament of Australia, October 23, 2003.

Inglehart, Ronald, et al. *Human Beliefs and Values*. Mexico: Siglo Veintiuno Editores, 2004. AO30.

Instituto Nacional de Estadística

International Monetary Fund, *A Study of the Soviet Economy*. Washington, D.C.: International Monetary Fund, 1991.

Kant, Immanuel. *Perpetual Peace*. Paris: 1795.

Keynes, John Maynard. *The Economic Consequences of the Peace*. London: Macmillan, 1919.

——. "The Economic Possibilities for Our Grandchildren" in *Essays in Persuasion*. London: Macmillan, 1931.

Kiszewski, Anthony, et al., "A Global Index Representing the Stability of Malaria Transmission," *American Journal of Tropical Medicine and Hygiene*, 70, 5:pp. 486-98, 2004.

Maddison, Angus, *Monitoring the World Economy: 1820-1992*. Paris: OECD, 1995.

——. *The World Economy:A Millennial Perspective*. Paris: OECD, 2001.

Miles, Marc A., et al. *2004 Index of Economic Freedom*. Washington, D.C.: The Heritage Foundation and Wall Street Journal, 2004. <http:www.heritage.org/ research/ features/index/index.html>

Morales, Juan Antonio and Jeffrey D. Sachs, "Bolivia's Economic Crisis" in *Developing Country Debt and Economic Performance: Country Studies—Argentina, Brazil, Mexico*,vol. 2. Chicago: National Bureau of Economic Research, 1990.

OECD. Development Assistance Committee, Creditor Reporting System.

OECD. Develepment Assistance Committee, "Final ODA Data for 2003," 8-9December 2004.

O'Reilly Factor, The, September 1, 2004.

Patel, Sheela, Celine d'Cruz, and Sundar Burra, "Beyond Evictions in a Global City: People-Managed Resettlement in Mumbai," *Environment & Urbanization*, Vol. 14, No 1, April 2002.

Pityana, Barney. Comments on December 8, 1998. <http://www.wfn.org/ 1998/12/msg00181.html>

Roosevelt, Franklin Delano. Address to the 77th Congress, January 6, 1941.

Sachs, Adam and Jeffrey D. Sachs. "Selling the Marshall Plan." n.p.

Sachs, Jeffrey D. and Wing Thye Woo, "Structural Factors in thc Economic Reforms of China, Eastern Europe, and the Former Soviet Union," *Economic Policy*, Vol.18, April 1994.

Sachs, Jeffrey D. and Andrew Warner, "Economic Reform and the Process of Global Integration," *Brookings Papers on Economic Activity*, 1995:1.

Sachs, Jeffrey D. and John Luke Gallup, "The Economic Burden of Malaria," *American Journal of Tropical Medicine and Hygiene*, 61(1,2) S., 2001, pp.85-96.

Sachs, Jeffrey D., Nirupan Bajpai, and Ananthi Ramiah, "Understanding Regional Economic Growth in India," *Asian Economic Papers*, Vol, 1:3, Summer 2002.

Sachs, Jeffrey D., et al., "Ending Africa's Poverty Trap," Brookings Papers on

Economic Activity, No.1, 2004.

Shameen, Assif, "Instant Industry," *Asiaweek*. Asian of the Century, Ideas with Impact, December 10, 1999.

Smith, Adam. *The Wealth of Nations* (1776) , Edwin Cannan, ed., 1904, London: Methuen and Co., Ltd.

Soto, Hernando de. *The Mystery of Capital: Why Capitalism Triumphs in the West and Fails Everywhere Else*. New York: Basic Books, 2000.

Thomas, Hugh. *The Slave Trade: The Story of the Atlantic Slave Trade, 1440-1870*. New York: Simon & Schuster, 1997.

Tomlinson, B.R. *The Economy of Modern India 1860-1970*. Cambridge: Cambridge University Press, 1993.

Transparency International, *Global Corruption Report 2004*. London: Pluto Press, 2004.

UNCTAD, *World Investment Report 2001*. New York and Geneva: United Nations, 2001.

UN Millennium Project, *Investing in Development: A Practical Plan to Achieve the Millennium Development Goals*. Report to the UN Secretary General. London: Earthscan, 2005.

——, "Millennium Project Goals Needs Assessments: Background Paper to 'Ending Africa's Poverty Trap,'" working paper, 2004. Available at: <http://www.unmillenniumproject.org>

Universal Declaration of Human Rights, United Nations General Assembly resolution 217A（Ⅲ）, December 10, 1948, Article 25.

Wilson, Edward Osborne. *Biophilia*. Cambridge, Mass.: Harvard University Press, 1984.

Wolfensohn, James D. and the Utstein Group Proceedings. Prague, Czech Republic, September 24, 2000.

World Bank. *World Development Indicators*. Washington, D.C., 2004.

読書ガイド

以下のリストには、この本のテーマに関連した私の学術論文も含まれている。これらの論文は以下のウェブサイトからダウンロードできる。<www.sachs.earth.columbia.edu.> また、他の著者による近年のすばらしい著作もいくつかあげてある。

私の学術論文はおもに、世界各地で異なる開発パターンについて、またそれらの違いが地理的条件、国際貿易、歴史、政策などに起因することについて論じている。読者の興味を引きそうな論文の一部を以下にあげておく（発表年度順）。

Sachs, Jeffrey D. and Andrew Warner, "Economic Reform and the Process of Global Integration," *Brookings Papers on Economic Activity*, 1995:1.

Sachs, Jeffrey D., John Luke Gallup, and Andrew Mellinger, "Geography and Economic Development," in Boris Pleskovic and Joseph E. Stiglitz, eds., *Annual World Bank Conference on Development Economics 1998* (April), Washington, D.C.: The World Bank.

Sachs, Jeffrey D., "Twentieth-Century Political Economy: A Brief History of Global Capitalism," *Oxford Review of Economic Policy*, Vol. 115, No. 4, Winter 1999.

——, "Globalization and Patterns of Economic Development," *Review of World Economics*, Vol. 136(4), Kiel Institute of World Economics, 2000.

——, Andrew Mellinger and John Gallup, "Climate, Coastal Proximity, and Development," in *Oxford Handbook of Economic Geography*, Gordon L. Clark, Maryann P. Feldman, and Meric S. Gertler, eds., Oxford University Press, 2000.

——, "The Geography of Poverty and Wealth," *Scientific American*, March 2001.

特定の地域における地理、歴史、制度の状況について

ボリビア

Sachs, Jeffrey D., "The Bolivia Hyperinflation and Stabilization," *American Economic Review*, Vol. 77, No. 2, May 1987.
—— and Juan Antonio Morales, "Bolivia's Economic Crisis," Jeffrey D. Sachs, ed., *Foreign Debt and Economic Performance*, National Bureau of Economic Research and University of Chicago Press, 1989.

東欧

Sachs, Jeffrey D. and David Lipton, "Creating a Market Economy in Eastern Europe: The Case of Poland," *Brookings Papers on Economic Activity*, 1990: 1.
Sachs, Jeffrey D. *Poland's Jump to the Market Economy*. Cambridge: MIT Press, 1993.

ロシア

Sachs, Jeffrey D., "Russia's Struggle with Stabilization," *Annual Bank Conference on Development Economics*, World Bank, 1994.
—— and Wing Thye Woo, "Structural Factors in the Economic Reforms of China, Eastern Europe, and the Former Soviet Union," *Economic Policy*, Vol. 18, April 1994.

中国

Sachs, Jeffrey D., et al., "Geography, Economic Policy, and Regional Development in China," *Asian Economic Papers*, Vol. I, No.1, Winter 2002, pp. 146-97.
Sachs, Jeffrey D. and Wing Thye Woo, "Understanding China's Economic Performance," *Journal of Policy Reform*, Vol. 4, Issue 1, 2000.

インド

Sachs, Jeffrey D. and Nirupam Bajpai, "India's Economic Reform—The Steps Ahead," *Journal of International Trade aud Economic Development*, Vol.6, No. 2, 1997.
——, "The Decade of Development: Goal Setting and Policy Changes in India," CID Working Paper No. 62, February 2001.
—— and Ananthi Ramiah, "Understanding Regional Economic Growth in India," *Asian Economic Papers*, Vol. 1 , Issue 3, Summer 2002.

アフリカ

Sachs, Jeffrey D. and David Bloom, "Geography, Demography and Economic Growth in Africa," *Brookings Papers on Economic Activity*, 1998:2.

Sachs, Jeffrey D. et al., "Ending Africa's Poverty Trap," *Brookings Papers on Economic Activity*, 2004: 1.

アメリカ合衆国（経済地理学）

Sachs, Jeffrey D. and Jordan Rappaport, "The United States as a Coastal Nation," *Journal of Economic Growth*, Vol. 8, No.1, March 2003.

病気（とくにマラリアとエイズ）と貧困の関連性について

Sachs, Jeffrey D. and John Luke Gallup, "The Economic Burden of Malaria," the Supplement to *The American Journal of Tropical Medicine and Hygiene*, Vol. 64, No. 1, 2, pp. 85-96, January/February 2001 .

Sachs, Jeffrey D. and Amir Attaran, "Defining and Refining International Donor Support for Combating the AIDS Pandemic," *The Lancet*, Vol. 357, pp. 57-61, January 6, 2001.

Sachs, Jeffrey D., "A New Global Commitment to Disease Control in Africa," *Nature Medicine*, Vol. 7, No. 5, May 2001 .

World Health Organization. *Macroeconomics aud Health: Investing in Health for Economic Development*. Report of the Commission on Macroeconomics and Health. Geneva: World Health Organization, 2001 .

Sachs, Jeffrey D. and Pia Malaney, "The Economic and Social Burden of Malaria," *Nature*, Vol. 415, No. 6872, February 7, 2002.

Sachs, Jeffrey D., "A New Global Effort to Control Malaria," *Science*, Vol. 298, October 4, 2002.

開発援助、債務救済、アメリカの外交政策、国際協力について

Sachs, Jeffrey D., "The Strategic Significance of Global Inequality," *The Washington Quarterly*, Vol. 24, No. 3, Summer 2001 .

——, "Resolving the Debt Crisis of Low-Income Countries," *Brookings Papers on Economic Activity*, 2002: 1.

——, "Weapons of Mass Salvation," *The Economist*, October 26, 2002.

—— , "Smart Money: What Military Power Can't Do," *The New Republic*, March 3, 2003.

グローバルな開発という壮大なドラマに興味をもった読者はぜひ以下の著作に目を通されることをお奨めする。楽しく読みながら考えさせられるものばかりで、私にとっても得るところが大きかった。

McNeill, William H. *Plagues and Peoples*. New York: Doubleday, 1977.
人類史と病気の関連性を考察した画期的な著作。(W.H. マクニール『疫病と世界史』佐々木昭夫訳、新潮社、1985 年)

Braudel, Fernand. *Civilization and Capitalism* (3 volumes). New York: Harper-Collins, 1985.
過去 500 年にわたるグローバルな経済と、人間社会の物質環境の変化を描いた歴史学の大著。(フェルナン・ブローデル『物質文明・経済・資本主義—— 15-18世紀』全3巻、村上光彦訳、みすず書房、1985年)

Diamond, Jared. *Guns, Germs, and Steel: The Fates of Human Societies*. New York: W. W. Norton, 1997.
エコロジー、人類史、経済開発をテーマに、独創的で才気にあふれた論考は最後まで読者を飽きさせない。(ジャレド・ダイアモンド『銃・病原菌・鉄 —— 一万三〇〇〇年にわたる人類史の謎』上下、倉骨彰訳、草思社、2000 年)

Landes, David S. *The Wealth aud Poverty of Nations: Why Some Are So Rich and Some So Poor*. New York: W. W. Norton, 1998.
偉大な経済史家がグローバル経済の歴史を概観し、刺激的な論を展開する。(D. S. ランデス『「強国」論』竹中平蔵訳、三笠書房、2000 年)

Smil, Vaclav. *Feeding the World: A Challenge for the 21st Century*. Cambridge, Mass.: MIT Press, 2000.
食糧、テクノロジー、人口学、開発などの相互関係を考察した学際的研究の名著。

McNeill, J.R. et al. *Something New Under the Sun*. New York: W. W. Norton, 2001.
20 世紀の開発と環境の関連性について深い洞察と独自の視点で考察した著作。(J.R. マクニール『20 世紀環境史』海津正倫・溝口常俊監訳、名古屋大学出版会、2011 年)

Maddison, Angus. *The World Economy: A Millennial Perspective*. Paris: OECD,

2001.
過去200年間の経済成長を統計によって分析した労作。（アンガス・マディソン『経済統計で見る世界経済2000年史』金森久雄監修、政治経済研究所訳、柏書房、2004年）

Kidder, Tracy. *Mountains Beyond Mountains: Healing the World: The Quest of Dr. Paul Farmer*. New York: Random House, 2003.
貧困層への基本医療サービスの必要性を訴えた先駆ポール・ファーマーの伝記。（トレーシー・キダー『国境を越えた医師』竹迫仁子訳、小学館プロダクション、2004年）

Jones, Gareth Stedman. *An End to Poverty? A Historical Debate*. London: Profile Books, 2004.
1790年代の啓蒙思想の時代を中心に、貧困撲滅に関する議論の歴史をたどっている。

原　注

1　地球家族のさまざまな肖像

1　World Bank, *World Development Indicators*, Washington, D.C.: World Bank, 2004.

2　Shaohua Chen and Martin Ravallion, “How Have the World’s Poorest Fared Since the Early 1980s?” World Bank Policy Research Working Paper 3341, June 2004.

2　経済的な繁栄の広がり

3　Angus Maddison, *The World Economy: A Millennium Perspective* (Paris: OECD, 2001).（アンガス・マディソン『経済統計で見る世界経済 2000 年史』金森久雄監修、政治経済研究所訳、柏書房、2004 年）
これ以降、いちいち注釈はつけないが、この章で使われた数字はすべてマディソンの計算による。

4　John Maynard Keynes, *The Economic Possibilities for Our Grandchildren* (London: Macmillan, 1930).　（ジョン・メイナード・ケインズ『ケインズ全集第九巻』宮崎義一訳、東洋経済新報社、1981 年）

5　Adam Smith, *The Wealth of Nations*. 1776, Book Ⅲ, Chapter 4, in paragraph Ⅲ.4.20.London: Methuen and Co., Ltd., Edwin Cannan, ed., 1904. 以下のウェブサイトで参照できる。<http://www.econlib.org/library/Smith/smWN.html.>（アダム・スミス『国富論』水田洋ほか訳、岩波書店、2000 年）

6　John Maynard Keynes, “*The Economic Consequences of the Peace*” (1919), Chapter 2.（ジョン・メイナード・ケインズ『ケインズ全集第二巻』早坂忠訳、東洋経済新報社、1977 年）

7　中央銀行は、このルールのもとで通貨の供給を拡大するには不安があった。不況に対処しなければならなくなったとき、通貨を支えるだけの金の保有量がなくなることを恐れたのである。金本位制度が廃止されて初めて、積極的な通貨政策をとることが可能になった。

3　なぜ繁栄を享受できない国があるのか

8　どのような経済でも、つねにGDPの15パーセントを人口増加と資本の減少に備えてとっておかなければならないことは以下の数式で確かめられる。

貯蓄率＞（資本産出量比率）×（減価償却率＋人口増加率）

資本産出量比率はふつう3、減価償却率は3パーセント、人口増加率は2パーセントなので、人口増加と資本の減少のための貯蓄率は15パーセント以上でなければならない。表1では、後発開発途上国がGDPの10パーセントしか貯蓄にまわせないことがわかる。これでは減価償却と人口増加に追いつかない。

9　Adam Smith, *The Wealth of Nations*. Book I, Chapter 3, in paragraph I.3.3, 1776.（アダム・スミス『国富論』水田洋ほか訳、岩波書店、2000年）

10　U.S. Patent and Trademark Officeのデータにより計算。

11　1980年には世界銀行による国の格付けはまだなかったので、ここでは1980年の1人あたりの所得が年3000ドル未満の国を低所得国とした（購買力平価）。中所得の国は1人あたりの所得が3000ドル以上8000ドル未満、高所得国は8000ドル以上である。

5　ボリビアの高海抜ハイパーインフレーション

12　John Maynard Keynes, “The Economic Consequences of the Peace” (1919). Chapter 6.（ジョン・メイナード・ケインズ『ケインズ全集第二巻』早坂忠訳、東洋経済新報社、1977年）

13　George Eder, *Inflation and Development in Latin America: A Case of Inflation and Stabilization in Bolivia*. Ann Arbor.

ミシガン大学におけるInternational Business、Graduate School of Business Administrationプログラムにて。（1968年）

14　John Maynard Keynes, “The Economic Consequences of the Peace” (1919). Chapter7.（ジョン・メイナード・ケインズ『ケインズ全集第二巻』早坂忠訳、東洋経済新報社、1977年）

6　ポーランドがＥＵに復帰するまで

15　残念ながら、クーロンは2004年に死去した。

16　このグラフでは、旧ソ連圏のアゼルバイジャン、カザフスタン、トルクメニスタンといった豊かな産油国は除いた。西ヨーロッパから距離的には遠いにもかかわらず、石油輸出という産業があるため、海外直接投

資が潤沢に入ってくる。

17　G7はフランス、アメリカ、イギリス、ドイツ、日本、イタリア、カナダの7カ国だったが、1998年にロシアが加わってG8になった。

7　ロシアが普通の国になるための闘い

18　Anders Aslund, *How Russia Became a Market Economy* (Washington, D.C. : Brookings Institution, 1995), Table2. 7, p.49.

19　International Monetary Fund, et al., *A Study of the Soviet Economy* (Paris: OECD, 1991), p.227.

20　Anders Aslund, *How Russia Became a Market Economy*, p.45.

21　Adam Smith, *The Wealth of Nations*, Book I, Chapter 3, in paragraph I.3.8.（アダム・スミス『国富論』水田洋ほか訳、岩波書店、2000年）

8　五百年の遅れを取り戻す――中国の場合

22　Adam Smith, *The Wealth of Nations*, Book I, Chapter 9, in paragraph I.9.15.（アダム・スミス『国富論』水田洋ほか訳、岩波書店、2000年）

23　Jeffrey D. Sachs and Wing Thye Woo, "Structural Factors in the Economic Reforms of China, Eastern Europe, and the Former Soviet Union," *Economic Policy*, Vol. 18, April 1994.

24　オーストラリア連邦議会における胡錦濤国家主席の演説。（2003年10月23日）

9　インドのマーケット再編成――恐怖を乗り越えた希望の勝利

25　B. R. Tomlinson, *The Economy of Modern India 1860-1970* (Cambridge: Cambridge University Press, 1993), p.7.

26　Angus Maddison, *The World Economy: A Millennial Perspective* (Paris: OECD, 2001), p.116.（アンガス・マディソン『経済統計で見る世界経済2000年史』金森久雄監修、政治経済研究所訳、柏書房、2004年）

27　Mike Davis, *Late Victorian Holocausts: El Niño Famines and the Making of the Third World* (London and New York: Verso, 2001), p. 162.

28　Angus Maddison, *The World Economy*, p.116.（アンガス・マディソン『経済統計で見る世界経済2000年史』金森久雄監修、政治経済研究所訳、柏書房、2004年）

29　P. Chidambaramによる予算演説。（2004年7月8日）

30　Adam Smith, *The Wealth of Nations*, Book IV, Chapter 7, in paragraph

Ⅳ.7.166.（アダム・スミス『国富論』水田洋ほか訳、岩波書店、2000 年）

10　声なき死——アフリカと病

31　*The O'Reilly Factor*, September 1, 2004.

32　National Intelligence Estimate 60/70-65, Washington, April 22, 1965. 出典：Central Intelligence Agency: Job 79-R01012A, ODDI Registry of NIE and SNIE Files. Secret; Controlled Dissem. 表紙には、この評価が CIA 長官 John A. McCone によって提出され、4 月 22 日のアメリカ中央情報局評議会で認められたと注記されている。

33　大統領国家安全保障特別顧問 Ulric Haynes の回顧録より。1965 年 6 月 5 日、ワシントンにて。出典：Johnson Library, National Security File, Country File, Africa, General, Vol.Ⅱ, Memos & Miscellaneous, 7/64-6/65. Confidential. 安全保障会議のスタッフである Komer と Harold H. Saunders に送付された。

34　Jeffrey D. Sachs, et al., "Ending Africa's Poverty Trap, " *Brookings Papers on Economic Activity*, No. 1 , 2004.

35　Edward Osborne Wilson, *Biophilia* (Cambridge, Mass. : Harvard University Press, 1984).（E.O. ウィルソン『バイオフィリア：人間と生物の絆』狩野秀之訳、筑摩書房、2008 年）

36　アフリカ北部沿岸地方は、サハラ以南のアフリカとは大きく違っている。気温や砂漠性の気候もそれほど耐えがたいものではなく、熱帯性の病気の温床でもない。ヨーロッパ市場にも近く、人口のほとんどは地中海沿岸に集中している。一方、サハラ以南のアフリカは、サハラ砂漠が障害となっている。したがって、北部沿岸地方は、アフリカのほかの地域とは経済構造もかなり異なる。また、南アフリカの気候は温暖なため、熱帯性の病気という重荷がなく、しかも金とダイヤモンドという貴重な資源にも恵まれ、海に接しているためアジアやヨーロッパとの海上貿易にも便利である。

37　Angus Maddison, *The World Economy*, p.226.（アンガス・マディソン『経済統計で見る世界経済 2000 年史』金森久雄監修、政治経済研究所訳、柏書房、2004 年）

38　マラリア疫学の最新の研究結果については以下を参照のこと。
Joel G. Bremen, Martin S. Alilio, and Anne Mills, "Conquering the Intolerable Burden of Malaria: What's New, What's Needed: A Summary, " *The American Journal of Tropical Medicine aud Hygiene*, Vol. 71 (August 2003, No.2

Supplement), p.10.

39　マラリアの重荷をさらに増すアフリカ特有の要因は、血液遺伝病――遺伝子の突然変異に起因する――の一種である鎌状赤血球性貧血が多いことである。この遺伝病は、親の片方だけから遺伝子変異を受け継いだ場合、子供のマラリア発症が抑えられることがある。しかし、親の両方から遺伝子変異を受け継ぐと、進んだ治療ができないアフリカでは致死的となる。このような危険な遺伝病が多いことも、アフリカでなかなかマラリアが撲滅できない理由かもしれない。

40　World Health Organization, *Macroeconomics and Health: Investing in Health for Economic Development*, Report of the Commission on Macroeconomics and Health (Geneva: World Health Organization, 2001).

41　Hugh Bredenkamp, Letter to the Editor, *Financial Times*, June 29, 1999.

42　1997年、東アジアの中所得国の多くは国際資本の撤回にあって恐慌状態に陥った。数カ月間、私はそのような危機にどう対処すべきかで、IMFと議論を重ねた。同僚の Steve Radelet と私は、IMF自体が銀行の閉鎖、政府予算の緊縮など、パニック状態の対応をしたために、さらに事態を悪化させたと主張した。そんな批判の正しさはのちに証明され、当のIMF独立評価局もそれを認めた。

43　未公刊の資料によれば、マラリアによるアフリカ諸国の経済停滞は年に1.3パーセントである。詳細は以下を参照。Jeffrey D. Sachs and John Luke Gallup, "The Economic Burden of Malaria, " *American Journal of Tropical Medicine and Hygiene*, Vol. 64:1, 2, pp.,85-96. 35年間、いろいろな要素が重なった結果、アフリカ諸国のGDPレベルはマラリアがない国とくらべて、最大32パーセントまで差が広がった。

11　ミレニアム、9・11、そして国連

44　NBC News の Matt Lauer によるインタビュー（2004年8月31日）。

45　第77回議会における Franklin Delano Roosevelt 大統領の演説。（1941年1月6日）

46　Jeffrey D. Sachs, "Weapons of Mass Salvation," *The Economist*, October 26, 2002.

47　Monterrey Consensus of International Conference on Financing for Development, 2002. United Nations, paragraph 42.

48　2002年8月26日、テネシー州ナッシュヴィルで開催された第103回海外派兵退役軍人大会における Dick Cheney 副大統領のスピーチ。

49　残念なことに、2004年9月の時点で、大統領の新しいイニシアティブのもと、抗レトロウイルス薬を投与されたアフリカ人はわずか2万5000人である。

50　Jeffrey D. Sachs, "Smart Money: What Military Power Can't Do, " *The New Republic*, March 3, 2003.

51　以下の人びとにとくに感謝を捧げる。アフリカのマラリア対策とエチオピアの経済開発に貢献したAwash Teklehaimonotに感謝する。携帯電話を公衆衛生に結びつけたJonathan DonnerとJosh Ruxin。農林学のリサーチと実践に画期的な進歩をもたらしたPedro SanchezとCheryl Palm。エルニーニョ予報を進めたMark CaneとSteve Zebiak、バングラデシュの砒素の除去にとりくんだLex van GeenとJoe Graziano。

12　貧困をなくすための地に足のついた解決策

52　このプロジェクトは地球研究所のCheryl Palm博士と Pedro Sanchez博士が率いた。2人とも国際的な土壌科学者で、東アフリカでの経験を積んでいる。Pedro SanchezはWorld Agroforestry Centerの所長を10年務め、アフリカの土壌にニトロゲンを補給するのに窒素同化植物を導入した先駆者である。この研究およびその他の業績により、2003年にWorld Food Prize、2004年にMacArthur Prizeを受賞。同じく地球研究所に所属するコロンビア大学工学教授のVijay Modi博士はサウリの基本インフラストラクチャー問題——電力、輸送、道路、水、衛生設備など——にとりくんだ。Sonia Ehrlich博士は新しいサウリ診療所と公衆衛生設備の設立を指揮した。マサチューセッツ工科大学名誉教授のDaniel Hillel博士は水管理についての顧問を務めた。

53　Sachs, Jeffrey D., et al., "Ending Africa's Poverty Trap, " *Brookings Papers on Economic Activity*, No.1, 2004.

54　Meera Bapat and Indu Agarwal, "Our Needs, Our Priorities; Women and Men from the Slums in Mumbai and Pune Talk About Their Needs for Water and Sanitation, " *Environment & Urbanization*, 15, No.2, October 2003.

55　Sheela Patel, Celine d'Cruz, and Sundar Burra, "Beyond Evictions in a Global City: People-Managed Resettlement in Mumbai, " *Environment & Urbanization*,14, No.1, April 2003.

13　貧困をなくすために必要な投資

56　Adam Smith, *The Wealth of Nations*, Book V, Chapter 1, in paragraph

V.1.189.（アダム・スミス『国富論』水田洋ほか訳、岩波書店、2000年）
57 Universal declaration of human rights, United Nations General Assembly resolution 217 A (III), December 10, 1948, Article 25.（「世界人権宣言」）
58 Assif Shameen, "Asian of the Century, Ideas with Impact, " *Asiaweek*, December 10, 1999, p.1.

14 貧困をなくすためのグローバルな協約

59 西アフリカ水イニシアティブへの合衆国の援助に対するアンドリュー・ナチオスのコメント（2002年8月20日）。"$41 Million Public-Private Partnership to Provide Clean Water in West Africa."
60 2000年9月24日におこなわれた、チェコ共和国のプラハにおけるJames D. Wolfensohnとthe Utstein Group Proceedingsの話し合い。
61 2002年4月19日におこなわれた、ワシントンの世界銀行におけるJames D. Wolfensohnの記者会見。
62 2002年7月8日、南アフリカのダーバンで開かれた第38回 Ordinary Session of the Assembly of Heads of State and Government of the OAU : African Peer Review Mechanism, AHG/235(XXXVIII), Annex II.
63 United Nations Framework Convention on Climate Change, 1992, Article 2: Objective, p.9.

15 豊かな社会は貧しい人びとを助けることができるか？

64 Shaohua Chen and Martin Ravallion, "How Have the World's Poorest Fared Since the Early 1980s?, " World Bank Policy Research Working Paper 3341, June 2004.
65 同上。
66 the MDG needs assessmentについての詳細なデータは以下のサイトで入手できる。<http://www.unmillenniumproject.org>
67 Jeffrey D. Sachs, *New York Times*, July 9, 2003, Op-Ed page.
68 2004年には、20万ドル以上の所得のある納税者は410万人と推計された。これは全納税者数（1億4350万人）の2.9パーセント、納税金額合計の25.3パーセントにあたる。調整後総所得はおよそ6.3兆ドル。したがって、20万ドル以上の所得のある納税者の総所得は25.3パーセント×6.3兆ドル、すなわち1.6兆ドルになる。20万ドル以上の調整後総所得は1.6兆ドル－(410万×20万)＝およそ0.8兆ドルになる。0.8兆ドルの5パーセントは400億ドルである。要約すると、20万ドル以上の所得の5パーセントで年

に400億ドルの税収が得られる。出典：所得20万ドル以上の納税者の数とその割合はTax Policy Centerの表 "T04-0120 —— Distribution of AMT and Regular Income Tax by Cash Income, Current Law 2004 Calendar Year" より。2004年11月4日、以下のウェブサイトでデータを取得した。<http:taxpolicycenter.org>　調整後総所得の推計は、2002年のInternal Revenue Serviceのデータによる。それによると、2002年の調整後総所得はおよそ6兆ドルだった。そこから、2004年の数字を6.3兆ドルと推計した。

16　まちがった神話、効かない万能薬

69　John Donnelly, "Prevention Urged in AIDS Fight — Natsios Says Fund Should Spend Less on HIV Treatment," *Boston Globe*, June 7, 2001.

70　1998年12月8日のBarney Pityanaによるコメント。

71　この分析の詳細は以下を参照のこと。the Brookings paper : Jeffrey D. Sachs, et al., "Ending Africa's Poverty Trap, " *Brookings Papers on Economic Activity*, No.1, 2004.

72　このアフリカ研究は以下から引用した。
Daniel Etounga-Manguelle, "Does Africa Need a Cultural Adjustment Program?" in Lawrence E. Harrison and Samuel P. Huntington, eds., *Culture Matters: How Values Shape Human Progress*, Basic Books, 2000, pp.65-77.
メキシコ系アメリカ人への言及は以下より引用。
Lionel Sosa, *Americano Dream*(New York: Plume, 1998),cited in Samuel P. Huntington, *Who Are We?* (New York: Simon & Schuster, 2004), p.254.（サミュエル・ハンチントン『分断されるアメリカ』鈴木主税訳、集英社、2004年）

73　*Japan Gazette*. Junko Nakai, "Blessing or Curse: Characteristics of the Japanese Economy, " *HKCER Letters*, Vol. 54, January 1999.

74　Ronald Inglehart et al., *Human Beliefs and Values* (Mexico: Siglo Veintiuno Editores, 2004), AO30.

75　Marc A. Miles, et al., *2004 Index of Economic Freedom* (Washington, D.C.: The Heritage Foundation and *Wall Street Journal*,2004), <http:www.heritage. org/research/features/index/index.html>

76　Hernando de Soto, *The Mystery of Capital: Why Capitalism Triumphs in the West and Fails Everywhere Else* (New York: Basic Books, 2000), pp.5-7.

77　以下を参照のこと。Katharina Pistor, Jeffrey D. Sachs, and Philip Wellons,

The Role of Law aud Legal Institutions in Asian Economic Development, 1960-1995 (New York: Oxford University Press, 1999).

78 最近の研究は以下のようなものがある。Robert J. Barro, “Economic Growth in a Cross-Section of Countries,” *Quarterly Journal of Economics*, 106, No.2, May, pp.407-43; Barro and Xavier Sala-I-Martin, *Economic Growth*, 2nd ed. (Cambridge: MIT Press, 2003); Barro, “Technological Diffusion, Convergence, and Growth, ” *Journal of Economic Growth* (2, No.1,March 1997), pp.1-26; Robert E. Hall and Charles I. Jones, “Why Do Some Countries Produce So Much More Output per Worker Than Others?” *Quarterly Journal of Economics*, 114, No.1, February 1999, pp.83-116; Andrew D. Mellinger, Jeffrey D. Sachs, and John L. Gallup, “Climate, Coastal Proximity, and Development, ” in *Oxford Handbook of Economic Geography*, Gordon L. Clark, Maryann P. Feldman, and Meric S. Gertler, eds. (Oxford: Oxford University Press, 2000); Jeffrey D. Sachs, “Globalization and Patterns of Economic Growth, ” forthcoming. In *Globalization: What's New?*, Michael M. Weinstein, ed., Columbia University Press/Council on Foreign Relations; Xavier X. Sala-i-Martin, “I Just Ran Two Million Regressions,” *The American Economic Review* (87, No.2, May 1997), Papers and Proceedings of the Hundred and Fourth Annual Meeting of the American Economic Association; Barro, Gernot Doppelhofer and Ronal I. Miller, “Determinants of Long-Term Growth: A Bayesian Averaging of Classical Estimates (BACE) Approach, ” *The American Economic Review* (94, No.4, September 2004).

79 Daniel T. Halperin and Helen Epstein,“Concurrent Sexual Partnership Help to Explain Africa's High HIV Prevalence: Implications for Prevention,” *The Lancet*, Vol.364, July 3, 2004, p.4.

17 なぜ私たちがそれをすべきなのか

80 “Americans on Foreign Aid and World Hunger: A Study of U. S. Public Attitudes.” メリーランド大学における International Policy Attitudes プログラムにて（2001 年 2 月 2 日）。

81 同上。

82 2002年3月14日におこなわれた、ワシントンの Inter-American Development Bank における George W. Bush 大統領のスピーチ。

83 U.S. National Security Strategy, September 2002.

84 2002 年 9 月 12 日におこなわれた、国連総会での George W. Bush 大統

領の演説。

85 Monterrey Consensus, paragraph 42.

86 World Summit on Sustainable Development, WSSD Plan of Implementation, August 2002, paragraph 85 (a).

87 Monterrey Consensus, paragraph 39.

88 Adam Sachs and Jeffrey D. Sachs, "Selling the Marshall Plan" (n.p.).

89 George W. Bush 大統領の一般教書演説（2003 年 1 月 28 日）。

18　私たちの世代の挑戦

90 アメリカ独立宣言より。（1776 年 7 月 4 日）

91 Immanuel Kant, *Perpetual Peace*, 1795, Section II, First Definitive Article for Perpetual Peace: "The Civil Constitution of Every State Should Be Republican," paragraph 2.（カント『永遠平和のために』宇都宮芳明訳、岩波書店、1985 年）

92 同上。First Supplement to Perpetual Peace: "Of the Guarantee for Perpetual Peace," number 3.

93 Marie-Jean-Antoine-Nicolas Caritat, Marquis de Condorcet, *Sketch for a Historical Picture of the Progress of the Human Mind*, Keith Michael Baker, tr., *Daedalus*, Summer 2004, pp.65-82, 77, 79, 80.（コンドルセ『人間精神進歩史』渡辺誠訳、岩波書店、1951 年）

94 Adam Smith. *The Wealth of Nations*, Book IV, Chapter 7, in paragraph IV.7.166.（アダム・スミス『国富論』水田洋ほか訳、岩波書店、2000 年）

95 John Gray,"An Illusion with a Future, " *Daedelus*, Summer 2004, p.11.

96 Eduardo Borensztein, Jose De Gregorio, and Jong-Wha Lee, "How Does Foreign Direct Investment Affect Economic Growth?, " NBER Working Paper No. w5057, March 1995.

97 Hugh Thomas, *The Slave Trade: The Story of the Atlantic Slave Trade, 1440-1870* (NewYork: Simon & Schuster, 1997), p.497, 513, 514, 537.

98 Martin Luther King, Jr. , "My Pilgrimage to Nonviolence," 1958. First appeared in September 1958 issue of *Fellowship*. Excerpted from *Stride Toward Freedom*, 1959.

99 同上。"I Have a Dream," は 1963 年 8 月 28 日、ワシントンのリンカン記念堂における演説。

100 1966 年 6 月 6 日におこなわれた、Robert F. Kennedy による the Day of Affirmation 記念演説。南アフリカのケープタウン大学にて。

訳者略歴

鈴木主税（すずき・ちから）
1934年東京生まれ。マンチェスター『栄光と夢』で翻訳出版文化賞を受賞。代表的な訳書にアンダーヒル『なぜこの店で買ってしまうのか』（共訳）、『なぜ人はショッピングモールが大好きなのか』、ウィンチェスター『博士と狂人』、ケリー＆リットマン『発想する会社！』（共訳）、『イノベーションの達人！』（以上早川書房刊）、ハンチントン『文明の衝突』など。2009年没。

野中邦子（のなか・くにこ）
出版社勤務を経て、現在翻訳家。代表的な訳書に、サックス『世界を救う処方箋』（共訳）、『地球全体を幸福にする経済学』、フレイザー『マリー・アントワネット』（以上早川書房刊）、ヘンライ『アート・スピリット』、スパーリング『マティス 知られざる生涯』、スティグリッツ他『世界は考える』など。

本書は、二〇〇六年四月に早川書房より単行本として刊行した作品を文庫化したものです。

HM=Hayakawa Mystery
SF=Science Fiction
JA=Japanese Author
NV=Novel
NF=Nonfiction
FT=Fantasy

貧困《ひんこん》の終焉《しゅうえん》
2025年までに世界を変える

〈NF404〉

二〇一四年四月 十 日 印刷
二〇一四年四月十五日 発行

（定価はカバーに表示してあります）

著者 ジェフリー・サックス
訳者 鈴《すず》木《き》主《ち》税《から》
野《の》中《なか》邦《くに》子《こ》
発行者 早川 浩
発行所 株式会社 早川書房
郵便番号 一〇一 - 〇〇四六
東京都千代田区神田多町二ノ二
電話 〇三 - 三二五二 - 三一一一（大代表）
振替 〇〇一六〇 - 三 - 四七七九九
http://www.hayakawa-online.co.jp

乱丁・落丁本は小社制作部宛お送り下さい。
送料小社負担にてお取りかえいたします。

印刷・精文堂印刷株式会社 製本・株式会社明光社
Printed and bound in Japan
ISBN978-4-15-050404-5 C0133

本書のコピー、スキャン、デジタル化等の無断複製は著作権法上の例外を除き禁じられています。

本書は活字が大きく読みやすい〈トールサイズ〉です。